大学赤本シリーズ

498

関西学院大学
日本史・世界史・文系数学

3日程×3カ年

教学社

は　し　が　き

おかげさまで，大学入試の「赤本」は，今年で創刊 70 周年を迎えました。

これまで，入試問題や資料をご提供いただいた大学関係者各位，掲載許可をいただいた著作権者の皆様，各科目の解答や対策の執筆にあたられた先生方，そして，赤本を使用してくださったすべての読者の皆様に，厚く御礼を申し上げます。

以下に，創刊初期の「赤本」のはしがきを引用します。これからも引き続き，受験生の目標の達成や，夢の実現を応援してまいります。

本書を活用して，入試本番では持てる力を存分に発揮されることを心より願っています。

編者しるす

＊　＊　＊

学問の塔にあこがれのまなざしをもって，それぞれの志望する大学の門をたたかんとしている受験生諸君！　人間として生まれてきた私たちは，自己の欲するままに，美しく，強く，そして何よりも人間らしく生きることをねがっている。しかし，一朝一夕にして，この純粋なのぞみが達せられることはない。私たちの行く手には，絶えずさまざまな試練がまちかまえている。この試練を克服していくところに，私たちのねがう真に人間的な世界がはじめて開かれてくるのである。

人生最初の最大の試練として，諸君の眼前に大学入試がある。この大学入試は，精神的にも身体的にも，大きな苦痛を感ぜしめるであろう。あるスポーツに熟達するには，たゆみなき，はげしい練習を積み重ねることが必要であるように，私たちは，計画的・持続的な努力を払うことによって，この試練を克服し，次の一歩を踏みだすことができる。厳しい試練を経たのちに，はじめて満足すべき成果を獲得できるのである。

本書は最近の入学試験の問題に，それぞれ解答を付し，さらに問題をふかく分析することによって，その大学独特の傾向や対策をさぐろうとした。本書を一般の参考書とあわせて使用し，まとはずれのない，効果的な受験勉強をされるよう期待したい。

（昭和 35 年版「赤本」はしがきより）

目　次

2022年度 問題と解答

解答用紙は，赤本オンラインに掲載しています。
https://akahon.net/kkm/kgk/index.html

※掲載内容は，予告なしに変更・中止する場合があります。

掲載内容についてのお断り

- 本書には，一般選抜のうち3日程分の「日本史」「世界史」「文系数学」を掲載しています。
- 関西学院大学の赤本には，ほかに下記があります。

『関西学院大学（文学部・法学部・商学部・人間福祉学部・総合政策学部－学部個別日程）』
『関西学院大学（神学部・社会学部・経済学部・国際学部・教育学部－学部個別日程）』
『関西学院大学（全学部日程〈文系型〉）』
『関西学院大学（全学部日程〈理系型〉）』
『関西学院大学（共通テスト併用日程〈数学〉・英数日程）』
『関西学院大学（英語〈3日程×3カ年〉）』
『関西学院大学（国語〈3日程×3カ年〉）』

TREND & STEPS

傾向と対策

科目ごとに問題の「傾向」を分析し，具体的にどのような「対策」をすればよいか紹介しています。まずは出題内容をまとめた分析表を見て，試験の概要を把握しましょう。

注　意

「傾向と対策」で示している，出題科目・出題範囲・試験時間等については，2024 年度までに実施された入試の内容に基づいています。2025 年度入試の選抜方法については，各大学が発表する学生募集要項を必ずご確認ください。

試験日が異なっても出題傾向に大きな差はないから過去問をたくさん解いて傾向を知ることが合格への近道

関西学院大学の一般選抜は，例年，方式・試験日が違っても出題形式・問題傾向に大きな差はみられないことから，過去問演習が特に重要です。

多くの過去問にあたり，苦手科目を克服し，得意科目を大きく伸ばすことが，関西学院大学の合格への近道と言えます。

日本史

年度		番号	内容	形式
2024 ●	2月2日	〔1〕	原始～現代の総合問題	正誤
		〔2〕	A．律令制下の土地・税制度 B．織豊政権	選択・正誤
		〔3〕	A．「日本三代実録」－渤海使の来日 B．「日中共同声明」－戦後の日中外交 ✓史料	選択・正誤
		〔4〕	A．昭和戦前の農業 B．戦後の経済	正誤・選択
	2月6日	〔1〕	原始～近代の総合問題	正誤
		〔2〕	古代～近世の地震の記録	選択・正誤
		〔3〕	A．「日本書紀」－弓月君の渡来 B．「太平記」－北条時行と南朝 ✓史料	選択・正誤
		〔4〕	A．明治時代の政治・外交 B．戦後の米ソ冷戦と日本外交	正誤・選択・配列
	2月7日	〔1〕	古代～近代の総合問題	正誤
		〔2〕	古代～近世の陶磁器	選択
		〔3〕	「大乗院寺社雑事記」「薩戒記」「折たく柴の記」－室町時代の土一揆，江戸中期の経済 ✓史料	選択・正誤・配列
		〔4〕	A．大正～昭和初期の恐慌 B．1970 年代以降の経済	選択・正誤

2023 ●	2月2日	〔1〕	原始～現代の総合問題	正　誤
		〔2〕	古代～近代の教育・学校の歴史	選択・配列
		〔3〕	「新編追加」「幕末の事件番付」－新補地頭の設置，幕末期の政治・社会　⊘**史料・視覚資料**	選択・正誤
		〔4〕	明治～昭和期の対外戦争	選択・正誤・配列
	2月6日	〔1〕	原始～現代の総合問題	正　誤
		〔2〕	A．鎌倉・室町時代の守護 B．江戸時代の百姓一揆	選択・正誤
		〔3〕	A．「愚管抄」－平安末・鎌倉時代の文化・政治 B．「二・二六事件蹶起趣意書」－幕末～昭和前期の政治と文化・経済　⊘**史料**	選択・正誤
		〔4〕	A．伊藤博文とその時代 B．戦後の国際関係と日米安全保障条約	選択・正誤
	2月7日	〔1〕	原始～現代の総合問題	正　誤
		〔2〕	中世～近代の政治・経済・外交・文化	選　択
		〔3〕	「俳諧」「維新史料　第壱編」－古代～近世の政治・文化　⊘**史料**	選　択
		〔4〕	近代～現代の政治・経済・文化	正誤・選択・配列
2022 ●	2月2日	〔1〕	原始～現代の総合問題	正　誤
		〔2〕	原始～近世の宗教・信仰　⊘**視覚資料・史料**	選　択
		〔3〕	「梅松論」「宇下人言」－建武の新政，寛政期の蘭学の統制　⊘**史料**	選択・正誤
		〔4〕	昭和戦前～戦後の経済	選択・正誤
	2月6日	〔1〕	古代～現代の総合問題	正　誤
		〔2〕	A．近世の三井家 B．明治～昭和期の三井財閥	選択・正誤
		〔3〕	A．「足利義満御判御教書」－室町幕府の税制 B．「田沼政治を風刺した広告文」－田沼意次とその時代 ⊘**史料・視覚資料**	選　択
		〔4〕	A．明治～大正期の言論界 B．第二次世界大戦後占領期の政治	選択・正誤
	2月7日	〔1〕	原始～現代の総合問題	正　誤
		〔2〕	古代～中世の政治・経済・社会	選択・正誤
		〔3〕	「蒙古襲来絵巻」「朝鮮日々記」－中世・近世の政治・外交　⊘**史料**	選　択
		〔4〕	近代の政治・経済・外交	選択・正誤

（注）●印は全問，◐印は一部マークセンス方式採用であることを表す。

傾向　正誤・史料問題の対策を重視しよう　幅広い時代・分野からの出題

01　出題形式は？

全問マークセンス方式。大問４題・小問 40 問の出題である。試験時間は 60 分。短文の正誤判定や正文もしくは誤文を選択する設問が 30 問近くある。また，史料文の空所補充も頻出しているので要注意である。正誤問題は，例年大問〔１〕で２文の正誤の組み合わせを問う問題が 10 問出題されているが，正誤の組み合わせによって選択マークが設定されているので，文を丁寧に読んで解答する必要がある。

なお，2025 年度は出題科目が「日本史探究」となる予定である（本書編集時点）。

02　出題内容はどうか？

時代別では，原始から現代まで幅広い時代から出題されているが，とりわけ近現代史からの出題が多い。

分野別では，例年，政治史が占める割合が大きい。また，文化史も大問として出題されることが多く，注意が必要である。対外交渉史・社会経済史は毎年出題されているが，日程によりその比重には差がある。

史料問題は，例年，大問１題があてられていることが多い。複数の史料が取り上げられ，史料ごとに関連事項などが問われるのだが，史料文の空所補充もある。扱われる史料は受験生にとって初見の史料からも出題されている。初見の史料の空所補充も，内容を読み取ったうえで適語を選択することが必要である。史料の読解力と史料を読みなれていることが大切である。史料中のキーワードをつかみ，史料が書かれた時代や史料の内容を把握することが求められる。

03　難易度は？

出題の多くは教科書に沿ったものである。しかし，細かい内容を含む正誤問題が多く，空所補充においては，消去法などを使って解答しなければ正答を導くことが難しい場合もあり，全体としてはやや難である。正誤問題や史料問題の検討に十分な時間を割けるよう，時間配分を意識して取り組みたい。

対策

01 教科書を徹底的に活用し，正誤問題に備える

難度の高い問題であったとしても，出発点は教科書の理解からである。関西学院大学の特色の一つは，正誤問題や正文・誤文の選択問題が多いことである。正誤問題が苦手だとすれば，それは正確な理解ができていないからである。まず教科書に即して政治・外交の展開，各時代の経済的特色，文化の特色と主な作品などを学習する。その際には，欄外の細部の解説まで理解すること。文化史では，資料集の図版なども活用すべきである。その上で，似通った語句や人名など紛らわしいものをまとめて，その違いを整理したり，政治的事件を抜き出して年代順に並べるなどのまとめをしておくとよい。また，政治史分野の動きと同時期の文化史分野の内容を関連づけて理解しておこう。

02 問題集で弱点を知り，用語集で知識の幅を広げる

教科書を読んでいても，どの程度理解が進んだか，どの程度覚えているかはチェックできない。教科書と並行して活用するとよいのが問題集と用語集である。問題集は教科書と同じように時代別に編集されているものがよい。問題を解きながら覚えていないところをチェックする。特に正誤問題でできなかったところは，何に引っかかって間違えたのかをメモしておくこと。正誤問題の対策としては『最新版 日本史Ｂ正誤問題集』（山川出版社）を勧める。さらに，『日本史用語集』（山川出版社）や『必携日本史用語』（実教出版）などの用語集も活用して，知識の幅を広げていこう。『日本史用語集』では，その用語がどのくらいの教科書で取り上げられて

いるかを数字で示しているので，用語の重要度を確認できる。この重要度がそのまま入試の出題頻度になるわけではないが，一応の目安にはなる。

03 史料読解力をつける

出題される史料の多くが受験生にとって初見の史料になっている。頻出史料でも初見史料でも問題を解く際に必要なことは，史料中のキーワードを見つけて，それをもとに史料が書かれた時代や史料の内容を的確に読み取ることである。日々の授業で使う教科書や史料集に収められた基本的な史料を，キーワードに留意しながら丁寧に読む習慣を身につけたい。2022・2023年度は視覚資料も出題された。史資料を読み解く力は，共通テストでも重視されている。『共通テスト 新課程攻略問題集 歴史総合，日本史探究』（教学社）などを利用して，史資料の読解力をつけていこう。

04 過去問や他学部の問題にチャレンジする

類似した内容が何度も取り上げられたり，共通した時代・分野が繰り返し出題されたりすることが多い。出題形式が共通していることも多いので，別日程で実施される他学部の問題にもチャレンジすることを勧める。

世界史

年度		番号	内容	形式
2024 ●	2月2日	〔1〕	中世西ヨーロッパ史	選択
		〔2〕	中世～18 世紀における「ジェントルマン」の歴史	選択
		〔3〕	イスラーム教の誕生と発展	選択
		〔4〕	10～19 世紀における北東アジア地域の歴史	選択
		〔5〕	オランダの東南アジア支配	選択
	2月6日	〔1〕	古代ギリシアの民主政	選択
		〔2〕	スラヴ世界とその使用文字	選択
		〔3〕	11～19 世紀における黒海の歴史	選択
		〔4〕	東アジアの国都と「都城」の制	選択
		〔5〕	中華人民共和国の外交関係	選択
	2月7日	〔1〕	中世ローマ教会	選択
		〔2〕	19 世紀～第二次世界大戦までのイタリア史	選択
		〔3〕	アメリカ合衆国史	選択
		〔4〕	ヒンドゥー教の歴史	選択
		〔5〕	ラテンアメリカ，アフリカの歴史	選択
2023 ●	2月2日	〔1〕	古代ローマ	選択
		〔2〕	ハミルトンの生涯から見るアメリカ独立戦争とその後の政治	選択
		〔3〕	近世のポーランドとスウェーデン	選択
		〔4〕	モンゴル人の中国支配と道教	選択
		〔5〕	ラテンアメリカの文明	選択
	2月6日	〔1〕	十字軍の歴史	選択
		〔2〕	イギリスの産業革命	選択
		〔3〕	ヴェルサイユ体制の成立と崩壊	選択
		〔4〕	古代～7 世紀のインド・東南アジア	選択
		〔5〕	明・清代の紫禁城	選択
	2月7日	〔1〕	中世ヨーロッパ史	選択
		〔2〕	第二次世界大戦後の世界情勢	選択
		〔3〕	エカチェリーナ 2 世をめぐるロシア・東欧	選択
		〔4〕	魏晋南北朝～宋の政治・社会・文化	選択
		〔5〕	古代～14 世紀におけるインド洋交易史	選択

2022 ●	2月2日	〔1〕	ギリシア世界	選　択
		〔2〕	19 世紀のドイツ・オーストリア地域	選　択
		〔3〕	アメリカ大陸の歴史	選　択
		〔4〕	イスラーム改革	選　択
		〔5〕	春秋戦国～漢	選　択
	2月6日	〔1〕	中世～現代ロシア史	選　択
		〔2〕	戦間期の欧米	選　択
		〔3〕	オセアニアの歴史	選　択
		〔4〕	サファヴィー朝とムガル帝国	選　択
		〔5〕	清の盛衰	選　択
	2月7日	〔1〕	イタリアの統一運動	選　択
		〔2〕	19 世紀のアメリカ合衆国	選　択
		〔3〕	アフリカ史	選　択
		〔4〕	前近代の中央アジア	選　択
		〔5〕	朝鮮半島の歴史	選　択

（注）●印は全問，◑印は一部マークセンス方式採用であることを表す。

傾向　誤文選択問題必出　周辺地域史にも要注意

01　出題形式は？

全問マークセンス方式の出題で，大問 5 題，解答個数 40 個である。試験時間は 60 分。空所補充や下線部に関する語句・事項の選択法と誤文の選択法が中心である。

なお，2025 年度は出題科目が「世界史探究」となる予定である（本書編集時点）。

02　出題内容はどうか？

地域別では，欧米地域とアジア地域の比率は年度によって変動があり，多地域混合問題も出題されている。アジア地域は，中国史のほか，東南アジア，朝鮮など中国以外の地域史の大問が出題されることも多い。欧米地域では，西ヨーロッパ史を中心に，東欧・ロシア，ラテンアメリカやアメリカ合衆国からも大問が出題されている。大問数が 5 題と多く，アフリカやオセアニアを含む幅広い地域から出題されているので，未習の地域がないようにしておきたい。

時代別では，古代から現代まで広く出題されている。

分野別では，政治・外交史を中心としつつ，社会・経済・文化史なども軽視できない出題傾向となっている。出題テーマによっては，１つの大問中で多くの設問が文化史からの出題という場合もあるので，文化史分野も偏りなく学習しておく必要がある。

03　難易度は？

全問マークセンス方式による出題であるが，問われている事項が細かく難度は高い。特に誤文選択問題は用語集の説明文レベルの正確な知識が求められる場合もあり，得点差が出やすい内容といえる。判断に迷う誤文選択問題もあるが，解けるところから処理していき，１つの設問に時間をとられすぎないようにしよう。

対策

01　地域的に偏りのない学習を

基本的には教科書中心の出題であるが，東南アジア・アフリカ・ラテンアメリカ・オセアニアなどからも幅広く出題される場合があるので，そうした地域もくまなく学習することがポイントである。まずは現在，どこにどのような国があるのか，地図帳を見ることから始めてみよう。教科書ではまとまった記述がないことが多いので，地理的な知識が不足していることが多く，それが苦手意識を高める結果ともなる。断片的に記載されている歴史事項を，最初は簡単な年表でもよいので，自分なりにノートにまとめてみると効果的である。『各国別世界史ノート』（山川出版社）などを用いて整理してもよいだろう。それぞれの国・地域の歴史を大まかに理解できれば，関連する細かい知識も身につきやすい。

02 用語集は必携

得点差の開きやすい誤文選択問題については，用語を暗記するだけでなく，『世界史用語集』（山川出版社）などを利用してその意味や，それに付随する知識を確実に身につけておこう。なお，誤文選択問題の中には，前述の『世界史用語集』の説明文に準拠した形で作問されているように思われるものも多いので，受験生には必携の書であろう。

03 現代史の克服

現代史はよく出題される傾向にあり，戦間期の出題が2022年度と2023年度で，第二次世界大戦後の歴史が2022・2023・2024年度で問われた。高校の授業において現代史の分野は時間的な制約から手薄となりやすく，ここで得点差がつく可能性が高い。早めに教科書を最後まで通読し，できれば，冷戦・欧州統合などのテーマごとに簡単な年表を作成して，国家間の関係を整理しておくとよい。また，アジア・アフリカ史は第二次世界大戦後の独立以降の動きを時事的な事項も含めて理解しておく必要がある。『攻略世界史 近・現代史 整理と入試実戦』（Z会）などを活用してもよいだろう。

04 年代関連問題への対処

歴史上の事件・出来事の前後関係を問う問題が頻出している。『元祖 世界史の年代暗記法』（旺文社）などを用いて重要な歴史事項の年代をおさえることはもちろんだが，大きな事件（革命や冷戦など）・主な指導者の在任（在位）期間などは，その中での前後関係をしっかり把握しておきたい。

05 文化史の対策

文化史は学習の完成度で最も点差がつきやすい分野である。宗教や学問・美術・音楽・思想といった分野も，授業で使用する資料集や図説をフルに活用して，絵画や彫刻作品を視覚的に記憶しておこう。思想家などの事績についても『タテヨコ 世界史 総整理 文化史』（旺文社）など表にまとめられているものを利用して効率的に学習したい。

06 過去問と他学部の問題研究を

関西学院大学では，問題の形式や出題内容は各学部ともほぼ同様で，過去に出された問題の類題が出題されることも多い。本シリーズを活用して学部を問わず過年度の問題を演習し，出題形式や問題のレベルにも慣れておきたい。

数　学

年　度		番号	項　目	内　容
2024	2月2日	〔1〕	小 問 2 問	(1)2次関数のグラフ　(2)条件付き確率
		〔2〕	小 問 2 問	(1)円の方程式と領域における最大・最小　(2)ベクトルとその内積
		〔3〕	微・積分法	3次関数の極値，曲線と直線で囲まれた部分の面積
	2月6日	〔1〕	小 問 2 問	(1)データの標準偏差　(2)1次不定方程式
		〔2〕	小 問 2 問	(1)三角関数の最大値　(2)数列の一般項と和
		〔3〕	微・積分法	放物線と直線で囲まれた部分の面積，3次関数の最小値
	2月7日	〔1〕	小 問 2 問	(1)2次方程式の実数解　(2)条件付き確率
		〔2〕	小 問 2 問	(1)指数方程式　(2)空間ベクトルとその内積
		〔3〕	三角関数，微・積分法	三角関数の最大・最小，曲線と直線で囲まれた部分の面積
2023	2月2日	〔1〕	小 問 2 問	(1)放物線と x 軸の共有点の位置　(2)じゃんけんと条件付き確率
		〔2〕	小 問 2 問	(1)三角方程式と解の個数　(2)直線と平面の交点の位置ベクトル
		〔3〕	微・積分法	共通接線，放物線と直線で囲まれた部分の面積
	2月6日	〔1〕	小 問 2 問	(1)データの分散と共分散　(2)1次不定方程式の整数解
		〔2〕	小 問 2 問	(1)対数関数　(2)球面の方程式
		〔3〕	微・積分法	3次関数の極値と面積，3次方程式の解の範囲
	2月7日	〔1〕	小 問 2 問	(1)2次方程式，判別式，解と係数の関係　(2)条件付き確率
		〔2〕	小 問 2 問	(1)相加・相乗平均，最大・最小　(2)群数列
		〔3〕	積　分　法	定積分で表された関数，不定積分，定積分の計算

2022	2月2日	〔1〕	小問2問	(1)絶対値記号を含む不等式の解の集合　(2)点の移動と条件付き確率
		〔2〕	小問2問	(1)2倍角の公式と合成　(2)直線と平面の交点の位置ベクトル
		〔3〕	微・積分法	共通接線，面積，2曲線の交点を通る直線
	2月6日	〔1〕	小問2問	(1)図形と計量　(2)確率の計算
		〔2〕	小問2問	(1)指数関数の最小値　(2)等比数列の和
		〔3〕	微・積分法	絶対値を含む定積分で表された関数の最小値
	2月7日	〔1〕	小問2問	(1)三角比　(2)カードを取り出す確率，条件付き確率
		〔2〕	小問2問	(1)図形と方程式，軌跡　(2)漸化式，等差数列・階差数列の一般項
		〔3〕	微・積分法	定積分で表された関数，囲まれた図形の面積

出題範囲の変更

2025年度入試より，数学は新教育課程での実施となります。詳細については，大学から発表される募集要項等で必ずご確認ください（以下は本書編集時点の情報）。

2024年度（旧教育課程）	2025年度（新教育課程）
数学Ⅰ・Ⅱ・A・B（数列，ベクトル）	数学Ⅰ・Ⅱ・A（図形の性質，場合の数と確率）・B（数列）・C（ベクトル）

旧教育課程履修者への経過措置

出題する教科・科目の内容によって配慮を行うものとする。

傾向　数学的な思考力や計算力が必要　不得意分野をつくらない学習を

01　出題形式は？

例年大問3題の出題で，出題形式は，空所補充形式2題，記述式1題となっている。試験時間は60分。問題の量・内容からおおむね適切な試験時間といえるが，年度によってはやや時間不足と感じるかもしれない。

問題用紙と解答用紙は別々になっていて，計算や下書きは問題用紙の余白が利用できるようになっている。また，記述問題の解答欄はA4判サイズ1枚分あり，スペースは十分にある。

02 出題内容はどうか？

範囲全体から出題されている。

よく出題されている項目としては，微・積分法，確率，数列，ベクトル，指数・対数関数などがある。微・積分法については，年度によって多少の差はあるが他の項目と組み合わされた形で出題されることも多く，比較的大きなウエートを占めるので留意しておきたい。

03 難易度は？

教科書章末問題程度までの標準的な問題が中心であるが，記述式の問題では数学的な思考力やかなりの計算力を要求される問題も含まれており，試験時間を考えると易しいとはいえない。文系とはいえ，各項目に対する本質的な理解が問われるような難易設定となっており，しっかり演習を重ねたうえで試験にのぞんでほしい。

対策

01 基本事項の学習

定理や公式などの基本事項をただ単に覚えるのではなく，教科書や参考書の例題や練習問題などを通して，それらの意味や使い方，数学的な考え方を学習し，どのような形で出題されても的確にそれらを使いこなすことができるようにしておく。特に図形的な意味を考えることで正解にたどりつきやすくなることが多いので，学習の際に意識しておこう。

02 計算力の養成

計算力不足が解けない原因となっていることは少なくない。また，結果のみを記入する形式の問題が大問３題のうち２題を占めていることを考えると，計算ミスが致命傷になりかねないので，どのような場合も計算を省略せず丁寧にやるという日常の学習態度が大切である。なお，複雑な計算では先の見通しを立てながら処理できるようにしておこう。

03 全項目にわたる学習

出題内容は年度によって多少偏ることがあるが，比較的よく出題されている項目を中心に，出題範囲全体から出されている。標準程度の問題集で，出題範囲全体にわたって数多くの問題に当たり，いろいろな解法を身につけておきたい。

04 問題の流れに沿った解法の選択

空所補充形式の問題では，出題者の意図に沿った解法が必要となることが少なくない。流れがつかめないと解答できないこともある。複数の解法がある問題では，問題全体を十分に把握して，その流れに沿った適切な解法が使えるようにしておくこと。

05 描図練習

近年は図示問題の出題はないが，過去には出題されていた。また図示問題に限らず，適切な描図は，問題の内容をより正確に把握するうえで大きな力となるだけでなく，場合によっては解法発見の手がかりを与えてくれることもある。日常の学習の中で，問題に応じた適切な図を描けるように十分に練習をしておくこと。

06 他学部・他日程の過去問の学習

関西学院大学の文系学部では，どの学部も同じような傾向・難易度・出題形式の問題が出題されている。受験する学部はいうまでもなく，文系他学部や他日程の過去問にも数多く当たっておこう。

2024年度

問題と解答

2月2日実施分　問題　日本史

（60分）

〔Ⅰ〕次の1～10の文章について、a・bとも正しい場合はアを、aが正しくbが誤っている場合はイを、aが誤りでbが正しい場合はウを、a・bともに誤っている場合はエをマークしなさい。

1．a．更新世の氷河期は、日本列島と大陸とは陸続きであったが、氷期が過ぎて完新世になると海面が上昇し、約1万年前にはほぼ現在の日本列島の姿となった。

b．埼玉県の岩宿で更新世に堆積した関東ローム層から打製石器が発見され、日本列島における旧石器時代の文化の存在が明らかとなった。

2．a．飛鳥文化の仏像は、百済から仏教が伝来したこともあって、法隆寺金堂釈迦三尊像や中宮寺半跏思惟像等のように百済様式を受けたものが多い。

b．弘仁・貞観文化の時期には文芸を中心に国家の発展をめざす文章経国の思想が広まり、漢文学が発展して、日本で現存最古の漢詩集『凌雲集』が編纂された。

3．a．浄土宗の法然の弟子であった親鸞は、悪人正機説を説き、『選択本願念仏集』を著して、専修念仏の真理を示した。

b．律宗の僧忍性（良観）は、戒律を重んじるとともに、貧しい人びとや病人の救済に尽力し、京都に北山十八間戸を建てた。

4．a．重源は、勧進上人として宋人陳和卿の協力で源平の争乱によって焼失した東大寺の再建にあたった。それは唐様という建築様式で、東大寺南大門が代表的である。

b．狩野正信・元信は水墨画と大和絵を融合させて新しく狩野派をおこした。正信の代表作として『唐獅子図屛風』があり、元信には『牡丹図』がある。

5．a．宣教師が本国ポルトガルに書き送った書簡を収録した『耶蘇会士日本通信』には、ヴァリニャーニが堺のことを「ベニス市の如く」としたものも含まれる。

b．ヴァリニャーニによって金属製活字による印刷術が伝えられ、『源氏物語』や『日葡辞書』等のキリシタン版が刊行された。

6．a．藤原惺窩の門人であった林羅山は徳川家康に侍講として用いられた。羅山の子孫（林家）は代々儒者として幕府に仕え、鳳岡の代以降は大学頭を世襲した。

b．南学の谷時中の門人であった山崎闇斎は、神道を儒教流に解釈して垂加神道を説き、後世の尊王論に大きな影響を与えた。

7．a．大槻玄沢は江戸に芝蘭堂を開いて多くの門人を育てた。その中の一人である前野良沢は蘭日辞書『ハルマ和解』を作った。

b．渋川春海（安井算哲）は従来の暦を観測によって修正した貞享暦を作った。その後、18世紀末に、幕府天文方の高橋至時が西洋暦を取り入れた寛政暦を作った。

8．a．幕末の開国後に幕府は、江戸に蛮書和解御用を設けて洋学の教授と翻訳に当たらせ、また講武所を設けて、幕臣等に洋式砲術を学ばせた。

b．明治時代初期、東京の大森でアメリカの動物学者モースによって貝塚が発見され、縄文時代の貝塚遺跡が発掘調査された。これが日本における科学的な考古学の始まりであった。

9．a．明治20年代に教育勅語が発布され、忠君愛国が学校教育の基本とされた。明治30年代には、小学校教科書は国定教科書に限られることになり、教育への統制が強まった。

b．明治時代に旧幕府の洋学所等を統合して東京大学が設立された。その後、京都のほか各地に帝国大学が設立されて、第二次世界大戦期には帝国大学は７つとなった。

10．a．鹿苑寺金閣の焼失をきっかけに、伝統的価値のある文化財を保護するために文化財保護法が制定された。その後文化庁が設置された。

b．高度経済成長期には食生活の洋風化が進む一方、食糧自給率は年々下がり、1990年代には食糧自給率（カロリーベース）は50％を切ることになった。

〔Ⅱ〕次の文章A・Bを読んで設問に答えなさい。もっとも適切な答えを一つマークしなさい。

A.　律令国家においては、6年ごとにつくられる[a]にもとづいて6歳以上の男女に一定の b口分田が与えられ、その収穫から租税が徴収された。また死亡した者の口分田は次の班年に[c]されて別の者に与えられることになっており、これを班田収授法という。

しかし、d租・庸・調や雑徭・兵役等の諸負担は大きく、天候不順や病虫害によってしばしば起きる不作・飢饉や、農民の間の貧富の差の拡大もあって、eさまざまな手段を用いて負担を逃れようとする者が出てきた。手続きが煩雑であること等もあって、班田収授法は実施することが困難になり、長期間にわたり班田が行われない地域も出てきた。税収が伸び悩んだ政府は、f政府の財源を確保するための対策を講じた。

【設　問】

1．空欄a・cに該当する語句の組合せとして、正しいものを下記より選びなさい。

ア．a：計帳・c：班給　　イ．a：計帳・c：収公

ウ．a：戸籍・c：班給　　エ．a：戸籍・c：収公

2．下線部bに関して、正しいものを下記より選びなさい。

ア．6歳以上の男子には2段、女子にはその三分の二が与えられることとされた。

イ．私有の奴婢の口分田は良民男女の半分、官有の奴婢の口分田は同じく三分の一が与えられた。

ウ．農民の家屋や屋敷地の私有も口分田と同様に禁じられた。

エ．次丁・中男（少丁）の口分田から徴収する租は正丁の半分とされた。

3．下線部dに関して、正しいものを下記より選びなさい。

ア．庸・調は絹・布・糸や特産物を朝廷に納めるもので、農民はそれらを国衙まで運ぶ運脚の義務を負った。

イ．庸・調は主として正丁に課され、中男（少丁）には庸・調ともに課されなかった。

ウ．国家が稲を貸し付ける公出挙は、高率の利息が徴収され、次第に貸付けが強制的になったことから、税と同様の意味を持った。

エ．雑徭の期間は、のちに2倍に延長された。

4．下線部eに関して、誤っているものを下記より選びなさい。なお、すべて正しい場合は「エ」をマークしなさい。

ア．負担を逃れる手段として、私度僧になったり、有力者の従者になることもあった。

イ．負担を逃れようとする傾向は困窮農民に特有のものであった。

ウ．年齢を偽って届けて、負担を逃れようとした。

5．下線部 f に関して、朝廷がとった方策として誤っているものを下記より選びなさい。

ア．大宰府管内への公営田の設置　　イ．元慶官田の設置

ウ．諸司田の設置　　エ．禁裏御料の設置

B．　全国統一を実現した織田信長は、以前から存在していた政治的・宗教的な権威や秩序を克服しようとした。たとえば、自らが1568年（永禄11年）に将軍職につけた足利義昭との関係が悪化すると、g挙兵した義昭を降伏させて実質的に室町幕府を滅ぼした。また1571年（元亀２年）には比叡山延暦寺を焼き打ちした。義昭と結んだh一向宗の石山本願寺に対しても、1580年（天正８年）、11年に及ぶ戦いの末屈服させた。

これに対し、信長のあとを引き継いだ秀吉は、伝統的な権威を利用しながら全国統一をすすめた。1585年（天正13年）には朝廷からi関白に任ぜられた。さらに［　j　］を屈服させた後には豊臣の姓を賜り、太政大臣に任ぜられた。秀吉はk旧来の伝統的権威を巧みに利用しながら新しい統一国家をつくり上げていった。

【設　問】

6．下線部 g より前の出来事として正しいものを下記より選びなさい。なお、すべて誤っている場合は「エ」をマークしなさい。

ア．長篠合戦で武田勝頼を破る。

イ．近江の浅井氏・越前の朝倉氏を姉川の合戦で破る。

ウ．近江国安土で築城を開始する。

7．下線部 h について正しいものを下記より選びなさい。

ア．他宗に戦闘的姿勢をとった日親は将軍足利義昭に弾圧され、「なべかむり上人」と呼ばれた。

イ．石山本願寺の蓮如は門徒たちに呼びかけ、長期間にわたり織田信長と戦った。

ウ．織田信長は、越前の一向一揆の平定に続き、伊勢長島の一向一揆を全滅させた。

エ．加賀の一向一揆は、制圧されるまで100年近くにわたり加賀国を支配した。

8．下線部 i について、正しいものを下記より選びなさい。

ア．この役職に就いた武家としては、豊臣秀吉・秀次のほか、徳川家康が挙げられる。

イ．太閤という呼び名は、この役職の別称として豊臣秀吉が名乗った。

ウ．この役職にはじめて任ぜられたのは藤原基経である。

エ．この役職は天皇の幼少期にその政務を代行するものである。

9．空欄 j に該当する語句を下記より選びなさい。

ア．長宗我部氏　　イ．北条氏　　ウ．伊達氏　　エ．島津氏

10. 下線部kに関連して、豊臣政権の政策として正しいものを下記より選びなさい。なお、すべて誤っている場合は「エ」をマークしなさい。

ア. 諸大名に私戦の停止を徹底させるために、「一郷も二郷も悉くなでぎり」、「山のおく、海はろかいのつづき候迄、念を入るべき事」等とした命令を発した。

イ. 九州平定の後に、日本は神国であること等を理由にして、外国人宣教師の国外追放を命じた。

ウ. 新築した聚楽第に後水尾天皇を迎えて、諸大名の前で自らの権力を誇示してみせた。

〔Ⅲ〕次の史料A・Bを読んで設問に答えなさい。もっとも適切な答えを一つマークしなさい。なお史料は省略したり、書き改めたところがあります。

A. (883年〈元慶7年〉4月21日) [a] 客ヲ饗スルニヨリテ、諸司官人雑色人等、b客徒在京ノ間、禁物ヲ帯フルヲ聴ス。従五位上行式部少輔兼文章博士加賀権守c菅原朝臣道真ヲ以テ、権ニd治部大輔事ヲ行フ。(中略) [a] 大使裴頲ニ対スル為、故ニ之ヲ為ス。

(『日本三代実録』)

【設　問】

1. 空欄aに該当する国名として、正しいものを下記より選びなさい。

ア. 隋　イ. 百済　ウ. 高麗　エ. 渤海

2. 下線部bに関連して、外国人使節が来日した際に宿泊するために筑紫や平安京内に設けられた施設として、正しいものを下記より選びなさい。

ア. 神泉苑　イ. 松林苑　ウ. 鴻臚館　エ. 碧蹄館

3. 下線部cの説明として、誤っているものを下記より選びなさい。なお、すべて正しい場合は「エ」をマークしなさい。

ア. 宇多天皇の時代に遣唐使の停止を進言した。

イ. 醍醐天皇の時代に自身の作品を『菅家文章』として編纂した。

ウ. 藤原忠平により九州に左遷され、死後は怨霊として恐れられ、その鎮魂のために太宰府天満宮が作られた。

4. 下線部dの省の説明として、正しいものを下記より選びなさい。

ア. 主に公文書の作成に関わる組織　イ. 主に神社や寺院の管理を行う組織

ウ. 主に外交業務に関わる組織　エ. 主に天皇家の財政に関わる組織

5. 史料Aは三代の天皇の時代の歴史を記したものであるが、それら三代の天皇に含まれないものを下記より選びなさい。

ア．文徳天皇　イ．清和天皇　ウ．陽成天皇　エ．光孝天皇

B．　日中両国は、一衣帯水の間にある隣国であり、e長い伝統的友好の歴史を有する。両国国民は、両国間にこれまで存在していた不正常な状態に終止符を打つことを切望している。戦争状態の終結と日中国交の正常化という両国国民の願望の実現は、両国関係の歴史に新たな一頁を開くこととなろう。(中略) また、日本側は、中華人民共和国政府が提起した「f復交三原則」を十分理解する立場に立って国交正常化の実現をはかるという見解を再確認する。(中略)

三、中華人民共和国政府は、台湾が中華人民共和国の領土の不可分の一部であることを重ねて表明する。日本国政府は、この中華人民共和国の立場を十分理解し、尊重し、gポツダム宣言第八項に基づく立場を堅持する。

五、中華人民共和国政府は、中日両国国民の友好のために、日本国に対する戦争賠償の請求を放棄することを宣言する。

七、日中両国間の国交正常化は、h第三国に対するものではない。両国のいずれも、アジア・太平洋地域において覇権を求めるべきでなく、このような覇権を確立しようとする他のいかなる国あるいは国の集団による試みにも反対する。

(「日中共同声明」)

【設　問】

6．下線部eに関して、正しいものを下記より選びなさい。なお、すべて誤っている場合は「エ」をマークしなさい。

ア．遣唐使廃止後、しばらくは公式の国交は結ばれなかったが、宋が建国されるとすぐさま、正式な国交が樹立された。

イ．蒙古襲来後も民間レベルでは人の往来があり、天龍寺の造営にあたり、貿易船が元に派遣された。

ウ．遣明船の派遣は、明から無条件に受け入れられ、中断することなく、150年以上続けられた。

7．下線部fの内容として誤っているものを下記より選びなさい。

ア．中華人民共和国が中国で唯一の合法政府である。

イ．台湾は、中華人民共和国の領土の不可分の一部である。

ウ．日本と台湾との間で結ばれた条約は廃棄されなければならない。

エ．日本は中華人民共和国政府に対して戦争賠償の責任を有する。

8．下線部gの内容として誤っているものを下記より選びなさい。なお、すべて正しい場合は「エ」をマークしなさい。

ア．一定の期間、日本国領域内の一部を占領する。

イ．日本国の主権は、本州、北海道、九州、四国並びに一部の小島に限定する。

ウ．日本国軍隊は完全に武装を解除する。

9．下線部hとして当時具体的に念頭に置かれていた国について、正しいものを下記より選びなさい。なお、すべて誤っている場合は「エ」をマークしなさい。

ア．ニクソン大統領の下、中華人民共和国との対立を深めていたアメリカである。

イ．中華人民共和国と対立を深めていたソビエト連邦である。

ウ．朝鮮戦争を完全に終結させ、新たな脅威となりつつあった大韓民国である。

10．史料Bを発表した時の首相として、正しいものを下記より選びなさい。

ア．田中角栄　イ．三木武夫　ウ．福田赳夫　エ．鈴木善幸

〔Ⅳ〕次の文章A・Bを読んで設問に答えなさい。もっとも適切な答えを一つマークしなさい。

A．　戦前期日本の農業のひとつの大きな特徴は、a土地を持たずに他人の土地を耕作する小作農や小作地の増加であろう。明治前期には、1881年に大蔵卿に就任した［ b ］によるデフレ政策の影響等で小作農に転落する者が続出した。政府は日清戦争後の1899年に［ c ］を公布して農業振興をはかったが、日露戦争時の増税等で農村は疲弊した。［ d ］内閣は［ e ］を発するとともにf地方改良運動を進める等の政策をとったが、g大正時代や昭和初期には農村の疲弊は深刻度を増した。

【設　問】

1．下線部aに関して、正しいものを下記より選びなさい。なお、すべて誤っている場合は「エ」をマークしなさい。

ア．江戸時代には存在せず明治維新後に出現した。

イ．地租改正条例によって地租を納める義務を負った。

ウ．府県の役所から土地を借りて耕作を行った。

2．空欄b・dに該当する人物の組合せとして正しいものを下記より選びなさい。

ア．b：松方正義・d：西園寺公望　イ．b：松方正義・d：桂太郎

ウ．b：大隈重信・d：桂太郎　エ．b：大隈重信・d：西園寺公望

3．空欄c・eに該当する語句の組合せとして正しいものを下記より選びなさい。

ア．c：産業組合法・e：郡区町村編制法　イ．c：農業基本法・e：戊申詔書

ウ．c：農会法・e：戊申詔書　エ．c：農会法・e：郡区町村編制法

4．下線部fの説明として誤っているものを下記より選びなさい。なお、すべて正しい場合は「エ」をマークしなさい。

ア．農商務省が中心になって推進した。

イ．町村の財政基盤の強化をはかろうとした。

ウ．運動の推進母体として青年団等の組織化が進められた。

5．下線部gに関して、誤っているものを下記より選びなさい。

ア．小作農に転落する者が続出し、小作地率は70%を超えた。

イ．小作農が地主に小作料の引き下げや耕作権を求める小作争議が頻発した。

ウ．賀川豊彦等によって小作農の組合の全国組織である日本農民組合が結成された。

エ．恐慌や農産物価格の下落によって、東北地方の農村を中心に娘の身売りが続出した。

B．　第二次世界大戦後、日本の占領政策を指揮したGHQは、［　h　］内閣に対して$_{i}$五大改革の指令を出した。また、GHQは財閥や寄生地主制の存在も問題視し、$_{j}$財閥解体や$_{k}$農地改革を推し進めた。さらに［　l　］内閣に対して経済安定九原則の実行を指令した。$_{m}$この実行のためにアメリカからドッジが特別公使として招かれ、ドッジ=ラインと呼ばれる一連の施策が指示された。さらにシャウプを団長とする専門家チームが来日して租税に関する勧告を行った。

【設　問】

6．空欄h・lに該当する人物の組合せとして正しいものを下記より選びなさい。

ア．h：東久邇宮稔彦・l：芦田均　イ．h：東久邇宮稔彦・l：吉田茂

ウ．h：幣原喜重郎・l：吉田茂　エ．h：幣原喜重郎・l：芦田均

7．下線部iに該当するものを下記より選びなさい。

ア．労働組合の結成奨励　イ．基本的人権の尊重

ウ．戦争の放棄　エ．教育基本法の制定

8．下線部jの説明として誤っているものを下記より選びなさい。

ア．三井・三菱・住友・安田等、15財閥の資産の凍結・解体が命じられた。

イ．指定された持株会社や財閥家族の所有株式は、持株会社整理委員会に譲渡された。

ウ．持株会社整理委員会に譲渡された株式は一般に売り出された。

エ．過度経済力集中排除法の指定を受けた大企業はすべて分割・解体された。

9．下線部kの説明として誤っているものを下記より選びなさい。

ア．第1次農地改革は地主制解体の面で不徹底であるとGHQは勧告した。

イ．第2次農地改革では小作人に土地が安く売り渡され、小作地は消滅した。

ウ．第2次農地改革の結果、農家の大半が所有地1町歩未満の零細な自作農となった。

エ．第2次農地改革の結果、大地主たちは従来有した経済力を失った。

10．下線部mに関して、誤っているものを下記より選びなさい。なお、すべて正しい場合は「エ」をマークしなさい。

ア．ドッジは銀行家であり、シャウプは財政学者であった。

イ．ドッジは日本に赤字を許さない緊縮予算を編成させた。

ウ．シャウプ等の勧告により、直接税中心主義や累進所得税制が採用された。

2月2日実施分

解答 日本史

I 解答

1—イ　2—エ　3—エ　4—エ　5—エ　6—ア
7—ウ　8—ウ　9—イ　10—ウ

解説

《原始～現代の総合問題》

1. a．正文。

b．誤文。更新世に堆積した関東ローム層から打製石器が発見されたのは「埼玉県」ではなく，群馬県の岩宿である。

2. a．誤文。法隆寺金堂釈迦三尊像は中国南北朝の北魏様式の仏像である。中宮寺半跏思惟像の様式は百済・中国南朝様式ともいわれる。

b．誤文。日本で現存最古の漢詩集は『凌雲集』ではなく，奈良時代に編纂された『懐風藻』である。ちなみに，『凌雲集』は日本で最初の勅撰漢詩集である。

3. a．誤文。親鸞は，悪人正機説を説き，『選択本願念仏集』ではなく，『教行信証』を著した。『選択本願念仏集』は法然の著書である。

b．誤文。律宗の僧忍性（良観）は「京都」ではなく，奈良に北山十八間戸を建てた。

4. a．誤文。重源は「唐様」ではなく，大仏様という建築様式を採用して東大寺の再建にあたった。

b．誤文。『唐獅子図屛風』は「狩野正信」ではなく狩野永徳，『牡丹図』は「狩野元信」ではなく狩野山楽の代表作である。

5. a．誤文。『耶蘇会士日本通信』で堺のことを「ベニス市の如く」と報告したのは「ヴァリニャーニ」ではなく，ガスパル=ヴィレラである。

b．誤文。ヴァリニャーニによって金属製活字による印刷術が伝えられた結果，『源氏物語』ではなく，『平家物語』や『日葡辞書』等のキリシタン版が刊行された。

6. a．正文。

b．正文。江戸時代初期に山崎闇斎が説いた垂加神道は神道を儒教流に解釈したが，江戸時代後期に平田篤胤が大成した復古神道は神道から仏教や儒教を排除したものであることも覚えておこう。

7. a．誤文。大槻玄沢の門人の一人で，蘭日辞書『ハルマ和解』を作ったのは「前野良沢」ではなく，稲村三伯である。

b．正文。

8. a．誤文。「幕末の開国後に幕府は，江戸に蛮書和解御用を設け」が誤り。蛮書和解御用の設置は1811年である。開国後，蛮書和解御用は洋学所（1855年），蕃書調所（1856年），洋書調所（1862年）と改称された。

b．正文。

9. a．正文。

b．誤文。第二次世界大戦期には帝国大学は「7つ」ではなく，9つとなった。ちなみに，9帝国大学とは，東京・京都・東北・九州・北海道・京城（朝鮮）・台北（台湾）・大阪・名古屋の各帝国大学をいう。

10. a．誤文。文化財法護法が制定されたのは「鹿苑寺金閣の焼失」ではなく，法隆寺金堂壁画の焼損がきっかけである。

b．正文。

Ⅱ　解答

A. **1**―エ　**2**―ア　**3**―ウ　**4**―イ　**5**―エ
B. **6**―イ　**7**―エ　**8**―ウ　**9**―ア　**10**―イ

解説

《律令制下の土地・税制度，織豊政権》

A. **2.** イ．誤文。私有の奴婢の口分田は良民男女の「半分」ではなく，3分の1，官有の奴婢の口分田は良民男女の「三分の一」ではなく，良民男女と同等の面積が班給された。

ウ．誤文。農民の家屋や屋敷地の私有は認められていた。

エ．誤文。租は田地そのものに課せられる税であり，次丁・中男（少丁）などの年齢や性別に関係なく，1段につき稲2束2把が一律に課された。

3. ア．誤文。農民は庸・調を「国衙」ではなく，都まで運ぶ運脚の義務を負った。

イ．誤文。「庸・調ともに課されなかった」が誤り。中男（少丁）には，庸は課されなかったが，調は正丁の4分の1が課された。

エ．誤文。雑徭の期間は，のちに「2倍」ではなく，半減された。

4. イ．誤文。「困窮農民に特有のもの」が誤り。税などの負担を逃れようとした者の中には，有力農民も含まれていた。

5. エ．誤り。禁裏御料は天皇家の領地であり，室町時代から江戸時代にかけてそのように呼ばれた。

B. 6. 下線部ｇの実質的な室町幕府の滅亡は1573年である。ア．長篠合戦は1575年，イ．姉川の合戦は1570年，ウ．近江国安土で築城を開始したのは1576年。1573年より前の出来事なので正解はイ。

7. ア．誤文。日親は「一向宗」ではなく，日蓮宗（法華宗）の僧である。また，日親は「足利義昭」ではなく，６代将軍足利義教に弾圧され，「なべかむり上人」と呼ばれた。

イ．誤文。長期間にわたり織田信長と戦ったのは，石山本願寺の「蓮如」ではなく，顕如である。

ウ．誤文。越前の一向一揆と伊勢長島の一向一揆が制圧された順序が逆である。織田信長は，伊勢長島の一向一揆を全滅させたのに続き，越前の一向一揆を平定した。

8. ア．誤文。徳川家康は関白の役職に就いていない。

イ．誤文。太閤は関白の役職の別称ではない。豊臣秀吉は養子の秀次に関白を譲ったのち，太閤と名乗った。

エ．誤文。天皇の幼少期にその政務を代行する役職は「関白」ではなく，摂政である。関白は成人後の天皇を補佐する役職である。

10. ア．誤文。諸大名に私戦の停止を徹底させるために発したのは惣無事令であり，「一郷も二郷も悉くなでぎり」，「山のおく，海はろかいのつづき候迄，念を入るべき事」と命じたのは，太閤検地のときである。

ウ．誤文。新築した聚楽第に「後水尾天皇」ではなく，後陽成天皇を迎えて，諸大名の前で自らの権力を誇示してみせた。

Ⅲ 解答

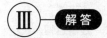

A. **1**—エ **2**—ウ **3**—ウ **4**—ウ **5**—ア
B. **6**—イ **7**—エ **8**—エ **9**—イ **10**—ア

解説

《渤海使の来日，戦後の日中外交》

A. 1. 史料Ａにある「883年」をヒントに渤海を導く。隋は618年，百済は660年に滅び，高麗は918年に建国された。渤海は698年に建国され，926年に滅びている。よって，正解はエ。

3． ウ．誤文。菅原道真は「藤原忠平」ではなく，藤原時平の策謀により九州に左遷された。死後は怨霊として恐れられ，その鎮魂のために墓所に太宰府天満宮，京都には北野天満宮が建てられた。

5．『日本三代実録』は，『日本書紀』からはじまる六国史の最後のもので，清和天皇・陽成天皇・光孝天皇の3代の出来事を編年体で記したものである。よって，正解はア。

B．6． ア．誤文。「宋が建国されるとすぐさま，正式な国交が樹立された」が誤り。日本は宋とも正式な国交を樹立しておらず，日宋貿易は私貿易であった。

ウ．「無条件に受け入れられ，中断することなく」が誤り。明との貿易には明側から発行される勘合の持参が義務づけられ，室町幕府4代将軍の足利義持のときに一時中断されている。

7． エ．誤文。史料B（日中共同声明）の第5項に「日本国に対する戦争賠償の請求を放棄することを宣言する」と明記されていることからもわかるように，中華人民共和国は，日本に対する戦争賠償の請求を放棄している。

9． イ．正文。史料Bの第7項は「反覇権条項」と呼ばれる。当時，中ソ対立が激化しており，ここで念頭に置かれていたのはソビエト連邦である。

ア．誤文。ニクソン大統領の下，アメリカは中華人民共和国と「対立を深めていた」のではなく，接近している。

ウ．誤文。朝鮮戦争は完全に終結していない。1953年に板門店で結ばれたのは休戦協定である。

10． 日中共同声明は1972年，田中角栄首相のときに発表されているが，日中平和友好条約は1978年，福田赳夫首相のときに締結されている。しっかり確認しておこう。

Ⅳ 解答

A．1ーエ　**2**ーイ　**3**ーウ　**4**ーア　**5**ーア
B．6ーウ　**7**ーア　**8**ーエ　**9**ーイ　**10**ーエ

解説

《昭和戦前の農業，戦後の経済》

A．1． ア．誤文。「江戸時代には存在せず」が誤り。小作農は，江戸時代にも存在した。

イ．誤文。「(小作農は) 地租を納める義務を負った」が誤り。地租を納める義務を負ったのは，地主や自作農である地券（土地）所有者である。

ウ．誤文。小作農は「府県の役所」ではなく，地主から土地を借りて耕作を行い，地主に対して高率の現物小作料を納めた。

3． やや難。消去法で解答しよう。まず，郡区町村編制法は1878年に制定された，地方三新法の一つであることから，日露戦争後のことである空欄 e には戊申詔書があてはまる。その上で，農業基本法が戦後の1961年に公布されたものであることがわかれば，1899年の公布とされる空欄 c には農会法が導ける。農会法の公布によって，農業振興のため農会が設立された。農会は，第二次世界大戦後に農業協同組合に改組された。

4． ア．誤文。地方改良運動は「農商務省」ではなく，内務省が中心になって推進した。

5． ア．誤文。「小作地率は70％を超えた」が誤り。小作地率は大正時代や昭和初期には50％近くあったが，70％は超えていない。

B．7． 五大改革の指令の内容は，婦人（女性）参政権の付与，労働組合の結成奨励，教育制度の自由主義的改革，秘密警察などの廃止，経済機構の民主化である。よって，正解はア。

8． エ．誤文。「すべて分割・解体された」が誤り。過度経済力集中排除法の指定を受けた325社のうち，実際に分割・解体されたのは日本製鉄や三菱重工など11社だけであった。

9． イ．誤文。「小作地は消滅した」が誤り。第2次農地改革の結果，全農地の50％近くあった小作地が10％程度となった。

2月6日実施分　問題　日本史

（60分）

〔Ⅰ〕次の1～10の文章について、a・bとも正しい場合はアを、aが正しくbが誤っている場合はイを、aが誤りでbが正しい場合はウを、a・bともに誤っている場合はエをマークしなさい。

1．a．弥生時代には、大陸の進んだ稲作技術を取り入れた水稲耕作が行われた。弥生時代の初期から、農具には金属製の鍬や犁（犂）が用いられ、乾田の開発も行われた。

b．古墳時代前期・中期の古墳は、木棺や石棺を竪穴式石室におさめたが、後期になると、埋葬施設は横穴式石室が多くなった。

2．a．中大兄皇子は宮を交通の要地である近江大津に移して、その後、即位して天智天皇となった。天智天皇の時代には、全国にわたる最初の戸籍である庚午年籍が作られた。

b．8世紀初頭、刑部親王や藤原不比等らによって大宝律令が完成した。大宝律令の原本は正倉院に保管され、国宝に指定されている。

3．a．かな文字の発明は日本語の文を自由に書き表すことを可能にした。国風文化の時代には、『古今和歌集』や『竹取物語』、『源氏物語』等のかな文字の優れた文学作品が次々と創作された。

b．10世紀後半以降、田堵の中から開発を進め大規模な経営を行う者が現れた。11世紀には開発領主より中央の有力者へ所領が寄進される動きが広がり、寄進地系荘園が増大した。

4．a．後白河法皇が源義経に源頼朝の追討を命じると、頼朝は京都に軍勢を送ってその追討令を撤回させた。そして、諸国には守護、荘園・公領には地頭を任命する権利を頼朝は獲得した。

b．一遍は、諸国を巡りながら踊念仏を通じて民衆や武士に浄土教の教えを広めた。一遍の布教の様子は絵巻物『一遍上人絵伝』からうかがうことができる。

5．a．足利義満の時代に始まった日明貿易において、主たる輸入品は銅銭・刀剣・硫黄等であり、主たる輸出品は生糸や扇・屏風等の工芸品であった。

b．北山文化を代表する寺院として、庭園で著名な西芳寺・龍安寺等がある。東山文化を代表する寺院としては、同じく庭園で著名な天龍寺・大徳寺等がある。

6．a．織田信長は、自治都市であった堺を屈服させ、その経済力を支配下に入れた。また、安土城下町等では楽市令を出して、商工業者に自由な営業を保障した。

b．江戸幕府の職制は３代将軍徳川家光の頃までに概ね整備され、政務を統括する老中の下に寺社奉行・町奉行・勘定奉行の三奉行が置かれた。

7．a．江戸幕府は金座・銀座を設けて全国に通用する貨幣・紙幣を発行した。東日本ではおもに金貨が、西日本ではおもに銀貨が取引や通貨計算の中心とされた。

b．寛永期、京都の尾形光琳は、俵屋宗達の画法を取り入れて琳派をおこし、『紅白梅図屏風』・『燕子花図屏風』・『夕顔棚納涼図屏風』等の絵画を残した。

8．a．18世紀末、ロシア使節ラクスマンが根室に来航し、大黒屋光太夫を届けるとともに通商を求めた。幕府は、鎖国が祖法であるとして拒否し、長崎入港の許可を与えて退去させた。

b．日米修好通商条約の締結後、幕府はオランダ・ロシア・イギリス・フランスとも類似の条約を結んだ。日米修好通商条約締結の翌年には、横浜・長崎・箱館で貿易が始まった。

9．a．西南戦争戦費調達のため政府は不換紙幣を増発した。加えて、国立銀行条例改正で兌換義務を除かれた国立銀行が大量に不換銀行券を発行したため、激しいインフレーションが起こった。

b．帝国議会の第１回衆議院総選挙では、民権派の民党である立憲改進党・立憲自由党等が政府系の立憲帝政党を大きく上回る議席数を得た。

10．a．昭和恐慌からの脱却を図るため、浜口雄幸内閣の高橋是清蔵相は金輸出再禁止と円の金兌換停止を行い、日本経済は金本位制から管理通貨制度に移行した。

b．日中戦争や国際情勢の不安定化による軍需優先の下で、広田弘毅内閣は、砂糖・マッチ等の消費を抑制する切符制と米の配給制を実施した。

〔Ⅱ〕次の文章を読んで設問に答えなさい。もっとも適切な答えを一つマークしなさい。

日本は地震多発国であり、2011年の東日本大震災や1995年の阪神・淡路大震災等、人びとの記憶に深く刻まれた災害が少なくない。

たしかな文献に残る最初の地震記録は［　a　］推古天皇7年（599年）の地震による家屋の倒壊記事である。［　a　］天武天皇13年（684年）にはマグニチュード8以上（以下「M」と略す。地震の大きさは以下もすべて推定）の地震が発生し、土佐では田12 km^{2}が水没し、伊豆では新たな島が海面上に姿を現したという。これは$_b$白鳳南海地震と呼ばれる。

奈良時代には、聖武天皇の天平6年（734年）に生駒断層直下型の地震が発生し、多くの家屋が倒壊して多数の人びとが亡くなったことが［　c　］に記されている。また、この地震によって$_d$誉田御廟山古墳が一部崩壊したと指摘されている。

$_e$清和天皇の貞観11年（869年）の陸奥ではM8以上の激震があり、大津波が発生した。津波は海岸線から3～4 km も内陸に及び、死者は千人を超え、$_f$多賀城が損壊した。光孝天皇死去直前の仁和3年（887年）にもM8以上の地震が京畿内を襲い、津波も発生して多数の死者が出た。

承平8年（938年）には、M7クラスの地震が京畿内で発生し、高野山でも多くの建物が損壊した。地震の翌月には地震兵革の厄運をつつしむとの理由で「天慶」と$_g$年号をかえた（改元）。改元によって凶兆を除こうという災異改元で、この後しばしば行われることになる。

平氏が滅亡した文治元年（1185年）に京都周辺で大地震が発生したことは、鴨長明『方丈記』にも記されている。この地震では院政権力のシンボル的存在であった$_h$法勝寺が大きく破損した。

正応6年（1293年）、M8クラスの地震が鎌倉周辺で発生した。数千～2万3千人が死亡し、建長寺が倒壊した。地震直後には執権北条貞時が内管領$_i$平頼綱を討滅する政変が発生している。

明応4年（1495年）と同7年にはM8クラスの地震が東海地方に起こり、津波が沿岸を襲った。浜名湖が海とつながり、$_j$鎌倉大仏の大仏殿が流されて大仏だけ露座したのも、いずれかの地震の折と考えられている。

文禄5年（1596年）には3つの連動型地震が発生した。特に3番目の慶長伏見大地震（文禄が慶長に改元された）では、豊臣秀吉の居所であった$_k$伏見城が倒壊した。現在でも各地でこの地震の痕跡を観察することができる。

【設　問】

1．空欄a・cに該当する語句の組合せとして正しいものを下記より選びなさい。

ア．a：『日本書紀』・c：『古事記』　イ．a：『日本書紀』・c：『続日本紀』

ウ．a：『古事記』・c：『日本後紀』　エ．a：『古事記』・c：『続日本紀』

2．下線部bの「白鳳」は文化史や美術史の時代区分の呼称であるが、白鳳文化に該当しないものを下記より選びなさい。

ア．法隆寺阿弥陀三尊像　イ．法隆寺夢違観音像

ウ．薬師寺金堂薬師三尊像　　エ．薬師寺僧形八幡神像

3．下線部ｄについて誤っているものを下記より選びなさい。

ア．大阪の百舌鳥古墳群にある。

イ．墳丘長は400ｍを超え、大仙陵古墳に次いで第2位の規模を持つ。

ウ．古墳時代中期の古墳である。

エ．応神天皇の陵とされている。

4．下線部ｅの頃の政情として正しいものを下記より選びなさい。

ア．藤原良房は伴健岑・橘逸勢等を退け、光孝天皇を即位させた。

イ．藤原良房は応天門の変に際して摂政となり権力を握っていた。

ウ．藤原基経は阿衡の紛議を経て摂政となり権力を握っていた。

エ．藤原時平は菅原道真を左遷して摂政となり権力を握っていた。

5．下線部ｆについて誤っているものを下記より選びなさい。

ア．阿倍比羅夫が築城し、蝦夷攻略の拠点となった。

イ．陸奥国府や鎮守府が置かれた。

ウ．光仁天皇の時に伊治呰麻呂の乱によって焼亡し、再建された。

エ．坂上田村麻呂が胆沢城を築くと、鎮守府を多賀城から移した。

6．下線部ｇに関して、誤っているものを下記より選びなさい。

ア．日本の元号は大化から始まり、現在に至るまで絶え間なく続いている。

イ．元号の制定は天皇の権限に属し、いかなる武家政権でも元号を制定する権限はなかった。

ウ．一世一元の制の制度化は明治から始まった。

エ．8世紀初めに武蔵国から銅が朝廷に献上されると、改元が行われた。

7．下線部ｈについて誤っているものを下記より選びなさい。

ア．末法思想が広がる中で、上皇たちが深く仏教を信仰していたことが建立の背景にある。

イ．白河天皇が造立した。

ウ．尊勝寺・勝鬘寺等と合わせて六勝寺という。

エ．洛外の白河（岡崎）に建立された。

8．下線部ｉが関与した出来事を下記より選びなさい。

ア．和田合戦　　イ．宝治合戦　　ウ．霜月騒動　　エ．正中の変

9．下線部ｊの名称を下記より選びなさい。

ア. 浄瑠璃寺阿弥陀如来像　イ. 法界寺阿弥陀如来像
ウ. 観心寺如意輪観音像　エ. 高徳院阿弥陀如来像

10. 下線部kについて誤っているものを下記より選びなさい。なお、すべて正しい場合は「エ」をマークしなさい。

ア. 水運の要衝として発展し、江戸時代には角倉了以が京都・伏見間の高瀬川水運を開削した。

イ. 江戸時代には伏見奉行の支配下にあった。

ウ. 江戸時代には酒造業で有名であった。

〔Ⅲ〕次の史料A・Bを読んで設問に答えなさい。もっとも適切な答えを一つマークしなさい。なお史料は省略したり、書き改めたところがあります。

A.　十四年春二月、a百済王縫衣工女を貢る、真毛津と曰ふ、是れ今の来目衣縫が始祖なり。是歳、b弓月君a百済より来帰けり、因りて以て奏して之曰さく、臣、己国の人夫百廿県を領いて帰化く。然れどもc新羅人の拒ぐに因りて皆d加羅国に留まれり。爰に葛城襲津彦を遣して弓月の人夫をd加羅に召す。然れども三年を経るまで襲津彦来ず。

【設　問】

1. 下線部a・c・dが出た地域の組合せとして正しいものを下記より選びなさい。

ア. a：弁韓・c：馬韓・d：辰韓　イ. a：弁韓・c：辰韓・d：馬韓
ウ. a：馬韓・c：辰韓・d：弁韓　エ. a：辰韓・c：弁韓・d：馬韓

2. 下線部bが先祖という伝説を持つ渡来人系の氏族として、正しいものを下記より選びなさい。

ア. 西文氏　イ. 秦氏　ウ. 東漢氏　エ. 大仏氏

3. 史料Aに関連して、5世紀の東アジアをめぐる情勢として正しいものを下記より選びなさい。

ア. 讃・珍・済・興・武と記された倭の五王が中国南朝に朝貢した。

イ. 朝鮮半島北部に領土を広げた高句麗が楽浪郡を滅ぼした。

ウ. 三国時代の後、晋が中国を統一した。

エ. 倭国では大臣の蘇我稲目と大連の物部尾輿が仏教崇拝をめぐって対立した。

B.　先亡相模入道宗鑒カ二男、相模次郎時行ハ、一家忽(たちまち)ニ亡シ後ハ、天ニ跼(せぐくま)*1リ地ニ蹐*2シテ、一身ヲ置ニ安キ所ナカリシカバ、コゝノe禅院、彼ノ律院ニ、一夜二夜ヲ明シテ、隠レアリキケルガ、竊(ひそか)ニ使者ヲf吉野殿へ進テ申入ケルハ、「亡親[g]法師、臣タル道ヲ弁ヘズシテ、遂ニ滅亡ヲ勅勘*3ノ下ニ得タリキ。然トイヘ共、天誅ノ理ニ当ル故ヲ存ズルニ依テ、時行一塵モ君ヲ恨申処ヲ存候ハズ。[h]ニ[i]ハ関東ヲ滅シ、尊氏ハ j 六波羅探題ヲ攻落ス。彼両人何モ勅命ニ依テ、征罰ヲ事トシ候シ間、憤ヲ公儀ニ忘レ候シ処ニ、尊氏忽ニ朝敵トナリシカバ、威ヲ綸命ノ下ニ仮テ、世ヲ叛逆ノ中ニ奪ント企ケル心中、事已ニ露顕シ候歟。抑尊氏ガ其人タル事、偏ニ当家優如ノ厚恩ニ依候キ。然ニ恩ヲ荷テ恩ヲ忘レ、天ヲ戴テ天ヲ乖(そむ)ケリ。其大逆無道ノ甚シキ事、世ノ悪ム所、人ノ指サス所ナリ。（中略）勅免ヲ蒙テ、朝敵誅罰ノ計略ヲ廻スベキ由、綸旨ヲ成下サレバ、宜ク官軍ノ義戦ヲ扶ケ、皇統ノ大化ヲ仰申ベキニテ候（中略）」ト、伝奏ニ属シテ委細ニゾ奏聞シタリケル。主上能々聞召テ、「犂牛ノタトヘ*4、其理シカ也。罰其罪ニアタリ、賞其功ニ感ズルハ善政ノ最タリ。」トテ、則恩免ノ綸旨ヲゾ下レケル。

（注）＊1　踞…うずくまり、体を丸くしてしゃがむこと　＊2　蹐…ぬきあしさしあし　＊3　勅勘…天皇から受ける咎め　＊4　犂牛の喩え…父親が悪く愚か者であってもその子供が賢ければ才能は認められるという意味

【設　問】

4．下線部eに関連して、正しいものを下記より選びなさい。

ア．比叡山に学び、宋に渡った栄西は、帰国して禅宗をもたらした。

イ．蘭溪道隆・夢窓疎石等の中国の禅僧が来日した。

ウ．鎌倉幕府は、来日した僧侶を招いて、京都に円覚寺等を建立した。

エ．栄西の弟子である道元は、南宋に渡った後、越後国に永平寺を開いた。

5．下線部fに関して、大覚寺統に属さない人物を下記より選びなさい。

ア．花園天皇　　イ．亀山天皇　　ウ．後村上天皇　　エ．後宇多天皇

6．空欄gに該当する人物に関連して、正しいものを下記より選びなさい。なお、すべて誤っている場合は「エ」をマークしなさい。

ア．空欄gは、討幕に挙兵した天皇を捕えて、天皇を佐渡に流した。

イ．空欄gの父は、長崎高資を内管領に任じて、御家人の反発を招いた。

ウ．空欄gの祖父は、京より宗尊親王を将軍に招いた。

7．空欄hに該当するものを下記より選びなさい。

ア．建武　　イ．観応　　ウ．元弘　　エ．正中

8．空欄iに該当する人物の説明として正しいものを下記より選びなさい。なお、すべて誤っている場合は「エ」をマークしなさい。

ア．肥後国の出身で、南朝方について戦ったが、筑前多々良浜の戦いで敗死した。

イ．湊川の戦いで敗死した。

ウ．上野国の出身で、南朝方について戦ったが、藤島の戦いで敗死した。

9．下線部ｊに関して、正しいものを下記より選びなさい。なお、すべて誤っている場合は「エ」をマークしなさい。

ア．初代の長官は北条時頼だった。

イ．西国の監視のため、摂津国に置かれた。

ウ．京都守護と協力して任務にあたった。

10．史料Ｂから読み取れることとして誤っているものを下記より選びなさい。

ア．父は臣下の道をわきまえなかったため滅ぼされたが、それは天誅の正しい道理に当たっており、天皇のことはまったく恨んでいないと時行は考えている。

イ．尊氏と直義が兄弟であるにもかかわらず、互いに憎しみ争っているのは、まさに不義そのものであると時行は考えている。

ウ．尊氏が現在の地位にあるのは、時行の一族の恩によるものであるが、その恩を忘れ、さらに天皇に背いたのは、人の道に反し、道理を忘れた行為だと時行は考えている。

エ．天皇は尊氏・直義という朝敵を誅するために、時行の過去の罪を許した。

〔Ⅳ〕次の文章Ａ・Ｂを読んで設問に答えなさい。もっとも適切な答えを一つマークしなさい。

Ａ．　明治の元勲伊藤博文は ａ立憲政友会総裁として第４次内閣を組閣したが、貴族院の抵抗もあり、内閣は1901年に総辞職した。この後、伊藤と同じ長州出身の桂太郎が組閣し、桂と西園寺公望が政権を担当する ｂ「桂園時代」とよばれる時期が続いた。この時期には日本の周辺や国際社会において様々な出来事が生じた。ｃ日露戦争と前後して、日本は ｄ朝鮮半島へ進出していった。日露戦争後には日本は中国東北部へも進出し、そこでの権益を維持する政策をとるが、のちに ｅ欧米諸国との利害対立が明らかになっていった。

【設　問】

1．下線部ａの説明として誤っているものを下記より選びなさい。なお、すべて正しい場合は「エ」をマークしなさい。

ア．立憲政友会の誕生は、政党勢力のいっそうの拡大に反対する山県有朋等の動きに反発するものだった。

イ．立憲政友会には憲政党から分裂した憲政本党の党員が参画した。

ウ．伊藤以降の立憲政友会総裁には、西園寺公望、原敬等が就任した。

2．下線部ｂの説明として正しいものを下記より選びなさい。

ア．西園寺公望内閣は、義務教育の期間を６年間に延長した。

イ．西園寺公望内閣は、戊申詔書を発布し、国民の倹約を訴えた。

ウ．桂太郎内閣は、当初日本社会党の設立を認めたが、後に非合法化した。

エ．桂太郎内閣は、12歳未満の者の就業禁止を含む工場法を制定し、即日施行した。

3．下線部ｃに関連して、正しいものを下記より選びなさい。

ア．朝鮮半島を日本の利益線と考える桂太郎や山県有朋は、ロシアとの満韓交換論を主張した。

イ．第１次日英同盟協約は締約国のどちらかが他国（ロシア）と交戦する場合には、参戦する義務があった。

ウ．日露戦争の戦費財源は外国債の割合がもっとも多かった。

エ．与謝野晶子は「君死にたまふこと勿れ」の反戦詩を雑誌『太陽』に発表した。

4．下線部ｄに関して、出来事の順番が古い順に正しく並んでいるものを下記より選びなさい。

①ハーグ密使事件が起こった。　②東洋拓殖会社が設立された。

③韓国統監府が置かれた。　④韓国皇帝が譲位した。

ア．②→③→①→④　イ．③→②→④→①　ウ．②→①→③→④　エ．③→①→④→②

5．下線部ｅに関連して、日露戦争後の出来事として誤っているものを下記より選びなさい。

ア．日露戦争後の日露関係は好転し、日露協約が数次にわたって結ばれた。

イ．南満州鉄道株式会社の本社は大連に置かれた。

ウ．ロシアから得た鉄道利権をめぐって日本政府とアメリカの鉄道企業家ハリマンの間で桂・ハリマン協定が結ばれ、実行された。

エ．朝鮮半島に駐留する陸軍２個師団増設は、大隈重信内閣の時に実現した。

B．　第二次世界大戦後の日本は対米基軸路線のなかで、軽武装、貿易立国の道を歩んできた。$_f$<u>サンフランシスコ講和会議</u>で戦前の交戦国の一部との関係回復が行われた。戦後の米ソ冷戦は日本外交にも影響し、$_g$<u>ソ連とは1956年の国交回復</u>、$_h$<u>中国とは1972年の国交正常化</u>を待たなければならなかった。日本と中国はその後、$_i$<u>日中平和友好条約</u>を結んだ。米ソ冷戦は1989年12月のマルタ会談での宣言で終わったが、当時の日本の内閣は［　ｊ　］内閣であった。

【設　問】

6．下線部ｆに関して、正しいものを下記より選びなさい。

ア．この講和会議に出席したビルマ、トルコは講和内容に不満をもち、調印しなかった。

イ．南原繁らの平和問題懇談会の意見を受け、吉田茂首相は全面講和を望んでいた。

ウ．この講和条約が調印された同じ日に日米安全保障条約が結ばれた。

エ．この講和条約は調印と同じ年に発効し、日本は独立を回復した。

7．下線部gの日ソ国交回復と同じ年の出来事として正しいものを下記より選びなさい。なお、すべて誤っている場合は「エ」をマークしなさい。

ア．日本は岩戸景気の中にあり経済回復の途上にあった。

イ．経済企画庁は「もはや戦後ではない」と『経済白書』に明記した。

ウ．日本はGATT（関税及び貿易に関する一般協定）に加盟した。

8．下線部hに関連して、出来事の順番が古い順に正しく並んでいるものを下記より選びなさい。

①LT貿易が開始された。②中国で文化大革命が始まった。③日華（台）平和条約が結ばれた。

ア．①→③→②　　イ．①→②→③　　ウ．③→②→①　　エ．③→①→②

9．下線部iの説明として誤っているものを下記より選びなさい。

ア．この条約で明記された「覇権条項」をめぐっては日中間で交渉の焦点となった。

イ．福田赳夫内閣の時に条約が結ばれた。

ウ．この条約で中国による日本への戦争補償の請求問題が解決された。

エ．この条約が結ばれた背景には中ソ対立も影響していた。

10．空欄jに該当する人物を下記より選びなさい。

ア．海部俊樹　　イ．橋本龍太郎　　ウ．中曽根康弘　　エ．村山富市

2月6日実施分 解答 日本史

I 解答 1―ウ 2―イ 3―ア 4―ア 5―エ 6―イ 7―エ 8―ア 9―イ 10―エ

解説

《原始～近代の総合問題》

1. a．誤文。鉄の刃先をつけた鍬や鋤，乾田がみられるようになったのは弥生時代後期。牛馬などを利用して土を掘り起こす犂は平安時代頃から使われるようになったとされる。

b．正文。

2. a．正文。

b．誤文。「原本は正倉院に保管され，国宝に指定されている」が誤り。大宝律令は現存していない。

3. a．正文。

b．正文。開発を進め大規模な経営を行う田堵は，大名田堵と呼ばれた。

4. a．正文。

b．正文。一遍は時宗の開祖であり，諸国をめぐりながら念仏の教えを広めたため，「遊行上人」と呼ばれる。

5. a．誤文。日明貿易の輸入品と輸出品の一部の品目が間違っている。刀剣・硫黄は「輸入品」ではなく輸出品であり，生糸は「輸出品」ではなく輸入品である。

b．誤文。西芳寺・天龍寺は南北朝文化，龍安寺・大徳寺は東山文化を代表する著名な庭園がある寺院である。

6. a．正文。

b．誤文。三奉行のうち寺社奉行は「老中」ではなく，将軍の下に置かれた。

7. a．誤文。江戸幕府が全国に通用する貨幣として発行したのは金・銀・銭の三貨であり，紙幣は発行していない。17 世紀後半からみられる藩札という紙幣は，各藩などが発行したものであり，その領内のみで通用した。

b．誤文。尾形光琳は元禄期を中心に活躍した画家・工芸家で，「寛永期」にはまだ生まれていない。また，『夕顔棚納涼図屛風』は「尾形光琳」ではなく，久隅守景の作品である。

8． a．正文。ロシア使節ラクスマンに与えられた長崎入港の許可証は信牌と呼ばれる。

b．正文。

9． a．正文。

b．誤文。立憲帝政党は1890年に行われた第1回衆議院総選挙では存在しない。立憲帝政党は1882年に結党されたが，翌年に解党している。

10． a．誤文。昭和恐慌からの脱却を図るため，金輸出再禁止と円の金兌換停止を行ったのは「浜口雄幸内閣」ではなく，犬養毅内閣の高橋是清蔵相である。

b．誤文。砂糖・マッチ等の消費を抑制する切符制と米の配給制を実施したのは「広田弘毅内閣」ではなく，米内光政内閣・第2次近衛文麿内閣のときである。

Ⅱ　解答

1—イ　**2**—エ　**3**—ア　**4**—イ　**5**—ア　**6**—ア
7—ウ　**8**—ウ　**9**—エ　**10**—エ

解説

《古代～近世の地震の記録》

1．『古事記』は神代から推古天皇に至るまでの記録であり，2つめの空欄a直後には「天武天皇13年」とあるので，『日本書紀』を導く。空欄cは「奈良時代」の「聖武天皇の天平6年」の出来事とわかるので，『続日本紀』を導く。よって，正解はイ。

2． エ．薬師寺僧形八幡神像は「白鳳文化」ではなく，弘仁・貞観文化に該当する。

3． ア．誤文。誉田御廟山古墳は「百舌鳥古墳群」ではなく，古市古墳群にある。

4． ア．誤文。藤原良房は伴健岑・橘逸勢を退け，「光孝天皇」ではなく，清和天皇を即位させた。

ウ．誤文。藤原基経は，阿衡の紛議を経て「摂政」ではなく，関白となり権力を握っていた。

エ．誤文。藤原時平は菅原道真を左遷したが，摂政にはなっていない。菅原道真を策謀により大宰府へ左遷したときは，左大臣であった。

5． ア．誤文。多賀城は「阿倍比羅夫」ではなく，大野東人によって築城され，蝦夷攻略の拠点となった。

6． やや難。ア．誤文。「現在に至るまで絶え間なく続いている」が誤り。日本の元号は，645年の「大化」にはじまるが，701年に「大宝」の元号が定められるまで7世紀には中断される時期があった。

7． ウ．誤文。勝鬘寺は六勝寺の一つではない。六勝寺とは法勝寺・尊勝寺・最勝寺・円勝寺・成勝寺・延勝寺を指す。

8． 霜月騒動とは，北条得宗家の内管領平頼綱によって，鎌倉幕府の有力御家人安達泰盛が滅ぼされた事件である。

III 解答 **A．** 1—ウ　2—イ　3—ア
B． 4—ア　5—ア　6—エ　7—ウ　8—ウ
9—エ　10—イ

解説

《弓月君の渡来，北条時行と南朝》

A．2．「弓月君が先祖という伝説を持つ渡来人系の氏族」から秦氏を導く。その他の渡来人系氏族として，西文氏の祖先とされる王仁，東漢氏の祖先とされる阿知使主も覚えておこう。

3． イ．誤文。高句麗が楽浪郡を滅ぼしたのは313年で，4世紀のことである。

ウ．誤文。晋が中国を統一したのは265年で，3世紀のことである。

エ．誤文。大臣の蘇我稲目と大連の物部尾輿が仏教崇拝をめぐって対立（崇仏論争）したのは，6世紀のことである。

B．4． イ．誤文。夢窓疎石は「中国」ではなく，伊勢国（三重県）出身の禅僧である。

ウ．誤文。円覚寺は「京都」ではなく，鎌倉に建立された。

エ．誤文。道元は「栄西の弟子」ではなく，栄西の弟子である明全に師事した。また，道元は永平寺を「越後国」ではなく，越前国に開いた。

5． 花園天皇は持明院統に属する天皇である。

6． 史料Bの「先亡相模入道宗鑒カ二男，相模次郎時行」「亡親」から，

空欄ｇに該当する人物には北条時行の父高時を導く。
ア．誤文。北条高時は討幕に挙兵した天皇（後醍醐天皇）を捕えて，天皇を「佐渡」ではなく，隠岐に流した。
イ．誤文。北条高時の父は貞時であり，貞時は「長崎高資」ではなく，平頼綱を内管領に任じた。
ウ．誤文。北条高時の祖父は，時宗である。京より宗尊親王を将軍に招いたのは，時宗の父である時頼である。
8．空欄ｉには，史料Ｂの「尊氏ハ六波羅探題ヲ攻落ス」をヒントに，同じ頃に関東で挙兵して鎌倉を攻めた新田義貞を導く。
ア．誤文。肥後国の出身で，筑前多々良浜の戦いで敗死したのは，阿蘇惟直である。
イ．誤文。湊川の戦いで敗死したのは，楠木正成である。
9．ア．誤文。六波羅探題の初代の長官は「北条時頼」ではなく，北条泰時とその叔父の時房である。
イ．誤文。六波羅探題は「摂津国」ではなく，山城国（京都）に置かれた。
ウ．誤文。六波羅探題は京都守護に代わって設置された機関である。
10．イ．誤文。史料Ｂからは読み取れない内容である。
ア．正文。「天誅ノ理ニ当ル故ヲ存ズルニ依テ，時行一塵モ君ヲ恨申処ヲ存候ハズ」から読み取れる。
ウ．正文。「尊氏ガ其人タル事，偏ニ当家優如ノ厚恩ニ依候キ。然ニ恩ヲ荷テ恩ヲ忘レ，天ヲ戴テ天ヲ乖ケリ」から読み取れる。
エ．正文。「『犁牛ノタトヘ，其理シカ也。罰其罪ニアタリ，賞其功ニ感ズルハ善政ノ最タリ。』トテ，則恩免ノ綸旨ヲゾ下レケル」から読み取れる。

Ⅳ　解答　**Ａ．** **1**－イ・エ　**2**－ア　**3**－ウ　**4**－エ　**5**－ウ
Ｂ． **6**－ウ　**7**－イ　**8**－エ　**9**－ウ　**10**－ア

解説

《明治時代の政治・外交，戦後の米ソ冷戦と日本外交》

Ａ．1．イ．教科書の理解にもとづけば，立憲政友会に接近したのは憲政本党（旧進歩党系）ではなく憲政党（旧自由党系）なので，誤文と判断できる。ただし，厳密には憲政本党からも尾崎行雄らが立憲政友会の創立に参加しているため，正文と解釈することも可能である。したがって，イと

エの両方が正解として扱われた。

2． イ．誤文。戊申詔書を発布したのは「西園寺公望内閣」ではなく，桂太郎内閣（第2次）である。

ウ．誤文。当初日本社会党の設立を認めたが，のちに非合法化したのは「桂太郎内閣」ではなく，西園寺公望内閣（第1次）である。

エ．誤文。「即日施行した」が誤り。工場法は1911年，桂太郎内閣（第2次）のときに制定されたが，施行されたのは1916年，第2次大隈重信内閣のときである。

3． ア．誤文。ロシアとの満韓交換論を主張したのは「桂太郎や山県有朋」ではなく，伊藤博文や井上馨らである。桂太郎や山県有朋らは，日英同盟論を主張した。

イ．誤文。第1次日英同盟協約では，締約国のどちらかが他国（1国）と交戦する場合には「参戦する義務があった」のではなく，厳正中立を守るとされていた。参戦するのは2国以上と交戦することになった場合である。

エ．誤文。与謝野晶子は「君死にたまふこと勿れ」の反戦詩を雑誌『太陽』ではなく，『明星』に発表した。

4． ③韓国統監府が置かれたのは1905年，①ハーグ密使事件が起こったのは1907年，④韓国皇帝が譲位したのはハーグ密使事件の直後，②東洋拓殖会社が設立されたのは1908年。よって，正解はエ。

5． やや難。ウ．誤文。日本政府とアメリカの鉄道企業家ハリマンとの間で桂・ハリマン協定が結ばれたが，小村寿太郎外相の反対もあり，実行はされておらず，最終的にはこの協定は破棄されている。

B．6． ア．誤文。ビルマはサンフランシスコ講和会議に出席していない。また，トルコは講和条約に調印している。

イ．誤文。吉田茂首相は「全面講和を望んでいた」のではなく，西側諸国とのみの単独講和を望んだ。

エ．誤文。サンフランシスコ講和条約の調印は1951年であるが，発効したのは「同じ年」ではなく，翌年の1952年の4月である。

7． ア．誤り。岩戸景気は，1958～61年の好景気をいう。

ウ．誤り。日本がGATT（関税及び貿易に関する一般協定）に加盟したのは，1955年である。

8． ③日華（台）平和条約が結ばれたのは1952年，①LT貿易が開始されたのは 1962 年，②中国で文化大革命がはじまったのは 1966 年。よって，正解はエ。

9． ウ．誤文。中国による日本への戦争補償の請求問題が解決されたのは「日中平和友好条約」ではなく，日中共同声明が発表され，両国の国交正常化を声明したときである。

10. やや難。1989 年 12 月の内閣は，海部俊樹内閣（1989 年 8 月～1991 年 11 月）。よって正解はア。ちなみに，イ．橋本龍太郎内閣は 1996 年 1 月～1998 年 7 月，ウ．中曽根康弘内閣は 1982 年 11 月～1987 年 11 月，エ．村山富市内閣は 1994 年 6 月～1996 年 1 月の内閣である。

2月7日実施分　問題　日本史

（60分）

〔Ⅰ〕次の1～10の文章について、a・bとも正しい場合はアを、aが正しくbが誤っている場合はイを、aが誤りでbが正しい場合はウを、a・bともに誤っている場合はエをマークしなさい。

1．a．稲荷山古墳と江田船山古墳から出土した鉄剣・鉄刀には「獲加多支鹵大王」の名が判読される文字があり、ヤマト政権の勢力が関東・九州に及んでいたことが知られる。

b．『上宮聖徳法王帝説』には百済の聖明王が聖徳太子に仏像や仏典を献じ、教義を講じたことが記されている。

2．a．8世紀末、桓武天皇は長岡京に遷都を行った。しかし、長岡京造営を主導した藤原種継や早良親王の暗殺によって、政治的不安が募ったため、遷都から10年目に再び遷都を行った。

b．伊治呰麻呂の乱に動揺した桓武天皇は、藤原緒嗣の建議を容れて、平安京の造営を後回しにして、坂上田村麻呂率いる大軍を胆沢地方に派遣した。

3．a．平忠常は10世紀に上総で反乱を起こしたが、清原氏と結んだ源頼信に敗れた。これにより、東国における平氏衰退の因を作った。

b．源義家の影響力によって源氏は東国で勢力を拡大したが、伊勢平氏は西国での功を認められ、院の近臣として重用されるようになった。

4．a．後鳥羽上皇は藤原定家・藤原家隆等に『新古今和歌集』を編ませた。藤原定家等が生み出した雄渾・切実で直接的な表現様式は、新古今調と言われた。

b．『保元物語』と『平治物語』はどちらも鎌倉時代前半に成立した軍記物語である。前者では源義朝、後者では源為義の活躍が中心として描かれている。

5．a．後宇多天皇の後継問題に端を発した持明院統と大覚寺統の対立は、鎌倉幕府が提示した両統迭立案によっても解消することはなかった。

b．北条高時の子である時行が起こした乱を鎮めるため足利尊氏は関東に下向するが、時行と同調して建武政権に反旗を翻すことになった。

6．a．足利義満によって北山に建てられた金閣は、伝統的な寝殿造風と禅宗様を折衷したものであり、この時代の文化の特徴をよく表している。

b．狩野正信・元信父子を始祖とする狩野派は、水墨画に大和絵の技法を取り入れた。桃山時代には狩野派は障壁画の中心的存在となった。

7．a．江戸幕府は鎖国政策を徐々に強め、スペイン船、つづいてイギリス船、さらにはポルトガル船の来航を相次いで禁止した。

b．対馬の宗氏は、朝鮮との外交および貿易において特権的な地位を認められ、己酉約条も宗氏と朝鮮との間に結ばれた。

8．a．幼くして将軍位に就いた徳川家光は、全大名に一斉に領知宛行状を発給して全国土の領知権が将軍にあることを示し、また、幕領の一斉検地を行った。

b．池田光政に重用された熊沢蕃山ではあったが、陽明学の革新性の故に幕政を批判することになり、幽閉されるに至った。

9．a．将軍の後継問題では、徳川慶喜を推す一橋派と徳川慶福を推す南紀派が対立した。後継選びで勲功を立てた井伊直弼はその功により大老に就任し、通商条約の調印を強行した。

b．老中安藤信正は、将軍徳川家茂と皇女和宮との結婚を実現させた。和宮の降嫁は尊王攘夷派の激しい反発を招き、安藤信正は坂下門外の変で負傷して、老中職を辞した。

10．a．関税自主権の回復は、外務卿寺島宗則の時にアメリカとの間でほぼ同意されたが、他国の反対で無効となった。結局、関税自主権の回復は小村寿太郎外相のもとで達成された。

b．第一次世界大戦中に結ばれた石井・ランシング協定では、中国の領土保全・門戸開放と中国における日本の「特殊権益」が認められた。

〔Ⅱ〕次の文章を読んで設問に答えなさい。もっとも適切な答えを一つマークしなさい。

須恵器とは5世紀中ごろから10世紀にわたって、日本で生産された陶質土器をいう。その生産は、5世紀中ごろ a朝鮮南部から渡来した陶工たちによって開始された。須恵器は成形に轆轤（ろくろ）を、焼成にはのぼり窯を用いて、一般に青灰色を呈し、堅く焼きしまっていた。硬質で保水性に優れた須恵器は、縄文・弥生時代以来の土器・土師器と共存していく。飛鳥時代には、b寺院建築に伴い瓦生産も始まったことを背景に、須恵器生産地は瓦の生産とともに各地に拡散した。しかし、奈良時代後半に緑釉・灰釉陶器の生産が始まると、宮廷儀式の食膳具も、8世紀末以降の唐風化の流れのなかで、中国産の磁器とそれを模した緑釉陶器が選好されるようになった。

中世では民間利用の拡大を背景に、備前焼等の国産の陶器が、酒を醸造・保管する容器として用いられており、絵巻［　c　］の備前国福岡市のシーンでは、d市の商人たちが、商品を保管するのに備前焼の甕を用いている様子が描かれている。また、e武家の邸宅跡等から、土師器の系譜をひく、かわらけ等も多く出土している。しかし権力者の間では、依然として中国産の磁器が珍重され、総じて技術的に大きな革新は見られなかった。

画期となるのは16世紀末である。まず陶器の系譜から、赤や黒といったモノトーンを基調とする［　f　］焼があらわれた。これは千利休が陶工に作らせたことが契機だといわれており、その後、本阿弥光悦も優れた作品を残した。技術にも革新があった。朝鮮出兵をきっかけに、拉致等により日本へ渡った陶工によって、国産磁器生産が本格化した。磁器の装飾技法も進展する。これまで磁器の絵付けとしては、元代に本格的に作られるようになった染付が主流であり、色彩も、［　g　］を基調としていたが酒井田柿右衛門が日本ではじめて、［　h　］をいれた色絵磁器を完成させた。京都でも、仁和寺の側に窯を構え、京焼の祖と呼ばれる［　i　］が本格的な「いろえ」をはじめ、多彩色でj華やかな作風のものが生産の主流となっていった。その後も京焼の伝統は現代まで受け継がれ、また素朴な陶器等もk民芸というかたちで再評価される等、幅広く陶磁器の愛好を支えている。

【設　問】

1．下線部aに関連して、ヤマト政権のもとで部民として編制された渡来人系の組織として、誤っているものを下記より選びなさい。

ア．鞍作部　イ．大伴部　ウ．陶作部　エ．錦織部

2．下線部bに関連して、瓦葺建築は仏教寺院の創建とともに広まった。仏教の導入に熱心で推古天皇のもとで政権の中枢を担った人物として、正しいものを下記より選びなさい。

ア．物部尾輿　イ．蘇我稲目　ウ．物部守屋　エ．蘇我馬子

3．空欄cに該当するものとして、正しいものを下記より選びなさい。

ア．『法然上人絵伝』　イ．『慕帰絵詞』　ウ．『北野天神縁起絵巻』　エ．『一遍上人絵伝』

4．下線部ｄに関連して、鎌倉時代を中心に活躍した金融業者の呼称として、正しいものを下記より選びなさい。

ア．出挙　イ．借上　ウ．土倉　エ．札差

5．下線部ｅに関連して、越前国一乗谷の武家邸宅遺跡からは儀礼に用いたと見られるかわらけが大量に出土した。この地を100年にわたり本拠地とした大名として、正しいものを下記より選びなさい。

ア．京極氏　イ．朝倉氏　ウ．六角氏　エ．浅井氏

6．空欄ｆに該当するものとして、正しいものを下記より選びなさい。

ア．有田　イ．今川　ウ．常滑　エ．楽

7．空欄ｇ・ｈに該当する語句の組合せとして、正しいものを下記より選びなさい。

ア．ｇ：赤・ｈ：青　イ．ｇ：青・ｈ：黒　ウ．ｇ：青・ｈ：赤　エ．ｇ：黒・ｈ：青

8．空欄ｉに該当する人物として、正しいものを下記より選びなさい。

ア．野々村仁清　イ．俵屋宗達　ウ．菱川師宣　エ．住吉具慶

9．下線部ｊに関連して、尾形乾山は絵師である兄に絵付けを依頼する等、京焼をさらに華麗なものへと発展させた。乾山の兄光琳の代表作として正しいものを下記より選びなさい。

ア．『紅白梅図屛風』　イ．『十便十宜図』　ウ．『四季山水図巻』　エ．『平治物語絵巻』

10．下線部ｋに関連して、20世紀前半に、民衆の暮らしのなかで使われる物のなかに「用の美」を見いだし、これらを民芸と名付けた人物がいる。その人物として正しいものを下記より選びなさい。

ア．柳田國男　イ．柳宗悦　ウ．正宗白鳥　エ．徳富蘇峰

〔Ⅲ〕次の史料A～Dを読んで設問に答えなさい。もっとも適切な答えを一つマークしなさい。なお史料は省略したり、書き改めたところがあります。

A．一、今日山城国人集会す。（中略）同じく一国中の土民等群集す。今度両陣の時宜を申し定めんが為の故と云々。然るべきか。但し又下極上の至なり。両陣の返事問答の様如何、未だ聞かず。
一、古市、山城より帰陣。（中略）両陣の武家衆各引き退き了んぬ。山城一国中の国人等申し合はす故なり。自今以後に於ては両［ a ］方は国中に入るべからず。

『大乗院寺社雑事記』

B．播磨国の土民、b旧冬の京辺の如く蜂起す。（中略）一国の騒動希代の法なりと云々。凡そ土民侍をして国中に在らしむべからざる所と云々。乱世の至なり。仍て［ c ］発向し了んぬ者。

『薩戒記』

C．［ d ］国の一向宗土民、侍分と確執す。侍分悉く以て土民方より国中を払はる。守護代侍方に合力するの間、守護代打たれ了んぬ。一向宗方二千人計打たれ了んぬ。国中焼け失せ了んぬ。東方の鶴童*は国中へ打ち入ると雖も、持ち得ずと云々。土民蜂起は希有の事なり。

『大乗院寺社雑事記』

（注）東方の鶴童…この時応仁の乱で東軍方に属していた富樫政親の幼名

【設　問】

1．空欄a・dに該当する語句の組合せとして、正しいものを下記より選びなさい。

ア．a：一色・d：加賀　イ．a：一色・d：越前
ウ．a：畠山・d：越前　エ．a：畠山・d：加賀

2．下線部bが指し示すものとして、正しいものを下記より選びなさい。

ア．正長の徳政一揆　イ．嘉吉の徳政一揆　ウ．応仁の乱　エ．山城の国一揆

3．空欄cに該当する人物が行ったことを下記より選びなさい。

ア．明との貿易を中断させた。　イ．京都の東山山荘に銀閣を創建した。
ウ．将軍足利義教を殺害した。　エ．鎌倉公方の足利持氏を滅ぼした。

4．史料Cの説明として誤っているものを下記より選びなさい。なお、すべて正しい場合は「エ」をマークしなさい。

ア．守護代が一揆の軍勢に討たれたと記されている。
イ．富樫政親は支配権を維持できないだろうという伝聞が書かれている。
ウ．この史料は東大寺の僧侶が書き記したものである。

5．史料A・B・Cに記された出来事が起こった順番として、古い順に正しく並んでいるものを下記

より選びなさい。

ア．史料A → 史料B → 史料C　　イ．史料C → 史料A → 史料B
ウ．史料B → 史料C → 史料A　　エ．史料B → 史料A → 史料C

D.　今［　e　］が議り申す所は、御料すべて［　f　］万石、歳々に納めらるる所の金は凡ソ七十六、七万両余、此内、［　g　］の運上といふもの六万両、酒運上といふもの六千両、これら［　e　］申し行ひし所也。此内、夏冬御給金の料三十万両余を除く外、余る所は四十六、七万両余也。しかるに、去歳の国用、凡ソ金百四十万両に及べり。此外に内裏を造りまいらせらるる所の料、凡ソ金七、八十万両を用ひらるべし。されば、今国財の足らざる所、凡ソ百七、八十万両に余れり。(中略) しかるに、只今、御蔵にある所の金、わづかに三十七万両にすぎず。(中略) $_{h}$前代の御時、歳ごとに其出る所の入る所に倍増して、国財すでにつまづきしを以て、元禄八年の九月より金銀の製を改造らる。これより此かた、$_{i}$歳々に収められし所の公利、総計金凡ソ五百万両、これを以てつねにその足らざる所を補ひしに、同き十六年の冬、大地震によりて傾き壊れし所どころを修治せらるるに至て、彼歳々に収められし所の公利も忽につきぬ。

$_{j}$『折たく柴の記』

【設　問】

6．空欄eに該当する人物として、正しいものを下記より選びなさい。

ア．柳沢吉保　　イ．荻原重秀　　ウ．田沼意次　　エ．間部詮房

7．空欄fに該当するものとして、正しいものを下記より選びなさい。

ア．100　　イ．200　　ウ．400　　エ．800

8．空欄g・下線部iが指し示すものの組合せとして正しいものを下記より選びなさい。

ア．g：長崎・i：貨幣改鋳益　　イ．g：長崎・i：年貢米の収入
ウ．g：大坂・i：年貢米の収入　　エ．g：大坂・i：貨幣改鋳益

9．下線部hの時代の将軍として、正しいものを下記より選びなさい。

ア．徳川家光　　イ．徳川綱吉　　ウ．徳川家宣　　エ．徳川吉宗

10．下線部jの著者の説明として、正しいものを下記より選びなさい。なお、すべて誤っている場合は「エ」をマークしなさい。

ア．朱子学者であったが、老中に取り立てられた。
イ．金の含有率を上げた小判を鋳造した。
ウ．朝鮮からの国書で徳川将軍のことを「日本国王」と記されていたのを「日本国大君殿下」と改めさせた。

〔Ⅳ〕次の文章A・Bを読んで設問に答えなさい。もっとも適切な答えを一つマークしなさい。

A．第一次世界大戦は日本に$_a$戦争景気をもたらし、輸出の増加によって日本は債務国から債権国となり、また重化学工業も大きく発展した。しかし、大戦が終結してヨーロッパ諸国の復興が進むと、日本経済は苦境に陥った。1920年には株式市場が暴落して$_b$戦後恐慌が発生した。1927年、政府が震災手形を処理しようとした際に、一部の銀行の不良な経営状態が表面化して取付け騒ぎが広がり、休業する銀行が続出して$_c$金融恐慌が起こった。事態を収拾するため［　d　］内閣は$_e$モラトリアムを発令した。

【設　問】

1．下線部aに関連して、誤っているものを下記より選びなさい。

ア．第一次世界大戦中、年々輸出額が増え、輸出が輸入を大きく上回るようになった。

イ．日本は、アジア市場に対しては綿製品等、アメリカに対しては生糸等の輸出を拡大させた。

ウ．第一次世界大戦中に工業生産額は農業生産額に近づく水準にまで増大したが、超えるまでには至らなかった。

エ．工業化の進展とともに、猪苗代・東京間の長距離送電に成功する等、水力発電が本格化した。

2．下線部bに関連して、正しいものを下記より選びなさい。

ア．戦後恐慌以後、農村部では小作争議が激しくなった。

イ．欧米からの石炭や食糧の輸入が特に増加して国内産業を圧迫した。

ウ．政府が為替相場安定のために金輸出解禁を行ったことも戦後恐慌をさらに深刻なものとした。

エ．戦後恐慌時、米買占めによる米価暴騰のため各地で米騒動が起こり、寺内正毅内閣は総辞職した。

3．下線部cに関して、正しいものを下記より選びなさい。

ア．鈴木商店に対する巨額の不良債権を抱えていた台湾銀行が緊急勅令によって救済された。

イ．取付け騒ぎの発端となったのは片岡直温大蔵大臣の議会での失言であった。

ウ．金融恐慌を通じて、中小銀行の数は減少し、預金は三井・三菱・住友・安田・古河の五大銀行に集中した。

エ．政府は金融恐慌からの脱却をはかるために重要産業統制法を制定した。

4．空欄dに該当する語句として正しいものを下記より選びなさい。

ア．憲政会の若槻礼次郎　　イ．立憲政友会の若槻礼次郎

ウ．憲政会の田中義一　　エ．立憲政友会の田中義一

5．下線部eに関して、空欄dの内閣が出したモラトリアムについて、正しいものを下記より選びな

さい。なお、すべて誤っている場合は「エ」をマークしなさい。

ア．6週間にわたって銀行の支払いが猶予された。

イ．モラトリアムによって金融恐慌は収束したが、景気は5年間回復しないままであった。

ウ．モラトリアム実施の際、日本銀行は銀行救済のための巨額の非常貸出を行った。

B．1971年の f ドル危機と1973年の石油危機を経て戦後日本の高度経済成長の時代は終わった。1980年代に入ると g 日本の対米貿易黒字が激増し、アメリカとの貿易摩擦問題が生じた。1985年、5カ国蔵相・中央銀行総裁会議の［　h　］でドル高の是正が合意されると円高が一気に進み、円高不況が生じたが、1987年半ばには景気が回復した。この状況は地価や株価の高騰をともなって進行し、のちに i「バブル経済」と呼ばれる状態となった。日本銀行が公定歩合を引き上げて金融引き締め政策に転じたことや政府の土地取引の総量規制等の政策によって、 j バブル経済は崩壊し、平成不況が始まった。

【設　問】

6．下線部 f に関連して、正しいものを下記より選びなさい。なお、すべて誤っている場合は「エ」をマークしなさい。

ア．アメリカのジョンソン大統領はドル危機に対応しドルを防衛するため、金・ドルの交換停止を行った。

イ．アメリカは日本や西ドイツ等の国際収支黒字国に対して大幅な為替レートの切上げを要求し、日本や西欧諸国は、スミソニアン体制により変動相場制に移行した。

ウ．第4次中東戦争が勃発すると、アラブ産油国がイスラエル寄りの欧米や日本への石油の輸出制限と価格引き上げを行ったため、原油価格は4倍にはねあがった。

7．下線部 g に関連して、誤っているものを下記より選びなさい。

ア．円高・ドル安となっても日本の対米貿易黒字は解消されず、日米構造協議が行われるようになった。

イ．とりわけ自動車をめぐる日米貿易摩擦が深刻であった。

ウ．アメリカは日本に対して農産物の輸入自由化を求め、日本はオレンジ・牛肉の輸入自由化とコメ市場の全面開放を行った。

エ．この時期、アジアのNIEs（新興工業経済地域）が急速な経済成長をとげた。

8．空欄 h に該当する語句として、正しいものを下記より選びなさい。

ア．パリ協定　　イ．プラザ合意　　ウ．ウルグアイ=ラウンド　　エ．MSA 協定

9．下線部 i に関して、正しいものを下記より選びなさい。なお、すべて誤っている場合は「エ」をマークしなさい。

ア．バブル経済は主として外需の拡大によるものであった。

イ．この時期、円高が進行する中で欧米やアジアに生産拠点を移す企業が増え、生産の空洞化が生じた。

ウ．景気の過熱化によって狂乱物価と呼ばれる激しいインフレが生じた。

10．下線部ｊに関して、誤っているものを下記より選びなさい。

ア．日経平均株価は1990年代半ばにバブル期の最高値をつけた後、急落した。

イ．不況下にあって企業はリストラを行い、雇用不安が生じた。

ウ．土地を担保に多額の融資を行っていた金融機関は地価の暴落により不良債権を抱えることになった。

エ．政府は経営破綻した金融機関を救済するために公的資金の投入を行った。

2月7日実施分 解答 日本史

I **解答** 1―イ 2―エ 3―ウ 4―エ 5―エ 6―ア
7―ウ 8―ウ 9―ウ 10―ア

解説

《古代～近代の総合問題》

1． a．正文。

b．誤文。「百済の聖明王が聖徳太子に仏像や仏典を献じ，教義を講じた」が誤り。欽明天皇の時代に仏像・経論などを献じた聖明王は，554年に新羅軍との戦いで戦死しており，聖徳太子が誕生したのは574年であるので，聖明王が聖徳太子に仏像や仏典を献じ，教義を講じることはない。

2． a．誤文。早良親王は暗殺されていない。長岡京造営を主導した藤原種継の暗殺にかかわったとして皇太子を廃され，流罪先の淡路への移送中に食を絶って亡くなった。

b．誤文。桓武天皇が藤原緒嗣の建議を容れて，「平安京の造営を後回しにして，坂上田村麻呂率いる大軍を胆沢地方に派遣した」のではなく，蝦夷征討と平安京の造営を停止した。805年に徳政相論と呼ばれるこの二大政策の議論が行われ藤原緒嗣の意見が採用された。

3． a．誤文。平忠常が上総で反乱を起こしたのは「10世紀」ではなく，11世紀である。また，源頼信は清原氏と結んでいない。清原氏と結んで陸奥の豪族安倍氏を滅ぼした（前九年合戦）のは，頼信の子頼義と孫の義家である。

b．正文。

4． やや難。a．誤文。藤原定家等が生み出した新古今調は「雄渾・切実で直接的」ではなく，情趣・あわれを尊ぶ有心体で日常の生な実情・実感を直接的に出さない表現方法である。

b．誤文。『保元物語』では源為朝（源為義の子で義朝の弟）の活躍が，『平治物語』では源義朝の挙兵から滅亡までが記され，義朝の子である義平と平清盛の子重盛の対決の場面などが大きく取り上げられている。なお，源為義は1156年の保元の乱に敗れて処刑されており，『平治物語』が題材とする1159年の平治の乱の際には死亡している。

5. a．誤文。持明院統と大覚寺統の対立は「後宇多天皇」ではなく，後嵯峨天皇（法皇）の後継問題に端を発したものである。

b．誤文。「時行と同調して」が誤り。足利尊氏は中先代の乱を起こした北条時行と戦い，乱を鎮圧した。その後，尊氏は建武政権に反旗を翻している。

6. a．正文。金閣は三層の舎利殿で，初層は寝殿造，二層は和様，三層は禅宗様からなる。

b．正文。

7. a．誤文。スペイン船とイギリス船の退去した順序が逆である。また，イギリスは1623年に平戸の商館を閉鎖して自主的に日本を退去した。スペイン船については江戸幕府が1624年に来航を禁止した。

b．正文。

8. a．誤文。全大名に一斉に領知宛行状を発給して全国土の領知権が将軍にあることを示し，また，幕領の一斉検地を行ったのは「徳川家光」ではなく，徳川家綱である。

b．正文。

9. a．誤文。13代徳川家定の後継をめぐる一橋派と南紀派の対立は，井伊直弼の大老就任により南紀派の勝利に終わった。大老に就任した井伊直弼は，紀伊藩主の徳川慶福を次期将軍（のちに14代将軍徳川家茂となる）に決定すると発表し，将軍後継問題を決着させた。

b．正文。

10. a．正文。領事裁判権の撤廃は陸奥宗光外相によって19世紀末に，関税自主権の回復は小村寿太郎外相によって20世紀初めに実現された。

b．正文。

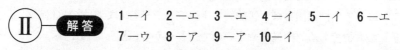

Ⅱ　解答　**1**―イ　**2**―エ　**3**―エ　**4**―イ　**5**―イ　**6**―エ　**7**―ウ　**8**―ア　**9**―ア　**10**―イ

解説

《古代～近世の陶磁器》

1.「渡来人系の組織」をヒントに，イ．大伴部を導く。大伴部は，神代より天皇家に仕え，ヤマト政権において軍事を担当した豪族大伴氏に奉仕した部民である。

2.「推古天皇のもとで政権の中枢を担った人物」からエ．蘇我馬子を導く。蘇我馬子は厩戸王（聖徳太子）とともに，国家組織の形成を進めた。

3. 空欄ｃの前後にある「絵巻」「備前国福岡市」からエ．『一遍上人絵伝』を導く。一遍は時宗の開祖とされ，踊念仏によって全国を遊行して布教を行った。

4.「鎌倉時代を中心に活躍した金融業者の呼称」はイ．借上である。ちなみに，ア．出挙は律令制下で租税化した国家による稲の貸借制度，ウ．土倉は酒屋とともに室町時代を中心に活躍した金融業者，エ．札差は江戸時代に旗本・御家人に支給された俸禄米の換金を請け負い，金融業にも従事した商人である。

5.「越前国一乗谷」からイ．朝倉氏を導く。朝倉義景は姉川の戦いで織田信長に敗れ，その後，一乗谷の戦いにも敗れて自刃した。

6. やや難。「赤や黒といったモノトーンを基調とする」「千利休が陶工に作らせたことが契機」「本阿弥光悦も優れた作品を残した」からエ．楽焼を導く。楽焼は手とヘラを使用して作られる簡単な焼き物で，千利休の茶道を表現する「わびさびの精神」が受け継がれているといえる。

7.「酒井田柿右衛門」「色絵磁器」から赤絵を想起しよう。赤絵は赤絵具を主調とした色絵であることから空欄ｈには赤が入る。消去法によって，空欄ｇには青が入ることがわかる。よって，正解はウ。

8.「京焼の祖」からア．野々村仁清を導く。野々村仁清の代表作には「色絵藤花文茶壺」がある。

9. ア．『紅白梅図屏風』は尾形光琳の代表作である。ちなみに，イ．『十便十宜図』は池大雅・与謝蕪村，ウ．『四季山水図巻』は雪舟の代表作であり，エ．『平治物語絵巻』は住吉慶恩の作とされているが定かではない。

10. やや難。「用の美」「民芸と名付けた人物」からイ．柳宗悦を導く。ちなみに，ア．柳田國男は，雑誌『郷土研究』を発行して日本の民俗学を確立した人物である。間違えやすいので，しっかり区別しておこう。

Ⅲ 解答

1―エ　2―ア　3―ウ　4―ウ　5―ウ　6―イ
7―ウ　8―ア　9―イ　10―イ

解説

《室町時代の土一揆，江戸中期の経済》

史料Aは「山城の国一揆」，史料Bは「播磨の土一揆」に関するものである。史料Cは「加賀の一向一揆」のうち，1474年の「文明の一向一揆」について書かれたものである。

1． 史料Aの「山城国」をヒントに，空欄aには，その守護である畠山を導く。史料Cの「一向宗土民」，注釈にある「富樫政親」をヒントに，空欄dには加賀を導く。よって，正解はエ。

2． 史料Bの「播磨国の土民」から，1429年に起こった播磨の土一揆を想起しよう。「旧冬の京辺の如く蜂起」とは，その前年の冬の京と周辺の一揆のことである。1428年，室町幕府6代将軍足利義教の代始めに起こったのが，正長の徳政一揆である。よって，正解はア。

3． 史料Bの「播磨国」をヒントに，その国の守護である赤松満祐を導く。赤松満祐は，足利義教を自邸に招いて殺害した（嘉吉の変)。よって，正解はウ。ちなみに，ア.「明との貿易を中断させた」のは4代将軍義持，イ.「銀閣を創建した」のは8代将軍義政，エ.「鎌倉公方の足利持氏を滅ぼした」のは6代将軍義教である。

4． ウ．誤文。『大乗院寺社雑事記』は「東大寺」ではなく，興福寺の僧侶（尋尊）が書き記したものである。

5． やや難。史料Bは「播磨の土一揆」で1429年，史料Cは「加賀の一向一揆」ではあるが，「文明の一向一揆」と呼ばれる一揆で1474年，史料Aは「山城の国一揆」で1485年に起こっている。よって，正解はウ。ちなみに，1488年に起こった一揆は長享の一向一揆と呼ばれ，『蔭凉軒日録』に書かれている。

6． 史料Dの出典『折たく柴の記』の著者は新井白石である。「元禄八年の九月より金銀の製を改造らる」をヒントに，元禄小判（金銀）を導く。空欄eは，慶長小判を改鋳して元禄小判を鋳造した勘定吟味役（のち勘定奉行）荻原重秀である。史料Dは，新井白石が荻原重秀から当時の幕府財政の状況を聞いている部分にあたる。よって，正解はイ。

7． 空欄fの前にある「御料」とは，江戸幕府の直轄領（幕領）のことである。幕領は，17 世紀末頃の元禄期には約 400 万石となった。よって，正解はウ。

8． やや難。幕府の歳入を考える問題。空欄 g の直後にある「運上」は営業税であり，鎖国中に幕府がオランダ・中国との貿易を行っていた長崎を想起しよう。下線部 i については，その前に「元禄八年の九月より金銀の製を改造らる」とあることから貨幣改鋳益を指すとわかる。この貨幣改鋳益を出目という。よって，正解はア。

9． 新井白石は徳川家宣の侍講となり，家宣の将軍就任後に「正徳の政治」を行った人物である。6 代将軍家宣の前代の将軍として 5 代将軍綱吉が導ける。よって，正解はイ。

10． イ．正文。新井白石は，質の劣った元禄小判を改め，金の含有率を以前の慶長小判と同率に戻した正徳小判を鋳造させた。

ア．誤文。「老中に取り立てられた」が誤り。新井白石は，徳川家宣の将軍就任により幕政に参与したが，老中にはなっていない。

ウ．誤文。朝鮮からの国書で徳川将軍のことを「日本国大君殿下」と記されていたのを「日本国王」と改めさせた。

Ⅳ　解答

A． **1**―ウ　**2**―ア　**3**―イ　**4**―エ　**5**―ウ

B． **6**―ウ　**7**―ウ　**8**―イ　**9**―イ　**10**―ア

解説

《大正～昭和初期の恐慌，1970 年代以降の経済》

A．1． ウ．誤文。「工業生産額は農業生産額に近づく水準にまで増大したが，超えるまでには至らなかった」が誤り。第一次世界大戦中に工業生産額は農業生産額を上回った。

2． 戦後恐慌は 1920 年に発生した恐慌。

イ．誤文。第一次世界大戦後，欧米からの「石炭や食糧」の輸入ではなく，重化学工業製品の輸入が特に増加して国内産業を圧迫した。

ウ．誤文。政府が為替相場安定のために金輸出解禁を行ったのは 1930 年 1 月。これは昭和恐慌をさらに深刻なものとした。

エ．誤文。米買占めによる米価暴騰のため各地で米騒動が起こったのは「戦後恐慌時」ではなく，それより前の第一次世界大戦中（1918 年）である。

3． 金融恐慌は 1927 年に発生した恐慌。
ア．誤文。「台湾銀行が緊急勅令によって救済された」が誤り。若槻礼次郎内閣は，緊急勅令により台湾銀行を救済しようとしたが，枢密院の了承が得られずに総辞職している。
ウ．誤文。五大銀行とは三井・三菱・住友・安田・第一の５つの銀行のことであり，古河は入っていない。
エ．誤文。重要産業統制法は昭和恐慌に対処するために 1931 年に公布された法律である。重要産業のカルテル結成を助成した。
5． 1927 年に実施されたモラトリアムに関する問題。
ア．誤文。「６週間」ではなく，３週間にわたって銀行の支払いが猶予された。
イ．誤文。「景気は５年間回復しないままであった」が誤り。1931 年 12 月に金輸出再禁止が行われて以降，輸出の躍進などにより工業生産が拡大しており，1927 年から５年を経ずして景気が回復しているといえる。
B．6． ア．誤文。アメリカの「ジョンソン大統領」ではなく，ニクソン大統領はドル危機に対応しドルを防衛するため，金・ドルの交換停止を行った。1971 年のこの出来事はニクソン=ショックと呼ばれる。
イ．誤文。「スミソニアン体制により変動相場制に移行した」が誤り。1971 年，変動相場制への意向が進む中で構築されたスミソニアン体制では，固定相場制の復活をはかり，このとき，１ドル＝308 円となった。
7． ウ．誤文。日本がオレンジ・牛肉の輸入自由化を実施したのは 1991 年で，コメ市場は「全面開放」ではなく部分開放であり，1993 年に決定された。ともに，1980 年代ではなく 1990 年代のことである。
9． ア．誤文。1986～91 年のバブル経済は主として「外需」ではなく，内需の拡大によるものであった。
ウ．誤文。「狂乱物価」は第１次石油危機による原油価格高騰などが原因で引き起こされた激しいインフレであり，1970 年代前半のことである。
10． ア．誤文。日経平均株価は「1990 年代半ば」ではなく，1989 年にバブル期の最高値をつけた後，急落した。

2月2日実施分　問題　世界史

（60分）

〔Ⅰ〕次の文中の［　　］に最も適当な語を語群から選び、また下線部に関する問いに答え、最も適当な記号1つをマークしなさい。

4世紀後半に始まる、いわゆる①ゲルマン人の大移動によって②ローマ帝国は大きく混乱した。395年に［　イ　］帝が死去すると、ローマ帝国は彼の2人の息子によって分割相続された。その後、476年に西ローマ帝国は消滅し、政治的な後ろ盾を失ったローマ教会は東ローマ皇帝の影響下に入った。

一方、ガリア北部では、481年に③メロヴィング家のクローヴィスがフランク王国を建国した。クローヴィスはフランク王国内に残っていたローマ人貴族たちとの関係を良好なものとしたが、フランク王国の実権はやがて④カロリング家に移っていくことになる。そして、トゥール・ポワティエ間の戦いでイスラーム勢力を打ち破った宮宰カール=マルテルの子⑤ピピンが新たにカロリング朝を開いた。さらに彼の息子カール（大帝）に対して、ローマ教皇［　ロ　］はローマにおいて帝冠を授けた。これにより、ローマ教会は確固たる政治的保護者を獲得することに成功し、東ローマ皇帝への従属から最終的に解放され、ここにローマ=カトリック教会が成長していくことになった。一方、フランク王国はカール大帝の死後に発生した内紛もあって⑥解体へと向かった。

［語　群］

イ　a．テオドシウス　　b．ディオクレティアヌス　　c．ユリアヌス
　　d．コンスタンティヌス

ロ　a．カリクストゥス2世　　b．レオ3世　　c．クレメンス5世
　　d．アレクサンデル6世

［問　い］

①ゲルマン人の大移動に関する記述として、誤りを含むものはどれか。

a．フン人が東方から西ゴート人を圧迫したことが発端となった。
b．ブルグンド人は、ジュネーヴを中心とするガリア東南部に建国した。
c．アングル人はイベリア半島に建国したが、ウマイヤ朝により滅ぼされた。
d．ヴァンダル人のガイセリック王は、北アフリカに王国を築いた。

②ローマ帝政期に活躍した人物でない者は誰か。

a．フェイディアス　　b．セネカ　　c．プリニウス　　d．プルタルコス

③メロヴィング家（メロヴィング朝）に関する記述として、誤りを含むものはどれか。

a．小国に分立していたフランク人を統一した。

b．ブルグンド王国を滅ぼした。

c．王朝の名称はクローヴィスの祖父メロヴィクスに由来する。

d．クローヴィスは王妃のすすめでアリウス派に改宗した。

④カロリング家（カロリング朝）に関する記述として、誤りを含むものはどれか。

a．カール=マルテルは重装騎兵団を中心として軍事力を強化した。

b．デナリウス銀貨を中心とする貨幣制度を導入した。

c．西フランク王がウィリアムの一派と封建関係を結び、ノルマンディー公国が成立した。

d．ルートヴィヒ1世は「敬虔王」と呼ばれる。

⑤「ピピンの寄進」とそれによって成立した教皇領に関する記述として、誤りを含むものはどれか。

a．「ピピンの寄進」は、ローマ教皇がピピンのフランク王位継承を承認した返礼として行われた。

b．ピピンは、東ゴート王国を破って獲得したラヴェンナ地方などを、ローマ教皇に寄進した。

c．教皇領の版図はインノケンティウス3世の時に最大となった。

d．イタリア王国は19世紀、教皇領を占領して国家統一を実現した。

⑥フランク王国の解体およびその後の出来事に関する記述として、誤りを含むものはどれか。

a．メルセン条約で、中部フランク、西フランク、東フランクに分裂した。

b．東フランクでは選挙で王が選ばれるようになった。

c．ザクセン朝のオットー1世がローマ皇帝の称号を得た。

d．パリ伯ユーグ=カペーが西フランク（フランス）国王に選出された。

〔Ⅱ〕次の文中の［　　］に最も適当な語を語群から選び、また下線部に関する問いに答え、最も適当な記号1つをマークしなさい。

「アダムが耕しイヴが紡いだとき、だれが貴族であったか」。これは中世イギリスで起こった農民反乱の思想的指導者［ イ ］による身分制社会への批判であるが、「貴族」と訳される言葉は原文では「ジェントルマン」と記されている。ここで言う「ジェントルマン」とは当時の支配者層のことであり、そこには貴族のみならずジェントリも含まれた。①テューダー朝が成立し②宗教改革が始まると、ジェントリはこの機会をうまく利用した。彼らは王権に没収された広大な修道院領の払い下げを受けて大土地所有者となり、社会的な威信を獲得していく。ジェントリは在地の支配者として治安維持を担い、絶対王政による統治で必要不可欠な役割を果たした。彼らの影響力は国政でも認められ、庶民院の少なからぬ議席がジェントリに占められた。これは次の③ステュアート朝でも続いた。④ピューリタン革命の指導者クロムウェルもジェントリ出身の庶民院議員のひとりである。革命後、⑤チャールズ2世による王政復古を経てハノーヴァー朝になると、少数の大土地所有者が国政を握る傾向はいっそう強まった。ジェントリ出身の庶民院議員であり、事実上の初代首相と目される［ ロ ］の政治は、その典型である。また、ステュアート朝以降、彼のように爵位を得て貴族となるジェントリも増加していった。他方、貿易商などの中流層が⑥植民地や外国との貿易などから富を蓄えると、「ジェントルマン」は彼らを支配者層の一員として柔軟に受け入れた。こうして「ジェントルマン」は時代を超えて巧みにイギリス社会を支配し続けたのである。

[語　群]

イ　a．ジャックリー　b．ジョン=ボール　c．ワット=タイラー　d．ミュンツァー

ロ　a．ディズレーリ　b．ウォルポール　c．ジョゼフ=チェンバレン　d．ピット

[問　い]

①テューダー朝期のイギリスに関する記述として、誤りを含むものはどれか。

a．バラ戦争に勝利したヨーク家のエドワード4世がテューダー朝を開いた。

b．ヘンリ8世の時に、星室庁裁判所が整備された。

c．東インド会社が設立された。

d．ウェールズがイングランドに併合された。

②イギリスの宗教改革に関する記述として、誤りを含むものはどれか。

a．国王至上法（首長法）が定められて、イギリス国教会が成立した。

b．イギリス国教会では司教（主教）制が維持され、カトリックの要素が残された。

c．メアリ1世の時に一般祈禱書が制定され、カトリックが復活した。

d．エリザベス1世が制定した信仰統一法（統一法）により、イギリス国教会が確立した。

③ステュアート朝期のイギリスに関する記述として、誤りを含むものはどれか。

a．スコットランド出身のジェームズ１世は、カルヴァン派を手厚く擁護した。

b．名誉革命では、亡命したジェームズ２世の娘メアリとその夫ウィレムがともに即位した。

c．イングランド銀行創設により国債制度が整えられたことで、戦費調達能力が向上した。

d．イングランドとスコットランドが合併して、グレートブリテン王国が成立した。

④ピューリタン革命に関する記述として、誤りを含むものはどれか。

a．議会が権利の請願を提出し、議会が同意しない課税や不当逮捕に反対した。

b．スコットランド反乱の鎮圧費用を調達する目的で開かれた議会は、短期議会と呼ばれる。

c．ネーズビーの戦いで議会派が王党派に勝利した。

d．長老派と独立派との対立が激化すると、長老派は独立派を議会から追放した。

⑤チャールズ２世に関する記述として、誤りを含むものはどれか。

a．チャールズ１世の子である。

b．ピューリタン革命が起こると、フランスやオランダで亡命生活を送った。

c．ブレダ宣言で革命派の大赦と信仰の自由を表明し、イギリスへの帰国が実現した。

d．寛容法を制定し、非国教徒にも信仰の自由を認めた。

⑥イギリスによる植民地獲得に関する記述として、誤りを含むものはどれか。

a．17世紀初頭に北アメリカでヴァージニア植民地をひらいた。

b．第２次イギリス=オランダ戦争の結果、ニューネーデルラント植民地を獲得した。

c．ユトレヒト条約によって、スペインからフロリダを獲得した。

d．フレンチ=インディアン戦争の結果、ミシシッピ川以東のルイジアナを獲得した。

〔Ⅲ〕次の文中の［　　］に最も適当な語を語群から選び、また下線部に関する問いに答え、最も適当な記号1つをマークしなさい。

イスラームは、7世紀、アラビア半島の都市メッカの商人①ムハンマドが唯一神アッラーから啓示を受け、預言者として布教を開始したことにより始まる。固有の教義や慣習をもつ②イスラームは、ムハンマドの活動を通じて徐々に支持を集め、宗教共同体を形成するようになる。ムハンマドの没後、第4代③正統カリフのアリーが暗殺されると、彼と対峙していた［　イ　］総督のムアーウィヤがウマイヤ朝を開いた。ウマイヤ朝は、征服を通じて支配領域を広げていくが、その支配に不満をもつ勢力を糾合した④アッバース朝によって滅ぼされた。アッバース朝は中央集権体制を確立して大帝国を築いたが、やがて周辺各地にさまざまな地方王朝が出現するようになる。たとえば、イベリア半島に逃れたウマイヤ朝の一族は、［　ロ　］を首都に後ウマイヤ朝を建てた。しかし、イスラーム共同体としての一体感は損なわれず、地域間の交流は活発であった。各地に広がったイスラーム社会は都市を中心に繁栄し、⑤学問が発達した。特に⑥科学や技術の領域で生み出された成果はイスラーム世界の外部にも大きな影響を与えた。

[語　群]

イ	a．イラク	b．シリア	c．エジプト	d．イラン
ロ	a．マラケシュ	b．グラナダ	c．コルドバ	d．セビリャ

[問　い]

①ムハンマドに関する記述として、誤りを含むものはどれか。

a．クライシュ族のハーシム家出身である。
b．大商人のファーティマと結婚した。
c．富の独占を批判したことなどで、メッカの有力者から迫害を受けた。
d．部族抗争が続いていたメディナの住民から調停者として招かれた。

②イスラームの固有の教義や慣習に関する記述として、誤りを含むものはどれか。

a．ジハードには、心の悪と闘うことや、公正を樹立する努力といった意味が含まれる。
b．ヒジュラ暦と呼ばれる太陰暦にもとづいて、宗教行事が行われる。
c．『コーラン（クルアーン）』やハディースにもとづいてシャリーアが整えられた。
d．ヒジュラの際に、礼拝の方向がメッカに定められた。

③正統カリフ時代に関する記述として、誤りを含むものはどれか。

a．全てのカリフはクライシュ族から選出された。
b．征服地にバスラやヘラートなどの軍営地が建設された。
c．ニハーヴァンドの戦いに敗れたササン朝は、事実上崩壊した。

d．アリーはハワーリジュ派によって暗殺された。

④アッバース朝に関する記述として、誤りを含むものはどれか。

a．スンナ派やマワーリーの支持を得ることでウマイヤ朝打倒に成功した。

b．ムスリムの平等を実現し、官僚にイラン人を登用した。

c．灌漑農業が発達し、穀類やサトウキビの栽培が広まった。

d．バグダードは国際商業の中心地として栄え、「平安の都」と呼ばれた。

⑤イスラーム世界の学問に関する記述として、誤りを含むものはどれか。

a．アズハル学院はトゥールーン朝時代、スンナ派教学の拠点となった。

b．ガザーリーはスーフィズムを理論化し、学問の一領域に位置づけた。

c．イブン=ハルドゥーンは、都市民と遊牧民の関係の視点から独自の歴史理論を展開した。

d．イブン=ルシュドによるアリストテレスの注釈書は、ラテン語に翻訳された。

⑥イスラーム世界の科学や技術に関する記述として、誤りを含むものはどれか。

a．中国から伝わった製紙法が普及し、学問の発展に寄与した。

b．ペルシア発祥のカナートと呼ばれる地下水路が各地に広まった。

c．フワーリズミーは『医学典範』で医学の理論と臨床的知見を集大成した。

d．詩人として有名なウマル=ハイヤームは、精緻な太陽暦の作成に関与した。

〔Ⅳ〕次の文中の［　　］に最も適当な語を語群から選び、また下線部に関する問いに答え、最も適当な記号1つをマークしなさい。

現在の中国東北部やシベリア東部などの北東アジア地域は、気候が寒冷で毛皮獣が多く生息しており、古くから狩猟と毛皮の利用が行われてきた。毛皮はモンゴル高原の遊牧民や中国人にも珍重され、主要な交易品であり続けた。中国の記録によれば、①契丹人は古くから中国と毛皮を交易してきたが、彼らが建てた遼と宋の交易においても毛皮は重要品目のひとつだった。これは、遼の本拠地でも毛皮獣が得られるほか、②女真など周辺の民族からも貢納されていたからだと思われる。モンゴル人も毛皮を常用し、有名な「元世祖出猟図」には白い毛皮を身にまとう③フビライの堂々たる姿が描かれている。

16世紀末には、毛皮や薬用人参の交易で莫大な利益を上げた④ヌルハチが台頭し、アムール川中流域にまで勢力を広げた。同じころシベリア東部には、西からロシアの勢力が及んできた。ロシアはシベリアや⑤モンゴル高原の人々から毛皮を貢納させたが、本国に送るには遠いため、毛皮の売り込み先としてアムール川流域と中国に目をつけ、明朝に使節を送った。17世紀半ばになると、ロシアと建国間もない清はアムール川流域で衝突を繰り返したが、軍事的には清が優勢を占めるようになり、［　イ　］のときに結ばれたキャフタ条約により交易場所が指定された。中国への進出をいったん阻まれた⑥ロシアはさらに東へと向かい、デンマーク人の［　ロ　］の探検による北米大陸到達をきっかけに、毛皮交易の拠点としてアラスカを手中に収めるにいたった。

［語　群］

イ　a．順治帝　b．康熙帝　c．雍正帝　d．乾隆帝

ロ　a．アムンゼン　b．ヘディン　c．ベーリング　d．ラクスマン

［問　い］

①契丹および遼に関する記述として、誤りを含むものはどれか。

a．初代皇帝の耶律阿保機は、華北に進出し漢人を登用した。

b．表音文字の大字と、漢字をもとにした小字からなる契丹文字をつくった。

c．農耕民を統治するために、南面官のもとで州県制を施行した。

d．五代の後晋から燕雲十六州を割譲させた。

②女真および女真が建てた金に関する記述として、誤りを含むものはどれか。

a．宋の開封を占領し、徽宗・欽宗らを北方に連行した。

b．上京会寧府から燕京に都を移した。

c．300戸を1謀克として、1謀克から100人を徴兵する組織を編成した。

d．金はモンゴル帝国のモンケによって滅ぼされた。

③フビライに関する記述として、誤りを含むものはどれか。

a．南宋を滅ぼした後、国号を中国風の元と改めた。

b．郭守敬らに命じて授時暦を作成させた。

c．マルコ＝ポーロは大都を訪れ、フビライに仕えたとされる。

d．チベット文字をもとにして、モンゴル語を表記するパスパ文字を定めた。

④ヌルハチに関する記述として、誤りを含むものはどれか。

a．女真の諸部族を統一し、後金を建てた。

b．軍機処を設置し、政務の最高機関とした。

c．黄・白・紅・藍の各色と、それに縁取りをした8種類の旗印によって軍団を編成した。

d．サルフ山の戦いで明軍を破った。

⑤明朝期のモンゴルに関する記述として、誤りを含むものはどれか。

a．エセン＝ハンが土木堡で建文帝を捕らえた。

b．ハンの保護のもとで、長城の外側に中国風の城郭都市が建設された。

c．アルタン＝ハンは、長城を越えて、北京を一時包囲した。

d．タタールでは、チンギス家の王族が大ハン位を継承した。

⑥ロシアの東方進出に関する記述として、誤りを含むものはどれか。

a．コサックの首長イェルマークが、シベリアに進出した。

b．東シベリア総督のムラヴィヨフが、ウラジヴォストークを建設した。

c．アイグン条約により、沿海州をロシア領とした。

d．ヤークーブ＝ベクが新疆に政権を建てたのに乗じ、イリを占領した。

〔V〕次の文中の［　　］に最も適当な語を語群から選び、また下線部に関する問いに答え、最も適当な記号1つをマークしなさい。

1602年に設立されたオランダ東インド会社は、①マラッカを拠点に東南アジアに勢力を築いていた②ポルトガルを次第に圧倒し、ジャワ島のみならず、③セイロン島、日本、モルッカ諸島などアジア各地に商館を設け、商館の間を結ぶ域内貿易を積極的に展開した。このようにしてオランダ東インド会社は大きな利益を上げたが、その活動は次第に領域支配に重きを置くものとなっていった。特に顕著であったのが、ジャワ島に対するそれである。オランダ東インド会社は、ジャワ島中部で勢力を誇る［　イ　］王国の王位継承争いに介入して、ジャワ島への領域支配を強め、コーヒー豆など輸出向け商品作物の生産をすすめた。

その後のヨーロッパ情勢の混乱のため、オランダ東インド会社そのものは1799年に解散し、ジャワ島も1811年にイギリスに占領されるにいたる。ジャワ島はほどなくオランダに返還されたものの、［　ロ　］が④シンガポールを自由貿易港とするなどして、イギリスはオランダの反発を招いた。両国間の緊張を緩和に向かわせたのは、1824年のイギリス=オランダ協定である。協定によりイギリスが⑤マレー半島を拠点にするようになった一方、オランダはジャワ島を拠点に周辺の島々へ植民地を拡大した。こうして形成されたオランダ領東インドにはオランダ資本の農園企業が多数進出して、現地の農民を労働力として使役した。

現地住民の貧窮がすすむなか、オランダは20世紀に入るころから「倫理政策」を掲げ、各種学校の新設など現地住民の福祉に一定の配慮も示した。これによって生み出された知識階層がオランダ支配の改良や転覆をもくろむなど、さまざまな⑥運動を展開するようになった。しかし、オランダが弾圧に転じたこともあり、植民地支配の本格的な見直しにはつながらなかった。オランダ領東インドがインドネシアとしてオランダからの独立を達成するのは、1949年のことである。

[語　群]

イ　a．アチェ　　b．マタラム　　c．バンテン　　d．ラーンサーン

ロ　a．ラッフルズ　　b．ファン=デン=ボス　　c．ホセ=リサール　　d．レガスピ

[問　い]

①マラッカ王国に関する記述として、誤りを含むものはどれか。

a．鄭和の南海遠征の補給基地となった。

b．明の後ろ盾を得てアユタヤ朝への従属から脱した。

c．海域アジア諸国のなかで、最も頻繁に明に朝貢した。

d．東南アジアのイスラーム化進展の拠点のひとつとなった。

②ポルトガルのアジア進出に関する記述として、誤りを含むものはどれか。

a．ペルシア湾口のホルムズに要塞を築いた。

b．インド西岸のゴアを占領して総督府を置いた。

c．平戸を対日交易の拠点とした。

d．バルトロメウ=ディアスは南インドのコーチン王国を訪れた。

③セイロンに関する記述として、誤りを含むものはどれか。

a．第1回対仏大同盟によりイギリス領と認められた。

b．イスラーム教徒の旅行家イブン=バットゥータが訪れた。

c．女性首相バンダラナイケのもと、国名をスリランカに改めた。

d．多数民族のシンハラ人と少数民族のタミル人との間で内戦が起こった。

④シンガポールに関する記述として、誤りを含むものはどれか。

a．タミル語を公用語のひとつとしている。

b．東南アジア諸国連合の設立に参加した。

c．新興工業経済地域の一角とされた。

d．リー=クアンユーの指導のもとイギリスから独立した。

⑤イギリス統治下のマレー半島に関する記述として、誤りを含むものはどれか。

a．錫鉱山の開発がすすめられ、労働者として大量の華僑が使役された。

b．ゴムのプランテーションの労働者として、南インドから移民が導入された。

c．マレー連合州の結成後、ペナンなどを併せて海峡植民地が成立した。

d．第二次世界大戦後、マラヤ共産党の武力闘争は徹底して弾圧された。

⑥オランダ支配のもとで生じた運動に関する記述として、誤りを含むものはどれか。

a．ジャワ貴族出身のカルティニは、女性の自立と解放を求めた。

b．スカルノがインドネシア国民党を結成し、ムルデカ運動を提唱した。

c．武装蜂起を行ったインドネシア共産党は、オランダの弾圧によって壊滅した。

d．サレカット=イスラームの後継団体ブディ=ウトモは、大衆的支持を獲得した。

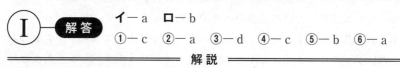

2月2日実施分　解答　世界史

Ⅰ　解答

イ－a　**ロ**－b

①－c　②－a　③－d　④－c　⑤－b　⑥－a

解説

《中世西ヨーロッパ史》

①　c．誤文。イベリア半島を本拠地として，ウマイヤ朝により滅ぼされたのはアングル人ではなく西ゴート人である。

②　a．誤り。フェイディアスは前5世紀に活躍したアテネの彫刻家であり，パルテノン神殿の再建工事の監督を務めた。

③　d．誤文。クローヴィスは王妃のすすめで，アリウス派ではなくアタナシウス派に改宗した。

④　難問。b．正文。カロリング朝では，金貨に代わってデナリウス銀貨を中心とする貨幣制度が導入されている。

c．誤文。ノルマンディー公国は，西フランク王がノルマン人の首領であるロロと封建関係を結んで成立した。

⑤　b．誤文。ピピンは，東ゴート王国ではなくランゴバルド王国を破って獲得したラヴェンナ地方などをローマ教皇に寄進した。

⑥　a．誤文。「メルセン条約」が誤り。フランク王国はヴェルダン条約で中部フランク，西フランク，東フランクに分裂した。

Ⅱ　解答

イ－b　**ロ**－b

①－a　②－c　③－a　④－d　⑤－d　⑥－c

解説

《中世～18世紀における「ジェントルマン」の歴史》

①　a．誤文。テューダー朝を開いたのは，エドワード4世ではなくヘンリ7世である。

②　c．誤文。一般祈禱書が制定されたのは，メアリ1世ではなくエドワード6世のときである。

③　a．誤文。ジェームズ1世は国教会主義の立場をとり，カルヴァン派

やカトリックを弾圧した。

④　d．誤文。長老派と独立派との対立が激化すると，独立派は長老派を議会から追放した。

⑤　d．誤文。寛容法を制定し，非国教徒にも信仰の自由を認めたのは，ウィリアム３世とメアリ２世のときである。

⑥　c．誤文。ユトレヒト条約によって，イギリスがスペインから獲得したのはジブラルタルやミノルカ島である。イギリスがスペインからフロリダを獲得したのは，1763年のパリ条約である。

Ⅲ　解答

イ－b　**ロ**－c

①－b　②－d　③－b　④－a　⑤－a　⑥－c

解説

《イスラーム教の誕生と発展》

①　やや難。b．誤文。ムハンマドが結婚した大商人は，ファーティマではなくハディージャ。ファーティマはムハンマドの娘である。

②　やや難。d．誤文。礼拝は当初イェルサレムの方向になされていたが，メッカ征服後，メッカの方向に変更された。

③　やや難。b．誤文。アフガニスタンに位置するヘラートは正統カリフ時代より以前に建設されている。

④　a．誤文。アッバース朝は，ウマイヤ朝のもとで厳しい扱いを受けたシーア派の支持を得ることでウマイヤ朝打倒に成功した。

⑤　a．誤文。アズハル学院はトゥールーン朝より後の時代であるファーティマ朝時代に建設され，アイユーブ朝時代にスンナ派の最高学府となった。

⑥　c．誤文。『医学典範』で医学の理論と臨床的知見を集大成した人物は，フワーリズミーではなくイブン=シーナーである。

Ⅳ　解答

イ－c　**ロ**－c

①－b　②－d　③－a　④－b　⑤－a　⑥－c

解説

《10～19世紀における北東アジア地域の歴史》

①　やや難。b．誤文。契丹文字は漢字をもとにした大字と，ウイグル文

字の影響で作られた表音文字系の小字からなる。

② d．誤文。金を滅ぼしたのは，モンゴル帝国のオゴタイである。

③ a．誤文。国号を中国風の元と改めたのは1271年のことであり，その後，1276年（1279年とする説もある）に南宋を滅ぼした。

④ b．誤文。軍機処を設置し，政務の最高機関とした君主は，ヌルハチではなく雍正帝である。

⑤ a．誤文。エセン=ハンが土木堡で捕らえた皇帝は，建文帝ではなく正統帝である。

⑥ c．誤文。沿海州をロシア領としたのは，アイグン条約ではなく，1860年の北京条約である。1858年のアイグン条約で沿海州は露清の共同管理地とされた。

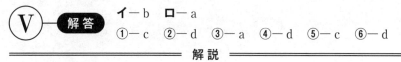

V 解答

イ—b　**ロ**—a

①—c　②—d　③—a　④—d　⑤—c　⑥—d

解説

《オランダの東南アジア支配》

① c．誤文。海域アジア諸国のなかで，最も頻繁に明に朝貢した国はマラッカ王国ではなく琉球王国である。

② d．誤文。南インドのコーチン王国を訪れたのは，ヴァスコ=ダ=ガマである。バルトロメウ=ディアスはアフリカ南端（後に喜望峰と名づけられる）に到達したが，インドには至っていない。

③ a．誤文。セイロンがイギリス領と認められたのは，第1回対仏大同盟ではなくウィーン議定書による。

④ d．誤文。シンガポールは，リー=クアンユーの指導のもとイギリスではなくマレーシアから独立した。

⑤ c．誤文。海峡植民地が1826年に成立した後，1895年の協定に基づき，マレー連合州が翌1896年にイギリスの保護領として成立した。

⑥ d．誤文。ブディ=ウトモが1908年に成立した後，サレカット=イスラームが1911年に結成された。

2月6日実施分　問題　世界史

（60分）

〔Ⅰ〕次の文中の［　　］に最も適当な語を語群から選び、また下線部に関する問いに答え、最も適当な記号1つをマークしなさい。

およそ2500年前、①古代ギリシア人は民主政という政体をつくり上げた。都市国家②アテネでは、成年男性市民全員が1票ずつの投票権を持つ全体集会で国家の意思を決定し、任期1年の役人はくじ引きで選ばれた。このような政体が生まれるきっかけは、［　イ　］による僭主政の確立である。彼は善政をしいたが、その後継者であるヒッピアスは暴君化し、③スパルタの援助を受けた対立勢力によって追放された。新しい指導者［　ロ　］は「イソノミア（法の平等）」を掲げ、参政権を全市民に平等に与え、民主政の基礎を築いた。

その後、アテネはスパルタの介入を退け、④ペルシア戦争にも勝利し、⑤デロス同盟を通じて覇権を獲得するなかで、民主政が整備されていった。アテネは⑥ペロポネソス戦争では敗北を喫するものの、民主政は再建され、その後も紆余曲折を経ながら存続した。ローマの支配下に入ってからも、民主政を神格化したデモクラティア女神の名は、アクロポリスの祭壇に刻まれることになった。

[語　群]

イ　a．ソクラテス　b．ペイシストラトス　c．トゥキディデス　d．ソロン

ロ　a．セレウコス　b．アイスキュロス　c．ミルティアデス　d．クレイステネス

[問　い]

①古代ギリシアに関する記述として、誤りを含むものはどれか。

a．ドイツのシュリーマンは、クノッソス宮殿の遺跡を発掘した。

b．異民族に対してバルバロイという蔑称が用いられた。

c．エーゲ文明では線文字Aや線文字Bが使用された。

d．ギリシア人の植民市は、黒海沿岸やフランス南部の地中海沿岸にも広がった。

②アテネに関する記述として、誤りを含むものはどれか。

a．ドラコンによって法律が成文化された。

b．紀元前6世紀以降、債務奴隷が禁止された。

c．民主政期には、弁論術を教えるソフィストが活躍した。

d．民主政は血縁を基礎とするデーモスに立脚して成立した。

③スパルタに関する記述として、誤りを含むものはどれか。

a．軍国主義により市民は厳しい軍事訓練を課された。

b．市民が多数のヘイロータイを支配した。

c．ペリオイコイには参政権が認められていた。

d．ドーリア人のポリスであった。

④ペルシア戦争に関する記述として、誤りを含むものはどれか。

a．ペルシア支配下のサルデスを中心に起こった反乱がきっかけで始まった。

b．ペルシアはマラトンの戦いでアテネに敗れた。

c．功績があった将軍テミストクレスは、後に陶片追放にあった。

d．プラタイアの戦いで、スパルタを中心とするギリシア軍が勝利した。

⑤デロス同盟に関する記述として、誤りを含むものはどれか。

a．ペルシアの再侵攻に備える目的で結成された。

b．同盟結成時に、同盟の本部と金庫がアテネに置かれた。

c．強大な海軍力によってアテネは、同盟したポリスへの支配を強めた。

d．同盟に参加したポリスに民主政が広まった。

⑥ペロポネソス戦争に関する記述として、誤りを含むものはどれか。

a．戦争中、アテネの指導者ペリクレスが没した。

b．スパルタはマケドニアと結んでアテネを破った。

c．アテネとコリントスの紛争が発端となった。

d．戦争中のアテネではデマゴーゴスが多数現れた。

〔Ⅱ〕次の文中の［　　］に最も適当な語を語群から選び、また下線部に関する問いに答え、最も適当な記号1つをマークしなさい。

ドイツ東部からバルカン半島やロシアにいたるスラヴ世界では、現在、大きくは2種類の文字が使われている。ひとつは西欧由来のラテン文字である。これは、①ポーランド語、チェコ語やスロヴェニア語などで用いられている。他方、現在の②東スラヴ諸語や③ブルガリア語などを書くのに用いられる［　イ　］は、9世紀に布教を目的にモラヴィア王国に派遣された修道士兄弟が古い時代のスラヴ語のために考案した文字を、改良・発展させたものである。

使用文字の違いは、スラヴ諸民族が受け入れたキリスト教の宗派の違いと関係がある。ラテン文字の使用は④ローマ=カトリックの受容と深く関わり、他方、ボスフォラス海峡を望む［　ロ　］に首座のあった正教会の信仰を受け入れた諸民族は［　イ　］を用いたのである。

この広大な地域にはスラヴ語以外の言語を話す集団も暮らしてきた。フィン語系の⑤マジャール語を話す人々はハンガリー王国を建てたが、彼らもカトリックを受容してラテン文字を使用した。他方、ロマンス語系の⑥ルーマニア語を話す人々もこの地域に暮らした。彼らの多くは正教徒だが、18世紀に使用文字が変更されて現在の使用文字はラテン文字である。さらに黒海を越えて東進すると、同じくキリスト教徒でありながら、このいずれとも異なる文字を使用する人々もいる。

[語　群]

イ　a．グラゴール文字　b．フェニキア文字　c．キリル文字　d．アラム文字

ロ　a．コンスタンティノープル　b．アンティオキア　c．アレクサンドリア
　d．イェルサレム

[問　い]

①ポーランドに関する記述として、誤りを含むものはどれか。

a．ポーランド人は、10世紀頃に国家を形成した。
b．ポーランド王国は、14世紀のカジミェシュ（カシミール）大王のもとで繁栄を誇った。
c．ポーランド女王ヤドヴィガがリトアニア大公と結婚して、強大化した。
d．ヤゲウォ朝リトアニア=ポーランド王国はノヴゴロド国を併合した。

②東スラヴ諸語に含まれないものはどれか。

a．ベラルーシ語　b．スロヴァキア語　c．ロシア語　d．ウクライナ語

③ブルガリアとブルガール人に関する記述として、誤りを含むものはどれか。

a．ブルガール人はトルコ系遊牧民であった。
b．ブルガール人の一派がドン川流域でブルガリア帝国を建てた。
c．ブルガリア帝国はビザンツ帝国に併合された。
d．14世紀後半以降、オスマン帝国の支配下にあった。

④ローマ=カトリック教会に関する記述として、誤りを含むものはどれか。

a.「カトリック」とは、ギリシア語で「普遍的」を意味する語に由来する。

b．ローマ司教が教皇と称して最高権威となった。

c．第3回十字軍の際に組織されたドイツ騎士団が、エルベ川以東に騎士団領を設けた。

d．アルメニア王国では、ローマ=カトリックが国教に採用された。

⑤マジャール人とハンガリー王国に関する記述として、誤りを含むものはどれか。

a．マジャール人は黒海北岸地域からドナウ川中流域に移動してきた。

b．ハンガリー王国が建てられたパンノニア平原は、かつてローマ帝国の属州だった。

c．マジャール人はレヒフェルトの戦いでオットー1世を破った。

d．ハンガリー王国は16世紀にオスマン帝国支配下に入った。

⑥ルーマニアに関する記述として、誤りを含むものはどれか。

a．ルーマニア人はローマ帝国の属州ダキアの先住民であった。

b．ルーマニア人は14世紀にワラキア公国とモルダヴィア公国を建てた。

c．ワラキア公国とモルダヴィア公国はオスマン帝国に服属させられた。

d．近代国家としてのルーマニアは、パリ講和会議で独立を承認された。

〔Ⅲ〕次の文中の［　　］に最も適当な語を語群から選び、また下線部に関する問いに答え、最も適当な記号1つをマークしなさい。

北をウクライナやロシア、南を①トルコ、東西を②カフカス山脈とバルカン地方に囲まれた内陸海の黒海は、古代から黒海交易が栄え、南の勢力と北の勢力が交錯する海であった。

南岸のアナトリアでイスラーム化が始まるのは11世紀の［　イ　］の時代である。9世紀から12世紀にルーシが交易権を掌握していた北岸も、13世紀にモンゴルの支配下に入り、キプチャク=ハン国のイスラーム受容とともにイスラーム化が進行した。15世紀後半に③クリミア半島のクリム=ハン国を宗主権下に置いた④オスマン帝国は、黒海を事実上、支配領域内の内海とした。16世紀後半には、ヴォルガ水系に進出していたロシアに対抗するために、ドン・ヴォルガ運河の建設を計画した。しかし、17世紀末以降、オスマン帝国は西欧列強に対して徐々に劣勢となった。その一方でロシアは18世紀から⑤南下政策を推進し、黒海の制海権獲得を目指したが、1856年に締結された⑥クリミア戦争の講和条約［　ロ　］では、ロシアは黒海における艦隊保有権を失い、黒海は中立化された。

19世紀末以降、黒海沿岸には新たな国家が出現したが、現在にいたるまで黒海の管理について国際的な合意はなく、しばしば争いにいたる要因ともなっている。

[語　群]

イ　a．ルーム=セルジューク朝　b．カラハン朝　c．アイユーブ朝
　d．ホラズム=シャー朝

ロ　a．ローマ条約　b．ベルリン条約　c．パリ条約　d．ロンドン条約

[問　い]

①トルコ共和国に関する記述として、誤りを含むものはどれか。

a．セーヴル条約で樹立が承認された。

b．初代大統領ケマルは、共和人民党を政権の基盤とした。

c．太陽暦の採用や女性参政権の承認などの改革を推進した。

d．「冷戦」の時代、バグダード条約機構に加盟し、反共包囲網の一翼を担った。

②カフカスとその周辺に関する記述として、誤りを含むものはどれか。

a．アゼルバイジャンを、サファヴィー朝はオスマン帝国から奪取した。

b．グルジアはトルコマンチャーイ条約でロシアに割譲された。

c．ソ連の成立時、ザカフカース=ソヴィエト連邦共和国が形成された。

d．ソ連崩壊後にチェチェン共和国の独立をめぐる紛争が起きた。

③クリミア半島に関する記述として、誤りを含むものはどれか。

a．クリム=ハン国は、メフメト２世時代のオスマン帝国に服属した。

b．エカチェリーナ２世時代に、ロシア領となった。

c．ソ連の成立時、ウクライナ共和国領に入った。

d．プーチン政権のロシアが併合を強行した。

④19世紀のオスマン帝国に関する記述として、誤りを含むものはどれか。

a．エジプトの領有を要求したムハンマド=アリーとの戦争で敗北した。

b．イェニチェリ軍団が解体され、西洋式の軍隊が創設された。

c．アブデュルメジト１世はムスリムと非ムスリムの平等を宣言した。

d．アジアで最初の近代的憲法とされる、ミドハト憲法が発布された。

⑤ロシアの南下政策とオスマン帝国との関係に関する記述として、誤りを含むものはどれか。

a．ロシアはダーダネルス海峡とボスフォラス海峡の自由通過権の獲得を目指した。

b．ボスニア・ヘルツェゴヴィナでの反乱がロシア=トルコ戦争の誘因となった。

c．アブデュルハミト２世はロシア=トルコ戦争開始を口実に議会を閉鎖した。

d．サン=ステファノ条約で、セルビアやクロアティアの独立が認められた。

⑥クリミア戦争に関する記述として、誤りを含むものはどれか。

a．ロシアがオスマン帝国領内のギリシア正教徒保護を口実に開始した。

b．ロシア黒海艦隊の拠点セヴァストーポリ要塞が激戦地となった。

c．戦地に赴いたナイティンゲールは、野戦病院の改革を実施した。

d．イギリスとアメリカ合衆国の援助でオスマン帝国が勝利した。

〔Ⅳ〕次の文中の［　　］に最も適当な語を語群から選び、また下線部に関する問いに答え、最も適当な記号1つをマークしなさい。

東アジアにおける、城郭で囲まれ、整然としたプランのもとに設計された国都「都城」の制は、中国古代に起源を持つ。前漢時代には国都として宮殿建築群が建ち並ぶ巨大な長安城がつくられ、後漢時代には洛陽に新たに、長方形の城内を直交する街路で区画した都城がつくられた。この洛陽城は魏晋時代を経て北魏時代に大々的に拡充され、隋唐の長安城や周辺諸国の都城のモデルとなった。

①高句麗後期の国都の平壌城は、北魏洛陽城の影響のもと、内外二重の城郭で囲まれ整然とした街路で区画された計画都市であった。百済でも最後の国都の泗沘城では縦横の大路で方形に区画された都市プランが確認され、中国南朝の影響が指摘されている。②新羅はこれら2カ国を滅ぼして朝鮮半島を統一すると、唐長安城をモデルに国都を整備した。その後、半島北部から沿海州地域に成立する③渤海も、長安をモデルに国都［イ］を造営した。

同じく唐代に成立した④吐蕃の国都ラサの詳しい構造は不明だが、中国とインド文化の影響を受けた多数の宮殿や寺院が建ち並んでいたものの、中国の都城とは異なり城郭を持たなかったとも言われる。吐蕃と唐との抗争の隙を縫って建国した［ロ］は、唐の影響下に、数重の城郭を備えた堅固な大理城を建設した。ここは次の大理王国の時代まで国都であった。

遊牧国家の⑤突厥は固定的な国都を持たなかったが、拠点都市のひとつスイアーブは唐の支配に入った時期に大規模に整備された。東突厥を滅ぼした⑥ウイグルは定住化をすすめる過程で、中国文化の影響下にオルドバリクなどの都城を建設し、ここを商業・宗教の拠点ともした。

[語　群]

イ　a．中都大興府　b．東京遼陽府　c．上京竜泉府　d．上京臨潢府

ロ　a．南詔　b．吐谷渾　c．西夏　d．真臘

[問　い]

①高句麗に関する記述として、誤りを含むものはどれか。

a．舞踊塚の狩猟風景の壁画で知られる。

b．公孫氏を滅ぼして朝鮮半島北部を支配した。

c．広開土王の時代に最盛期を迎えた。

d．隋の煬帝の遠征軍を撃退した。

②新羅に関する記述として、誤りを含むものはどれか。

a．朝鮮半島東南部の辰韓から興った。

b．骨品制によって支配階級の身分を定めた。

c．都の開城に仏国寺や瞻星台などを築いた。

d．新羅の物産の購入に関する文書が正倉院に残されている。

③渤海に関する記述として、誤りを含むものはどれか。

a．大祚栄が靺鞨人と百済遺民を率いて建てた。

b．日本との間に使節を交わした。

c．「海東の盛国」と呼ばれた。

d．契丹によって滅ぼされた。

④吐蕃に関する記述として、誤りを含むものはどれか。

a．建国者ソンツェン＝ガンポはネパールから王妃を迎えた。

b．大乗仏教とチベットの民間信仰の融合したチベット仏教が生まれた。

c．安史の乱の際に一時長安を占領した。

d．漢字をもとにチベット文字をつくった。

⑤突厥に関する記述として、誤りを含むものはどれか。

a．柔然を滅ぼした。

b．北魏を服属させた。

c．騎馬遊牧民で最古とされる、独自の文字をつくった。

d．ビザンツ帝国との間に使節を交わした。

⑥ウイグルに関する記述として、誤りを含むものはどれか。

a．安史の乱の鎮圧に協力した。

b．ソグド文字をもとにウイグル文字をつくった。

c．仏教やマニ教を受容した。

d．アヴァールによって滅ぼされた。

〔V〕次の文中の［　　］に最も適当な語を語群から選び、また下線部に関する問いに答え、最も適当な記号1つをマークしなさい。

成立間もない1950年、中華人民共和国は朝鮮戦争という国際的大事件に直面した。開戦当初、朝鮮民主主義人民共和国（北朝鮮）は①大韓民国の首都ソウルを短期間で陥落させるなど優位を占めたが、アメリカ合衆国の介入により一転して劣勢に陥った。その窮地を救うべく、②毛沢東の主導により派遣されたのが中国人民志願軍である。その奮闘により北朝鮮の存立は維持されたものの、志願軍が多数の死傷者を出したことは、中国にとっては大きな痛手となった。この戦争によってアメリカとの対立が決定的となった中国は、ソ連との同盟関係の強化に加えて、アジア・アフリカ諸国との連帯を模索するようになった。その端緒となったのが、1954年の周恩来首相とインドの［　イ　］首相との会談である。両者が発表した平和五原則は、翌1955年に開かれたアジア=アフリカ会議でも尊重され、会議に参加した周恩来は巧みな手腕を発揮して中国の立場の強化に成功した。

1950年代末以降、ソ連との関係が修復困難なほどに悪化した中国にとって、アジア・アフリカ諸国との連帯は貴重なものであった。しかし、そのせっかくの連帯を、中国は自ら破壊する挙に出る。国内で文化大革命を発動していた中国は、国外ではインド、③カンボジア、④ビルマ、⑤インドネシアなどで、政治的な扇動を行ったのである。これに対する反発も強く、孤立を焦慮する毛沢東らが目をつけたのが、敵対関係にあったアメリカである。⑥ベトナム戦争という泥沼に苦しむアメリカも、中国の影響力を利用して問題解決をはかりたいと考えていた。両国は関係改善に向けて動き出し、1972年には［　ロ　］大統領が訪中することになる。

[語　群]

イ　a．ジンナー　　b．ガンディー　　c．タゴール　　d．ネルー

ロ　a．ジョンソン　　b．カーター　　c．フォード　　d．ニクソン

[問　い]

①大韓民国に関する記述として、誤りを含むものはどれか。

a．初代大統領の李承晩は、朝鮮戦争休戦前に辞任を強いられた。

b．朴正煕政権のもとで日本と国交を結んだ。

c．全斗煥は光州事件などで民主化運動を弾圧した。

d．北朝鮮と同時に国連に加盟した。

②毛沢東に関する記述として、誤りを含むものはどれか。

a．井崗山に中国共産党の根拠地を築いた。

b．中華ソヴィエト共和国臨時政府主席を務めた。

c．「大躍進」失敗により中国共産党主席の座を劉少奇に譲った。

d．文化大革命では紅衛兵を動員し、「実権派」を批判した。

③カンボジアに関する記述として、誤りを含むものはどれか。

a．親米派のロン=ノルはシハヌークを追放した。

b．ポル=ポトは共産主義政策を強行し、多数の人々を殺害した。

c．ヘン=サムリンはベトナムの支援を受け、民主カンプチアを建国した。

d．フンセン首相のもと、東南アジア諸国連合への加盟を実現した。

④ビルマに関する記述として、誤りを含むものはどれか。

a．サヤ=サンの主導により共和国としてイギリスから独立した。

b．サンフランシスコ講和会議に参加しなかった。

c．コロンボ会議に参加し、インドシナ戦争の早期解決に賛同した。

d．ネ=ウィンの軍事政権は、産業国有化や貿易統制をすすめた。

⑤インドネシアに関する記述として、誤りを含むものはどれか。

a．1970年代に東ティモールを併合した。

b．共産党の主導する九・三〇事件により、スカルノ大統領が退陣した。

c．開発独裁政策により、一次産品の輸出に依存する経済構造からの脱却をはかった。

d．アジア通貨危機による経済混乱を一因として、スハルト政権が崩壊した。

⑥ベトナム戦争に関する記述として、誤りを含むものはどれか。

a．戦費の増大により、アメリカの国際収支は悪化した。

b．南ベトナム解放民族戦線は、ベトナム社会主義共和国の支援により成立した。

c．アメリカの要請により、オーストラリアも南ベトナムに軍を派遣した。

d．ベトナム（パリ）和平協定成立により、アメリカ軍はベトナムから撤退した。

2月6日実施分 解答 世界史

Ⅰ 解答

イ―b **ロ**―d

①―a ②―d ③―c ④―a ⑤―b ⑥―b

解説

《古代ギリシアの民主政》

① a．誤文。クノッソス宮殿の遺跡を発掘した人物は，シュリーマンではなくエヴァンズである。

② d．誤文。デーモスは血縁ではなく地縁を基礎とした。

③ c．誤文。スパルタの半自由民のペリオイコイは，貢納・従軍の義務があったが，参政権は認められていなかった。

④ a．誤文。ペルシア戦争は，サルデスではなくミレトスを中心に起こった反乱がきっかけで始まった。

⑤ b．誤文。デロス同盟結成時，本部と金庫はデロス島に置かれた。なお，その後，デロス同盟の金庫はアテネに移された。

⑥ b．誤文。ペロポネソス戦争でスパルタはアケメネス朝ペルシアの支援を受けてアテネを破った。

Ⅱ 解答

イ―c **ロ**―a

①―d ②―b ③―b ④―d ⑤―c ⑥―d

解説

《スラヴ世界とその使用文字》

① d．誤文。ノヴゴロド国を併合したのは，リトアニア=ポーランド王国ではなく，モスクワ大公国である。

② b．スロヴァキア語は西スラヴ諸語に含まれる。

③ b．誤文。ブルガリア帝国はドン川ではなくドナウ川下流域に建国された。

④ d．誤文。アルメニア王国では，ローマ=カトリックではなくアルメニア教会が信奉された。

⑤ c．誤文。レヒフェルトの戦いで，マジャール人はオットー１世に敗

れた。

⑥　d．誤文。ルーマニアの独立が国際承認されたのは，1878 年に開催されたベルリン会議である。

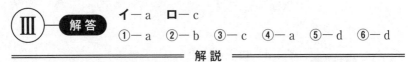

Ⅲ 解答

イ－a　ロ－c
①－a　②－b　③－c　④－a　⑤－d　⑥－d

解説

《11～19 世紀における黒海の歴史》

①　a．誤文。セーヴル条約（1920 年）は，第一次世界大戦における連合国とオスマン帝国の講和条約。この後，1922 年にオスマン帝国が滅亡し，1923 年にトルコ共和国が建国された。

②　やや難。b．誤文。トルコマンチャーイ条約でカージャール朝からロシアに割譲された地域は，グルジアではなくアルメニアである。

③　やや難。c．誤文。クリミア半島は，ソ連の成立時，ウクライナ共和国領ではなくロシア共和国領となった。

④　a．誤文。ムハンマド=アリーは，エジプトではなくシリアの領有を要求した。

⑤　d．誤文。サン=ステファノ条約により独立を認められた国は，セルビア・モンテネグロ・ルーマニアである。

⑥　d．誤文。クリミア戦争でオスマン帝国を援助した国はイギリス・フランス・サルデーニャ王国などであり，アメリカ合衆国は援助していない。

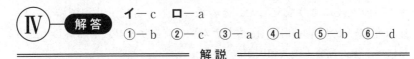

Ⅳ 解答

イ－c　ロ－a
①－b　②－c　③－a　④－d　⑤－b　⑥－d

解説

《東アジアの国都と「都城」の制》

①　やや難。b．誤文。高句麗は楽浪郡を滅ぼして朝鮮半島北部を支配した。遼東半島を中心に政権を樹立した公孫氏は 3 世紀初頭に朝鮮半島北部に帯方郡を設置した。公孫氏は魏によって滅ぼされている。

②　c．誤文。新羅の都は開城ではなく慶州である。

③　a．誤文。渤海は大祚栄が靺鞨人と高句麗の遺民を率いて建国した。

④　d．誤文。ソンツェン=ガンポの命によりインド文字をもとにチベッ

ト文字が作られた。

⑤ b．誤文。北魏が滅亡（534 年）した後，突厥が成立した（552 年）ので時代が異なる。

⑥ d．誤文。ウイグルは，アヴァールではなくキルギスによって滅ぼされた。

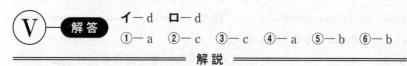

V 解答

イ－d **ロ**－d

①－a ②－c ③－c ④－a ⑤－b ⑥－b

解説

《中華人民共和国の外交関係》

① a．誤文。李承晩は，朝鮮戦争休戦（1953 年）後の 1960 年に辞任した。

② やや難。c．誤文。「大躍進」失敗により毛沢東が辞任した役職は国家主席であり，中国共産党主席は毛沢東が継続して務めた。

③ c．誤文。ヘン=サムリンは，ポル=ポトの建国した民主カンプチアを倒してカンボジア人民共和国を建国した。

④ a．誤文。アウン=サンの主導により，ビルマは連邦共和国としてイギリスから独立した。なお，アウン=サンは独立直前に暗殺されている。サヤ=サンはビルマで 1930 年に起こった農民反乱の指導者。

⑤ b．誤文。インドネシアではスハルトが主導する九・三〇事件によって共産党が壊滅し，スカルノ大統領が失脚して退陣した。

⑥ b．誤文。南ベトナム解放民族戦線は，ベトナム民主共和国（北ベトナム）の支援により成立した。その後，ベトナム民主共和国によって 1975 年にベトナム共和国（南ベトナム）の首都サイゴンが陥落し，1976 年にベトナム社会主義共和国が成立した。

2月7日実施分　問題　世界史

（60分）

〔Ⅰ〕次の文中の［　　　］に最も適当な語を語群から選び、また下線部に関する問いに答え、最も適当な記号1つをマークしなさい。

ローマ教会は総大司教座が置かれる①五本山のひとつであり、ローマ帝国によるキリスト教の国教化を背景に発展した。西ローマ帝国がゲルマン人傭兵隊長［　イ　］によって滅ぼされると、ローマ教会は②ゲルマン人への布教を熱心に行うようになり、イスラーム軍を破ったフランク王国との結びつきを強めた。フランク国王となったピピンの息子③カール大帝は、他のゲルマン民族の多くを制圧して西ヨーロッパの大部分を統一し、800年にローマ教皇からローマ皇帝の帝冠を授けられた。カール大帝が整えた教会組織を土台に、フランク王国分裂後も、ローマ教会は西ヨーロッパの④文化や政治において、大きな影響力を持ち続けることになる。

しかし、世俗権力と癒着し、聖職売買まで行うようになったローマ教会のあり方には、内部からも批判が生まれ、10世紀以降、改革運動がすすめられ⑤修道会が創設された。特に11世紀の［　ロ　］による世俗権力と教会権力の分離政策は、神聖ローマ皇帝から聖職叙任権を奪い、ローマ教会の権威を一層高める結果となった。しかし、ローマ教会の教皇権はその後の⑥十字軍の失敗や教会大分裂を経て弱体化していった。

［語　群］

イ　a．アッティラ　　b．アラリック　　c．テオドリック　　d．オドアケル

ロ　a．ユリウス2世　　b．グレゴリウス7世　　c．ハインリヒ4世

　　d．インノケンティウス3世

［問　い］

①五本山に関する記述として、誤りを含むものはどれか。

a．ナザレのイエスが処刑されたとされる都市に五本山のひとつがあった。

b．ローマの司教は使徒パウロの後継者を自任していた。

c．ローマ教会と並んで有力だったのはコンスタンティノープル教会である。

d．五本山のひとつは、かつてのプトレマイオス朝の首都にあった。

②ゲルマン人への布教に関する記述として、誤りを含むものはどれか。

a．布教に聖像を必要とするローマ教会はレオン3世の聖像禁止令に反発した。

b．布教前、ゲルマン人の多くはアリウス派を信仰していた。

c．グレゴリウス1世はイングランドでの布教に尽力した。

d．聖パトリックはアイルランドにカトリックを広めた。

③カール大帝に関する記述として、誤りを含むものはどれか。

a．アラビアの学術書のギリシア語への翻訳作業を奨励した。

b．イタリア半島のランゴバルド王国を滅ぼした。

c．アヴァール人を撃退した。

d．有力豪族を各州の伯に任命するとともに、巡察使を派遣してこれを監督させた。

④ヨーロッパ中世の文化に関する記述として、誤りを含むものはどれか。

a．スコラ学が参照したのは、特にアリストテレスの哲学である。

b．ロジャー＝ベーコンの実験を重視する態度は、自然科学の先駆をなした。

c．普遍論争でアベラールは実在論を主張した。

d．ボローニャ大学は法学、サレルノ大学は医学で有名であった。

⑤修道会に関する記述として、誤りを含むものはどれか。

a．改革派の修道会としてクリュニー修道院が名高い。

b．シトー修道会は労働を重視し、開墾運動をすすめた。

c．イタリア出身のドミニコが托鉢修道会を創始した。

d．フランチェスコ会の修道士たちはモンゴル帝国に使節として派遣された。

⑥十字軍に関する記述として、誤りを含むものはどれか。

a．クレルモン教会会議で聖地回復を目的とする十字軍の派遣が提唱された。

b．第1回十字軍はイェルサレムを占領してイェルサレム王国を建てた。

c．第4回十字軍はコンスタンティノープルを奪取してラテン帝国を建てた。

d．あいつぐ遠征の失敗により、教皇に加えて国王たちの権威が弱まった。

〔Ⅱ〕次の文中の［　　］に最も適当な語を語群から選び、また下線部に関する問いに答え、最も適当な記号1つをマークしなさい。

ナポレオン後のヨーロッパ国際関係を律した①メッテルニヒは、イタリアは国家ではなく地理上の表現に過ぎぬと述べたそうだ。確かに、19世紀前半のヨーロッパ地図を見たところ、サルデーニャ王国や②両シチリア王国はあっても、イタリアの国名はない。これらの地域を統一する国家形成運動をリソルジメントと呼ぶ。リソルジメントは、［　イ　］家の治めるサルデーニャを中心に実現され、教皇領も併合された。だが、［　ロ　］など「未回収のイタリア」が残され、その回復がナショナリストの悲願となった。

悲願達成をもたらしたのは第一次世界大戦である。もともと③三国同盟の一員であったイタリアは、「未回収のイタリア」回復のために協商国側で参戦したのである。だが、戦勝により領土を拡大したにもかかわらず不満が残った。イタリア人が実権を握る④フィウメを得られなかったからである。この地は、ムッソリーニの⑤ファシスト党政権の手で併合された。

イタリアは、ドイツが仕掛けた⑥第二次世界大戦にやや遅れて参戦したが、戦争がもたらしたのは一変させられた国の形であった。同盟国であるドイツや日本に先立って無条件降伏を受け入れ、王政も廃止されて共和国に生まれかわったのである。

[語　群]

イ　a．シュタウフェン　b．アンジュー　c．サヴォイア　d．ザクセン

ロ　a．トリエステ　b．ロンバルディア　c．トスカナ　d．ピエモンテ

[問　い]

①メッテルニヒに関する記述として、誤りを含むものはどれか。

a．オーストリアの外相や宰相（首相）を務めた。

b．ウィーン会議の主宰者として、正統主義を提唱した。

c．ウィーンの三月革命により追放された。

d．イギリスに亡命した。

②両シチリア王国に関する記述として、誤りを含むものはどれか。

a．ロロの率いる一派から分かれたノルマン人が建国した。

b．13世紀末にシチリア王国とナポリ王国に分裂した。

c．ウィーン会議で国王カルロ=アルベルトが復位して再統合を達成した。

d．「青年イタリア」出身のガリバルディが率いる千人隊（赤シャツ隊）に占領された。

③三国同盟に関する記述として、誤りを含むものはどれか。

a．ドイツとオーストリアとイタリアの同盟である。

b．ドイツ帝国宰相のビスマルクの提唱により締結された。

c．イタリアは、フランスのモロッコ保護国化に反発してこれに参加した。

d．イタリアはロンドン秘密条約により、これから離脱した。

④フィウメに関する記述として、誤りを含むものはどれか。

a．アドリア海に面する港湾都市である。

b．イタリアの右翼勢力によって武力で占拠されたことがある。

c．一時、自由都市としての地位を与えられた。

d．ムッソリーニがオーストリアから獲得した。

⑤ファシスト党とその政権に関する記述として、誤りを含むものはどれか。

a．地主や資本家、都市中間層の支持を得て勢力を拡大した。

b．「ローマ進軍」の圧力を受けた議会による首相選挙で政権を掌握した。

c．教皇庁とラテラノ条約を結び、ヴァチカン市国の独立を承認した。

d．エチオピア侵略で国際連盟による経済制裁を受け、後に脱退した。

⑥第二次世界大戦に関する記述として、誤りを含むものはどれか。

a．開戦前年のミュンヘン会談には、英独仏伊とチェコスロヴァキアの代表が参加した。

b．イタリアは戦況を見て、ドイツが優勢だったことから参戦を決めた。

c．イタリアを支援したドイツが、ユーゴスラヴィアとギリシアを制圧した。

d．連合軍がシチリア島に上陸すると、国王はムッソリーニを解任した。

〔Ⅲ〕次の文中の[　　　]に最も適当な語を語群から選び、また下線部に関する問いに答え、最も適当な記号1つをマークしなさい。

18世紀後半、北アメリカ東海岸の英領植民地は、本国が重商主義政策を通じて植民地の商工業の発展を抑制していると考えて不満を募らせていた。そのようななか、本国は七年戦争後の財政難を打開するため、本国議会に代表を送っていない植民地にも課税しようとした。植民地側がこれに激しく反発した結果、1775年に本国と植民地との間で武力衝突が発生し、独立戦争が勃発した。[　イ　]で開催された第2回大陸会議では、1776年に①独立宣言が採択された。外国からの助力も得た13植民地側が1781年に[　ロ　]の戦いで勝利すると、戦争の大勢はほぼ定まった。その結果、1783年のパリ条約でアメリカ合衆国の独立が承認された。

その後、アメリカ合衆国の②領土は拡大し、19世紀半ばには西海岸まで達した。一方、この頃からすすみつつあった工業化は、③南部と北部の経済構造の差異を際立たせ、政治上の対立も引き起こした。南部と北部の対立はしだいに先鋭化し、1861年に④南北戦争が勃発した。戦後、大量の移民労働力を背景に、北部で重化学工業が発達すると、少数の独占的な大企業が現れるとともに、巨大な金融資本が形成された。その結果、19世紀末期から20世紀初期にかけて⑤労働や独占にかかわる問題を是正しようとする動きも見られた。このようにアメリカ経済は19世紀を通じて発展したが、その主導権はあくまで白人のもとにあった。そのため⑥黒人や先住民などの人々は従属的な立場を強いられることとなった。

[語　群]

イ　a．ボストン　b．ニューヨーク　c．フィラデルフィア　d．ニューオーリンズ

ロ　a．レキシントン　b．コンコード　c．サラトガ　d．ヨークタウン

[問　い]

①アメリカ独立宣言に関する記述として、誤りを含むものはどれか。

a．トマス=ジェファソンらが起草した。

b．被治者の基本的人権を侵害する政府に代え、新政府を樹立できるとする革命権が明言された。

c．すべての人間は平等につくられているとして、奴隷制の廃止が明記された。

d．啓蒙主義の思想を取り入れ、近代民主主義の基本原理を提示した。

②アメリカの領土拡大に関する記述として、誤りを含むものはどれか。

a．独立時にイギリスからミシシッピ川以西のルイジアナを獲得した。

b．スペインからフロリダを買収した。

c．メキシコから独立したテキサスを併合した。

d．アメリカ=メキシコ戦争の結果、カリフォルニアを獲得した。

③アメリカの南部と北部に関する記述として、誤りを含むものはどれか。

a．南部では綿花やタバコの栽培がさかんであった。

b．南部では自由貿易が求められた。

c．北部ではイギリスに対抗するため州権の強化が主張された。

d．北部では国内市場の統一が求められた。

④南北戦争に関する記述として、誤りを含むものはどれか。

a．合衆国から離脱した南部がアメリカ連合国を結成したことで勃発した。

b．戦争中、北部はカンザス・ネブラスカ法を制定して、西部の支持を取り付けた。

c．ゲティスバーグの戦いによって、北軍が優勢となった。

d．南軍のリー将軍が北軍のグラント将軍に降伏して終結した。

⑤労働や独占に関する記述として、誤りを含むものはどれか。

a．ポピュリスト党が結成され、北部の都市部に住む非熟練労働者を主な支持者とした。

b．サミュエル=ゴンパーズを指導者とするアメリカ労働総同盟（AFL）が結成された。

c．独占に対処するため、シャーマン反トラスト法が制定された。

d．独占の規制や労働条件の改善などを求める革新主義の動きが拡大した。

⑥アメリカの黒人や先住民に関する記述として、誤りを含むものはどれか。

a．建国初期の帰化法では、黒人による市民権の申請は不可能であった。

b．モンロー大統領は強制移住法で先住民をミシシッピ川以西に追いやった。

c．部族文化を解体し先住民の市民化を目指すドーズ法が制定された。

d．KKK（クー=クラックス=クラン）による黒人への暴力的な迫害が起こった。

〔Ⅳ〕次の文中の［　　］に最も適当な語を語群から選び、また下線部に関する問いに答え、最も適当な記号1つをマークしなさい。

ヒンドゥー教は、現在インドの人口の8割がその信徒であり、まさしくインドを代表する宗教であるが、その長い歴史にはさまざまな宗教との混交や対立があった。

もともとアーリヤ人のものであったヴェーダの宗教（バラモン教）は、①先住民族の宗教や儀礼、習俗と交わりながら根を下ろしていったが、紀元前500年頃にはバラモン教への批判として②仏教が台頭し、③マウリヤ朝の拡大とともにインド全域に広まった。このような動きによって、バラモン教は一時期低迷する。しかしこの時期、バラモン思想を基礎に『マヌ法典』が編纂されると、やがてその理論により土着の信仰が体系化され、ヒンドゥー教が生まれた。4世紀頃から、遠く『リグ=ヴェーダ』の時代に起源を持つ④カースト制の確立がすすみ、ヒンドゥー教と一体となったインド社会の枠組みがつくられ、かわって仏教は衰退した。［　イ　］のハルシャ王を訪れた玄奘も当時のインド社会に関する記述を残している。同じ頃⑤南インドでもヒンドゥー文化が浸透していった。

ヒンドゥー教はインドだけでなく東南アジアにも広まり、カンボジアでは国王がヒンドゥー教の最高神シヴァを名乗って儀礼を行い、その影響を受けた⑥タイでは現在でも国王がヒンドゥー教の神「ラーマ」の名で呼ばれる。またジャワ島にはヒンドゥー教の遺跡である［　ロ　］があることも知られている。

[語　群]

イ　a．ラーシュトラクータ朝　b．チャールキヤ朝　c．ヴァルダナ朝
　d．パッラヴァ朝

ロ　a．ワット=アルン　b．クトゥブ=ミナール　c．アンコール=トム
　d．プランバナン

[問　い]

①インドの先住民族が築いたインダス文明に関する記述として、誤りを含むものはどれか。

a．インダス文字を刻んだ印章はメソポタミアでも出土している。

b．日常生活では鉄器が用いられ、木綿の布が着られていた。

c．牡牛や菩提樹が崇拝されていた。

d．モエンジョ=ダーロには沐浴場がつくられていた。

②仏教に関する記述として、誤りを含むものはどれか。

a．ブッダの遺骨を納めるためにストゥーパが建てられた。

b．カニシカ王は仏典結集を行った。

c．ヴァルダマーナは空の思想を説き、大乗仏教を理論化した。

d．大乗仏教では、衆生救済のために修行に励む者を菩薩と呼んだ。

③マウリヤ朝に関する記述として、誤りを含むものはどれか。

a．チャンドラグプタ王はセレウコス朝の軍を破った。

b．インダス川沿いのパータリプトラに都を置いた。

c．遠隔地の属州に王族を派遣して統治した。

d．アショーカ王はスリランカへの仏教布教を援助したとされる。

④カースト制に関する記述として、誤りを含むものはどれか。

a．４つのヴァルナの枠外にヴァイシャが置かれ、差別の対象となった。

b．ヴァルナ制と、ジャーティと呼ばれる世襲的な職業集団が結びついた。

c．カビールはカースト制を批判した。

d．第二次世界大戦後、インドでは憲法でカーストによる差別が禁止された。

⑤南インドの歴史に関する記述として、誤りを含むものはどれか。

a．デカン高原に成立したサータヴァーハナ朝は、インド洋交易で栄えた。

b．バクティ運動がさかんになり、神への信愛をうたう詩文学が生み出された。

c．チョーラ朝は、宋代の中国に使節を派遣した。

d．イスラーム国家のヴィジャヤナガルが、対外交易で栄えた。

⑥タイの歴史に関する記述として、誤りを含むものはどれか。

a．チャオプラヤ川の中・下流域に、モン人がドヴァーラヴァティーを建てた。

b．タイ人はクメール王国の支配から独立し、国家を形成した。

c．スコータイ朝はタウングー朝によって併合された。

d．アユタヤ朝は、日本から西ヨーロッパまでの国々と交易する港市国家として栄えた。

〔Ｖ〕次の文中の［　　］に最も適当な語を語群から選び、また下線部に関する問いに答え、最も適当な記号１つをマークしなさい。

①ドイツを代表する映画監督のひとりヴェルナー＝ヘルツォークは、1970年代から1980年代にかけて、②ラテンアメリカとアフリカを舞台とする三部作を制作した。1960年代に③イタリアのマカロニ＝ウェスタンにも出演した怪優クラウス＝キンスキーの主演になる三部作は、［　イ　］による④インカ帝国征服後の1560年頃のアマゾン奥地を舞台とする「アギーレ／神の怒り」を第一作とする。エル＝ドラード探索隊の副隊長ドン＝ロペ＝デ＝アギーレは、スペイン王に反旗を翻して隊内の貴族フェルナンド＝デ＝グスマンを王に据え、ついにはグスマンをも殺害してみずから王を名乗り、密林に覆われた大河を漂流し続ける。

第二作の「フィツカラルド」では、19世紀末⑤ブラジルのマナウスでオペラを観劇したアイルランド人入植者ブライアン＝スウィーニー＝フィツジェラルド、通称フィツカラルドが、アマゾンのさらに上流、ペルーのイキトスにオペラハウスを建てる夢にとりつかれる。建設資金調達にあてるゴム農園を開発すべくアマゾンを遡航するフィツカラルドは、ゴムの搬出路建設のため蒸気船の山越えをはかるが、その企てを果たしたばかりの蒸気船は濁流に流されてしまう。

そして第三作の「コブラ・ヴェルデ　緑の蛇」は、19世紀初頭ブラジルのサトウキビ農園の奴隷監督フランシスコ＝マノエル＝ダ＝シルヴァ、実は山賊コブラ・ヴェルデの物語である。農園主の怒りを買って山賊の素性を明かしたコブラ・ヴェルデは、ギニア湾岸のエルミナに提督として派遣される。15世紀に要塞が建設されたエルミナは、18世紀にかけてその周辺に西欧諸国が交易所を設けた奴隷貿易の一大拠点であった。しかもコブラ・ヴェルデの交易相手は、奴隷貿易で巨利を得て、西アフリカの強国と呼ばれた［　ロ　］である。王位争いに加担し、アボメイの王宮に攻め込んで勝利を収めたコブラ・ヴェルデは、新王から特権的な地位を与えられる。だがその栄華も束の間、ブラジルの奴隷制度廃止のためにエルミナから追放され、奴隷貿易を禁じた⑥イギリスからも賞金首とされ、ひとり小舟で海に漕ぎ出ようとする。

第一作の主人公アギーレは実在の人物であり、三部作に描かれた事実は、ある程度は史実を反映している。そして、これら三部作、とりわけ「コブラ・ヴェルデ」から感じられるのは、大西洋を介して結ばれる、ヨーロッパ、ラテンアメリカとアフリカの間の意外な近さである。その距離感は、これらの地域の歴史を理解するための一助となるはずである。

［語　群］

イ　a．コルテス　b．バルボア　c．カブラル　d．ピサロ

ロ　a．ダホメ王国　b．ガーナ王国　c．モノモタパ王国　d．アクスム王国

［問　い］

①ドイツのアフリカ進出に関する記述として、誤りを含むものはどれか。

　a．南アフリカでドイツ人入植者がトランスヴァール共和国を建てた。

b. 南西アフリカで土地の強奪に抵抗したヘレロ人を虐殺した。

c. 東アフリカでマジマジ蜂起と呼ばれる反乱を鎮圧した。

d. 北アフリカへの進出をはかって、アガディールに軍艦を派遣した。

②ラテンアメリカの古代文明・文化に関する記述として、誤りを含むものはどれか。

a. 聖獣ジャガーを信仰するオルメカ文明はメキシコ湾岸地方に栄えた。

b. ユカタン半島のマヤ文明では二十進法による数学が発展した。

c. メキシコ高原のテオティワカン文明は太陽のピラミッドを残した。

d. アンデス高原のチャビン文化は「太陽の暦石」で知られる。

③イタリアが植民地として支配した地域はどれか。

a. カメルーン　b. リオデオロ　c. リビア　d. ウガンダ

④インカ帝国に関する記述として、誤りを含むものはどれか。

a. ケチュア人によってアンデス高原に建てられた。

b. 湖上の都市テノチティトランを首都とした。

c. すぐれた石造技術により、マチュ=ピチュの遺跡を残した。

d. キープ（結縄）を用いて数量を記録した。

⑤ブラジルに関する記述として、誤りを含むものはどれか。

a. ポルトガルの王子を皇帝とする帝国として独立した。

b. 19世紀後半にパラグアイとの間に戦争を起こした。

c. アルゼンチンやチリとともに南米南部共同市場（MERCOSUR）を発足させた。

d. インドや南アフリカとともにBRICS首脳会議を開催した。

⑥イギリスのアフリカ進出に関する記述として、誤りを含むものはどれか。

a. エジプトからケープ植民地にいたるアフリカ縦断政策をとった。

b. スーダンでマフディー派の抵抗を鎮圧した。

c. エリトリアを占領した後、ソマリランドをフランス・イタリアと分割した。

d. ケープ植民地の北方に進出してローデシア植民地を建てた。

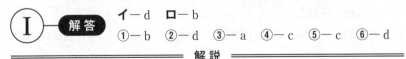

2月7日実施分　解答　世界史

Ⅰ　解答

イ―d　**ロ**―b

①―b　②―d　③―a　④―c　⑤―c　⑥―d

解説

《中世ローマ教会》

①　b．誤文。ローマの司教は使徒パウロではなく使徒ペテロの後継者を自任していた。

②　d．誤文。聖パトリックがアイルランドにカトリックを広めた相手は，ゲルマン人ではなくケルト人である。

③　a．誤文。アラビアの学術書がヨーロッパで翻訳されるようになるのは，カール大帝のカロリング=ルネサンスではなく12世紀ルネサンスである。12世紀ルネサンスではアラビア語やギリシア語の書籍がラテン語に翻訳された。

④　c．誤文。アベラールは，普遍論争で実在論ではなく唯名論を主張した。

⑤　c．誤文。ドミニコの出身はイタリアではなくスペインである。

⑥　d．誤文。十字軍により弱体化した騎士や諸侯を廷臣とすることで，国王の権威は強化された。

Ⅱ　解答

イ―c　**ロ**―a

①―b　②―c　③―c　④―d　⑤―b　⑥―a

解説

《19世紀～第二次世界大戦までのイタリア史》

①　b．誤文。正統主義を提唱した人物は，メッテルニヒではなくフランスのタレーランである。

②　c．誤文。カルロ=アルベルトは両シチリア王国ではなくサルデーニャ王国の国王である。

③　c．誤文。「モロッコ保護国化」が誤り。イタリアはフランスのチュニジア保護国化に反発して三国同盟に参加した。

④ d．誤文。フィウメは第一次世界大戦後，オーストリアからユーゴスラヴィア領となったが，ダヌンツィオの占領を経て，ムッソリーニが併合した。

⑤ b．誤文。ファシスト党は「ローマ進軍」の際に国王から組閣を命じられて政権を掌握した。

⑥ a．誤文。ミュンヘン会談には，チェコスロヴァキアの代表は参加していない。

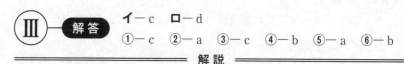

Ⅲ 解答

イ―c ロ―d

①―c ②―a ③―c ④―b ⑤―a ⑥―b

解説

《アメリカ合衆国史》

① c．誤文。アメリカ独立宣言に奴隷制の廃止は明記されていない。

② a．誤文。アメリカ合衆国は，独立時にイギリスからミシシッピ川以西ではなくミシシッピ川以東のルイジアナを獲得した。

③ c．誤文。アメリカ合衆国北部ではイギリスに対抗するため，州権ではなく中央政府の強化が主張された。

④ b．誤文。カンザス・ネブラスカ法制定（1854年）を機に南北の対立が激化し，1861年に南北戦争が開始した。戦争中，北部はホームステッド法を制定して，西部の支持をとりつけた。

⑤ a．誤文。ポピュリスト党は，アメリカ合衆国の西部や南部の農民を主な支持者とした。

⑥ b．誤文。モンロー大統領ではなくジャクソン大統領が先住民強制移住法で先住民をミシシッピ川以西に追いやった。

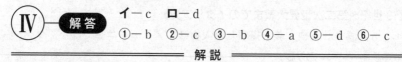

Ⅳ 解答

イ―c ロ―d

①―b ②―c ③―b ④―a ⑤―d ⑥―c

解説

《ヒンドゥー教の歴史》

① b．誤文。インダス文明では鉄器は用いられていない。

② c．誤文。ヴァルダマーナはジャイナ教を創始した。ナーガールジュナ（竜樹）が，大乗仏教を理論化した。

③　b．誤文。パータリプトラはインダス川ではなくガンジス川沿いに位置する。

④　a．誤文。ヴァルナはバラモン，クシャトリヤ，ヴァイシャ，シュードラの4つ。4つのヴァルナの枠外に置かれたのは不可触民。

⑤　d．誤文。ヴィジャヤナガルは，イスラーム国家ではなくヒンドゥー国家である。

⑥　c．誤文。スコータイ朝は，タウングー朝ではなくアユタヤ朝によって併合された。

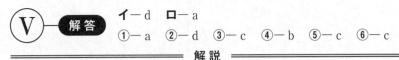

V 解答

イ—d　**ロ**—a

①—a　②—d　③—c　④—b　⑤—c　⑥—c

解説

《ラテンアメリカ，アフリカの歴史》

①　a．誤文。トランスヴァール共和国を建てた人々は，ドイツ人ではなくオランダ人入植者の子孫であるブール人（アフリカーナー）。

②　やや難。d．誤文。「太陽の暦石」は，チャビン文化ではなくアステカ王国の遺物である。

③　a．不適。カメルーンはドイツの植民地。

b．不適。リオデオロはスペインの植民地。

d．不適。ウガンダはイギリスの植民地。

④　b．誤文。テノチティトランを首都としたのは，インカ帝国ではなくアステカ王国である。インカ帝国の首都はクスコ。

⑤　難問。c．誤文。南米南部共同市場（MERCOSUR）は，アルゼンチン・ブラジル・パラグアイ・ウルグアイの4カ国で発足しており，チリは含まれていない。

⑥　c．誤文。エリトリアを占領した国は，イギリスではなくイタリアである。

2月2日実施分　問題　数学

(60分)

〔1〕 次の文章中の □ に適する式または数値を，解答用紙の同じ記号のついた □ の中に記入せよ．途中の計算を書く必要はない．

(1) a を実数とし，座標平面上の放物線 $y=x^2+2ax+3a^2-8a$ を C とする．放物線 C は x 軸と異なる 2 点 P，Q で交わっているとする．

(i) a の取りうる値の範囲は [ア] であり，PQ^2 を a を用いて表すと，$PQ^2=$ [イ] である．

(ii) PQ は $a=$ [ウ] のとき最大値をとる．また，$a=$ [ウ] のとき，放物線 C を，x 軸方向に 3，y 軸方向に [エ] だけ平行移動した放物線は原点を通る．

(2) 袋の中に 0，1，2 が書かれた白玉が 2 個ずつ，0，1 が書かれた赤玉が 1 個ずつ，合計 8 個の玉が入っている．この袋から同時に 3 個の玉を取り出し，次の規則によって得点 X を定める．

【規則】

I 赤玉を少なくとも 1 個取り出した場合，取り出された 3 個の玉に書かれた数の積を X とする．

II 赤玉を取り出さなかった場合，取り出された 3 個の玉に書かれた数の最大値を X とする．

なお，解答は既約分数にすること．

(i) $X=4$ となる確率は [オ] である．

(ii) $X=2$ となる確率は [カ] である．また，赤玉を少なくとも 1 個取り出したとき，$X=2$ となる条件付き確率は [キ] である．

〔2〕 次の文章中の □ に適する式または数値を，解答用紙の同じ記号のついた □ の中に記入せよ．途中の計算を書く必要はない．

(1) O を原点とする座標平面上に 2 点 A$(-2,\ 4)$, B$(2,\ 6)$ があり，3 点 O, A, B を通る円を C とする．また，直線 AB に関して円 C と対称な円を K とする．ただし，直線に関して対称な円とは，円の中心が直線に関して対称で，半径が等しい円のことをいう．

(i) 円 C の中心の座標は ［ア］ である．また，円 K の方程式は ［イ］$=0$ である．

(ii) 円 K およびその内部と直線 AB の上側の部分の共通部分を D とする．ただし，境界線を含む．点 $(x,\ y)$ が領域 D 内を動くとき，$y-3x$ の最小値は ［ウ］，最大値は ［エ］ である．

(2) △OAB において，$\mathrm{OA}=2$, $\mathrm{OB}=\sqrt{2}$, $\angle\mathrm{AOB}=135^\circ$ とし，辺 AB を $1:3$ に内分する点を C とする．また，$\overrightarrow{\mathrm{OA}}=\vec{a}$, $\overrightarrow{\mathrm{OB}}=\vec{b}$ とおく．

(i) 内積 $\vec{a}\cdot\vec{b}=$ ［オ］ である．また，$\mathrm{OC}=$ ［カ］ である．

(ii) 点 C から直線 OA に垂線を引き，直線 OA との交点を H とすると，$\mathrm{OH}=$ ［キ］ である．

〔3〕 a を正の実数とし，$f(x)=x^3+ax^2-a^2x+2a^3$ とする．また，曲線 $y=f(x)$ を C とし，点 A$(a, f(a))$ における曲線 C の接線を ℓ とする．このとき，次の問いに答えよ．

(1) 関数 $f(x)$ の極値を求めよ．

(2) 接線 ℓ の方程式を求めよ．

(3) 曲線 $D: y=3(x-2a)^2$ が点 A を通るとする．このとき，a の値を求めよ．

(4) a を (3) で求めた値とする．曲線 C と直線 ℓ で囲まれた部分のうち，x 軸より上側の部分の面積を S とし，(3) の曲線 D の $a\leqq x\leqq 2a$ の部分，直線 ℓ および x 軸で囲まれた部分の面積を T とする．S, T を求めよ．

2月2日実施分　解答　数学

1 解答

(1) (i)ア. $0<a<4$　イ. $8a(4-a)$

(ii)ウ. 2　エ. 7

(2) (i)オ. $\dfrac{1}{56}$　(ii)カ. $\dfrac{5}{14}$　キ. $\dfrac{1}{9}$

解説

《2次関数のグラフ，条件付き確率》

(1) (i) $C: y=(x+a)^2+2a^2-8a$ より，C の頂点は $(-a,\ 2a^2-8a)$ である。C が x 軸と異なる2点で交わるとき，頂点の y 座標が負なので

$$2a^2-8a<0$$

$$2a(a-4)<0$$

したがって

$$0<a<4 \quad (\to ア)$$

$y=0$ とすると，$x=-a\pm\sqrt{8a-2a^2}$ であるから

$$PQ=(-a+\sqrt{8a-2a^2})-(-a-\sqrt{8a-2a^2})$$

$$=2\sqrt{8a-2a^2}$$

よって

$$PQ^2=4(8a-2a^2)=8a(4-a) \quad (\to イ)$$

(ii) $PQ^2=-8(a-2)^2+32$ より，PQ は $a=2$ のとき最大値をとる。

(→ウ)

このとき，$C: y=x^2+4x-4$ であるが，C を x 軸方向に3，y 軸方向に k だけ平行移動した放物線は

$$y=(x-3)^2+4(x-3)-4+k=x^2-2x+k-7$$

これが原点を通るので

$$k-7=0$$

よって　$k=7$　(→エ)

(2) 全事象は，${}_8C_3=56$ 通りである。

(i) $X=4$ となる場合は，(赤1)(白2)(白2)が取り出されるときの

みなので，求める確率は，$\frac{1}{56}$である。（→オ）

(ii)　(ア)赤玉が含まれないとき，白玉の最大値が2であるので，（白2）が1個の場合は，（白0）（白1）計4個から2個を取り出すので

$$2\times{}_4C_2=12\text{ 通り}$$

（白2）が2個の場合は，残り1個が（白0）（白1）の4通り。

以上により

$$12+4=16\text{ 通り}$$

(イ)（赤1）を含むとき，残りが（白1）（白2）1個ずつなので

$$2^2=4\text{ 通り}$$

(ア)，(イ)より，$X=2$となる確率は

$$\frac{16+4}{56}=\frac{5}{14}\quad(\text{→カ})$$

次に，赤玉を少なくとも1個取り出す場合は，すべて白玉である場合以外であるので，その確率は

$$1-\frac{{}_6C_3}{56}=\frac{9}{14}$$

そのうち$X=2$となる確率は(イ)の場合なので

$$\frac{4}{56}=\frac{1}{14}$$

したがって，求める条件付き確率は

$$\frac{\frac{1}{14}}{\frac{9}{14}}=\frac{1}{9}\quad(\text{→キ})$$

2 解答

(1)　(i)**ア．**(1，3)　**イ．**$x^2+y^2+2x-14y+40$

(ii)**ウ．**0　**エ．**20

(2)　(i)**オ．**-2　**カ．**$\frac{\sqrt{26}}{4}$　(ii)**キ．**$\frac{5}{4}$

解説

《円の方程式と領域における最大・最小，ベクトルとその内積》

(1)　(i)　円Cの方程式を$x^2+y^2+lx+my+n=0$とおくと，点(0，0)を

通るので

$n=0$ ……①

A$(-2,\ 4)$ を通るので

$-2l+4m+n+20=0$ ……②

B$(2,\ 6)$ を通るので

$2l+6m+n+40=0$ ……③

①～③より　$l=-2,\ m=-6,\ n=0$

したがって

$x^2+y^2-2x-6y=0$

$(x-1)^2+(y-3)^2=10$ より，円 C の中心の座標は $(1,\ 3)$ である。

(→ア)

線分 AB の中点 $(0,\ 5)$ に対して C の中心 $(1,\ 3)$ と対称な点を C′$(a,\ b)$ とすると，$\dfrac{a+1}{2}=0,\ \dfrac{b+3}{2}=5$ より

$(a,\ b)=(-1,\ 7)$

よって

$K:(x+1)^2+(y-7)^2=10$

すなわち

$x^2+y^2+2x-14y+40=0$ (→イ)

(ii) $y-3x=k$ とすると，$y=3x+k$ ……④ より，これは傾き 3 で y 切片 k の直線である。

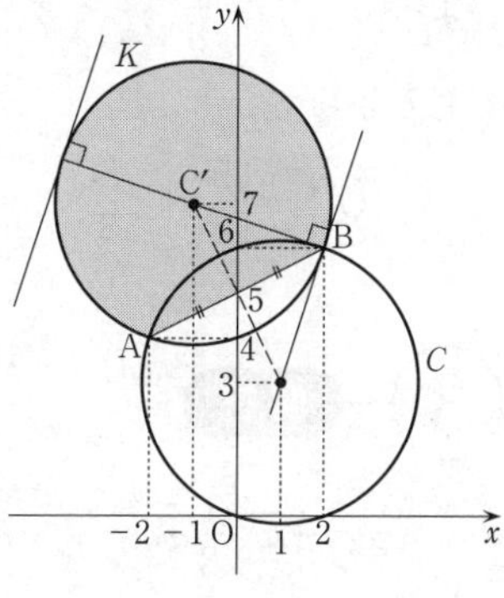

BC′ の傾きは $\dfrac{6-7}{2-(-1)}=-\dfrac{1}{3}$ より，

BC′⊥④ なので直線 $y=3x+k$ が点 B を通るとき k は最小となる。

$(x,\ y)=(2,\ 6)$ を代入して

$k=6-3\times2=0$ (→ウ)

C′ についての B の対称点 $(-4,\ 8)$ を通るとき k は最大となり，$(x,\ y)=(-4,\ 8)$ を代入して

$k=8-3\times(-4)=20$ (→エ)

(2)　(i)　$\vec{a}\cdot\vec{b}=|\vec{a}||\vec{b}|\cos 135^\circ=2\times\sqrt{2}\times\left(-\dfrac{1}{\sqrt{2}}\right)=-2$　(→オ)

$\overrightarrow{OC}=\dfrac{3\vec{a}+\vec{b}}{1+3}=\dfrac{1}{4}(3\vec{a}+\vec{b})$ であるから

$$|\overrightarrow{OC}|^2=\frac{1}{16}(9|\vec{a}|^2+6\vec{a}\cdot\vec{b}+|\vec{b}|^2)$$

$$=\frac{1}{16}\{9\cdot2^2+6\cdot(-2)+(\sqrt{2})^2\}=\frac{26}{16}$$

したがって

$$|\overrightarrow{OC}|=\frac{\sqrt{26}}{4}\quad(\text{→カ})$$

(ii)　$\overrightarrow{OH}=t\vec{a}$ とおくと

$$\overrightarrow{CH}=\overrightarrow{OH}-\overrightarrow{OC}=\left(t-\frac{3}{4}\right)\vec{a}-\frac{1}{4}\vec{b}$$

$\overrightarrow{OA}\cdot\overrightarrow{CH}=0$ より

$$\vec{a}\cdot\left\{\left(t-\frac{3}{4}\right)\vec{a}-\frac{1}{4}\vec{b}\right\}=0$$

$$\left(t-\frac{3}{4}\right)|\vec{a}|^2-\frac{1}{4}\vec{a}\cdot\vec{b}=0$$

$$4\left(t-\frac{3}{4}\right)-\frac{1}{4}\cdot(-2)=0$$

よって　　$t=\dfrac{5}{8}$

したがって

$$|\overrightarrow{OH}|=\left|\frac{5}{8}\vec{a}\right|=\frac{5}{8}\times2=\frac{5}{4}\quad(\text{→キ})$$

3　解答　(1)　$f'(x)=3x^2+2ax-a^2=(x+a)(3x-a)$

$f'(x)=0$ とすると

$$x=-a,\ \frac{1}{3}a$$

$f(-a)=3a^3$, $f\left(\dfrac{1}{3}a\right)=\dfrac{49}{27}a^3$ より

$$\begin{cases} x=-a \text{ のとき極大値 } 3a^3 \\ x=\dfrac{1}{3}a \text{ のとき極小値 } \dfrac{49}{27}a^3 \end{cases} \quad \cdots\cdots(答)$$

x	$\cdots$	$-a$	$\cdots$	$\frac{1}{3}a$	$\cdots$
$f'(x)$	$+$	0	$-$	0	$+$
$f(x)$	↗	$3a^3$	↘	$\frac{49}{27}a^3$	↗

(2)　$l: y-f(a)=f'(a)(x-a)$ より

$$y-3a^3=4a^2(x-a)$$

したがって

$$y=4a^2x-a^3 \quad \cdots\cdots(答)$$

(3)　$A(a,\ 3a^3)$ が $y=3(x-2a)^2$ 上にあるので

$$3a^3=3a^2$$

$$3a^2(a-1)=0$$

$a>0$ より　　$a=1$　……(答)

(4)　　$C: y=x^3+x^2-x+2,\ D: y=3(x-2)^2,\ l: y=4x-1$

C と x 軸との交点の x 座標を求める。

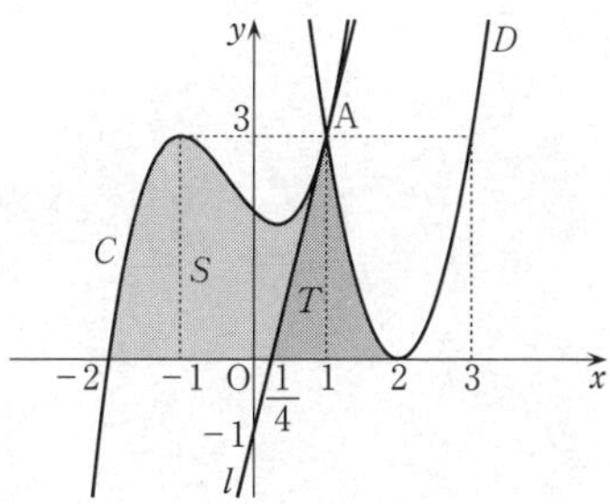

$$x^3+x^2-x+2=0$$

$$(x+2)(x^2-x+1)=0$$

x は実数より　　$x=-2$

また，l と x 軸との交点は $\left(\dfrac{1}{4},\ 0\right)$ で

あるから

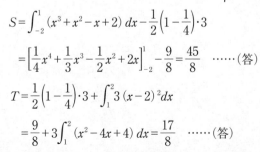

$$S=\int_{-2}^{1}(x^3+x^2-x+2)\,dx-\frac{1}{2}\left(1-\frac{1}{4}\right)\cdot 3$$

$$=\left[\frac{1}{4}x^4+\frac{1}{3}x^3-\frac{1}{2}x^2+2x\right]_{-2}^{1}-\frac{9}{8}=\frac{45}{8} \quad \cdots\cdots(答)$$

$$T=\frac{1}{2}\left(1-\frac{1}{4}\right)\cdot 3+\int_{1}^{2}3(x-2)^2dx$$

$$=\frac{9}{8}+3\int_{1}^{2}(x^2-4x+4)\,dx=\frac{17}{8} \quad \cdots\cdots(答)$$

解説

《3次関数の極値，曲線と直線で囲まれた部分の面積》

(1)　$f'(x)=0$ をみたす x の値が極値の候補であるが，増減表を作成するなどして極値であることを確認しなくてはならない。

(2)　$f(a)=3a^3$ であるから，$\mathrm{A}(a,\ 3a^3)$ であり，点Aにおける接線の公式 $y-f(a)=f'(a)(x-a)$ を適用すればよい。

(3)　D の方程式に $\mathrm{A}(a,\ 3a^3)$ を代入する。

(4)　曲線 C と x 軸の交点を求めて，積分区間を決定する。T の面積の積分計算について

$$\int (x-\alpha)^2dx=\frac{1}{3}(x-\alpha)^3+C$$

の公式を用いると

$$\int_1^2 3(x-2)^2dx=\Big[(x-2)^3\Big]_1^2=1$$

と，とても簡易な計算となるので，この公式を覚えておくと大変便利である。

2月6日実施分　問題　数学

（60分）

〔1〕

次の文章中の □ に適する式または数値を，解答用紙の同じ記号のついた □ の中に記入せよ．途中の計算を書く必要はない．

（1）　a を正の整数とする．次のデータは，あるスキージャンプ選手が，練習で 12 回飛んだ飛距離 (m) である．飛距離はすべて 5 の倍数で測定され，このデータの第 1 四分位数は 95m であった．

90, 100, 110, 105, 95, 110, 90, 110, 110, 100, 115, a　(m)

（i）$a=$ [ア] (m) である．

（ii）飛距離を x で表し，変量 u を $u=\dfrac{x-100}{5}$ で定めると，変量 u の分散は [イ] である．

（iii）変量 x の標準偏差は [ウ] (m) である．

（2）　自然数 x, y が，等式 $13x+5y=2024$ を満たしている．

（i）x の最小値は [エ] である．また，$x>y$ となるような自然数 x, y の組は全部で [オ] 組ある．

（ii）2 桁(けた)の自然数となるような x は全部で [カ] 個ある．また，$|x-y|$ の最小値は [キ] である．

〔2〕

次の文章中の □ に適する式または数値を，解答用紙の同じ記号のついた □ の中に記入せよ．途中の計算を書く必要はない．

（1）　$\dfrac{\pi}{2}\leqq x\leqq\pi$ とする．座標平面上に，3 点 A, B, C を，A(1, 0), B$(\cos x,\sin x)$, C$\left(\cos\left(x+\dfrac{\pi}{2}\right),\sin\left(x+\dfrac{\pi}{2}\right)\right)$ となるようにとり，△ABC の面積を S とする．

（i）$x=\pi$ のとき，$S=$ [ア] である．

（ii）S を $\sin x$, $\cos x$ を用いて表すと，$S=$ [イ] である．

（iii）x が $\dfrac{\pi}{2}\leqq x\leqq\pi$ の範囲で変化するとき，S の最大値は [ウ] であり，S が最大値をとるときの x の値は $x=$ [エ] である．

（2）　数列 $\{a_n\}$ について，初項から第 n 項までの和を S_n とおく．和 S_n は $S_n=n(n+2)$ で与えられているとする．

（i）数列 $\{a_n\}$ の一般項を n を用いて表すと，$a_n=$ [オ] である．

（ii）$\displaystyle\sum_{k=1}^{n}ka_k=$ [カ] である．また，$\displaystyle\sum_{k=1}^{99}\frac{1}{a_ka_{k+1}}=$ [キ] である．

〔3〕 p は $-1<p<1$ を満たす実数とする．座標平面上に 2 点 A$(-1,1)$，P$(p,\ p^2)$ をとり，放物線 $y=x^2$ を C とし，2 点 A，P を通る直線を ℓ とする．このとき，次の問いに答えよ．

(1) 直線 ℓ の方程式を求めよ．

(2) 放物線 C の $x \geqq p$ の部分と直線 ℓ，直線 $x=1$ で囲まれた部分の面積を S とする．S を p を用いて表せ．

(3) S が (2) で求めたものであり，放物線 C と直線 ℓ で囲まれた部分の面積を T とする．p が $-1<p<1$ の範囲で変化するとき，$S+T$ の最小値を求めよ．

2月6日実施分　解答　数学

1 解答　(1) (i)ア. 95　(ii)イ. $\frac{11}{4}$　(iii)ウ. $\frac{5\sqrt{11}}{2}$

(2) (i)エ. 3　オ. 9　(ii)カ. 18　キ. 2

解説

《データの標準偏差，1次不定方程式》

(1) (i) aを除いたデータを小さい順に並べると

90, 90, 95, 100, 100, 105, 110, 110, 110, 110, 115

である。データ数12のとき第1四分位数Q_1は小さいほうから3番目と4番目の平均であるから，$a \leqq 90$のとき$Q_1=92.5$，$a \geqq 100$のとき$Q_1=97.5$であり，$a=95$のときのみ$Q_1=95$となる。

よって　$a=95$〔m〕（→ア）

(ii) 変量uで変換したデータを小さい順に並べると

$-2,\ -2,\ -1,\ -1,\ 0,\ 0,\ 1,\ 2,\ 2,\ 2,\ 2,\ 3$

平均 $\overline{u}=\frac{1}{12}\{(-2)\times 2+(-1)\times 2+1+2\times 4+3\}=\frac{1}{2}$

2乗平均 $\overline{u^2}=\frac{1}{12}\{(-2)^2\times 2+(-1)^2\times 2+1^2+2^2\times 4+3^2\}=3$

よって，uの分散を$s_u{}^2$とすると

$s_u{}^2=3-\left(\frac{1}{2}\right)^2=\frac{11}{4}$　（→イ）

(iii) xの標準偏差をs_x〔m〕とすると

$s_x=5\sqrt{s_u{}^2}=\frac{5\sqrt{11}}{2}$〔m〕　（→ウ）

(2) (i) $5y=2024-13x$より，$2024-13x$は5の倍数である。

$x=1$のとき$5y=2011$，$x=2$のとき$5y=1998$より，いずれも5の倍数ではない。

$x=3$のとき，$5y=1985$より$y=397$である。これは条件をみたすので，xの最小値は$x=3$である。（→エ）

$(x,\ y)=(3,\ 397)$ は解の一つである。よって

$$13\cdot 3+5\cdot 397=2024 \quad \cdots\cdots①$$

$$13x+5y=2024 \quad \cdots\cdots②$$

として，②−①より

$$13(x-3)+5(y-397)=0$$

5と13は互いに素より，k を整数として，$x=5k+3$，$y=-13k+397$ で表せる。

$y>0$ より

$$-13k+397>0$$

よって

$$k<\frac{397}{13}\fallingdotseq 30.5 \quad \cdots\cdots③$$

$x-y=18k-394>0$ より

$$k>\frac{394}{18}\fallingdotseq 21.9 \quad \cdots\cdots④$$

③，④より

$$k=22,\ 23,\ \cdots,\ 30$$

よって，求める x，y の組み合わせは　9組　(→オ)

(ii) $10\leqq x\leqq 99$ より

$$10\leqq 5k+3\leqq 99$$

よって

$$1.4\leqq k\leqq 19.2$$

すなわち

$$k=2,\ 3,\ \cdots,\ 19$$

よって，求める x の個数は　18個　(→カ)

$x=y$ のとき $k=\dfrac{394}{18}\fallingdotseq 21.9$ より，k がこの値に近いほど $|x-y|$ の値が小さくなる。

$k=21$ のとき，$x=108$，$y=124$ より　$|x-y|=16$

$k=22$ のとき，$x=113$，$y=111$ より　$|x-y|=2$

よって，$|x-y|$ の最小値は2である。(→キ)

2 **解答** (1) (i)**ア.** 1 (ii)**イ.** $\frac{1}{2}(\sin x-\cos x+1)$

(iii)**ウ.** $\frac{\sqrt{2}+1}{2}$ **エ.** $\frac{3}{4}\pi$

(2) (i)**オ.** $2n+1$ (ii)**カ.** $\frac{1}{6}n(n+1)(4n+5)$ **キ.** $\frac{11}{67}$

解説

《三角関数の最大値，数列の一般項と和》

(1) (i) B$(-1,\ 0)$，C$(0,\ -1)$ より

$$S=\frac{1}{2}\cdot2\cdot1=1 \quad (\to ア)$$

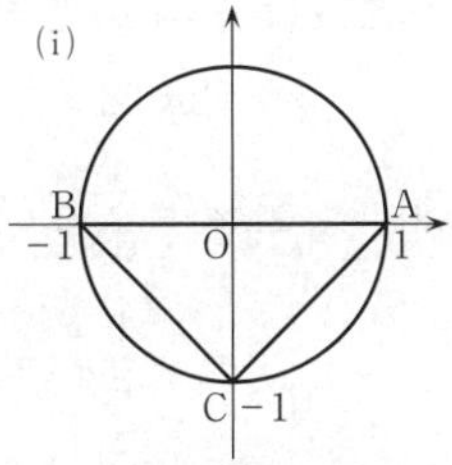

(ii) $\frac{\pi}{2}\leqq x\leqq\pi$ のとき，$\angle AOB=x$，$\angle BOC=\frac{\pi}{2}$，

$\angle COA=\frac{3}{2}\pi-x$ より

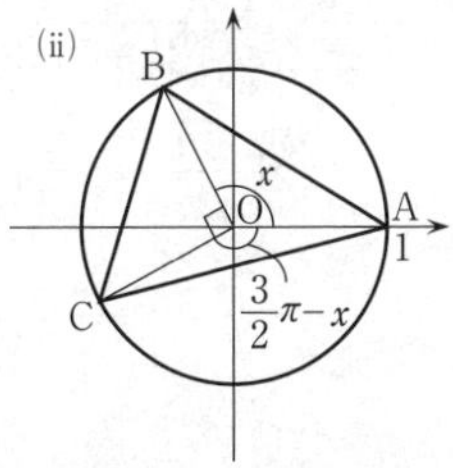

$$S=\frac{1}{2}\cdot1^2\cdot\sin x+\frac{1}{2}\cdot1^2\cdot\sin\frac{\pi}{2}+\frac{1}{2}\cdot1^2\cdot\sin\left(\frac{3}{2}\pi-x\right)$$

$$=\frac{1}{2}\sin x+\frac{1}{2}+\frac{1}{2}\left(\sin\frac{3}{2}\pi\cos x-\cos\frac{3}{2}\pi\sin x\right)$$

$$=\frac{1}{2}(\sin x-\cos x+1) \quad (\to イ)$$

(iii) $$S=\frac{1}{2}(\sin x-\cos x)+\frac{1}{2}=\frac{\sqrt{2}}{2}\sin\left(x-\frac{\pi}{4}\right)+\frac{1}{2}$$

$\frac{\pi}{2}\leqq x\leqq\pi$ より，$\frac{\pi}{4}\leqq x-\frac{\pi}{4}\leqq\frac{3}{4}\pi$ であるから

$$\frac{1}{\sqrt{2}}\leqq\sin\left(x-\frac{\pi}{4}\right)\leqq1$$

つまり

$$\frac{1}{2}\leqq\frac{\sqrt{2}}{2}\sin\left(x-\frac{\pi}{4}\right)\leqq\frac{\sqrt{2}}{2}$$

したがって，$1 \leqq S \leqq \dfrac{\sqrt{2}+1}{2}$ であるから，S の最大値は $\dfrac{\sqrt{2}+1}{2}$　(→ウ)

最大値をとる x は，$x-\dfrac{\pi}{4}=\dfrac{\pi}{2}$ より

$$x=\frac{3}{4}\pi \quad (\text{→エ})$$

(2) (i)　$a_1=S_1=1\cdot3=3$ であり，$n \geqq 2$ のとき

$$a_n=S_n-S_{n-1}=n(n+2)-(n-1)(n+1)=2n+1$$

これは $n=1$ のときも成り立つ。よって

$$a_n=2n+1 \quad (\text{→オ})$$

(ii)

$$\sum_{k=1}^{n} ka_k=\sum_{k=1}^{n}(2k^2+k)=\frac{1}{3}n(n+1)(2n+1)+\frac{1}{2}n(n+1)$$

$$=\frac{1}{6}n(n+1)\{2(2n+1)+3\}=\frac{1}{6}n(n+1)(4n+5) \quad (\text{→カ})$$

$\dfrac{1}{a_ka_{k+1}}=\dfrac{1}{(2k+1)(2k+3)}=\dfrac{1}{2}\left(\dfrac{1}{2k+1}-\dfrac{1}{2k+3}\right)$ より

$$\sum_{k=1}^{99}\frac{1}{a_ka_{k+1}}=\frac{1}{2}\left(\frac{1}{3}-\frac{1}{5}\right)+\frac{1}{2}\left(\frac{1}{5}-\frac{1}{7}\right)+\cdots+\frac{1}{2}\left(\frac{1}{199}-\frac{1}{201}\right)$$

$$=\frac{1}{2}\left(\frac{1}{3}-\frac{1}{201}\right)=\frac{11}{67} \quad (\text{→キ})$$

3 解答

(1)　l の傾きは，$\dfrac{p^2-1}{p-(-1)}=p-1$ より

$$l: y-1=(p-1)(x+1)$$

よって

$$y=(p-1)x+p \quad \cdots\cdots(\text{答})$$

(2)　$p \leqq x \leqq 1$ において C は l より上方にあるので

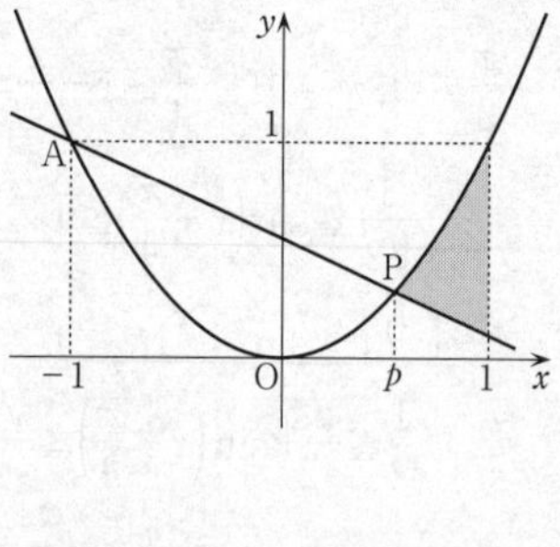

$$S=\int_p^1\{x^2-(p-1)x-p\}\,dx$$

$$=\left[\frac{1}{3}x^3-\frac{p-1}{2}x^2-px\right]_p^1$$

$$=\frac{1}{6}p^3+\frac{1}{2}p^2-\frac{3}{2}p+\frac{5}{6} \quad \cdots\cdots(\text{答})$$

(3)　$-1\leqq x\leqq p$ のとき l は C より上にあるので

$$T=\int_{-1}^{p}\{(p-1)x+p-x^2\}dx=-\int_{-1}^{p}(x+1)(x-p)\,dx=\frac{1}{6}(p+1)^3$$

したがって

$$S+T=\frac{1}{6}p^3+\frac{1}{2}p^2-\frac{3}{2}p+\frac{5}{6}+\frac{1}{6}(p^3+3p^2+3p+1)$$

$$=\frac{1}{3}p^3+p^2-p+1$$

$f(p)=\dfrac{1}{3}p^3+p^2-p+1$ とおくと

$$f'(p)=p^2+2p-1$$

$f'(p)=0$ とおくと

$$p=-1\pm\sqrt{2}$$

$f(p)$ を p^2+2p-1 で割ると，商は $\dfrac{1}{3}p+\dfrac{1}{3}$，余りは $-\dfrac{4}{3}p+\dfrac{4}{3}$ より

$$f(p)=\left(\frac{1}{3}p+\frac{1}{3}\right)(p^2+2p-1)+\left(-\frac{4}{3}p+\frac{4}{3}\right)$$

であるから

$$f(\sqrt{2}-1)=-\frac{4}{3}(\sqrt{2}-1)+\frac{4}{3}=\frac{4}{3}(2-\sqrt{2})$$

増減表により，$p=\sqrt{2}-1$ で最小値 $\dfrac{4}{3}(2-\sqrt{2})$ をとる。 ……(答)

p	-1	…	$\sqrt{2}-1$	…	1
$f'(p)$		$-$	0	$+$	
$f(p)$		↘	最小値	↗	

解説

《放物線と直線で囲まれた部分の面積，3次関数の最小値》

(1)　傾きを p で表して，$y-y_1=m(x-x_1)$ の公式より l の方程式を求める。

(2)　$p\leqq x\leqq 1$ における l と C の上下を調べてから積分を立式する。

(3)　T は放物線と直線で囲まれた部分の面積であるから

$$\int_{\alpha}^{\beta}(x-\alpha)(x-\beta)\,dx=-\frac{1}{6}(\beta-\alpha)^3$$

の公式が使える。

$f(\sqrt{2}-1)$ の値を求めるとき，$p=\sqrt{2}-1$ を直接代入することもできるが，$(\sqrt{2}-1)^3$ の計算が出てくるなど，計算量が多くなる。この場合は $p=\sqrt{2}-1$ を解にもつ2次方程式 $p^2+2p-1=0$ の左辺 p^2+2p-1 で $f(p)$ を割った余り $-\frac{4}{3}p+\frac{4}{3}$ に $p=\sqrt{2}-1$ を代入するだけで求めることができる。

2月7日実施分 問題 数学

(60 分)

〔1〕 次の文章中の $\boxed{}$ に適する式または数値を，解答用紙の同じ記号のついた $\boxed{}$ の中に記入せよ．途中の計算を書く必要はない．

(1) k を負の実数とし，x の 2 次方程式 $x^2+(k+1)x+k^2+k-1=0$ は実数解 α，β をもつとする．

(i) $\alpha=\beta$ のとき，$k=\boxed{\text{ア}}$ である．また，$\alpha \leqq 0 \leqq \beta$ であるとき，k の最小値は $\boxed{\text{イ}}$ である．

(ii) $-1<\alpha \leqq \beta<1$ であるとき，k の取りうる値の範囲は $\boxed{\text{ウ}}$ である．

(2) 1 つのさいころを 4 回投げるゲームを行う．このゲームでは，さいころを 1 回投げるごとに，3 の倍数の目が出れば持ち点に 2 点を加え，それ以外の目が出れば持ち点から 1 点を引くとする．ただし，はじめの持ち点は 0 点とする．なお，解答は既約分数にすること．

(i) ゲーム後の持ち点が 2 点である確率は $\boxed{\text{エ}}$ であり，ゲーム後の持ち点が奇数となる確率は $\boxed{\text{オ}}$ である．

(ii) ゲーム後の持ち点が 0 点以下である確率は $\boxed{\text{カ}}$ である．また，ゲーム後の持ち点が 0 点以下であったとき，途中で持ち点が正となる条件付き確率は $\boxed{\text{キ}}$ である．

〔2〕 次の文章中の $\boxed{}$ に適する式または数値を，解答用紙の同じ記号のついた $\boxed{}$ の中に記入せよ．途中の計算を書く必要はない．

(1) a を実数とし，x の方程式 $4^x-3\cdot 2^{x+1}-a=0$ ……① を考える．

(i) $a=3$ のとき，方程式 ① の解は，$x=\boxed{\text{ア}}$ である．

(ii) 方程式 ① が異なる 2 つの実数解 α，β をもつとする．a の取りうる値の範囲は $\boxed{\text{イ}}$ であり，a が $\boxed{\text{イ}}$ を満たす最大の整数であるとき，$\alpha+\beta=\boxed{\text{ウ}}$ である．

(2) O を原点とする座標空間内に 4 点 A(1, 1, 0)，B(0, 0, 2)，C(2, −1, 1)，P(1, 1, 1) をとる．

(i) 内積 $\overrightarrow{\mathrm{AB}}\cdot\overrightarrow{\mathrm{AC}}$ は $\boxed{\text{エ}}$ であり，△ABC の面積は $\boxed{\text{オ}}$ である．

(ii) t を実数とし，$\overrightarrow{\mathrm{OH}}=t\overrightarrow{\mathrm{OP}}$ とおく．点 H が平面 ABC 上にあるとき，$t=\boxed{\text{カ}}$ である．また，四面体 OABC の体積は $\boxed{\text{キ}}$ である．

〔3〕 関数 $y=-2\sin^3 t-2\cos^3 t-3\sin 2t+3\sin t+3\cos t\quad(0 \leqq t \leqq \pi)$ を考える．また，$x=\sin t+\cos t\quad(0 \leqq t \leqq \pi)$ とおいたときの x の最小値を a，最大値を b とする．このとき，次の問いに答えよ．

(1)　b の値を求めよ．

(2)　y を x を用いて表した式 $f(x)$ を求めよ．

(3)　y の最大値，最小値とそのときの t の値を求めよ．

(4)　(2) で求めた式 $f(x)$ から曲線 $C: y=f(x)\quad(a \leqq x \leqq b)$ を考える．このとき，曲線 C と 2 点 $(a, f(a))$，$(b, f(b))$ を通る直線で囲まれた部分の面積 S を求めよ．

2月7日実施分　解答　数学

1 **解答** (1) (i)**ア.** $-\frac{5}{3}$　**イ.** $\frac{-1-\sqrt{5}}{2}$

(ii)**ウ.** $-\frac{5}{3} \leqq k < -1$

(2) (i)**エ.** $\frac{8}{27}$　**オ.** $\frac{40}{81}$　(ii)**カ.** $\frac{16}{27}$　**キ.** $\frac{1}{3}$

解説

《2次方程式の実数解，条件付き確率》

(1) (i) 与えられた2次方程式の判別式を D とすると，$D=0$ であるから

$$D=(k+1)^2-4(k^2+k-1)=-3k^2-2k+5=0$$

$$(k-1)(3k+5)=0$$

$k<0$ より

$$k=-\frac{5}{3}\quad (\to ア)$$

$\alpha \leqq 0 \leqq \beta$ より $\alpha\beta \leqq 0$ であるから，解と係数の関係より

$$k^2+k-1 \leqq 0$$

これを解いて

$$\frac{-1-\sqrt{5}}{2} \leqq k \leqq \frac{-1+\sqrt{5}}{2}$$

よって，k の最小値は $\frac{-1-\sqrt{5}}{2}$ である。（→イ）

(ii) $f(x)=x^2+(k+1)x+k^2+k-1$ とすると，$D \geqq 0$ より

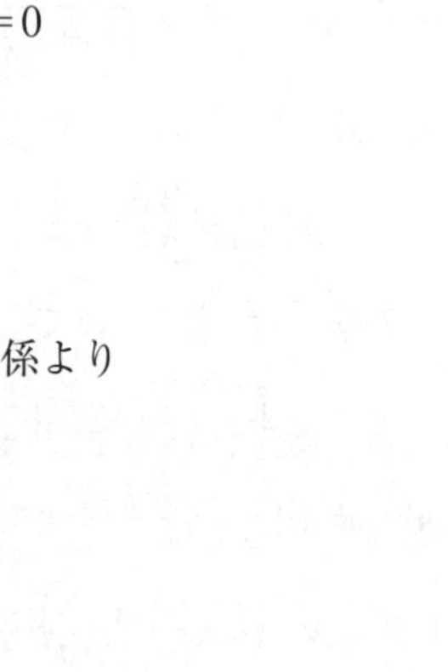

$$(k-1)(3k+5) \leqq 0$$

$k<0$ より

$$-\frac{5}{3} \leqq k < 0 \quad \cdots\cdots ①$$

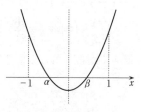

軸の方程式が $x=-\frac{k+1}{2}$ より，$-1<-\frac{k+1}{2}<1$ であるから

$-3<k<1$ ……②

$f(-1)>0$ より

$f(-1)=k^2-1>0$

$k<-1,\ 1<k$ ……③

$f(1)>0$ より

$f(1)=k^2+2k+1>0$

$(k+1)^2>0$

よって　$k\neq-1$ ……④

①〜④より

$-\dfrac{5}{3}\leqq k<-1$ （→ウ）

(2)

3の倍数の回数（a）	4	3	2	1	0
それ以外の回数（b）	0	1	2	3	4
ゲーム後の持ち点	8	5	2	-1	-4

(i) 確率［エ］について，$(a,\ b)=(2,\ 2)$ のときであるから

$${}_4C_2\left(\frac{1}{3}\right)^2\left(\frac{2}{3}\right)^2=\frac{8}{27}\quad(\to エ)$$

確率［オ］について，$(a,\ b)=(3,\ 1),\ (1,\ 3)$ のときであるから

$${}_4C_3\left(\frac{1}{3}\right)^3\left(\frac{2}{3}\right)+{}_4C_1\left(\frac{1}{3}\right)\left(\frac{2}{3}\right)^3=\frac{8}{81}+\frac{32}{81}=\frac{40}{81}\quad(\to オ)$$

(ii) 確率［カ］について，$(a,\ b)=(1,\ 3),\ (0,\ 4)$ のときであるから

$${}_4C_1\left(\frac{1}{3}\right)\left(\frac{2}{3}\right)^3+\left(\frac{2}{3}\right)^4=\frac{32}{81}+\frac{16}{81}=\frac{16}{27}\quad(\to カ)$$

このうち，途中で持ち点が正となる場合は，「$+2\to-1\to-1\to-1$」と「$-1\to+2\to-1\to-1$」の場合のみなので，その確率は

$$\frac{1}{3}\times\left(\frac{2}{3}\right)^3\times2=\frac{16}{81}$$

であるから，求める条件付き確率は

$$\frac{\frac{16}{81}}{\frac{16}{27}}=\frac{1}{3}\quad(\to キ)$$

2 解答 (1) (i)**ア．** $\log_2(3+2\sqrt{3})$

(ii)**イ．** $-9<a<0$　**ウ．** 0

(2) (i)**エ．** 3　**オ．** $\dfrac{3\sqrt{3}}{2}$　(ii)**カ．** $\dfrac{2}{3}$　**キ．** 1

解説

《指数方程式，空間ベクトルとその内積》

(1) (i) $a=3$ のとき，① は

$$(2^x)^2-6\cdot 2^x-3=0$$

であるから，$2^x=t$ とおくと $t>0$ で，$t^2-6t-3=0$ である。これを解いて

$$t=3\pm 2\sqrt{3}$$

$t>0$ より

$$t=3+2\sqrt{3}$$

このとき

$$x=\log_2 t=\log_2(3+2\sqrt{3})\quad (\to ア)$$

(ii) ① が異なる２つの実数解をもつとき，t の方程式 $t^2-6t-a=0$ が異なる２つの正の解をもつので

$$f(t)=t^2-6t-a$$

とおくと，$f(t)=0$ の判別式を D として

$$\begin{cases} D>0 & \cdots\cdots② \\ f(0)>0 & \cdots\cdots③ \\ \text{軸が } y \text{ 軸より右にある} & \cdots\cdots④ \end{cases}$$

② について

$$\frac{D}{4}=(-3)^2-1\cdot(-a)=a+9>0$$

より　$a>-9$

③ について

$$f(0)=-a>0$$

より　$a<0$

④ について，軸の方程式は $t=3$ であるから常に成り立つ。

以上により

$$-9<a<0\quad (\to イ)$$

［イ］をみたす最大の整数は $a=-1$ であるから，$a=-1$ のとき

$$t^2-6t+1=0$$

$$t=3\pm 2\sqrt{2}$$

であるから

$$x=\log_2(3\pm 2\sqrt{2})$$

したがって

$$\alpha+\beta=\log_2(3+2\sqrt{2})+\log_2(3-2\sqrt{2})$$

$$=\log_2(3+2\sqrt{2})(3-2\sqrt{2})$$

$$=\log_2 1=0 \quad (\to ウ)$$

(2) **(i)** $\overrightarrow{AB}=(-1,\ -1,\ 2)$, $\overrightarrow{AC}=(1,\ -2,\ 1)$ より

$$\overrightarrow{AB}\cdot\overrightarrow{AC}=(-1)\times 1+(-1)\times(-2)+2\times 1=3 \quad (\to エ)$$

$$\triangle ABC=\frac{1}{2}\sqrt{|\overrightarrow{AB}|^2|\overrightarrow{AC}|^2-(\overrightarrow{AB}\cdot\overrightarrow{AC})^2}$$

$$=\frac{1}{2}\sqrt{6\cdot 6-3^2}$$

$$=\frac{3\sqrt{3}}{2} \quad (\to オ)$$

(ii) $\overrightarrow{OH}=(t,\ t,\ t)$ である。$\overrightarrow{OA}$, $\overrightarrow{OB}$, $\overrightarrow{OC}$ は1次独立であるから

$$\overrightarrow{OH}=p\overrightarrow{OA}+q\overrightarrow{OB}+r\overrightarrow{OC}$$

と表すと，点Hが平面ABC上にあるので

$$p+q+r=1 \quad \cdots\cdots ①$$

をみたす。

$$(t,\ t,\ t)=p(1,\ 1,\ 0)+q(0,\ 0,\ 2)+r(2,\ -1,\ 1)$$

$$=(p+2r,\ p-r,\ 2q+r)$$

t を消去すると

$$p+2r=p-r \quad \cdots\cdots ②$$

$$p+2r=2q+r \quad \cdots\cdots ③$$

①～③より

$$p=\frac{2}{3},\ q=\frac{1}{3},\ r=0$$

したがって

$$t=\frac{2}{3} \quad (\to カ)$$

ここで

$$\overrightarrow{AB}\cdot\overrightarrow{OP}=(-1)\times1+(-1)\times1+2\times1=0$$
$$\overrightarrow{AC}\cdot\overrightarrow{OP}=1\times1+(-2)\times1+1\times1=0$$

であるから，平面 ABC は $\overrightarrow{OH}$ と垂直であることがわかり，求める体積は

$$\frac{1}{3}\triangle ABC\times|\overrightarrow{OH}|=\frac{1}{3}\times\frac{3\sqrt{3}}{2}\times\frac{2}{3}\sqrt{1+1+1}=1 \quad (\to キ)$$

3 解答

(1) $x=\sqrt{2}\sin\left(t+\frac{\pi}{4}\right)$ で，$\frac{\pi}{4}\leqq t+\frac{\pi}{4}\leqq\frac{5}{4}\pi$ より

$$-\frac{1}{\sqrt{2}}\leqq\sin\left(t+\frac{\pi}{4}\right)\leqq1$$

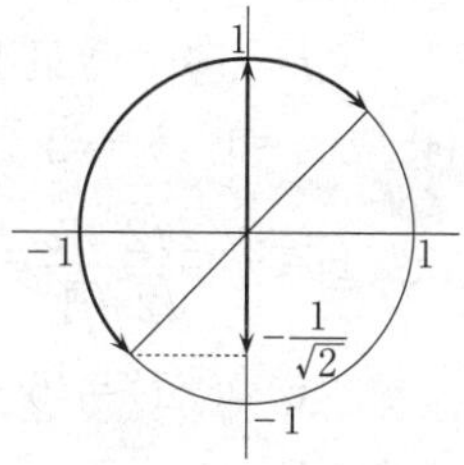

したがって，$-1\leqq x\leqq\sqrt{2}$ であるから，x の最大値 b は $\sqrt{2}$ である。　……(答)

(2) $x^2=\sin^2t+\cos^2t+2\sin t\cos t=1+2\sin t\cos t$

より

$$\sin t\cos t=\frac{1}{2}(x^2-1)$$

$$y=-2(\sin t+\cos t)(\sin^2t+\cos^2t-\sin t\cos t)-6\sin t\cos t+3(\sin t+\cos t)$$

$$=-2x\left\{1-\frac{1}{2}(x^2-1)\right\}-3(x^2-1)+3x$$

$$=x^3-3x^2+3$$

したがって

$$f(x)=x^3-3x^2+3 \quad ……(答)$$

(3) $y=x^3-3x^2+3$ $(-1\leqq x\leqq\sqrt{2})$ について

x	-1	$\cdots$	0	$\cdots$	$\sqrt{2}$
y'		$+$	0	$-$	
y	-1	↗	3	↘	$2\sqrt{2}-3$

$$y'=3x^2-6x=3x(x-2)$$

$y'=0$ とすると，$-1\leqq x\leqq\sqrt{2}$ より

$$x=0$$

$$(2\sqrt{2}-3)-(-1)=2(\sqrt{2}-1)>0$$

より，$2\sqrt{2}-3>-1$ であるから，y は $x=0$ で最大値，$x=-1$ で最小値をとる。

$x=0$ のとき，$\sin\left(t+\frac{\pi}{4}\right)=0$ より

$$t+\frac{\pi}{4}=\pi \qquad \therefore \quad t=\frac{3}{4}\pi$$

$x=-1$ のとき，$\sin\left(t+\frac{\pi}{4}\right)=-\frac{1}{\sqrt{2}}$ より

$$t+\frac{\pi}{4}=\frac{5}{4}\pi \qquad \therefore \quad t=\pi$$

以上により

$$\left.\begin{array}{l} t=\frac{3}{4}\pi \text{ のとき最大値 } 3 \\ t=\pi \text{ のとき最小値 } -1 \end{array}\right\} \cdots\cdots(\text{答})$$

(4)　$a=-1$，$b=\sqrt{2}$ より，2点 $(-1,\ -1)$，$(\sqrt{2},\ 2\sqrt{2}-3)$ を通る直線は，傾きが $\frac{2\sqrt{2}-2}{\sqrt{2}+1}=6-4\sqrt{2}$ であるから

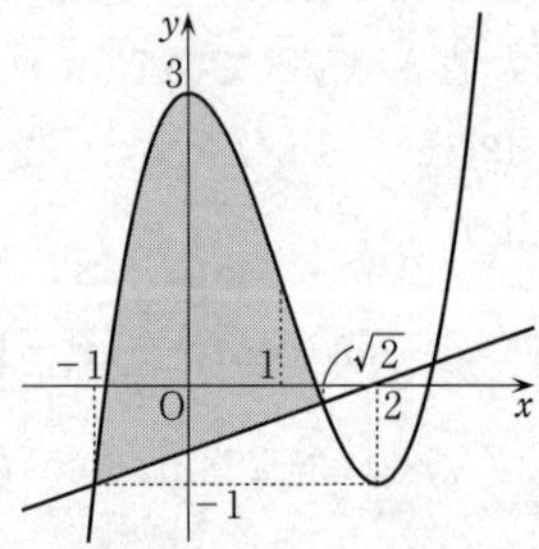

$$y-(-1)=(6-4\sqrt{2})(x+1)$$

よって

$$y=(6-4\sqrt{2})x+(5-4\sqrt{2})$$

$-1\leqq x\leqq\sqrt{2}$ のとき直線より C のほうが上にあるので

$$S=\int_{-1}^{\sqrt{2}}\left\{(x^3-3x^2+3)-(6-4\sqrt{2})x-(5-4\sqrt{2})\right\}dx$$

$$=\left[\frac{1}{4}x^4-x^3-(3-2\sqrt{2})x^2+(4\sqrt{2}-2)x\right]_{-1}^{\sqrt{2}}$$

$$=\frac{1}{4}(4-1)-(2\sqrt{2}+1)-(3-2\sqrt{2})(2-1)+(4\sqrt{2}-2)(\sqrt{2}+1)$$

$$=\frac{11+8\sqrt{2}}{4} \quad \cdots\cdots(\text{答})$$

解説

《三角関数の最大・最小，曲線と直線で囲まれた部分の面積》

(1)　三角関数の合成を用いて変数 t を1つにする。$t+\frac{\pi}{4}$ の範囲に注意して，x の範囲を求める必要がある。

(2)　$\sin^3 t+\cos^3 t$ を因数分解した形と，$\sin 2t$ には $\sin t\cos t$ があるので，まず $\sin t\cos t$ を x で表す必要がある。

$$(\sin t+\cos t)^2=1+2\sin t\cos t$$

の変形は公式に準じるものとして覚えておくとよいだろう。なお，$\sin^3 t+\cos^3 t$ を x で表す際には

$$\sin^3 t+\cos^3 t=(\sin t+\cos t)^3-3\sin t\cos t(\sin t+\cos t)$$

を用いてもよい。

(3)　y を x の関数とみて増減表を作成する。最小値を求める際には，-1 と $2\sqrt{2}-3$ の大小を確認しておく必要がある。

(4)　$-1\leqq x\leqq\sqrt{2}$ における $y=f(x)$ の増減表から，曲線 C は直線より上にあることがわかる。面積 S を求める定積分の計算は，被積分関数や積分区間に $\sqrt{2}$ が入っているためやや煩雑な形であるが，ミスのないように慎重に計算してほしい。

/////////////////// · memo · ///////////////////

2023年度

問題と解答

2月2日実施分　問題　日本史

（60分）

〔Ⅰ〕次の1～10の文章について、a・bとも正しい場合はアを、aが正しくbが誤っている場合はイを、aが誤りでbが正しい場合はウを、a・bともに誤っている場合はエをマークしなさい。

1．a．縄文時代には石材などが交易の対象となった。石器の原料となるサヌカイトは長野県の和田峠で産出したが、日本列島の広範囲にもたらされ、各地の遺物から出土している。

b．弥生時代には中部地方以西で青銅製祭器がもちいられ、その分布により相互に交流のあったことがわかる。島根県の荒神谷遺跡からは銅鐸と銅矛が一括して出土した。

2．a．『後漢書』東夷伝によれば、倭の奴国が使者を送って生口を献じた。これに対して光武帝は印綬を下賜した。明治に入って志賀島で発見された「漢委奴国王」印がそれに該当する。

b．前方後円墳は北海道も含む全国でひろく造営されたが、7世紀に入ると下火になり、近畿地方では八角墳が築かれるようになった。

3．a．聖武天皇は華厳宗の本尊である盧舎那仏を造立する詔を発して東大寺を建立し、その後に国分寺建立の詔を諸国に発して仏教による鎮護国家をめざした。

b．空海が真言密教の根本道場とした教王護国寺には、曼荼羅が伝来する。曼荼羅は密教の世界観を図像化したもので、金剛界と胎蔵界をあわせて両界曼荼羅という。

4．a．日本は宋と正式な国交を結ばなかったが、巡礼を目的とする僧には渡航が許されることもあった。京都の清凉寺には入宋した奝然が持ち帰った釈迦如来像が安置され、信仰を集めた。

b．白河上皇は武士を側近にして院の権力強化をはかり、続く鳥羽上皇、後白河上皇も院政をしいた。摂関家も武士を重用したため、武士の政界進出を招いた。

5．a．蒙古襲来により、鎌倉幕府は九州地方の防衛体制を強化するために御家人を異国警固番役として動員した。さらに北条氏の一族が鎮西探題として派遣され、九州を管轄した。

b．得宗専制政治への不満が高まるなかで、後醍醐天皇は天皇への権限集中をはかるために建武式目を発したが、これに足利尊氏が反発し、南北朝の動乱を引き起こした。

6．a．足利義満は明に使者を派遣して国交を開き、明が発行する勘合による貿易をはじめた。この貿易は朝貢の形式をとったために国内で反発がおこり、6代将軍義教のときに中止された。

b．南北朝時代には茶の種類を飲みあてる闘茶が行われた。その後、村田珠光によって禅の精神を取り入れたわび茶がはじまり、さらに千利休は簡素をたっとぶ茶道を大成した。

7．a．豊臣秀吉は関白、次いで太政大臣に任じられた後、京都に新築した伏見城に後陽成天皇を迎えて諸大名に忠誠を誓わせ、天皇の権威を利用して全国を統一した。

b．オランダ船リーフデ号が長崎に漂着したのを契機に、オランダ、次いでイギリスが江戸幕府から貿易の許可を得て、長崎に商館を開いた。

8．a．徳川吉宗による享保の改革は、側用人として大岡忠相を起用し、財政再建に取り組んだ。大名に対しては、上米の制を実施し、定免法を採用して年貢率を引き上げた。

b．鈴木春信が多色刷の錦絵を創始して浮世絵は技術的に進歩し、美人画を得意とする喜多川歌麿が人気を博した。

9．a．日本はヴェルサイユ条約でドイツが持っていた山東半島の権益を継承したが、ワシントン会議を経て中国に返還した。

b．北京郊外の盧溝橋で日中両国軍が衝突する事件が発生すると、近衛文麿内閣は中国への兵力増派を決定するとともに中国に宣戦を布告した。

10．a．箕面有馬電気軌道は、沿線の宅地開発や少女歌劇を上演する娯楽施設を経営し、阪神急行電鉄に改称後、梅田でターミナルデパートを開業した。

b．岸信介内閣は日米新時代をとなえ、両国間でMSA協定を締結した。これにより日本は防衛力増強のために陸海空からなる自衛隊を発足させ、防衛庁を設置した。

〔Ⅱ〕次の文章A・Bを読んで設問に答えなさい。もっとも適切な答えを一つマークしなさい。

A.　関西学院はアメリカの南メソジスト監督教会の宣教師、W. R. ランバスによって1889年に創立された学校である。以下では、教育、学校の歴史について宗教史の視点を交えつつ考えてみたい。

a律令制度の時代には、官吏養成のための教育機関として大学が設立されていた。平安時代になると、貴族たちは一族子弟の教育のための施設としてb大学別曹を設立した。一方、[c]が設立した綜芸種智院では、庶民も学ぶことができた。

武家が政権を握る時代になると、武士たちにも学問が必要となる。武士たちが学んだ教育機関としては、d金沢文庫、足利学校等を挙げることができる。さらに戦国時代にはeキリスト教の宣教師が来日し、宣教の一環として様々な教育や学問的研究を行った。

【設　問】

1．下線部aの説明として正しいものを下記より選びなさい。

ア．大学は太政官のもとにおかれた八省のうち文部省により統括された。

イ．大学には試験に合格さえすれば身分を問わず入学することができた。

ウ．大学は中央に設立され、地方には国学が設立された。

エ．大学には仏教の経典を学ぶ明経道があった。

2．下線部bに関して、各貴族の氏と大学別曹との組合せとして正しいものを下記より選びなさい。

ア．藤原氏－勧学院、橘氏－学館院、和気氏－弘文院

イ．藤原氏－弘文院、橘氏－学館院、和気氏－勧学院

ウ．藤原氏－学館院、橘氏－勧学院、和気氏－弘文院

エ．藤原氏－勧学院、橘氏－弘文院、和気氏－学館院

3．空欄cに該当する人物の説明として正しいものを下記より選びなさい。

ア．遣唐使として唐に派遣され、天台の教えを学んで帰国した。

イ．紀伊国の高野山に金剛峰寺を建てた。

ウ．儒教・仏教・道教のなかで仏教の優位を説いた『三経義疏』を記した。

エ．書道家としてもすぐれており、三蹟の一人に数えられている。

4．下線部dの説明として正しいものを下記より選びなさい。

ア．金沢文庫の所在地は現在の石川県金沢市である。

イ．金沢文庫の創立者は北条実時（金沢実時）である。

ウ．中世の足利学校は室町時代に上杉治憲が再興した。

エ．中世の足利学校では黄檗宗の禅僧も学んでいた。

5．下線部eの行った教育、学問研究に関する説明として正しいものを下記より選びなさい。

ア．日本の歴史や日本語を学ぶため、ローマ字表記の源氏物語を出版した。

イ．日本語とポルトガル語の辞書として、『ハルマ和解』を出版した。

ウ．大友義鎮、有馬晴信、大村純忠は、ルイス・フロイスの勧めで少年使節をローマに派遣した。

エ．安土などにセミナリオ（神学校）を設立した。

B．　江戸幕府は儒学、とりわけ朱子学を重視し、直轄の教育機関として昌平坂学問所を設立した。諸藩は教育機関として藩校を設立し、藩士や庶民の教育のため郷校を援助することもあった。大坂町人の出資により設立され、富永仲基等を輩出した f 懐徳堂のような事例もあった。g 江戸期には様々な私塾が設立され、多様な学問が教えられた。

近代に入ると、キリスト教信仰が黙認され、宣教師が再来日するようになった。h キリスト教徒が教育に与えた影響は大きかった。i この頃には女性の社会での活躍が進んだが、その背景にはキリスト教主義学校を含む女子教育の展開があった。しかし j 戦前期から戦中期にかけて、教育、学問研究は国家主義や、軍国主義に追従させられるようになるのである。

【設　問】

6．下線部fで学び、『夢の代』を著した人物として正しいものを下記より選びなさい。

ア．貝原益軒　　イ．山片蟠桃　　ウ．石田梅岩　　エ．安藤昌益

7．下線部gに関して、正しいものを下記より選びなさい。

ア．シーボルトは適塾で医学を教えた。

イ．伊藤仁斎は古義堂を開いた。

ウ．中江藤樹は藤樹書院で古文辞学を教えた。

エ．杉田玄白は芝蘭堂を開いた。

8．下線部hに関して、キリスト教と教育の関連についての記述として正しいものを下記より選びなさい。

ア．ヘボンは宣教師としてだけでなく、教育、医療を通して日本社会に影響を与えた。

イ．岩倉使節団に米国で合流した新島襄は、帰国後京都に立志社を創立した。

ウ．ジェーンズは札幌農学校の教師として来日し、多くの青年たちをキリスト教に導いた。

エ．内村鑑三は第三高等中学校での教育勅語奉読式において教育勅語への拝礼を拒否した。

9．下線部iに関して、正しいものを下記より選びなさい。

ア．津田梅子は女子英学塾（のちの日本女子大学）を創立した。

イ．与謝野晶子は歌集『若菜集』を刊行した。

ウ．平塚らいてうは赤瀾会を結成した。

エ．樋口一葉は小説『にごりえ』『たけくらべ』を発表した。

10．下線部ｊの期間に起こった出来事の順番として正しいものを下記より選びなさい。

Ａ．矢内原忠雄が政府の大陸政策を批判し東京帝国大学を追われる。

Ｂ．小学校が国家主義的教育を行う国民学校に改められる。

Ｃ．学徒出陣が行われ、文科系の学生が軍に徴集される。

Ｄ．天皇機関説を否定する「国体明徴声明」が出される。

ア．Ａ→Ｂ→Ｃ→Ｄ　イ．Ｄ→Ａ→Ｂ→Ｃ　ウ．Ｂ→Ａ→Ｄ→Ｃ　エ．Ｃ→Ａ→Ｄ→Ｂ

〔Ⅲ〕次の史料Ａ・Ｂを読んで設問に答えなさい。もっとも適切な答えを一つマークしなさい。なお、史料は省略したり、書き改めたところがあります。

Ａ．　去々年兵乱以後、諸国庄園郷保に補せらるるところの［ａ］の沙汰の条々

一、得分の事

右[b]宣旨の状の如くんば、仮令、田畠各拾一町の内、［ｃ］町は［ｄ］分、［ｅ］町は［ａ］分、広博狭小を嫌わず、この率法をもって免給の上、加徴は段別に五升充て行わるべしと云々。もっとももって神妙。但しこの中、もとより将軍家御下知を帯し［ａ］たる輩の跡、没収の職として、改め補せらるるの所々においては、得分たとい減少すと雖も、今更加増の限りにあらず。これ旧儀に依るべきの故なり。しかのみならず、新補の中、本司之跡、得分尋常の地に至りては、又もって成敗に及ばず。ただ得分なき所々を勘注し、宣下の旨を守り、計い充てしむべきなり…

（四箇条略）

以前の五箇条、且は宣下の旨を守り、且は時儀に依り、計らい下知せしむべきなり。凡そこの状を帯せざるの輩、もし事を左右に寄せ、猥りに張行の事出来せば、［ｄ］の訴訟断絶すべからず。交名到来に随い、過断せしむべきなり。この旨をもって、兼ねて普く披露せらるべきなり者、仰する旨かくの如し。よって執達くだんのごとし。

貞応二年七月六日　　[f]前陸奥守判

[g]相模守殿

注）仮令…たとえば　勘注…調査記録すること　張行…違法乱暴　過断…過ちを裁くこと

【設　問】

1．下線部ｂの名目上の発令者（発令権者）を下記より選びなさい。

ア．源実朝　イ．藤原頼経　ウ．仲恭天皇　エ．後堀河天皇

2．空欄a・dに該当する語句の組合せとして正しいものを下記より選びなさい。

ア．a：領家国司・d：地頭　　イ．a：地頭・d：領家国司

ウ．a：守護・d：地頭　　エ．a：地頭・d：守護

3．空欄c・eに該当する数字の組合せとして正しいものを下記より選びなさい。

ア．c：10・e：1　イ．c：6・e：5　ウ．c：5・e：6　エ．c：1・e：10

4．下線部f・gの説明として正しいものを下記より選びなさい。

ア．fは執権の北条義時で、史料Aののちに比企能員を滅ぼした。

イ．fは六波羅探題の北条泰時で、史料Aののちに執権となって御成敗式目を制定した。

ウ．gは六波羅探題の北条時房で、北条泰時の代に連署として執権を補佐した。

エ．gは後に執権となる北条時頼で、三浦泰村一族を宝治合戦で一掃した。

5．史料Aの説明として正しいものを下記より選びなさい。なお、すべて誤っている場合は「エ」をマークしなさい。

ア．得分率法について、朝廷の定めを否定して、新たに幕府独自の法を定めたものである。

イ．新たな得分率法は新補の者に例外なく等しく適用するとしている。

ウ．以前の荘官時代より不当な得分を得ようとした者は斬罪に処するとしている。

B．次の史料は相撲番付になぞらえた幕末の事件番付である。

横浜交易大夫　横浜新開湊大夫　湊寄遊女大夫　安政六年 弁天祭礼大夫 未五月より　神奈川口十郎　諸色売込吉　商人口太郎
海岸津波大夫　江戸大地震大夫　死人十余万大夫　安政二年 火事三十余大夫 十月二日夜　土方設太郎　金持損四郎　施行お太助

諸国　天保四六七年　米穀大高直
奥州　弘化三年　仙台辺洪水
浦賀　嘉永六年六月　［ h ］
信州　弘化四年三月　大地震山崩
江戸　文久二年　i品川異人館
江戸　安政三年八月　大嵐大津波
五国　嘉永七年七月　中国筋地震

江戸　天保五年二月　三度大火事
横浜　安政五年六月より　五国貿易船
江戸　弘化三年六月　近在大洪水
大坂　文久二年七月　小呂利金太郎
江戸　天保十四年　貸借相対済
京　弘化三年五月　祇園町大火事
越後　万延年中　北越三月大雪

文久二年　大豊歳万作
年代記珍説噺
文久元年　諸国八重穂

大坂　天保三年　天保山築立
駿州　万延二年六月　富士山異人登
三州尾州　天保七八年　遠州辺大出水
大坂　天保八年二月　大汐大火事
常総　弘化三年七月　利根川筋大水
伊勢　天保元年三月　［ j ］流行
江戸　文久元年正月　万国渡海有

総州　天保年中　［ k ］
江戸　天保十三年　市中商人値下札
江戸　安政五午八月 文久二戌八月　暴瀉病流行
江戸　天保年中　［ l ］
諸国　万延二夏秋　米諸色高直
東海道筋　安政五年夏　大長雨山山崩

婦人重大夫　麻疹大流行大夫　子供軽大夫　文久二年 暴瀉病大夫 夏より秋　薬種高か郎　医者磯が進　乳女揚四郎

【設　問】

6．空欄hに該当する出来事を詠んだ句を下記より選びなさい。

ア．千早振る神の御罰はしらねども　雪くれないに首とらるとは

イ．我がうちはお江戸の辰巳深川よ　ようつぶれしと人はいふなり

ウ．町中へ打ち出みれば道具屋の　鎧かぶとのたかねうれつつ

エ．このたびは医者もとりあえず死出の山　よみじの旅路神のまじなひ

7．傍線部ｉの説明として正しいものを下記より選びなさい。

ア．高杉晋作・井上馨・伊藤博文らに襲撃されて、全焼した。

イ．東禅寺内のイギリス仮公使館が土佐脱藩士によって襲撃された。

ウ．品川の公使館では、おもに生糸や茶などが輸出され、毛織物・綿織物などが輸入された。

エ．島津久光の行列を妨げたイギリス人が殺傷された。

8．空欄ｊに該当する語句ともっとも関連深いものを下記より選びなさい。

ア．

イ．

ウ．

エ．

9．空欄ｋ・ｌに該当する語句の組合せとして正しいものを下記より選びなさい。

ア．ｋ：三方領知替・ｌ：異人館打こわし　　イ．ｋ：印旛沼堀割・ｌ：十組諸株幾無

ウ．ｋ：生田万騒動・ｌ：貧民人返し　　エ．ｋ：水戸天狗蜂起・ｌ：歌舞伎座移転

10．史料Ｂから読み取れることとして誤っているものを下記より選びなさい。なお、すべて正しい場合は「エ」をマークしなさい。

ア．安政の江戸大地震が最大級の災害として扱われる一方、地震で得をした者がいることが述べられている。

イ．たびかさなる物価の高騰が指摘されているが、その原因としては自然災害のほかに、貨幣改鋳などの人為的理由が考えられる。

ウ．麻疹が大流行し、安政５年や文久２年には、コレラ（暴瀉病・小呂利）が江戸や大坂などで流行したことが述べられている。

〔Ⅳ〕次の文章A・Bを読んで設問に答えなさい。もっとも適切な答えを一つマークしなさい。

A.　明治維新以降の近代日本の外交は総じて対外戦争をともなうものであった。$_{a}$日清、日露という戦争に勝利した日本は、アジアの列強としての国際的地位を手に入れた。日露戦争の勝利をうけて、列強の植民地下にあったアジア諸国では、日本の近代化にならった改革や民族運動が活発になったが、$_{b}$日露戦争に勝利した後の日本は帝国主義国としての道を進んでいった。

1914年に欧州で第一次世界大戦がはじまると、$_{c}$日本はドイツに宣戦布告し、東洋におけるドイツの権益地を奪取した。戦後は列強との間の軍縮・協調外交の動きもあったが、日本は対外膨張を進め、$_{d}$1931年9月の柳条湖事件に始まる泥沼の戦争へと歩んでいき、1941年12月に日米開戦をむかえた。

【設　問】

1．下線部aに関して、それぞれの戦争における主な戦闘の組合せとして正しいものを下記より選びなさい。

ア．日清戦争－奉天会戦、日露戦争－日本海海戦

イ．日清戦争－豊島沖海戦、日露戦争－奉天会戦

ウ．日清戦争－奉天会戦、日露戦争－豊島沖海戦

エ．日清戦争－黄海海戦、日露戦争－豊島沖海戦

2．下線部bの時期における日本の対外政策の説明として正しいものを下記より選びなさい。

ア．第1次日韓協約では、日本が推薦する財政・外交顧問が韓国政府におかれた。

イ．第2次日韓協約を結んで韓国の外交権を奪い、漢城に統監府がおかれた。

ウ．遼東半島南端の租借地である関東州を統治する関東都督府が大連におかれた。

エ．韓国併合条約により韓国を植民地化し、平壌を京城と改称して朝鮮総督府を設置した。

3．下線部cの説明として正しいものを下記より選びなさい。なお、すべて誤っている場合は「エ」をマークしなさい。

ア．第2次大隈重信内閣は寺内正毅陸相の主導により参戦することを決めた。

イ．イギリスは日英同盟による日本の参戦を強く要請したが、日本は軍事行動の範囲についてはイギリスとの合意をせずに参戦した。

ウ．日本は中国におけるドイツの権益地のほか、赤道以南のドイツ領南洋諸島の一部を占領した。

4．下線部dの期間に起こった日本の対外政策に関して、正しい内容および順をあらわしたものを下記より選びなさい。

ア．ロンドン海軍軍縮条約調印 → 日独伊三国同盟 → 南部仏印進駐 → ハワイ真珠湾攻撃

イ．ワシントン海軍軍縮条約失効 → 日独伊三国防共協定 → 南部仏印進駐 → 日独伊三国同盟

ウ．日独伊三国防共協定 → 日独伊三国同盟 → 南部仏印進駐 → マレー半島奇襲上陸

エ．日独伊三国同盟 → 日独伊三国防共協定 → ワシントン海軍軍縮条約失効 → 北部仏印進駐

B．　日本は太平洋戦争の緒戦を優勢に進めていたが、e1942年6月のミッドウェー海戦での大敗を機に戦局は逆転した。1943年には太平洋の各拠点で日本軍は撤退と全滅を重ねることになり、やがて制空権も失っていった。1944年7月に［　f　］にあるサイパン島がアメリカ軍に占領され、10月からはここを拠点としたアメリカ軍による日本本土への空襲が本格化した。空襲は当初は軍需工場や軍の関連施設を標的としていたが、やがて民間人への無差別爆撃や軍艦による艦砲射撃などが行われるようになり、また日本の領土や占領地に居住・移住していた民間人や現地住民が地上戦に巻き込まれるなど、g多くの人びとが命を落とした。また、大東亜共栄圏の名のもとに占領された東南アジアでも、h日本軍による資源の強制的な徴発や現地の民間人・捕虜にたいする徴用や虐殺・拷問があった。

i太平洋戦争はポツダム宣言を受け入れた日本の無条件降伏によって終結した。この戦争による犠牲者は、戦死者・戦没者だけで、軍人軍属で約155万人、民間人で約30万人以上にのぼった。戦争に敗北した日本は連合国軍に占領されることになり、j1948年4月には戦前・戦中の日本の指導者らが極東国際軍事裁判所に提訴され、25名に有罪判決が下された。

【設　問】

5．下線部eの戦闘より後にあった戦闘として誤っているものを下記より選びなさい。

ア．インパール作戦

イ．レイテ沖海戦

ウ．マリアナ沖海戦

エ．マレー沖海戦

6．空欄fに該当する地名として正しいものを下記より選びなさい。

ア．マーシャル諸島

イ．マリアナ諸島

ウ．パラオ諸島

エ．カロリン諸島

7．下線部gに関する説明として誤っているものを下記より選びなさい。なお、すべて正しい場合は「エ」をマークしなさい。

ア．東京大空襲では、アメリカ軍の爆撃機が人口密集地域を標的にして大量の焼夷弾を投下し、おびただしい数の人びとを殺戮した。

イ．激しい地上戦が行われた沖縄戦では、男子中等学校生は鉄血勤皇隊として戦い、高等女学校生

も看護要員として動員され、多くの犠牲者を出した。

ウ．日ソ中立条約を破棄したソビエト軍が満州・朝鮮などに進攻し、多くの在留日本人が暴行・殺害され、シベリアや中央アジアでの強制労働に従事させられた。

8．下線部hに関する説明として誤っているものを下記より選びなさい。

ア．日本軍は欧米植民地からの解放軍として現地での歓迎をうけることもあったが、日本軍による軍政が敷かれ、日本語学習の強要などの皇民化政策が実施された地域もあった。

イ．タイ・マレーシア間をまたぐ泰緬鉄道の建設工事では、連合国軍捕虜と現地労働者が酷使され、多くの死者を出した。

ウ．マレーシア・シンガポールでは、多数の中国系住民の華僑が抗日的であるとして虐殺された。

エ．東京で開かれた大東亜会議では、フィリピン・ビルマ・中国などの代表が参加し、大東亜共栄圏の結束を図ったが、朝鮮と台湾の独立は認められていなかった。

9．下線部iに関する説明として正しいものを下記より選びなさい。なお、すべて誤っている場合は「エ」をマークしなさい。

ア．ポツダム宣言は米英ソ中の首脳がベルリン郊外のポツダムで会談したことから、この名がついた。

イ．宣言の受諾は、大本営のラジオ放送で国民に伝えられた。

ウ．降伏調印式は東京湾上の戦艦ミズーリ号上で行われた。

10．下線部jの裁判の説明として誤っているものを下記より選びなさい。

ア．この裁判では、日本の戦争指導者らは「平和に対する罪」をおかしたA級戦犯の容疑として逮捕された。

イ．この裁判では、「通例の戦争犯罪」・「人道に対する罪」に問われた一般日本兵のB・C級戦犯も逮捕された。

ウ．この裁判では、日本軍の戦争犯罪については裁かれたが、連合国軍による日本本土空襲や原子爆弾投下といった民間人の大量殺人は不問とされた。

エ．この裁判では、イギリス旧植民地を代表する裁判官もいたが、その意見が十分に反映されたとはいえなかった。

2月2日実施分

解答　日本史

I

解答　1―ウ　2―エ　3―ウ　4―ア　5―イ　6―ウ
7―エ　8―ウ　9―イ　10―イ

◀解　説▶

≪原始～現代の総合問題≫

1．a．誤文。長野県の和田峠で産出したのは「サヌカイト」ではなく，黒曜石である。サヌカイトは香川県の白峰山や大阪府と奈良県の境にある二上山で産出した。b．正文。

2．a．誤文。「倭の奴国が使者を送って生口を献じた」が誤り。生口（奴隷）を献じたのは，倭の国王帥升等である。また，志賀島で発見された「漢委奴国王」印は「明治」ではなく，江戸時代に発見された。

b．誤文。「北海道も含む」が誤り。前方後円墳は，南は鹿児島県，北は岩手県の範囲で広く造営されたが，北海道では発見されていない。

3．a．誤文。盧舎那仏を造立する詔と国分寺建立の詔が諸国に発せられた順序が逆である。国分寺建立の詔は741年，盧舎那仏（大仏）造立の詔は743年に出されている。b．正文。

4．やや難。a．正文。奝然（ちょうねん）は東大寺の学僧であり，983年に入宋して宋版大蔵経をもたらした。

b．正文。白河上皇は院を警護する組織として北面の武士を設置した。これ以降，北面の武士は院政を支える武力的存在となった。

5．a．正文。b．誤文。建武式目を発したのは「後醍醐天皇」ではなく，足利尊氏である。これに対し後醍醐天皇が反発して吉野に逃れたため，南北朝の動乱を引き起こした。

6．a．誤文。朝貢形式をきらって日明貿易が一時中止されたのは「6代将軍義教」ではなく，4代将軍足利義持の時である。b．正文。

7．a．誤文。豊臣秀吉は京都に新築した「伏見城」ではなく，聚楽第に後陽成天皇を迎えて諸大名に忠誠を誓わせた。

b．誤文。オランダ船リーフデ号は「長崎」ではなく，豊後に漂着した。また，オランダ・イギリスが江戸幕府から貿易の許可を得て「長崎」ではなく，平戸に商館を開いた。

8．a．誤文。大岡忠相は「側用人」ではなく，江戸町奉行として起用された。b．正文。

9．a．正文。b．誤文。「中国に宣戦を布告した」が誤り。日中両国は正式に宣戦布告はしていない。

10．a．正文。b．誤文。MSA協定が締結されたのは「岸信介内閣」ではなく，吉田茂内閣の時である。

II 解答

A．1－ウ　2－ア　3－イ　4－イ　5－エ

B．6－イ　7－イ　8－ア　9－エ　10－イ

◀解　説▶

≪古代～近代の教育・学校の歴史≫

A．1．ア．誤文。大学は「文部省」ではなく，式部省により統括された。ちなみに，文部省は律令制度の時代には存在せず，1871年，明治時代になってから設置された。

イ．誤文。「身分を問わず入学することができた」が誤り。大学には貴族の子弟や朝廷に文筆で仕えた史部の子弟が入学することを許された。

エ．誤文。明経道は「仏教」ではなく，儒教の経典を学ぶ学科であった。

3．「綜芸種智院」から，空欄cには空海が導ける。

ア．誤文。最澄についての説明である。

ウ．誤文。聖徳太子についての説明である。

エ．誤文。空海は「三蹟」ではなく，三筆の一人に数えられている。

4．ア．誤文。金沢文庫の所在地は現在の「石川県金沢市」ではなく，神奈川県横浜市金沢区である。

ウ．誤文。足利学校は室町時代に「上杉治憲」ではなく，上杉憲実が再興した。

エ．誤文。「黄檗宗の禅僧も学んでいた」が誤り。黄檗宗は，江戸時代に明から来日した隠元隆琦が開いた禅宗の一派である。

5．ア．誤文。ローマ字表記の『源氏物語』ではなく，『平家物語』を出版した。

イ．誤文。『ハルマ和解』は「日本語とポルトガル語」ではなく，日本語とオランダ語の辞書として出版された。

ウ．誤文。大友義鎮，有馬晴信，大村純忠は「ルイス・フロイス」ではなく，ヴァリニャーニの勧めで少年使節をローマに派遣した。これを天正遣欧使節という。

B．7．ア．誤文。適塾で医学を教えたのは「シーボルト」ではなく，緒方洪庵である。シーボルトは鳴滝塾で医学を教えた。

ウ．誤文。中江藤樹は藤樹書院で「古文辞学」ではなく，陽明学を教えた。

エ．誤文。芝蘭堂を開いたのは「杉田玄白」ではなく，大槻玄沢である。

8．やや難。イ．誤文。新島襄は，帰国後京都に「立志社」ではなく，同志社英学校を創立した。

ウ．誤文。札幌農学校の教師として来日したのは「ジェーンズ」ではなく，クラークである。ちなみに，ジェーンズは熊本洋学校の教師として来日した。

エ．誤文。内村鑑三は「第三高等中学校」ではなく，第一高等中学校での教育勅語奉読式において教育勅語への拝礼を拒否した。

9．ア．誤文。津田梅子が創立した女子英学塾は，「日本女子大学」ではなく，津田塾大学の前身である。

イ．誤文。『若菜集』を刊行したのは「与謝野晶子」ではなく，島崎藤村である。

ウ．誤文。赤瀾会を結成したのは「平塚らいてう」ではなく，山川菊栄・伊藤野枝らである。

10．天皇機関説を否定する「国体明徴声明」が出されたのは1935年，矢内原忠雄が政府の大陸政策を批判し東京帝国大学を追われたのは1937年，小学校が国家主義的教育を行う国民学校に改められたのは1941年，学徒出陣が行われ，文科系の学生が軍に徴集されたのは1943年。よって，正解はイ。

III　解答

A．1－エ　2－イ　3－ア　4－ウ　5－エ
B．6－ウ　7－ア　8－ウ　9－イ　10－エ

◀解　説▶

≪新補地頭の設置，幕末期の政治・社会≫

A．1．消去法で解答しよう。史料Aは承久の乱後の1223年に出された新補地頭の設置に関する記述である。ア．源実朝は承久の乱以前に暗殺さ

れており，イ．藤原頼経の将軍就任は1226年である。また，ウ．仲恭天皇は承久の乱後，廃位されている。よって，エ．後堀河天皇が正解となる。

2．史料中の「去々年兵乱以後，諸国庄園郷保に補せらるる」から，空欄aは承久の乱後に設置された（新補）地頭であり，史料は（新補）地頭の得分を規定したものであることがわかる。よって，空欄dには，軍事・警察を任務とする守護ではなく，領家国司が導ける。正解はイ。

3．承久の乱後，新たに任命された地頭の得分について定めた新補率法を想起しよう。地頭には11町につき1町の土地が与えられた。このことから，空欄cには10，空欄eには1が入る。よって，正解はア。

4．ア．誤文。比企能員を滅ぼしたのは「北条義時」ではなく，北条時政である（比企能員の乱）。また，この乱が起こったのは，史料Aより前の出来事である。

イ・エ．誤文。fは北条義時，gは北条泰時の叔父で，初めて連署となった北条時房である。

5．ア．誤文。得分率法は「朝廷の定めを否定」したものではなく，幕府の要請により，太政官の命令を伝達するために用いられた文書である宣旨によって，この比率が定められた。

イ．誤文。史料中の「改め補せらるるの所々においては，得分たとい減少すと雖も，今更加増の限りにあらず。これ旧儀に依るべきの故なり」の部分から，新たに地頭に補任された場合，得分の比率が減少したとしても先例がある場合はそれに従うと書かれてある。よって，「新補の者に例外なく等しく適用するとしている」が誤りと判断できる。

ウ．誤文。「不当な得分を得ようとした者は斬罪に処する」という内容は記述されていない。

B．6．難問。「浦賀」からペリーの来航を想起しよう。軍艦4隻を率いて浦賀沖に現れたペリーの来航が，当時の人々にどれほど衝撃的で驚異的なものであったかを想像すると，ウが導ける。

7．イ．誤文。高輪にある東禅寺内のイギリス仮公使館は「土佐脱藩士」ではなく，水戸脱藩士によって襲撃された。

ウ．誤文。品川の公使館は，建設中に焼き打ちにあっており，のちに横浜で公使館が完成し，取引が行われている。

エ．誤文。島津久光の行列を妨げたイギリス人が殺傷されたのは「品川」

ではなく，横浜近郊の生麦である。

8．「伊勢」「流行」から伊勢神宮への民衆の集団参拝である御陰参りを想起しよう。「おかげまいり」ののぼり旗が描かれている。よって，正解はウ。ちなみに，アは『曽根崎心中』の口上番付，イは明治時代に士族が商売をしている（士族の商法）場面，エは時宗の開祖とされる一遍の踊念仏を描いたものである。

9．「総州」とは上総と下総両国の総称であり，現在の千葉県と茨城県の一部にあたる。これをヒントに空欄kには印旛沼堀割を導く。「天保年中」から水野忠邦が行った天保の改革の一環である株仲間の解散が想起できれば，空欄lには十組諸株幾無が導ける。よって，正解はイ。

Ⅳ　解答

A．1―イ　2―イ　3―エ　4―ウ

B．5―エ　6―イ　7―エ　8―イ　9―ウ　10―イ

◀解　説▶

≪明治～昭和期の対外戦争≫

A．2．ア．誤文。第1次日韓協約は1904年，日露戦争中に結ばれた。

ウ．誤文。関東都督府は「大連」ではなく，旅順におかれた。

エ．誤文。「平壌」ではなく，漢城を京城と改称して朝鮮総督府を設置した。

3．ア．誤文。第2次大隈重信内閣は「寺内正毅陸相」ではなく，加藤高明外相の主導により参戦することを決めた。

イ．誤文。「イギリスは日英同盟による日本の参戦を強く要請した」が誤り。イギリスは日本の参戦に消極的であった。

ウ．誤文。日本は中国におけるドイツの権益地のほか，赤道「以南」ではなく，赤道以北のドイツ領南洋諸島の一部を占領した。

4．日独伊三国防共協定は1937年11月，日独伊三国同盟は1940年9月，南部仏印進駐は1941年7月，マレー半島奇襲上陸は1941年12月。よって，正解はウ。

B．5．エ．誤り。マレー沖海戦は，1941年12月にあった戦闘であり，ミッドウェー海戦より前の出来事である。

8．イ．誤文。泰緬鉄道は「タイ・マレーシア間」ではなく，タイ・ビルマ（現ミャンマー）間をまたいだ。

9．ア．誤文。ポツダム宣言はアメリカ・イギリス・ソ連の首脳がベルリン郊外のポツダムで会談しており，この会談に中国は入っていない。

イ．誤文。宣言の受諾は「大本営」ではなく，天皇のラジオ放送で国民に伝えられた。

10．イ．誤文。「『通例の戦争犯罪』・『人道に対する罪』に問われた一般日本兵のB・C級戦犯も逮捕された」が誤り。極東軍事裁判では，A級戦犯容疑で28人が起訴され，25人に有罪判決がくだされた。

❖講　評

原始から現代までの幅広い時代・分野からバランスよく出題されているが，2022年度と比較して近現代史からの出題が増加しており，問題自体もやや難化した。

Ⅰ　例年出題されている2文の正誤判定問題である。設問の中には，1のa・b，10のaのように教科書の詳細な内容を問うものもある。特に4のaは，ほとんどの教科書には記載されていない内容であったため，正誤の判定に迷った受験生も多いのではないだろうか。

Ⅱ　古代～近代の教育・学校をテーマに，それに関連した問題が出題されている。4択の文選択問題がほとんどであり，特に8はやや詳細な内容が含まれていた。年代配列問題は10で出題されたが，当時の歴史的背景が理解できていないと正解を導き出すことは難しいだろう。

Ⅲ　例年出題されている史料問題である。史料Aは，新補地頭の設置とその得分を規定した新補率法である。普段から史料集などで内容を読み込んでいないと，2や3の空所補充問題には対応できないだろう。史料Bは相撲番付になぞらえた幕末の事件番付を史料として用いたユニークな出題である。6や10の選択問題は，幕末の全体像が理解できている必要がある。

Ⅳ　明治～昭和期を通しての対外戦争をテーマに出題されている。第二次世界大戦後の内容を問う問題は2問であった。2・3は教科書に記載されている内容であるが，ケアレスミスをしやすい問題である。また，8はやや詳細な内容が含まれていた。これらの問題に対応するためにも，教科書の熟読は欠かせない。

2月6日実施分 問題 日本史

(60分)

〔Ⅰ〕次の1～10の文章について、a・bとも正しい場合はアを、aが正しくbが誤っている場合はイを、aが誤りでbが正しい場合はウを、a・bともに誤っている場合はエをマークしなさい。

1. a. 気候が温暖化しドングリやヤマイモなどの植物資源が豊富になると、縄文時代の人びとは、それらを採取するだけでなく人の手を加えて増殖・栽培し、土器を使って木の実のあく抜きも行った。
   b. 中国大陸から日本列島に農耕文化が伝わると、水稲農耕を基礎とする新しい文化が成立した。稲の栽培では主に籾を直播する方法がとられた。

2. a. ヤマト政権は高句麗の騎馬軍団との戦いの中から騎馬技術を学ぶようになった。その後、日本列島の古墳の副葬品には馬具も見られるようになった。
   b. 大和を中心とする政治連合として成立したヤマト政権は、鉄資源が豊富な朝鮮半島南部の国々との外交・軍事上の立場を有利にするために、5世紀には中国の南朝に何度も朝貢した。

3. a. 蘇我氏らにより広められた仏教中心の飛鳥文化には、朝鮮半島や南北朝時代の中国などの影響がみられ、寺院建築は豪族の権威の象徴となった。
   b. 奈良時代には国家が仏教を保護したことをうけ、平安遷都に際しても大寺院は新しい都に移転されたが、他方で新しい仏教(天台宗・真言宗)が生まれ、やがて鎮護国家の役割を果たすようになる。

4. a. 延喜の荘園整理令にみられるように、律令国家は10世紀初めには地方支配にいきづまり、打開策として任国に赴く国司に国の支配に関わる大きな権限を与えた。
   b. 11世紀には開発領主が自らの土地を貴族に寄進して荘園の郎党になったり、国衙の在庁官人になることで勢力をのばし、やがて地方武士団を形成していく。

5. a. 平氏は全国の武士を掌握するには至らなかったが、平清盛が武士として初めて太政大臣につくなど、その一族は権勢を強めた。
   b. 源頼朝が創設した鎌倉幕府は、御家人を統制する政所、裁判事務をつかさどる問注所などの統治機構を備えており、武士とともに下級貴族によって支えられた政権だった。

6．a．南北朝の動乱が長期化、かつ全国化した原因は、武士の家の相続の在り方が変化したことにあった。単独相続から惣領制への変化は、家督をめぐる争いを引き起こし、武家の分裂を強めた。

b．応仁の乱で京都が荒廃するなか、足利義政は東山山荘・銀閣を建て、華美で装飾性の強い芸術性を基調とする東山文化を主導した。

7．a．豊臣秀吉は明国の衰退を前にして、日本を東アジアの中心とする新たな国際秩序をつくろうと、台湾（高山国）・朝鮮などに入貢を求め、その後、朝鮮に出兵した。

b．薩摩の島津氏が琉球王国に侵攻した後、琉球王国は薩摩藩を通じて江戸幕府の支配下に入るとともに、明国（のちの清国）にも朝貢を続けた。

8．a．徳川綱吉は、神道の影響をうけて生類憐みの令、仏教に基づき服忌令を発し、戦国時代の武力によって相手を殺傷する殺伐とした風潮を否定した。

b．尊王攘夷論を藩論とするにいたった長州藩は、幕府の攘夷決行の命をうける形で下関を通過する外国船を砲撃したが、四国連合艦隊から反撃をうけ、下関の砲台は破壊された。

9．a．明治新政府は、神道中心の国民教化をめざし廃仏令を出した。また、西欧諸国の要求をうけて、キリスト教を禁止する高札を撤廃した。

b．第一次大戦後には様々な社会運動が起きたが、関東大震災に際しては、朝鮮人・中国人の殺傷事件とともに、労働運動の指導者、無政府主義者などが殺害される事件も起きた。

10．a．満州事変以降、思想・言論の取締りが強化された。それまで憲法学説として通説的な位置を占めていた天皇機関説が議会で非難されると、岡田啓介内閣は「国体の本義」で天皇機関説を否定した。

b．太平洋戦争終結後、日本を占領したGHQは東京裁判で戦犯の処罰を進めたが、天皇制が占領政策の妨げになると判断し、昭和天皇を戦犯容疑者とした。

〔Ⅱ〕次の文章A・Bを読んで設問に答えなさい。もっとも適切な答えを一つマークしなさい。

A.　平氏滅亡の後、［　a　］は、源頼朝の勢力の拡大を嫌い、源義経に頼朝の追討を命じた。これに対して頼朝は、軍勢を京都に送り、義経を追討するため、諸国に b守護を置き、c荘園や公領には地頭を任命して反別5升の兵糧米を徴集する権利、諸国の在庁官人を支配する権利を手に入れた。

南北朝の動乱のなかで、d室町幕府は守護の権限を拡大した。守護たちは広がった権限を利用し、荘園や公領の年貢の半分を徴集できる権利を得るなど、力を伸ばした。荘園や公領の領主も、年貢の徴収を守護に請け負わせるなどの動きも見られた。守護の中には一国全体の支配権を確立させ、支配が世襲化して e守護大名と呼ばれるような存在になった者もいた。

【設　問】

1．空欄aに該当するものを下記より選びなさい。

ア．後白河法皇　　イ．後鳥羽上皇　　ウ．土御門上皇　　エ．白河上皇

2．下線部bに関して、正しいものを下記より選びなさい。

ア．はじめ国地頭と呼ばれていたが、権限が拡大し、13世紀までには国内全体の田地支配を行うようになった。

イ．のちに朝廷から西国を含む国衙の行政に介入する権限を与えられた。

ウ．頼朝が死去するころになると、鎌倉の幕府を警護する大番の催促が権限に加えられた。

エ．原則として、一国に一人ずつ任命され、治安維持などの職務を担った。

3．下線部cより後に起こった出来事として正しいものを下記より選びなさい。

ア．源頼朝が藤原泰衡を討つ。　　イ．寿永二年十月宣旨が発せられる。

ウ．公文所、問注所が設置される。　　エ．侍所が設置される。

4．下線部dに関して、誤っているものを下記より選びなさい。

ア．大犯三ヶ条に加え、刈田狼藉を取り締まる権限が与えられた。

イ．幕府裁判の判決を現地の荘園や国衙領に伝え、強制執行する権限が与えられた。

ウ．謀反人の追捕に加え、殺害人の追捕が新たに権限に加えられた。

エ．権限拡大の背景として、南北朝の動乱の中で幕府が地方の武士を動員しようとしたことがある。

5．下線部eに関して、守護をつとめ、その後、戦国大名としても領国支配を行った大名家として正しいものを下記より選びなさい。

ア．武田氏　　イ．織田氏　　ウ．浅井氏　　エ．長宗我部氏

B.　江戸時代には、f 財政悪化を是正しようとする幕府・諸藩の政策や飢饉などにより、農民は困窮し、生産活動がそこなわれることがあった。そのような状況で農民たちは、村単位で結集し、領主に対して要求を掲げて直接的な行動をとった。農民の抵抗運動の形態としては、江戸時代初期には土豪が主導する武装蜂起や一村規模の逃散が多かったが、17世紀後半になると g 代表越訴型一揆が一般的になり、さらに17世紀末には、h 惣百姓一揆が見られるようになった。また、その中には藩全体に運動が広がるものもあった。19世紀になると、社会変革を唱える一揆が起こったが、強訴の形をとる場合はいわゆる「打ちこわし」を伴うことが多かった。また、江戸時代中期以降、村の中の対立が激しくなり、i 村役人の特権や不正を糾弾する動きも見られるようになった。

【設　問】

6．下線部 f の例として、誤っているものを下記より選びなさい。なお、すべて正しい場合は「エ」をマークしなさい。

ア．幕府は享保改革の際に年貢の増徴策の一つとして定免法を採用した。

イ．享保期には幕領で商人資本の力を借りた新田開発が進められた。

ウ．徳川吉宗は大名に対し、上げ米を実施する代わりに、参勤交代での在国期間を増加させた。

7．下線部 g に関して誤っているものを下記より選びなさい。なお、すべて正しい場合は「エ」をマークしなさい。

ア．村々の代表者は百姓たちの要求をまとめ、領主に直接訴えた。

イ．この形態の一揆の代表者とされた佐倉惣五郎や磔茂左衛門が、後世に義民として顕彰された。

ウ．一揆に対して、幕府や藩は厳しく処罰する態度をとったが、その反面、訴えを一部認めることもあった。

8．下線部 h に関して正しいものを下記より選びなさい。

ア．この形態の一揆の代表例として、信濃松本藩の元文一揆がある。

イ．一つの藩にとどまらず、複数の藩に一揆が波及することがあり、このような一揆を国訴という。

ウ．一揆の要求としては、年貢増徴の停止や藩による産物の買い取りを保証する専売制の拡充があった。

エ．藩に協力的な村役人や商人などに対する打ちこわしのような実力行使を伴うこともあった。

9．下線部 i に関して正しいものを下記より選びなさい。

ア．このような動きはほとんどの場合弾圧され、かえって一部の村役人の権力が強化される結果となった。

イ．このような動きの背景として、村における自給自足的な社会が変容し、貨幣経済に組み込まれることによって、百姓の生活が全体的に向上したことがある。

ウ．村役人の不正を追及する運動の結果、村の民主的な運営が進んだところもみられる。

エ．背景となった村内部の対立は、主として村役人と豪農層との間で深刻であった。

10．百姓一揆に関して誤っているものを下記より選びなさい。なお、すべて正しい場合は「エ」をマークしなさい。

ア．江戸時代を通じた百姓一揆の発生件数は3000件を超える。

イ．明治維新以降、統治権力の担い手が変わったことによって、一揆の形態をとる実力闘争はほぼ消滅した。

ウ．百姓一揆の発生件数を10年平均でみた場合、天明の飢饉があった1780年代より、天保の飢饉があった1830年代の方が多い。

〔Ⅲ〕次の史料A・Bを読んで設問に答えなさい。もっとも適切な答えを一つマークしなさい。なお史料は省略したり、書き改めたところがあります。

A．　年ニソヘ日ニソヘテハ、物ノ[a]ヲノミ思ツヾケテ、老ノネザメヲモナグサメツヽ、イトヾ、年モカタブキマカルマヽニ、世中モ久シクミテ侍レバ、昔ヨリウツリマカル[a]モアハレニ覚テ、神ノ御代ハシラズ、人代トナリテ[b]天皇ノ御後、百王トキコユル。スデニノコリスクナク、八十四代ニモ成リニケル中ニ、保元ノ乱イデキ後ノコトモ、マタ c世継ガ物ガタリト申モノモ書キツギタル人ナシ。……d保元以後ノコトハミナ乱世ニテ侍レバ、ワロキ事ニテノミアランズルヲ憚カリテ、人モ申ヲカヌニヤト。……。

『愚管抄』

【設　問】

1．空欄aに該当するものを下記より選びなさい。

ア．天命　　イ．神意　　ウ．道理　　エ．無常

2．空欄bに該当するものを下記より選びなさい。

ア．文武　　イ．神武　　ウ．天武　　エ．桓武

3．下線部cは『大鏡』のことである。『大鏡』の基本的性格に関する説明として正しいものを下記より選びなさい。

ア．官撰の正史である六国史と同様に、漢文で書かれている。

イ．摂関家を中心とした歴史を記している。

ウ．将門の乱を中心に、東国武士団の形成過程を記している。

エ．鎌倉幕府の歴史を編年体で記した史書である。

4．下線部dの時代に関する説明として誤っているものを下記より選びなさい。なお、すべて正しい場合は「エ」をマークしなさい。

ア．保元の乱では、源義朝と平清盛の兵力を動員した後白河天皇が、源為義らの兵力を動員した崇徳上皇と左大臣藤原頼長の勢力に勝利した。

イ．平治の乱に勝利した平清盛は、娘徳子を安徳天皇の中宮に入れ、高倉天皇の外祖父となった。

ウ．源義仲との戦いに敗れた平氏は安徳天皇を奉じて西国へと都落ちしていった。京都に入った源義仲は、源頼朝の派遣した源範頼・義経の軍勢によって滅ぼされた。

5．史料Aの著者の説明として正しいものを下記より選びなさい。

ア．著者は不詳である。

イ．摂関家の出身で、天台座主の地位にあった高僧である。

ウ．鎌倉時代末から南北朝時代にかけて活躍した歌人・随筆家である。

エ．後醍醐天皇に仕えた南朝の廷臣である。

B．　謹んで惟るに、我が神州たる所以は万世一系たる天皇陛下御統帥の下に、挙国一体生成化育を遂げ、遂に八紘一宇を完うするの e国体に存す。此の国体の尊厳秀絶は天祖肇国……より明治維新を経て益々体制を整へ、今や方に万邦に向って開顕進展を遂ぐべきの秋なり。然るに頃来遂に不逞凶悪の徒簇出して私心我欲を恣にし……随って外侮外患、日を逐って激化す。所謂 f元老、重臣、軍閥、 g財閥、官僚、政党等はこの国体破壊の元兇なり。 h倫敦軍縮条約……、至尊兵馬大権の僭窃を図りたる三月事件、或は学匪、共匪、大逆教団等の利害相結んで陰謀至らざるなき等は最も著しき事例にして……内外真に重大危急、今にして国体破壊の不義不臣を誅戮し、稜威を遮り御維新を阻止し来れる奸賊を芟除するに非ずして宏謨を一空せん。

「二・二六事件蹶起趣意書」

【設　問】

6．下線部eの用語を、史料Bのような文脈で最初に用いたのは水戸学関係者である。それに該当する人物を下記より選びなさい。

ア．海保青陵　　イ．平田篤胤　　ウ．会沢安（正志斎）　　エ．本田利明

7．下線部fをつとめたことのある人物を、下記より選びなさい。

ア．西園寺公望　　イ．原敬　　ウ．田中義一　　エ．加藤友三郎

8．下線部gに関して、1930年代に台頭した「新興財閥」の中心企業として正しいものを下記より選びなさい。

ア．鈴木商店　　イ．豊田自動織機　　ウ．日本製鉄会社　　エ．日本窒素肥料会社

9．下線部hの説明として正しいものを下記より選びなさい。

ア．軍縮会議への参加と条約への調印は、政友会内閣によって行われた。

イ．日本海軍は大型巡洋艦保有量の対米10割要求が認められなかったため、条約の調印に反対した。

ウ．政府が海軍軍令部の反対を押し切って条約を調印したため、統帥権を干犯したという攻撃が行われた。

エ．条約が批准されたのは、第2次若槻礼次郎内閣の時であった。

10．史料Bの説明として正しいものを下記より選びなさい。

ア．浜口雄幸を殺害した右翼青年が発表した趣意書である。

イ．井上準之助らを殺害した集団が発表した趣意書である。

ウ．犬養毅を殺害した集団が発表した趣意書である。

エ．斎藤実らを殺害した集団が発表した趣意書である。

〔Ⅳ〕次の文章A・Bを読んで設問に答えなさい。もっとも適切な答えを一つマークしなさい。

A．　明治期にもっとも影響力を持った政治家の一人が伊藤博文である。若い時は攘夷思想に染まっていたが、英国留学や[a]岩倉使節団への参加を通じて海外の知識を吸収し、西洋の制度から学びつつ、日本に合った政治制度の確立に努めた。1889年に公布された[b]大日本帝国憲法は伊藤の考え方が色濃く反映されたものといってよいだろう。伊藤はヨーロッパで［ c ］などから君主権の強いドイツ流の憲法理論を学び、帰国した後に［ d ］らとともに憲法草案を作成した。これに沿って枢密院で審議が行われ、憲法が誕生した。

伊藤は1885年に初代の内閣総理大臣に就任、あわせて4回首相を務めた。[e]伊藤内閣の時期には日清戦争が起きたほか、国内的にも様々な政治対立に直面したが、日本は近代国家の建設・発展へ向けて着実に歩みを進めた。伊藤は[f]首相を最後に退任した後も1909年にハルピンで暗殺されるまで天皇を補佐する元老として隠然たる力を保ち続けた。

【設　問】

1．下線部aの使節団員・同行者でない人物を下記より選びなさい。

ア．木戸孝允　　イ．津田梅子　　ウ．板垣退助　　エ．山口尚芳

2．下線部bの説明として誤っているものを下記より選びなさい。

ア．陸海軍は天皇が統帥するものとされた。

イ．国民は法律の範囲内で言論・集会・結社の自由が認められた。

ウ．皇族・華族らで構成する貴族院に衆議院より優越的な地位を付与した。

エ．議会で予算案が否決された場合、政府は前年度の予算をそのまま施行できることにした。

3．空欄c・dの人物の組合せとして正しいものを下記より選びなさい。

ア．c：シュタイン・d：金子堅太郎　イ．c：グナイスト・d：山県有朋

ウ．c：ロエスレル・d：伊東巳代治　エ．c：モッセ・d：井上毅

4．下線部eのときに起きたことの説明として誤っているものを下記より選びなさい。

ア．政党の力が軍に及ぶのを防ぐことを目的とした軍部大臣現役武官制が定められた。

イ．海軍の増強をめざした予算の成立へ向けて議会が政府に協力するよう求める天皇の詔勅が出た。

ウ．日清戦争の講和交渉に伊藤博文が自ら全権として参加し、遼東半島、台湾の割譲や賠償金の支払いを清側に約束させた下関条約が結ばれた。

エ．憲政党が結成されたことで議会運営が難しくなり、伊藤内閣は退陣に追い込まれることになった。

5．下線部fの時期の出来事の説明として誤っているものを下記より選びなさい。

ア．日英同盟が締結されたが、その目的は英国の力を借りてロシアをけん制し、韓国での権益を守ることにあった。

イ．国民に勤労と節約を求める戊申詔書が発せられた。

ウ．日本は第2次日韓協約で韓国の外交権を奪い、外交を統轄する総督府の初代総督に伊藤博文が就任した。

エ．西園寺公望内閣は日本社会党の結成を認めたが、直接行動派の勢いが強まったため、解散させた。

B．　アメリカはソ連との冷戦が本格化するなかで、日本を西側陣営の一員に組み込むため、米軍の日本駐留継続を前提とする講和条約の準備を進めた。［　g　］などはソ連や中国を含まない「単独講和」の考えにたつアメリカの方針に反対する全面講和論を展開したが、［　h　］内閣はソ連などが参加しない $_{\text{i}}$サンフランシスコ平和条約に調印した。その後アメリカからの再軍備の要求が強まると、日本政府は要求の初期の段階から、$_{\text{j}}$これに応じた措置をとっていった。

1954年に発足した $_{\text{k}}$鳩山一郎内閣もそうした路線を引き継ぎ、再軍備推進のために憲法改正を唱えた。一方、野党陣営は平和憲法の擁護を主張し、憲法改正を巡る与野党の対立は今日まで引き継がれていくことになる。1957年に成立した岸信介内閣で与野党間の最大の争点になったのがサンフランシスコ平和条約と同じ日に調印された $_{\text{l}}$日米安全保障条約の改定問題だった。野党の激しい反対にもかかわらず岸内閣は条約改定を実現させたが、条約発効からほどなくして総辞職した。

【設　問】

6．空欄g・hの組合せとして正しいものを下記より選びなさい。

ア．g：日本民主党・h：吉田茂　イ．g：日本社会党・h：芦田均

ウ．g：日本民主党・h：芦田均　エ．g：日本社会党・h：吉田茂

7．下線部iの説明として誤っているものを下記より選びなさい。なお、すべて正しい場合は「エ」をマークしなさい。

ア．日本は台湾、南樺太のほか千島列島の領土権も放棄した。

イ．日本は沖縄のほか、奄美群島や小笠原諸島についてもアメリカの施政権のもとに置かれることを認めた。

ウ．アジア諸国ではインドやビルマは会議に出席し、条約に調印した。

8．下線部jの説明として誤っているものを下記より選びなさい。なお、すべて正しい場合は「エ」をマークしなさい。

ア．米国との間でMSA協定を結び、アメリカの軍事的、経済的援助を受ける代わりに防衛力増強の義務を負うことになった。

イ．防衛省を設置し、内閣の一員として文民の大臣が自衛隊を統轄することにした。

ウ．自衛隊は発足した当初から陸・海・空の3隊で構成されていた。

9．下線部kの時期に実現したものとして誤っているものを下記より選びなさい。

ア．日ソ国交正常化　イ．日本の国連加盟

ウ．自由民主党の結成　エ．日韓基本条約の締結

10．下線部lの説明として正しいものを下記より選びなさい。

ア．もともと日米安保条約の改定を求めたのはアメリカ側である。

イ．学生たちが国会を取り囲むデモを連日実行したが、労働組合は総じて情勢を見守る姿勢に徹した。

ウ．在日米軍の日本での施設・区域の使用を認めた条約の条文では、その目的として日本の安全のほか極東における平和と安全の維持に寄与することをあげている。

エ．改定された条約では、日米のいずれかの国が日本国内外で攻撃された際の相互防衛義務が明文化された。

2月6日実施分

解答　日本史

I

解答　1—ア　2—ア　3—イ　4—イ　5—イ　6—エ　7—ア　8—ウ　9—ウ　10—エ

◀解　説▶

≪原始～現代の小問集合≫

3．a．正文。

b．誤文。平城京の大寺院は平安京に移転されることはなく，桓武天皇や嵯峨天皇は最澄や空海が伝えた新しい仏教を支持した。

4．a．正文。

b．誤文。寄進を行った開発領主は，下司などの荘官に任じられた。

5．a．正文。

b．誤文。鎌倉幕府において御家人を統制する機関は侍所である。政所は，一般政務や財政を担当した。

6．a・bともに誤文。a．鎌倉時代後期から，惣領制に基づく分割相続によって所領の細分化が進行したので，単独相続が一般的になり，家督争いが激しくなった。b．東山文化は禅宗の影響を受けた簡素さと伝統的な幽玄・侘を基調としており，華美で装飾性の強いものではない。

8．a．誤文。生類憐みの令は殺生を禁じる仏教の影響がみられ，服忌令には神道の影響がみられる。

b．正文。

9．a．誤文。明治政府は，神道の国教化をめざして大教宣布の詔を発した。

b．正文。

10．a・bともに誤文。a．「国体の本義」は日中戦争直前に文部省が発行した冊子。岡田啓介内閣は国体明徴声明を発表して天皇機関説を否定した。b．GHQ は天皇制廃止による混乱を避け，天皇制を占領支配に利用しようとして，天皇を戦犯容疑者としなかった。

Ⅱ 解答

A．1―ア　2―エ　3―ア　4―ウ　5―ア
B．6―エ　7―エ　8―エ　9―ウ　10―イ

◀解　説▶

≪A．鎌倉・室町時代の守護　B．江戸時代の百姓一揆≫

A．2．エ．正文。守護は国内の御家人を統率して大番催促や殺害人・謀叛人の追捕を主な職務とし，平時には治安維持と警察権の行使にあたった。
ア．誤文。守護が国内全体の田地支配を行うようになるのは，南北朝時代以降である。
イ．誤文。守護が在庁官人を支配することは認められたが，朝廷から西国を含めた国衙の行政に守護が介入する権限は与えられていない。
ウ．誤文。大番催促は内裏などの警護を行う京都大番役を御家人に課する守護の職務であるが，これは当初からの権限であった。
3．アが正しい。守護・地頭を設置したのは1185年であり，源頼朝が奥州藤原氏を滅ぼしたのは1189年である。イ．寿永二年十月宣旨は1183年。ウ．公文所・問注所の設置は1184年，エ．侍所の設置は1180年である。
4．ウ．誤文。殺害人追捕は大犯三カ条に含まれ，守護設置当初からの職務であった。ア・イ・エ．正文。室町幕府は大犯三カ条のほか，刈田狼藉を取り締まる権限や使節遵行権を守護の職務と定めた。動乱の中で地方の武士たちの力が増大して，彼らを国ごとに統制する守護の軍事的な役割が大きくなり，地方武士を動員するために守護の権限を強化したと考えられる。
B．8．エ．正文。ア．元文一揆は陸奥磐城平藩で1738年に発生した一揆である。信濃松本藩では1686年に嘉助騒動が起こった。イ．国訴は，19世紀に菜種・綿・金肥などの生産地の農民・在郷商人が，自由な流通を求めて広い範囲を巻きこんで起こした大規模な訴訟のことである。ウ．多くの一揆では年貢減免や専売制の撤廃を要求した。
9．ウ．正文。ア．誤文。村方騒動によって，民主的な村政がおこなわれることになった村も多かったとされる。イ．誤文。貨幣経済に組み込まれ，小百姓が困窮し小作人になるものが増加した。エ．誤文。村役人は豪農層に含まれ，村役人を兼ねる豪農と小百姓や小作人らとの間の対立が激しくなった。
10．イ．誤文。明治維新後は徴兵令・学制・地租改正などに反対する農民

一揆が頻発した。

III 解答

A. 1―ウ 2―イ 3―イ 4―イ 5―イ
B. 6―ウ 7―ア 8―エ 9―ウ 10―エ

◀解 説▶

≪A. 平安末・鎌倉時代の文化・政治 B. 幕末～昭和前期の政治と文化・経済≫

A. 史料Aは『愚管抄』の一部である。『愚管抄』は天台座主慈円によって書かれた歴史書で，承久の乱の直前に成立したといわれる。仏教の末法思想を基に道理の推移を通して歴史を叙述している。

1. ウが正しい。「昔ヨリウツリマカル[a]」と史料中にあり，『愚管抄』が道理の移り変わりを通して歴史を叙述している書物であることを思い起こして「道理」を選択する。

2. イが正しい。「人代トナリテ[b]天皇ノ御後，……八十四代ニモ成リニケル」とあり，[b]天皇は初代の天皇があてはまるので，『日本書紀』が初代とする「神武」を選択する。

3. イ. 正文。『大鏡』は，平安時代末期に紀伝体で書かれた歴史物語である。摂関家の繁栄ぶりを叙述するが，摂関家に対して批判的な叙述があるのが特徴的である。ア. 誤文。『大鏡』は和文で書かれた歴史物語である。ウ. 誤文。平将門の乱を叙述したのは『将門記』である。エ. 誤文。鎌倉幕府の歴史を叙述しているのは『吾妻鏡』である。

4. イ. 誤文。平清盛の娘徳子は，高倉天皇の中宮となり安徳天皇を生んだ。平清盛は安徳天皇の外祖父にあたる。

5. イが正しい。『愚管抄』の著者慈円は九条兼実の弟にあたる。

B. 「二・二六事件蹶起趣意書」は1936年に二・二六事件を起こした陸軍皇道派青年将校による蹶起趣意書である。元老や重臣・軍閥・財閥・官僚・政党勢力を批判し，重臣等を殺害し「昭和維新」を実現しようとする主張が読みとれる史料である。

6. ウが正しい。会沢安（正志斎）は幕末の水戸藩士。「国体」の語は元来は国家の体制・形態を示す語であったが，1930年代中頃には「万世一系の天皇が支配する優れた国柄」という意味合いで使われた。水戸学は，『大日本史』編纂事業などを通して，水戸藩で発展した朱子学を基盤にした尊王思想を特徴とする学問である。

7．アが正しい。元老に法的な定義はないが，明治から昭和にかけて後継首相の決定に関わるなど絶大な影響力をもった。西園寺公望は最後の元老である。

8．エが正しい。日本窒素肥料会社は野口遵の設立した化学肥料会社。日窒コンツェルンの中心企業。ア．鈴木商店は船成金の1つだが，1927年金融恐慌で倒産。イ．豊田自動織機は豊田佐吉の自動織機を製造した。ウ．日本製鉄は官営八幡製鉄所などが合同して設立された半官半民の国策会社である。

9．ウ．正文。下線部hの「倫敦軍縮条約」は，1930年に締結されたロンドン海軍軍縮条約のことで，補助艦の保有量について定められたが，国内では統帥権干犯問題を引き起こした。ア・エ．誤文。ロンドン海軍軍縮条約は立憲民政党の浜口雄幸内閣によって調印・批准された。イ．誤文。ロンドン海軍軍縮条約交渉にあたって海軍は対米7割を要求した。

10．エ．正文。二・二六事件により，斎藤実内大臣・高橋是清蔵相・渡辺錠太郎教育総監らが殺害された。ア．誤文。浜口雄幸はロンドン海軍軍縮条約に反対する右翼の青年に銃撃され重傷を負った。イ．誤文。井上準之助蔵相は1932年血盟団によって暗殺された。ウ．犬養毅は1932年五・一五事件で海軍青年将校に殺害された。

Ⅳ 解答

A．1―ウ　2―ウ　3―アまたはエ　4―ア　5―ウ
B．6―エ　7―ウ　8―イ　9―エ　10―ウ

◀解　説▶

≪A．伊藤博文とその時代　B．戦後の国際関係と日米安全保障条約≫

A．2．ウ．誤文。貴族院と衆議院は対等な関係であった。

3．アとエが正しい。伊藤博文はベルリンのグナイストやモッセ，ウィーンのシュタインらにドイツ流の憲法を学び，帰国後，来日したロエスレルやモッセの助言を得ながら，井上毅・伊東巳代治・金子堅太郎らと大日本帝国憲法の起草を行った。

4．ア．誤文。軍部大臣現役武官制は1900年第2次山県有朋内閣が制定した。イ・ウ・エ．正文。イ・ウは第2次伊藤博文内閣，エは第3次伊藤博文内閣の時期である。

5．ウ．誤文。伊藤博文は，第2次日韓協約で設置された統監府の初代統監であった。朝鮮総督府は韓国併合後設置された植民地支配のための官庁で，初代総督は寺内正毅。

B．7．ウ．誤文。インドやビルマは条約案に反対してサンフランシスコ講和会議に出席しなかった。

8．イ．誤文。防衛省設置は2007年。MSA協定締結後，防衛庁が設置され，自衛隊が発足した。

9．エ．誤り。日韓基本条約は，佐藤栄作内閣が1965年に朴正熙政権との間で締結した。

10．ウ．正文。ア．誤文。岸信介は「日米新時代」を主張し，日米安保条約を改定して対等な関係にしようとした。アメリカは当初改定に消極的であった。イ．誤文。労働運動を主導していた日本労働組合総評議会（総評）は，60年安保闘争の中心勢力の1つであった。エ．誤文。日米の相互防衛義務は日本国内で日米いずれかが武力攻撃を受けた場合が対象である。

❖講　評

Ⅰ　例年出題されている2つの短文の正誤を判断する問題である。教科書の内容に沿った出題がほとんどである。縄文時代から戦後まで時代を網羅しており，内容も政治・文化・社会と多岐にわたっている。

Ⅱ　A・B2つの文章に関して，それぞれ5問の設問がある。この形式はⅢ・Ⅳも同様である。Ⅱでは中世・近世から出題された。誤文を選択する設問には，すべて正しい場合もあり正確な知識が必要となる。教科書の脚注や資料集の図表・地図などにも注意して学習する必要がある。

Ⅲ　例年出題されている史料問題である。2022年度は出典が記載されていなかったが，2023年度はそれぞれ出典が明示されているので，受験生は解答しやすかったかもしれない。史料に関連する事項や時代背景を理解しておきたい。

Ⅳ　明治期と戦後期の政治や国際関係を中心とした問題である。空欄に適当な語句の正しい組合せを選択したり，誤文を選択したりする場合に，詳細で正確な知識が求められているのはⅡと同様である。

全体として，教科書に沿った出題が多いが，設問によっては詳細で正確な知識が求められる。また正誤を判断するために短文を丁寧に読み解いていく必要がある。

2月7日実施分　問題　日本史

（60分）

〔Ⅰ〕次の1～10の文章について、a・bとも正しい場合はアを、aが正しくbが誤っている場合はイを、aが誤りでbが正しい場合はウを、a・bともに誤っている場合はエをマークしなさい。

1. a. 縄文時代は土器の変遷から、草創期・早期・前期・中期・後期・晩期に区分される。縄文の文様をほどこした土器が多くなるのは早期以降である。
   b. 弥生時代には集落の周りに濠や土塁をめぐらした環濠集落も現れた。この時期の代表的な遺跡としては登呂遺跡、三内丸山遺跡、朝日遺跡などがある。

2. a. 律令国家では6年ごとに戸籍がつくられ、6歳以上の男女に口分田が与えられた。口分田の売買は許されず、死亡者の口分田は6年に一度の班年に収公された。
   b. 白鳳文化は新羅を経由して、また遣唐使によって伝えられた唐初期の文化の影響を受けた。この時代の絵画である高松塚古墳壁画には唐や高句麗の影響が指摘されている。

3. a. 藤原北家は安和の変で醍醐天皇の子で左大臣の源高明を失脚させ、その勢力を不動のものとし、摂政、または関白がほぼ常置されるようになった。
   b. 10世紀半ば、空也は『往生要集』を著して念仏往生の教えを説き、現世利益を求める貴族を中心に浄土教を広めた。

4. a. 曹洞宗の開祖である道元は、南宋に渡って帰国した後、公家や幕府有力者の帰依を受けて幕府と結びつきを強めた。
   b. 蒙古襲来の前後から、水稲の品種改良や灌漑・排水技術の改良、牛馬耕の広がり、そして金肥が広く用いられるようになったことにより、農業が大いに発展した。

5. a. 室町時代、永楽通宝や洪武通宝、宣徳通宝などの宋銭が貨幣として使用されたが、貨幣需要の増大に伴い粗悪な私鋳銭も多く流通するようになった。
   b. 足利義満は南宋の制にならって五山・十刹の制を整えて天龍寺などを官寺とし、僧録をおいて官寺の管理、住職の任命などにあたらせた。

6. a. 桃山文化の代表的な絵画として俵屋宗達の『風神雷神図屛風』、久隅守景の『夕顔棚納涼図屛風』などがある。

b．豊臣（羽柴）秀吉は関白に任じられた直後から中央政府の組織の整備を行い、五奉行による政務の分担、五大老による重要政務の合議を制度化させた。

7．a．江戸幕府は、天皇と公家に領地を与えるなど、その活動を制限せず、自由に行動することを許した。

b．寛永期においては、狩野派の狩野正信が、江戸城や名古屋城の障壁画を描くなど、狩野派が幕府御用達の絵師として活躍した。

8．a．大坂町奉行所元与力の大塩平八郎が貧民救済のために起こした大塩の乱の影響は全国に及び、越前柏崎では陽明学者の生田万が陣屋を襲撃した。

b．日米和親条約にもとづき下田に赴任したアメリカの総領事ハリスは通商条約を強く求め、大老井伊直弼は孝明天皇の勅許を得ないまま日米修好通商条約に調印した。

9．a．満州事変が始まると、若槻礼次郎内閣は不拡大方針を声明し、大多数の世論・マスコミもこれを支持した。

b．二・二六事件の後、岡田啓介内閣にかわった広田弘毅内閣は軍の要求を受けて、軍部大臣現役武官制を復活させた。

10．a．中曽根康弘内閣が導入しようとして果たせなかった大型間接税は、竹下登内閣のもとで消費税として実現した。

b．バブル崩壊後の平成不況に対し低金利政策と金融機関への公的資金の投入が行われたが、巨額の財政赤字を抱えた政府は財政支出を拡大しなかった。

〔Ⅱ〕次の文章を読んで設問に答えなさい。もっとも適切な答えを一つマークしなさい。

日本列島から北の海域では13～15世紀にかけてアイヌの居住地域がサハリン島、千島列島（クリル諸島）にまで展開しており、樺太アイヌ、千島アイヌと呼ばれている。琉球では12世紀以降、各地でグスクが作られ、多様な集団が生まれていた。アイヌの北方進出には、元の建国の影響があると指摘されている。また、a元の軍事力は周辺諸国を脅かしたが、b列島周辺の貿易を活性化した。中国の王朝が明へと交替すると、c日本、琉球、アイヌはそれぞれ個別に朝貢を行い、固有の文化をはぐくんでいた。相互の交流も盛んであり、貿易の活性化が民族間の文化的交流も活発にしたのである。

しかし15世紀半ばに変化が生まれる。明が財政難を理由に朝貢貿易の規模を縮小させたからである。室町幕府ではこの頃に日明貿易が再開されたが、規模は縮小し室町幕府の収入源でもあった貿易利潤も小さくなり、d室町幕府財政のあり方を変容させた。このように対外貿易の規模が縮小したあとに国風文化の源流の一つとして位置づけられているe東山文化が生まれたのは偶然ではない。一方、琉球でも朝貢の減少を背景に、東アジアや東南アジアとの中継貿易に転換をみせ、日本とは対照的にf西洋も視野に入れた国際色豊かな文化が生み出された。アイヌにおいて、その影響は第一に経済・文化的な摩擦として現れた。1457年のgコシャマインの戦いの背景として北方での貿易の縮小が指摘されており、和人とアイヌの関係は、文化的混淆から分離へと進んだ。しかし一方で北方での取引が閉ざされた結果、hアイヌは和人に経済的に依存せざるを得ず、その帰結が交易の管轄を通じた江戸幕府への服属として現れるのである。このような歴史の上に現在のi北海道とj沖縄県は存在しているのである。

【設　問】

1．下線部aに関して、誤っているものを下記より選びなさい。

ア．高麗を全面的に服属させた後、日本に対してたびたび朝貢を要求してきた。

イ．文永の役では、南宋を滅ぼした元が約30,000の兵で博多湾に上陸した。

ウ．弘安の役の後、幕府は全国の荘園の武士を動員する権利を朝廷から認められた。

エ．３度目の日本侵攻計画が実現しなかった背景の一つとして、征服された高麗などの人びとの元への抵抗があった。

2．下線部bに関して、誤っているものを下記より選びなさい。

ア．宋・元の書風が伝えられ、宋の影響を受けた青蓮院流が創始された。

イ．宋・元の製品の影響を受けて、日本各地で磁器の生産が発展を遂げた。

ウ．建長寺の造営のために、貿易船が元に派遣された。

エ．天龍寺の造営のために、貿易船が元に派遣された。

3．下線部cに関して、誤っているものを下記より選びなさい。

ア．朝貢貿易の形式を嫌った足利義持の時代に一旦中断したが、足利義教の時代に再開した。

イ．輸入された銅銭は日本の貨幣流通に影響を与えた。

ウ．室町幕府の衰退とともに、貿易の実権は細川氏や大内氏の手に移った。

エ．大量の木綿が輸入され、人びとの日常生活に大きな影響を与えた。

4．下線部dに関して、京都の商人に課税され、幕府の主要な財源となったものを下記より選びなさい。

ア．運上金　　イ．冥加金　　ウ．土倉役・酒屋役　　エ．関銭・津料

5．下線部eに関して、誤っているものを下記より選びなさい。

ア．この文化は伝統文化の幽玄や禅の精神に基づく簡素さを基調としていた。

イ．書院造は近代和風建築の原型となったと言われている。

ウ．能の分野では将軍の保護を受けた観阿弥が活躍した。

エ．同朋衆と呼ばれた将軍側近集団が活躍した。

6．下線部fに関して、16世紀における西洋諸国とそのアジアでの拠点の組合せとして誤っているものを下記より選びなさい。

ア．スペイン・マニラ

イ．ポルトガル・ゴア

ウ．ポルトガル・マカオ

エ．スペイン・ノビスパン

7．下線部gに関して、この乱を鎮圧した人物として正しいものを下記より選びなさい。

ア．安藤氏　　イ．清原氏　　ウ．伊達氏　　エ．蠣崎氏

8．下線部hに関して、18世紀前半ごろまでに常態化した和人とアイヌとの間の交易形態として正しいものを下記より選びなさい。

ア．地方知行制　　イ．商場知行制　　ウ．代官請負制　　エ．場所請負制度

9．下線部iに関連する説明として誤っているものを下記より選びなさい。

ア．ロシアのレザノフが長崎に来航したが、幕府に追い返されたためにロシア船は択捉島や樺太を攻撃した。

イ．ロシアとの緊張の高まりを背景に、幕府は間宮林蔵に樺太とその対岸地域を探索させた。

ウ．アメリカのペリーが浦賀に来航し、日本の開国を求めると、翌年、ロシアのプチャーチンも長崎に来て、開国及び国境の確定を要求した。

エ．屯田兵制度を設置した翌年に日本政府はロシアとの間で樺太・千島交換条約を締結した。

10. 下線部jの説明として正しいものを下記より選びなさい。

ア. 江戸時代は、事実上薩摩藩の支配下にもある一方で、清も宗主国として仰ぐ両属関係にあった。

イ. 日本政府は琉球藩を置いて琉球国王の尚泰を藩王とした。この時、フランスと戦争の最中であった宗主国の清はこの動きを黙認せざるを得なかった。

ウ. 台湾で発生した琉球漂流民殺害事件を受けて同年、日本政府は台湾出兵を強行した。アメリカの調停もあって、清は日本政府に対し事実上の賠償金を支払った。

エ. 日本政府は琉球王国の廃止を強行し、沖縄県を設置した。翌年には小笠原諸島の領有宣言を行った。

〔Ⅲ〕次の史料A・Bを読んで設問に答えなさい。もっとも適切な答えを一つマークしなさい。なお史料は省略したり、書き改めたところがあります。

A.

・白梅や墨芳しき［　a　］

・ほとゝぎす平安城を筋違に

・b 鳥羽殿へ五六騎いそぐ野分哉

・*くすり喰人にかたるな鹿ヶ谷

*薬喰。肉食が忌避された時代、寒い季節に栄養をつける目的で獣肉を薬と称して食べたこと。

【設　問】

1．空欄aには古代における外交使節の迎接施設の名が入る。正しいものを下記より選びなさい。

ア. 駅家　　イ. 唐人屋敷　　ウ. 鴻臚館　　エ. 倭館

2．下線部bは京の南にある院御所のことであるが、この句はここで権勢をふるっていた人物の死去をきっかけとする戦いの前の様子を詠んでいる。その人物の説明として正しいものを下記より選びなさい。

ア. 父親にならって親政をした後、息子に位を譲って院政を行った。

イ. 院御所に北面の武士を組織して、源平の武士を側近にすえた。

ウ. 3人の天皇の在位中に院政をしいた。

エ. 鳥羽僧正とも呼ばれ、『鳥獣戯画』の筆者としても有名である。

3．史料Aを詠んだ人物として正しいものを下記より選びなさい。

ア. 紀貫之　　イ. 藤原定家　　ウ. 西行　　エ. 与謝蕪村

B.　文久三年癸亥二月廿三日、松山藩士三輪田綱一郎、c下総の大宮和田勇太郎等浪士数輩、d山城国等持寺村等持院にある足利将軍三代の木像の首を斬り、之を京都［　e　］河原に梟せり、(中略) 其標示の写しは左の如し

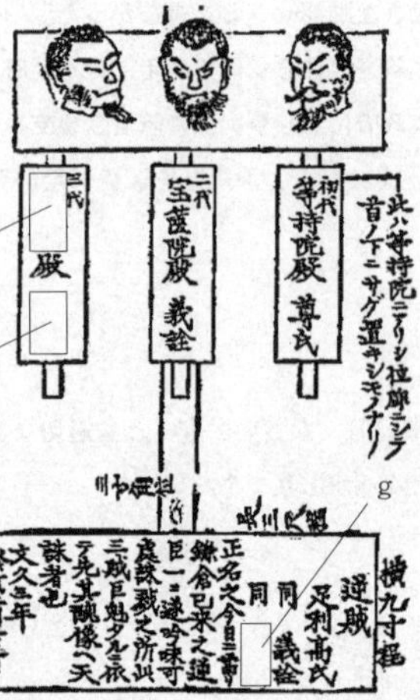

此者共の悪逆は、已に先哲の弁駁する所、万人の能く知る所にして、今更申に不及と雖も、今度此影像共を斬戮せしむるに付ては、贅言なから聊其罪を示すべし、抑此大皇国の大道たるや、盡忠義の二字を以て其大本とせり、神代已来の風習たるを、賊魁鎌倉頼朝世に出て奉悩　朝廷、不臣の手始をいたし、尋て北条足利に至りては、其罪悪実に不可容天地、神人与に誅する所なり、雖然当時天下錯乱、名分紛擾の世、h朝廷御微力にして、其罪をたゞし給ふ事能はず、遺憾豈可不悲泣や、今彼等か遺物等を見るに至りては、真に奮激に堪ず、我不敏なりと雖も、五百年昔の世に出たらんには、生首を引抜んものと、握挙切歯、片時も止む事あたわす、今や万事復古、旧弊一新の時運、追々不臣の奴等の罪科を正すべきの機会なり、故に我々申合、先其巨賊の大罪を罰し、i大義名分を明かさんか為、昨夜等持院にある所の尊氏始め其子孫の奴等の影像を取出し、首を刎て是を梟首、敢て旧来の蓄憤を散するものなり

　　亥二月廿三日

大將軍［　j　］に至りて右之賊跡断滅す、些しく愉快と云うべし、然るに其より爾来今世に至り、此頃奸賊に猶超過し候ものあり、其党許多にして其罪悪足利等之右に出づ、若し夫等の輩、真に旧悪を悔て、忠節を抽で、鎌倉已来の悪弊を掃除し、朝廷を奉補佐て、古昔に復し積罪を償ふの所置なくんば、満天下の有志追々大挙して可糺罪科ものなり

右三日間さらし置者也、若取捨候者は急度可行罪科者也

（『維新史料 第壱編』）

【設　問】

4．下線部c・dのそれぞれの旧国に隣接する国の組合せとして誤っているものを下記より選びなさい。

ア．c：下野・d：近江　　イ．c：上総・d：丹後

ウ．c：武蔵・d：伊賀　　エ．c：常陸・d：丹波

5．空欄eには京都のある大路の名が入るが、1334年に当時の政治を風刺した落書が立てられた場所の有名な大路から一条南に位置している。空欄eに入る大路の名として正しいものを下記より選びなさい。

ア．二条　　イ．三条　　ウ．四条　　エ．五条

6．絵の中の空欄fには空欄gの人物の院号が入る。正しいものを下記より選びなさい。

ア．八条院　　イ．鹿苑院　　ウ．建礼門院　　エ．慈照院

7．絵の中の空欄gには人名が入るが、その人物が行ったこととして正しいものを下記より選びなさい。

ア．南朝の後小松天皇を説得して、南北朝の合体を実現した。

イ．京都の市政権など鎌倉幕府が保持していた権限を管轄下においた。

ウ．土岐氏・山名氏・細川氏などの有力守護大名の反乱を鎮め、権力の集中を強化した。

エ．妻を後小松天皇の准母とし、天皇を猶子として権勢をふるった。

8．下線部hの意味に合致する歴史上の出来事として誤っているものを下記より選びなさい。

ア．承久の乱　　イ．正中の変　　ウ．元弘の変　　エ．応天門の変

9．下線部iが唱えられた学問を打ち立てた人物として正しいものを下記より選びなさい。

ア．唯円　　イ．朱熹　　ウ．慈円　　エ．栄西

10．空欄jに入る人物の説明として正しいものを下記より選びなさい。

ア．中世の荘園制によって土地の権利関係が重複していた状態を整理し、耕作農民の土地所有権を認めた。

イ．伊勢や越前において坊主・地侍・百姓らの一揆を滅ぼした。

ウ．禁中並公家諸法度の制定によって朝廷運営に介入し、京都所司代をおいて朝廷を監視した。

エ．諸国大名に対して江戸と国元の間の1年交代で往復させる参勤交代を義務づけた。

〔Ⅳ〕次の文章A・Bを読んで設問に答えなさい。もっとも適切な答えを一つマークしなさい。

A.　近代に入ると、a西洋文明の受容が急速に進展した。維新後には、b文化や風俗の西洋化・近代化が進んだ。近代文化は、当初は政府を中心に輸入されたが、c学校教育とメディアを通じて、しだいに社会へと浸透していった。d明治期には文学・演劇・美術などの領域でも、新しい動きが生じた。学問の世界でも、自然科学や人文科学の分野で、e明治から大正にかけて、新たな発明や独創的な研究が現れた。

【設　問】

1．下線部aの説明として正しいものを下記より選びなさい。なお、すべて誤っている場合は「エ」をマークしなさい。

ア．維新後には蘭方医の努力によって全国各地に種痘が広がった。

イ．加藤弘之の『万国公法』によって欧米の制度や思想が紹介された。

ウ．法律学では、明治憲法の制定や民法典論争を経てドイツ法学が優勢となった。

2．下線部bの説明として正しいものを下記より選びなさい。

ア．維新後には帯刀や散切頭が禁止され、洋服が広まった。

イ．明治初期には太陽暦を廃して、太陰太陽暦を採用した。

ウ．洋風建築は役所・官立学校から広まった。

エ．維新後には、内務省が中心となって鉄道が開設された。

3．下線部cの説明として正しいものを下記より選びなさい。

ア．文相森有礼が公布した学制により、義務教育を6年間とした。

イ．官吏の養成を目的として師範学校が整備された。

ウ．最初の日刊紙である『東京日日新聞』が創刊された。

エ．金属活版印刷技術の普及も背景にして、『日本人』、『太陽』などの雑誌が発行されるようになった。

4．下線部dの説明として正しいものを下記より選びなさい。

ア．日露戦争前後には、自然主義が文壇の主流となり、国木田独歩らが現れた。

イ．西洋画では、黒田清輝らによって明治美術会が結成された。

ウ．島村抱月は芸術座を設立して、新派劇を完成させた。

エ．若手洋画家たちが、文部省美術展覧会（文展）に対抗して、日本美術院を設立した。

5．下線部eの説明として正しいものを下記より選びなさい。なお、すべて誤っている場合は「エ」をマークしなさい。

ア．野口英世はコレラ菌を発見するなど、医学の発達に功績をあげた。

イ．物理学者の鈴木梅太郎はKS磁石鋼を発明した。

ウ．『善の研究』の著者である哲学者の西田幾多郎は、独自の哲学体系を作りあげた。

B．　敗戦と占領下の改革は、日本人の価値観を大きく転換させた。$_f$戦時下での思想・表現に対する国家の抑圧が取り除かれ、個人の解放や民主主義・平和主義といった新たな理念が広められた。敗戦後には、$_g$学問の領域でも新しい展開がみられた。$_h$高度経済成長の過程で、人口が大都市に集中し、国民の$_i$消費生活にも大きな変化が生じた。マスメディアの発達によって大量の情報が流通するようになると、$_j$大衆文化の大量生産と画一化が生じた。

【設　問】

6．下線部ｆの説明として正しいものを下記より選びなさい。

ア．内務省は『国体の本義』を発行し、国民思想の教化をはかった。

イ．第１次近衛文麿内閣は国民精神総動員運動を展開し、国民の戦争協力をうながした。

ウ．東京帝国大学教授の矢内原忠雄らは人民戦線結成をはかったとして検挙された。

エ．大内兵衛は、政府の大陸政策を批判したことで東京帝国大学を追われた。

7．下線部ｇの説明として正しいものを下記より選びなさい。

ア．戦後、科学者を代表する機関として日本学術会議が設立された。

イ．理論物理学者の川島武宣がノーベル賞を受賞した。

ウ．戦後、マルクス主義が急速に復活し、日本資本主義論争が展開された。

エ．戦後、自然科学の分野では、理化学研究所が設立された。

8．下線部ｈに関して、順序が正しいものを下記より選びなさい。

ア．いざなぎ景気　→　神武景気　→　岩戸景気

イ．いざなぎ景気　→　岩戸景気　→　神武景気

ウ．神武景気　→　いざなぎ景気　→　岩戸景気

エ．神武景気　→　岩戸景気　→　いざなぎ景気

9．下線部ｉの説明として正しいものを下記より選びなさい。

ア．「三種の神器」とは、乗用車・ステレオ・電話機である。

イ．「三種の神器」とは、洗濯機・白黒テレビ・冷蔵庫である。

ウ．「３Ｃ」とは、カー・カメラ・カラーテレビである。

エ．「３Ｃ」とは、カー・クーラー・コンピューターである。

10．下線部ｊに関して、正しいものを下記より選びなさい。なお、すべて誤っている場合は「エ」を

マークしなさい。

ア．松本清張や司馬遷のような流行作家が登場した。

イ．テレビ放送の発達にともなって、1950年代にカラーテレビが普及した。

ウ．手塚治虫らの漫画が多くの読者を獲得した。

2月7日実施分　解答　日本史

I　**解答**　1－イ　2－ア　3－イ　4－エ　5－ウ　6－エ
7－エ　8－ウ　9－ウ　10－イ

◀解　説▶

≪原始～現代の小問集合≫

1．a．正文。b．誤文。三内丸山遺跡は青森県にある縄文前期～中期の大集落遺跡である。

3．a．正文。b．誤文。『往生要集』を著し浄土教信仰を広めたのは空也ではなく源信。また貴族の現世利益の要求に応え広まったのは，主に密教の加持祈禱である。

4．a．誤文。道元は公家や幕府権力から距離を置き，修行の中心を越前国山中の永平寺にすえて曹洞宗は主に地方武士層に広まった。b．誤文。干鰯・油粕などの金肥が広く普及するのは，江戸時代に入ってからである。

5．a．誤文。永楽通宝や洪武通宝，宣徳通宝はすべて宋銭ではなく明銭である。b．正文。

6．a．誤文。『風神雷神図屛風』『夕顔棚納涼図屛風』はともに江戸初期，寛永期の文化の代表作である。b．誤文。豊臣（羽柴）秀吉は政権成立当初は独裁体制をとり，組織整備は不十分であった。五奉行や五大老による任務分担体制が作られるのは秀吉晩年である。

7．a．誤文。江戸幕府は天皇と公家の領地を削減し，活動・行動にも厳しく制限を加えた。b．誤文。寛永期において幕府御用絵師として活躍したのは狩野探幽。狩野正信は東山文化の頃の狩野派の祖である。

8．a．誤文。大塩の乱に呼応して蜂起した生田万は国学者である。また柏崎は越前ではなく越後である。b．正文。

9．a．誤文。満州事変に際して，世論・マスコミは軍の行動を支持し，若槻礼次郎内閣の不拡大方針には反対の論調であった。b．正文。

10．a．正文。b．誤文。平成不況への対応策として，政府は財政支出を大幅に拡大した。

Ⅱ 解答

1ーイ　2ーイ　3ーエ　4ーウ　5ーウ　6ーエ
7ーエ　8ーエ　9ーウ　10ーア

◀解　説▶

≪中世～近代の政治・経済・外交・文化≫

1．イが誤っている。南宋を滅ぼした後，元軍が襲来するのは文永の役ではなく1281年の弘安の役である。

2．イが誤っている。宋・元の影響を受け，瀬戸，備前など各地で生産が開始されたのは陶器であって磁器ではない。磁器の国内生産が始まるのは江戸時代に入ってからである。

3．エが誤っている。大量の木綿が輸入されたのは主に15世紀朝鮮からであって，下線部の貿易には該当しない。

4．ウが正答。アの運上金，イの冥加金は江戸時代に商人中心に課された税，エの関銭・津料は室町時代の関所や港の通行税である。

5．ウが誤っている。能の分野で観阿弥が活躍したのは北山文化においてである。

6．エが誤っている。ノビスパンはスペインの植民地であったが，現在のメキシコを指す地域であり，アジアでの拠点ではない。

8．エが正しい。アの地方知行制は家臣に給与として禄高に当たる知行地（支配する領地）を与える制度，イの商場知行制は松前藩が家臣への給与として，アイヌとの交易権を与えた制度，ウの代官請負制は中世後期，荘園年貢の領主への納入を現地有力者などが請け負った制度である。

9．ウが誤っている。ペリーの浦賀来航は1853年。プチャーチンの長崎来航も同年1853年であり，翌年の1854年ではない。

10．アが正しい。イ．誤文。1872年の琉球藩設置に対し，清は琉球への宗主権を主張して抗議し，この措置を認めなかった。ウ．誤文。台湾出兵に関する日清間の調停を行ったのはイギリスである。エ．誤文。沖縄県設置強行（琉球処分）を実施したのは1879年。小笠原諸島の領有宣言は1875年であり，琉球処分の翌年の1880年ではない。

III 解答

A．1―ウ　2―ウ　3―エ
B．4―イ　5―イ　6―イ　7―エ　8―エ　9―イ
10―イ

◀解　説▶

≪古代～近世の政治・文化≫

Aの史料は，俳諧4句。内容的には古代～中世の歴史に題材をとっているが，俳諧なので出典や作者は江戸時代以後のものと考えられる。

1．ウが正しい。アの駅家は，古代に都と地方の国府の間に設置された，役人が使用する施設，イの唐人屋敷は，長崎郊外に設けられた貿易関係の中国人居住区，エの倭館は，室町時代に日朝貿易のため，朝鮮半島南部の三浦（塩浦，富山浦，乃而浦）や漢城に設けられた施設である。

2．ウが正しい。鳥羽殿は京都南部の鳥羽にあった院御所＝上皇の居所で，白河・鳥羽・後白河の3代の上皇にわたって使用された。問題文に「この句はここで権勢をふるっていた人物の死去をきっかけとする戦い」とあるので，この人物は鳥羽上皇。その死をきっかけとする1156年の保元の乱の前の状態を詠んだものと判断できる。鳥羽上皇は，崇徳・近衛・後白河天皇3代に院政を行った。ア・イは白河上皇の説明文である。エの『鳥獣戯画』の作者ともされる鳥羽僧正は平安末期の僧侶である。

3．エが正しい。史料が俳諧であるので，そこからも作者は俳人である与謝蕪村と判断できるが，アの紀貫之は10世紀，イの藤原定家は13世紀，ウの西行は12世紀ごろの歌人なので，近世に成立する文学である俳諧の作者にはあたらない。

Bの史料は，出典が『維新史料　第壱編』，史料冒頭の年号が「文久三年」とあるので幕末期の史料と判断できる。史料に述べられている内容は，「松山藩士三輪田綱一郎」らが山城国の「等持院にある足利将軍三代の木像の首を斬り…河原に梟せり（＝さらした）」事件（足利氏三代木像梟首事件）についてである。初代尊氏，二代義詮，三代［ g ］のさらし首の図が載せられているが，彼らがさらし首となる理由＝「此者共の悪逆」は，我が国は「大皇国」＝天皇の国であったものを，頼朝から「北条足利に至りて」（源頼朝から北条氏・足利氏にかけて）彼らが朝廷からその権力を奪ってしまったことである。「今や万事復古，旧弊一新の時運」（＝今，すべてを古の世に戻して，古くからある弊害を一新する時）なので「不臣の

奴等の罪科を正」し，「其巨賊の大罪を罰」するために，「不臣の奴等」「巨賊」の中心である足利氏三代の首をさらすのだ，とされており，尊皇攘夷派による倒幕を意識した事件である，と判断できる。

4．イが誤っている。c の下総は現在の千葉県北部，旧国では下野，上総，武蔵，常陸に隣接，d の山城は現在の京都府南部，旧国では近江，伊賀，丹波，摂津，河内，大和にそれぞれ隣接している。丹後は現在の京都府北部に含まれるが，旧国では山城には隣接していない。

5．イが正しい。1334 年の当時の政治を風刺した落書とは，建武の新政を批判した「二条河原の落書」であり，その一条南なので三条とわかる。

6．イが正しい。空欄 g の人物は足利三代将軍なので足利義満，その法名は鹿苑院である。義満が建立した北山殿はこれにちなんで鹿苑寺と改称された。アの八条院は鳥羽上皇の皇女の，ウの建礼門院は平清盛の娘徳子の，エの慈照院は八代将軍足利義政の院号である。

7．エが正しい。ア．誤文。後小松天皇は北朝の天皇である。イ．誤文。京都の市政権を保持していたのは，義満以前は鎌倉幕府ではなく朝廷であった。ウ．誤文。義満によって土岐氏は土岐康行の乱で，山名氏は明徳の乱で討たれ，他に大内氏が応永の乱で討たれたが，細川氏は義満の討伐の対象になっていない。

8．下線部 h は「朝廷御微力にして，其罪をたゞし給ふ事能はず」=「朝廷に力がないので，その罪（武士が朝廷から権力を奪っていること）を正すことができない」という意味である。エの応天門の変は朝廷内部の対立なので，これに該当しない。アの承久の乱，イの正中の変，ウの元弘の変は幕府・朝廷間の争いで朝廷が敗れているので，下線部の内容に合致する。

10．イが正しい。空欄 j の人物は史料中に「右之賊跡断滅す」とあり，史料で語られてきた足利氏を滅ぼした人物であると考えられるので，足利義昭を追放し室町幕府を滅ぼした織田信長と推察できる。織田信長は，イの伊勢や越前の坊主を含む一揆すなわち一向一揆を討滅した。アは豊臣秀吉の，ウは徳川家康・秀忠の，エは徳川家光の説明である。

Ⅳ 解答

A. 1―ウ　2―ウ　3―エ　4―ア　5―ウ
B. 6―イ　7―ア　8―エ　9―イ　10―ウ

◀解　説▶

≪近代～現代の政治・経済・文化≫

1．ウが正しい。ア．誤文。各地での天然痘の流行から種痘への関心は高く，1858年には江戸に種痘所が設けられており，種痘の実施は維新以前から広まりを見せていた。イ．誤文。『万国公法』はアメリカのヘンリー=ホイートンの著書であり，加藤弘之の著書ではない。加藤の著書は『真政大意』『国体新論』などが知られる。

2．ウが正しい。ア．誤文。維新後否定されたのは江戸時代以来の髷頭であり，髷を切った散切頭は断髪頭とも呼ばれ文明開化の象徴とされた。イ．誤文。日本独自の太陰太陽暦を廃して，欧米に合わせた太陽暦へ転換し，1872年12月3日を1873年1月1日とした。エ．誤文。鉄道建設の中心となったのは，1870年設置の工部省。新橋～横浜間の鉄道開通は1872年，内務省の設置は1873年である。

3．エが正しい。ア．誤文。1872年の学制で定められた義務教育期間は8年間であった。イ．誤文。師範学校は教員養成を目的とした学校である。ウ．誤文。最初の日刊紙は1870年創刊の『横浜毎日新聞』である。

4．アが正しい。イ．誤文。黒田清輝が結成した西洋画団体は白馬会。明治美術会は浅井忠らによる日本初の西洋美術団体である。ウ．誤文。「新派劇」は江戸時代以来の歌舞伎を旧派として，これに対抗して明治中期に起こされた新しい大衆的演劇。島村抱月は新派劇に対抗した新劇＝近代演劇の指導者であり，坪内逍遥と芸術座を設立，新劇発展の基礎を作った。エ．誤文。日本美術院は岡倉天心，橋本雅邦らが結成した日本画家中心の団体である。文展に対抗して結成された洋画団体は二科会や春陽会で，安井曽太郎，梅原龍三郎らが活躍した。

5．ウ．が正しい。ア．誤文。コレラ菌の発見はドイツのコッホ。野口英世は梅毒スピロヘータや黄熱病の研究で知られる。イ．誤文。KS磁石鋼の発明者は本多光太郎。鈴木梅太郎はオリザニン（ビタミンB_1）の発見で知られる。

6．イが正しい。ア．誤文。『国体の本義』は1937年文部省から発行された。ウ．誤文。矢内原忠雄は政府の大陸政策批判により軍部や右翼から圧力を受け，東京帝大を退職した。エ．誤文。大内兵衛は反ファシズム人民戦線を企画したとして，左翼思想弾圧事件である人民戦線事件で検挙された。

7．アが正しい。日本学術会議は1949年に結成された。イ．誤文。川島武宣は法社会学者。理論物理学者で1949年にノーベル賞を受賞したのは湯川秀樹である。ウ．誤文。日本資本主義論争は，戦後ではなく1927～37年ごろマルクス主義者間で展開された，日本資本主義の特質などを巡る論争である。エ．誤文。理化学研究所は，戦後ではなく1917年に物理や化学の研究機関として設立された。

9．イが正しい。「三種の神器」に続いて1960年代後半以降普及が進んだカー（自動車）・カラーテレビ・クーラーは，「新三種の神器」や英語の頭文字をとって「3C」と呼ばれた。

10．ウが正しい。ア．誤文。「司馬遷」は『史記』を著した中国前漢の時代の歴史家である。戦後の流行作家は司馬遼太郎。歴史小説を中心に人気を博した。イ．誤文。1950年代に普及したのは白黒テレビ。1965年にはおよそ90％の家庭に普及した。カラーテレビの普及は1960年代後半以降である。

❖講　評

時代別では古代・近世の出題は少なく，中世・近現代からの出題が多かった。分野別では政治・外交・文化史の比重が高く，経済史は少なかった。全体として，教科書で対応できる標準的レベルの問題である。

Ⅰは例年出題される正誤判定の問題で，ほぼ教科書レベルの標準的内容である。落ち着いて問題文を正確に読み取りケアレスミスを防ぐこと。教科書レベルではあるが，いずれもうろ覚えだと迷うものが多い。特に正文の判定は難しいので，教科書本文だけでなく，脚注も含めてしっかり読み込んで正確な知識を身につけたい。

Ⅱは中世から近代の北海道と沖縄に関連して外交や文化について問う出題である。全体として標準的内容であるが，9や10は歴史的事項の年代が正答の鍵になる。時代の大きな流れとともにその節目になる年代も記憶しておきたい。

Ⅲは例年出題される史料問題である。Aは俳諧。Bは受験生には初見の長い史料だが，図版が「足利将軍三代」の首とわかるだろう。A・Bともに，多くは設問の語句や文章を手がかりにして正答に至ることができる教科書レベルの出題であり，初見史料だからと焦らず落ち着いて取り組んでほしい。

Ⅳは近現代の文化を中心とする出題である。6や7は迷う内容であるが，全体として標準的レベルの問題である。文化史を苦手とする受験生は多いが，やはりまずは全時代的な文化史の流れ，人名や作品名，その歴史的位置づけなど基本的な知識を確実に身につけよう。

2月2日実施分　問題　世界史

(60分)

〔Ⅰ〕次の文中の[　　　]に最も適当な語を語群から選び、また下線部に関する問いに答え、最も適当な記号1つをマークしなさい。

紀元前6世紀末以来、ローマ国家では君主をもたない①共和政が伝統となった。国内では貴族と平民との身分闘争が断続的に繰り返されたが、周辺地域の諸部族を征服して、前3世紀にはイタリア半島を平定した。ローマの勢力拡大はさらに続き、西地中海の覇権をめぐって3次の②ポエニ戦争を戦う一方、東方のバルカン半島のギリシアやマケドニアにも派兵した。結果として前2世紀中頃にカルタゴを滅ぼしたローマは地中海世界の覇者となった。

うち続く戦争はローマ社会に大きな変化をもたらした。市民たちの間の貧富の差が拡大し、とりわけ軍隊の中核をなす農民層の没落が目立ったのである。このことに危機を感じた[　イ　]のグラックス兄弟は改革に着手したものの、大土地所有者である有力者たちの反発にあって彼らの施策は失敗に終わった。ここにローマ社会は新たな秩序を求めて有力者たちが争う③「内乱の1世紀」に突入する。

最終的にこの内乱を終結させたのは、プトレマイオス朝を滅ぼして地中海世界を再統一した④オクタウィアヌスであった。オクタウィアヌスは共和政の制度を重んじ、自身はローマ市民の第一人者(プリンケプス)にすぎないと称したが、実際には初代の皇帝であった。ここにローマは帝政時代に入り、五賢帝の最後の皇帝[　ロ　]の頃まで「ローマの平和」と呼ばれる時代が続いた。

内政や対外関係においてローマが再び危機を迎えたのは紀元後3世紀であった。それは半世紀間に25人以上の皇帝が乱立する軍人皇帝時代でもあった。この危機から国家を救ったのが⑤ディオクレティアヌス帝、そしてそれに続く⑥コンスタンティヌス帝であった。しかし、4世紀のローマ帝国の政治の姿は、元老院との協調を重んじた以前とは大きく異なり、皇帝を主人(ドミヌス)とする専制君主政へと変貌を遂げていた。

[語　群]

イ　a．コンスル　　b．アルコン　　c．護民官　　d．独裁官

ロ　a．マルクス=アウレリウス=アントニヌス　　b．ハドリアヌス　　c．トラヤヌス
　　d．アントニヌス=ピウス

[問　い]

①ローマの共和政に関する記述として、誤りを含むものはどれか。

a．エトルリア人の王を追放して成立した。

b．古くからの貴族はプレブスと呼ばれた。

c．ローマ最古の成文法とされる十二表法が成立した。

d．元老院は公職経験者によって構成された。

②ポエニ戦争に関する記述として、誤りを含むものはどれか。

a．フェニキア人の植民市カルタゴとの戦いであった。

b．第1回ポエニ戦争に勝利して、ローマはシチリアを獲得した。

c．第2回ポエニ戦争で、カルタゴの将軍ハンニバルがアルプスを越えてイタリアを攻めた。

d．ローマの将軍スキピオはアフリカのカンネーでハンニバルに勝利した。

③「内乱の1世紀」に関する記述として、誤りを含むものはどれか。

a．平民派のスラと閥族派のマリウスが争った。

b．ローマ市民権を求める同盟市戦争が起こった。

c．剣闘士のスパルタクスが大規模な反乱を起こした。

d．ポンペイウス・カエサル・クラッススによって第1回三頭政治が成立した。

④オクタウィアヌスに関する記述として、誤りを含むものはどれか。

a．カエサルの養子となった。

b．第2回三頭政治でローマ版図の西方を支配した。

c．元老院からアウグストゥスの称号を贈られた。

d．新たにユリウス暦を制定した。

⑤ディオクレティアヌス帝に関する記述として、誤りを含むものはどれか。

a．四帝分治制を導入した。

b．中央集権的な官僚制を導入した。

c．経済を安定させるためソリドゥス金貨をつくらせた。

d．キリスト教徒に対する大迫害を実施した。

⑥コンスタンティヌス帝に関する記述として、誤りを含むものはどれか。

a．コロヌスの移動を禁じる勅令を出した。

b．ミラノ勅令によってキリスト教を公認した。

c．アリウス派を異端としたニケーア公会議を主催した。

d．帝国内の全自由人に初めてローマ市民権を与えた。

〔Ⅱ〕次の文中の[　　]に最も適当な語を語群から選び、また下線部に関する問いに答え、最も適当な記号1つをマークしなさい。

アレグザンダー=ハミルトンは1755年に西インド諸島の英領ネーヴィス島で生を受けたとされる。当時、イギリスとフランスの抗争が激化しつつあり、北米大陸では①植民地をめぐる戦争に発展していた。イギリスは戦争に勝利したが国家財政は悪化したため、②植民地政策を通じて問題を改善しようとした。しかし植民地側はこれに激しい抵抗をみせた。

この間、ハミルトンは不遇な幼少期を過ごしていたが、類まれな文才が見出されると1773年頃に北米大陸へ渡る機会を得た。おりしも植民地側の本国政府への不満は頂点に達しつつあり、ニューヨークにいたハミルトンもその影響を受け政治へ傾倒していった。彼は大陸会議を擁護する論陣を張って名を成し、1775年に勃発した③アメリカ独立戦争では独立軍に加わった。ハミルトンは総司令官ワシントンの副官として各地を転戦し、独立軍の勝利が決定的となる1781年の[　イ　]の戦いで武勲を挙げた。

従軍中、ヒュームをはじめとする④啓蒙思想とイギリス法への理解を深めたハミルトンは、除隊後は法曹の道を歩み政界でも頭角を現した。彼は1787年に[　ロ　]で開催された憲法制定会議にニューヨーク代表として参加し、⑤合衆国憲法の制定作業に携わった。1789年に初代大統領ワシントンが新政府を発足させると、ハミルトンは初代財務長官に任命され、中央銀行の創設など独立後間もない合衆国の経済基盤を構築した。彼はまた連邦派の首領として連邦政府の権限を重視し、⑥トマス=ジェファソンら反連邦派の政治家たちと激しく対立した。後に「アメリカ資本主義の父」と称されるほどの活躍をしたハミルトンであったが、政敵との決闘により、大統領の座に就くことなく志半ばで世を去った。

[語　群]

イ　a．レキシントン　b．コンコード　c．サラトガ　d．ヨークタウン

ロ　a．フィラデルフィア　b．ニューヨーク　c．ボストン　d．ワシントン

[問　い]

①北米における植民地に関する記述として、誤りを含むものはどれか。

a．ヴァージニア植民地に最初の植民地議会が設置された。

b．メリーランド植民地は、チャールズ1世の妻にちなんで命名された。

c．ペンシルヴェニア植民地は、クウェーカー教徒の保護地として建設された。

d．ケベック植民地は、パリ条約でスペインからイギリスに譲渡された。

②イギリスの植民地政策に関する記述として、誤りを含むものはどれか。

a．新聞などに課税する印紙法が制定された。

b．植民地側は「代表なくして課税なし」と唱えて印紙法に抵抗した。

c．財政難に悩む東インド会社を救済するため、茶法が制定された。

d．イギリス政府がボストン港を閉鎖した結果、ボストン茶会事件が起こった。

③アメリカ独立戦争に関する記述として、誤りを含むものはどれか。

a．戦争中に発表された独立宣言で、自然法思想にもとづく革命権が主張された。

b．フランス人のコシューシコ（コシチューシコ）が植民地側に加わった。

c．スペインはフランス側に立って参戦した。

d．イギリスによる海上封鎖に対抗して、武装中立同盟が結成された。

④啓蒙思想に関する記述として、誤りを含むものはどれか。

a．モンテスキューは『法の精神』で三権の分立を主張した。

b．ルソーは『社会契約論』で人民主権を主張した。

c．ロックは『統治二論』でピューリタン革命を擁護した。

d．ヴォルテールは『哲学書簡』でフランスの後進性を批判した。

⑤合衆国憲法に関する記述として、誤りを含むものはどれか。

a．人民主権を基礎とする共和政を定めた。

b．各州に人口比で議席数が割り当てられる上院に、条約の批准権を与えた。

c．自治権が認められた各州の上に中央政府が立つ連邦主義を採用した。

d．文民による軍隊の統制を明記した。

⑥トマス＝ジェファソンに関する記述として、誤りを含むものはどれか。

a．第3代合衆国大統領となった。

b．独立宣言の起草に参画した。

c．ナポレオンからミシシッピ川以東のルイジアナを買収した。

d．自営農民を基礎とする民主政を理想とした。

〔Ⅲ〕次の文中の［　　］に最も適当な語を語群から選び、また下線部に関する問いに答え、最も適当な記号1つをマークしなさい。

16世紀から17世紀の欧州東部では2つの大国が覇を競い合っていた。ひとつは、①バルト海から黒海にいたる広大な地域を領有したポーランド。もうひとつは、スカンディナヴィア半島東半分から②フィンランド、さらにバルト海東岸・南岸に広がる「バルト海帝国」を形成したスウェーデンである。

14世紀、ポーランド女王がリトアニア大公と結婚して同君連合国家が成立した。リトアニアは、前世紀に③ドイツ騎士団との対抗の中で国家を形成し、いわゆる西ルーシ諸公国を併合してバルト海から黒海にいたる大国になっていたから、これと合同したポーランドも、ヨーロッパ東部の相当部分を支配する大国であった。それゆえ、南で接したオスマン帝国との間にも厳しい対立が存在していた。

北欧では、同じく14世紀の末に［　イ　］同盟という同君連合が結成されたが、これは16世紀前半にスウェーデンが離脱して解体した。その後のスウェーデンは、バルト海周辺地域で威を放つ存在へと成長した。バルト海南岸の支配をめぐってポーランドや④モスクワ大公国とたびたび争い、⑤ベーメン（ボヘミア）のプロテスタントがハプスブルク家によるカトリック化政策に反対して始まった⑥三十年戦争では、スウェーデン国王［　ロ　］が新教派を支援してみずから出兵し、戦地で命をおとした。

今では小国に見える諸国がかつて大国であったという記憶は、現在でも国際政治を動かす重要な要因になっている。

［語　群］

イ　a．マラーター　　b．シュマルカルデン　　c．カルマル　　d．神聖

ロ　a．グスタフ=アドルフ　　b．マルグレーテ　　c．グスタフ1世　　d．カジミェシュ

［問　い］

①バルト海を通じた貿易に関する記述として、誤りを含むものはどれか。

a．北ドイツの帝国都市リューベックが重要な拠点であった。
b．バルト海交易を担ったハンザ同盟は、最盛期には100もの都市が加盟した。
c．優れた造船技術を持ったオランダは、バルト海交易によって繁栄した。
d．モスクワにはハンザ同盟の四大在外商館のひとつが置かれていた。

②フィンランドに関する記述として、誤りを含むものはどれか。

a．フィンランド語はウラル語族に属している。
b．13世紀末にデンマークに併合された。
c．ウィーン会議でロシアによる領有が確認された。
d．1917年のロシア革命に際して独立を達成した。

③ドイツ騎士団が創設された都市はどこか。

a．アッコン　　b．ダンツィヒ　　c．トリポリ　　d．ドレスデン

④モスクワ大公国に関する記述として、誤りを含むものはどれか。

a．ヴォルガ川支流の交通の要衝に成立した。

b．イヴァン３世のもとでビザンツ帝国からの独立を達成した。

c．イヴァン４世は、農民の移動を禁じて農奴制を強化した。

d．イヴァン４世のもとでカザン=ハン国を征服した。

⑤ベーメン（ボヘミア）に関する記述として、誤りを含むものはどれか。

a．10世紀にチェック人がベーメン（ボヘミア）王国をたてた。

b．ベーメンのプラハ大学総長フスは、異端として焚刑に処せられた。

c．フスの処刑後、10年以上にわたる戦争が続いた。

d．オーストリアの三月革命時にベーメンのチェック人の自治権は奪われた。

⑥三十年戦争に関する記述として、誤りを含むものはどれか。

a．傭兵隊長のヴァレンシュタインが皇帝軍を率いていた。

b．グロティウスは、三十年戦争の惨状をみて『戦争と平和の法』を著した。

c．ルイ14世の宰相マザランが三十年戦争への介入を始めた。

d．ウェストファリア条約でアウクスブルクの宗教和議の原則が再確認された。

〔Ⅳ〕次の文中の□に最も適当な語を語群から選び、また下線部に関する問いに答え、最も適当な記号1つをマークしなさい。

モンゴル人が支配した時代の中国については、不遇をかこつ江南の知識人の姿から抑圧のイメージが強いが、実際のところモンゴルの支配者たちは中国の文化や宗教には寛容であった。元来モンゴルは宗教に寛容で、フランス王ルイ9世から派遣された［イ］は、モンゴル高原で多様な宗教が共存する様子を記しているし、元の都の大都には①チベット仏教、イスラーム、②キリスト教、道教などの寺院が林立し、ユーラシア各地の宗教が一堂に会する活況を呈していた。

これらの宗教の中で中国的色彩が濃いのが道教である。道教は12世紀頃に新たな教団や教義が生み出され、華北では全真教が力を持つようになっていた。モンゴルが台頭すると、教主の丘処機はチンギス=ハンに招かれ、モンゴル軍の陣営を訪ねた。当時中央アジアの［ロ］を攻撃していたチンギス=ハンは、遠路やって来た丘処機を歓待した。この旅行を弟子が記録した『長春真人西遊記』は13世紀の地理や③移動・交通に関する貴重な史料として知られる。モンゴルの保護を得た全真教は、後に禅宗から批判を受け、④フビライの御前で行われた道仏論争に敗れると、その教勢は一時頓挫した。

モンゴルによる中国全土の支配が確立すると、江南に勢力を持つ道教教団の正一教が、華北にも進出する。正一教は雷法などの民間信仰の吸収や、教主の張天師を頂点とする宗教儀礼によって支持を集めた。元代には⑤ベトナム北部にも伝わっており、やがて現地の信仰とも融合していった。こうした新しい道教が醸し出す雰囲気は当時の人々に受け入れられ、元代の⑥文学や芸術にもしばしば道士や神仙が重要な存在として描かれている。

[語　群]

イ　a．フェルビースト　b．マルコ=ポーロ　c．プラノ=カルピニ　d．ルブルック

ロ　a．ホラズム=シャー朝　b．カラハン朝　c．サーマーン朝　d．ガズナ朝

[問　い]

①チベット仏教に関する記述として、誤りを含むものはどれか。

a．インド文化の影響を受け、吐蕃で発達した仏教である。
b．サキャ派のパスパがフビライの国師となった。
c．ツォンカパが改革運動を起こし、黄帽派を創始した。
d．ジュンガルのガルダンが最高権威者にダライ=ラマの称号を贈った。

②中国におけるキリスト教の歴史に関する記述として、誤りを含むものはどれか。

a．ネストリウス派のキリスト教は、中国で景教と呼ばれた。
b．モンテ=コルヴィノが、大都のカトリック大司教となった。
c．フランシスコ=ザビエルが、万暦帝に拝謁した。
d．洪秀全が、キリスト教の影響のもとに拝上帝会を結成した。

③モンゴル時代の移動・交通に関する記述として、誤りを含むものはどれか。

a．ユーラシア大陸の東西を結ぶ陸路交易は、主にムスリム商人が担った。

b．モンケ=ハンが、ジャムチと呼ばれる駅伝制度を創設した。

c．大運河が改修され、新たな運河が開かれた。

d．主要道路の宿駅では、周辺住民が食料などを提供させられた。

④フビライに関する記述として、誤りを含むものはどれか。

a．モンケ=ハンの命で大理を征服した。

b．弟のアリクブケと大ハン位を争った。

c．ジャワに遠征軍を送り、マジャパヒト王国を滅ぼした。

d．樺太（サハリン）に兵を送り、アイヌを攻撃した。

⑤モンゴル時代にベトナム北部にあった王朝に関する記述として、誤りを含むものはどれか。

a．チャンパー王国を滅ぼした。

b．漢字を基にしたチュノムがつくられた。

c．モンゴルによる攻撃を３度撃退した。

d．紅河デルタの治水を行い、人口を増加させた。

⑥元代の文学や文化に関する記述として、誤りを含むものはどれか。

a．黄公望や倪瓚が文人画を描いた。

b．『水滸伝』の一部を改作・発展させた『金瓶梅』が書かれた。

c．自由な恋愛を描いた雑劇『西廂記』がつくられた。

d．コバルト顔料を用いた染付がつくられた。

〔V〕次の文中の[　　]に最も適当な語を語群から選び、また下線部に関する問いに答え、最も適当な記号1つをマークしなさい。

アメリカ大陸への人類の到達は早くとも3万年前頃であるとされるが、南北両大陸全体への拡大を開始したのは最終氷期が終わる頃であった。現在の①ラテンアメリカに到達した人々は②農耕を中心とする独自の文化をはぐくんでいった。中央アメリカのメソアメリカ文明圏では③マヤ文明が[　イ　]に栄え、④メキシコ湾岸やメキシコ高原にも様々な文化や文明が発達した。南アメリカのアンデス高原には、[　ロ　]が広大な領域をもつ⑤インカ帝国を形成した。しかし15世紀以降に到達したヨーロッパ人による⑥征服と植民地化がすすめられると、アメリカ大陸独自の高度な文明は破壊されるに至った。

[語　群]

イ　a．ユカタン半島　　b．ギアナ高地　　c．フロリダ半島　　d．パナマ地峡

ロ　a．トルテカ人　　b．チチメカ人　　c．ケチュア人　　d．プエブロ

[問　い]

①現代のラテンアメリカに関する記述として、誤りを含むものはどれか。

a．チリのアジェンデ政権は、ピノチェトの軍事クーデタにより倒された。

b．キューバでは、カストロがヴァルガス政権を倒して、社会主義共和国を樹立した。

c．ニカラグアでは、左派のサンディニスタ政権が農地改革を行った。

d．アルゼンチンでは、フォークランド戦争の後、軍事政権が倒れた。

②ラテンアメリカ独自の農耕文化に関する記述として、誤りを含むものはどれか。

a．主要な農作物はトウモロコシやジャガイモであった。

b．ウシやウマは農耕に利用されなかった。

c．灌漑設備を備えた定住農耕が行われた。

d．鉄製農具を使用する農法が発展した。

③マヤ文明に関する記述として、誤りを含むものはどれか。

a．絵文字（象形文字）で飾られた石造建築が残されている。

b．高度な天体観測にもとづく精緻な暦がつくられた。

c．二十進法による数学が発展し、ゼロの概念が用いられた。

d．「太陽のピラミッド」と呼ばれる建築物で知られる。

④メキシコ湾岸やメキシコ高原の文化や文明に関する記述として、誤りを含むものはどれか。

a．オルメカ文明は巨石人頭像やジャガー信仰で知られる。

b．テオティワカン文明はティワナク文化を継承して成立した。

c．アステカ文明は湖上の都市テノチティトランを建設した。

d．アステカ文明はメキシコ湾岸から太平洋岸に至る王国を形成した。

⑤インカ帝国に関する記述として、誤りを含むものはどれか。

a．インカの皇帝は太陽の子とみなされた。

b．キープ（結縄）を用いて数量を記録した。

c．マチュピチュを首都とした。

d．道路網と宿駅制度を整備した。

⑥ヨーロッパ人による征服と植民地化に関する記述として、誤りを含むものはどれか。

a．コルテスはインカ帝国の皇帝アタワルパを処刑した。

b．スペイン人などの征服者は「コンキスタドール」と呼ばれる。

c．エンコミエンダ制のもと、先住民は農園や鉱山で酷使された。

d．ブラジルではサトウキビ農園の労働力としてアフリカから奴隷が輸入された。

2月2日実施分　解答　世界史

I

解答　イーc　ローa
①ーb　②ーd　③ーa　④ーd　⑤ーc　⑥ーd

◀解　説▶

≪古代ローマ≫

①b．誤文。貴族はパトリキと呼ばれた。プレブスは平民の呼称である。

②d．誤文。スキピオがアフリカでハンニバルに勝利したのはザマの戦い（前202年）。カンネー（カンナエ）の戦い（前216年）はイタリアでハンニバルがローマ軍を破った戦いである。

③a．誤文。平民派のマリウスと閥族派のスラが争った。

④d．誤文。ユリウス暦を制定したのはカエサル（前46年）。オクタウィアヌス（アウグストゥス）はこれに修正を加えた。

⑤c．誤文。ソリドゥス金貨をつくらせたのはコンスタンティヌス帝（位306～337年）である。

⑥d．誤文。帝国内の全自由人に初めてローマ市民権を与えたのはカラカラ帝（212年：アントニヌス勅令）。

II

解答　イーd　ローa
①ーd　②ーd　③ーb　④ーc　⑤ーb　⑥ーc

◀解　説▶

≪ハミルトンの生涯から見るアメリカ独立戦争とその後の政治≫

①d．誤文。ケベック植民地は1763年のパリ条約でフランスからイギリスに譲渡された。

②d．誤文。1773年，茶法に反対する急進派がボストン茶会事件を起こしたため，翌1774年にイギリス政府がボストン港を閉鎖した。

③b．誤文。アメリカ独立戦争で植民地側に加わったコシューシコ（コシチューシコ）はポーランド分割に対する抵抗運動を指導したポーランドの愛国者。植民地側に加わったフランス人には自由主義貴族のラ=ファイエットや社会主義者のサン=シモンがいた。

④c．誤文。ロックが『統治二論（市民政府二論）』で擁護したのは名誉革命である。

⑤b．誤文。上院は各州2名の代表で構成される。各州に人口比で議席数が割り当てられるのは下院。

⑥c．誤文。トマス＝ジェファソンがナポレオンから買収したのはミシシッピ川以西のルイジアナ（1803年)。ミシシッピ川以東のルイジアナは独立戦争の講和条約であるパリ条約（1783年）でイギリスから獲得している。

Ⅲ 解答

イ－c　ロ－a

①－d　②－b　③－a　④－b　⑤－d　⑥－c

◀解　説▶

≪近世のポーランドとスウェーデン≫

①d．誤文。ハンザ同盟の四大在外商館が置かれたのはロンドン・ブリュージュ・ベルゲン・ノヴゴロド。

②b．誤文。フィンランドは13世紀末にスウェーデンに併合された。

③a．ドイツ騎士団は第3回十字軍の際，アッコンで設立された（1190年)。

④b．誤文。モスクワ大公国はイヴァン3世のもとでキプチャク=ハン国からの独立を達成した（1480年)。

⑤d．誤文。オーストリアの三月革命時（1848年）にベーメンのチェック人の自治権が認められた。

⑥c．誤文。フランスはルイ13世の宰相リシュリューのもとで三十年戦争（1618～48年）に介入を始めた。

Ⅳ 解答

イ－d　ロ－a

①－d　②－c　③－b　④－c　⑤－a　⑥－b

◀解　説▶

≪モンゴル人の中国支配と道教≫

①d．誤文。チベット仏教の最高権威者にダライ=ラマの称号を贈ったのはモンゴルのアルタン=ハン。

②c．誤文。フランシスコ=ザビエルは日本で布教したのち中国に赴いた

が，上陸を目前に広東省の島で死去している。

③b．誤文。ジャムチはチンギス=ハン時代から設けられ，オゴタイ=ハン時代に制度として整えられた。

④やや難。c．誤文。マジャパヒト王国（1293～1520年頃）は元の遠征軍を退けて成立した。

⑤やや難。a．誤文。モンゴル時代にベトナム北部にあったのは陳朝（1225～1400年）。チャンパーは15世紀に黎朝の攻撃を受けて滅亡した（残存勢力は17世紀まで存続）。

⑥b．誤文。『金瓶梅』が書かれたのは明代。

V　解答

イ—a　ロ—c

①—b　②—d　③—d　④—b　⑤—c　⑥—a

◀解　説▶

≪ラテンアメリカの文明≫

①b．誤文。キューバでカストロが倒したのはバティスタ政権で，1959年のこと。その後，1961年に社会主義化を宣言した。ヴァルガスはブラジルの政治家である。

②d．誤文。ラテンアメリカ大陸の文明では金・銀・青銅器は用いられたが，鉄器は使用されなかった。

③d．誤文。「太陽のピラミッド」はテオティワカン文明（前1～6世紀）の遺跡。

④b．誤文。テオティワカン文明はメキシコ高原，ティワナク文化はボリビア高原に栄えた。

⑤c．誤文。インカ帝国の首都はクスコ。

⑥a．誤文。皇帝アタワルパを処刑し，インカ帝国を滅ぼしたのはピサロ（1533年）。コルテスはアステカ王国を滅ぼした人物である（1521年）。

❖講　評

Ⅰ　共和政の成立から専制君主政に至るまでのローマに関する大問。空所補充・下線部に関する設問ともに標準レベルの内容である。

Ⅱ　アメリカの政治家ハミルトンの生涯を通してアメリカ合衆国独立前後の情勢について問う。いずれも標準レベルの問題で構成されている。

Ⅲ　近世のポーランドとスウェーデンに関連して，東欧・ロシア・北欧などが問われた。②のフィンランドは学習が及びにくい地域であるが，地理関係から判断できるであろう。⑤のチェック人の自治権については記述されていない教科書が多いが，消去法で対応できるように作問されている。

Ⅳ　モンゴル人による中国支配と道教の発展をテーマにした大問。下線部に関する設問6問中3問（①・②・⑥）が宗教・文化に関するものとなっている。④は，選択肢のｄ．フビライによる樺太侵攻が一部の教科書にしか言及がないため，正解の選択肢は明確であるが，判断に迷った受験生もいたと思われる。⑤はやや難。

Ⅴ　ラテンアメリカの文明に関する大問で，関連して現代の事項について問う問題も含まれている。全体的に標準レベルの内容となっている。

すべての大問が空所補充2問，下線部に関する設問6問で構成されている。下線部に関する設問は誤文選択がほとんどで，Ⅲで1問のみ語句選択が出題されている。空所補充は基本事項が中心となっている。誤文選択はおおむね標準レベルであるが，選択肢の中に詳細な内容のものが含まれる場合もある。

2月6日実施分　問題　世界史

(60分)

〔Ⅰ〕次の文中の[　　]に最も適当な語を語群から選び、また下線部に関する問いに答え、最も適当な記号1つをマークしなさい。

中世の地中海地域では、①ギリシア・東方正教文化圏、ラテン・カトリック文化圏、イスラーム文化圏が緊張を保ちつつ並存する状況がビザンツ帝国の滅亡に至るまで続いた。イスラーム勢力は8世紀には②イベリア半島で西ゴート王国を破って後ウマイヤ朝を建てる一方、シリアに進出したセルジューク朝は11世紀末にはビザンツ領のアナトリアを占領した。苦境に陥ったビザンツ皇帝アレクシオス1世は、教皇[　イ　]に援軍を要請した。そこで教皇が聖地奪回や異教徒排斥を目的とする③十字軍の派遣を呼びかけ、参加者の罪は許されると約束すると、聖地巡礼への憧れや領地獲得の野心を抱く西ヨーロッパの領主たちはこれを熱狂的に支持した。

1096年、諸侯や騎士を中心とする十字軍はフランスやイタリアから出発し、1099年に聖地を占領してイェルサレム王国を建てた。続く第2回十字軍は失敗に終わり、[　ロ　]によって奪回されたイェルサレムを再獲得すべく派遣された第3回十字軍は、聖地巡礼の自由を得るにとどまった。④インノケンティウス3世が提唱した第4回十字軍は、契約金支払いの関係でヴェネツィアに譲歩せざるをえず、コンスタンティノープルを占領し略奪した。第5回十字軍で神聖ローマ皇帝フリードリヒ2世は以前から親交のあったスルタンとの交渉により⑤イェルサレムを一時的に回復した。その後の十字軍は⑥北アフリカを攻撃したが失敗に終わり、1291年のアッコン陥落以後は大規模な軍事行動は行われなくなった。

[語　群]

イ　a．レオ3世　　b．ボニファティウス8世　　c．グレゴリウス7世　　d．ウルバヌス2世

ロ　a．ジャラールッディーン　　b．アイバク　　c．サラディン　　d．バイバルス

[問　い]

①ギリシア・東方正教文化圏に関する記述として、誤りを含むものはどれか。

a．コンスタンティノープル総主教はビザンツ皇帝と聖職叙任権を争った。

b．ビザンツ帝国のソリドゥス（ノミスマ）金貨は地中海交易で広く用いられた。

c．スラヴ人へギリシア正教を伝えるためにキリル文字が考案された。

d．聖像禁止令にローマ=カトリック教会が反発し、東西教会は対立した。

②イベリア半島に関する記述として、誤りを含むものはどれか。

a．トレドで古代ギリシア語やアラビア語の学術書がラテン語に翻訳された。

b．半島に進出したムワッヒド朝がキリスト教徒連合軍に敗れた。

c．アラゴン王国がレオン王国を併合し、コルドバを征服した。

d．ポルトガル王国がカスティリャ王国から自立した。

③十字軍に関する記述として、誤りを含むものはどれか。

a．第1回十字軍は、北アフリカ経由で聖地を目指した。

b．宗教騎士団のなかには、エルベ川以東に進出するものもあった。

c．地中海と北海・バルト海、およびその中継地域をむすぶ遠隔地交易に発展をもたらした。

d．少年十字軍は熱狂的動機から起こされ、悲劇的な結末に終わった。

④インノケンティウス3世に関する記述として、誤りを含むものはどれか。

a．イギリス王ジョンを破門した。

b．皇帝カール4世を臣従させた。

c．南フランスのアルビジョワ派（カタリ派）を掃討する十字軍を提唱した。

d．「教皇は太陽、皇帝は月」と唱えた。

⑤イェルサレムに関する記述として、誤りを含むものはどれか。

a．ユダ王国の首都が置かれた。

b．イエスはこの地でローマの属州総督ピラトにより十字架刑に処せられた。

c．第1回十字軍が始まった時は、トゥグルク朝の支配下にあった。

d．ユダヤ教、キリスト教、イスラーム教の聖地である。

⑥十字軍時代の北アフリカに関する記述として、誤りを含むものはどれか。

a．カイロを首都とするアイユーブ朝が、シーア派を復興した。

b．マムルーク朝がエジプトとシリアを領有した。

c．モロッコ中南部のマラケシュはムラービト朝の都であった。

d．第6回・第7回十字軍を主導したルイ9世はチュニスで死去した。

〔Ⅱ〕次の文中の［　　］に最も適当な語を語群から選び、また下線部に関する問いに答え、最も適当な記号1つをマークしなさい。

17世紀以降、イギリスとフランスは①北アメリカやインドで植民地獲得競争を繰り広げた。この争いに勝利を収めたイギリスは、②大西洋三角貿易により多額の富を得た。18世紀には第2次囲い込みによって土地を失った農民が都市に流入して工業労働者となった。このような広大な海外市場の存在や資本の蓄積、労働力の供給に加え、17世紀以来の③自然科学の発達、そして石炭や鉄鉱石などの資源に恵まれていたという地理的条件が重なり、18世紀後半からイギリスで産業革命が進行した。

機械化はまず④綿工業の分野で始まった。［イ］が飛び杼を発明したことで織布生産が倍増すると、綿糸の生産不足を補うためにさまざまな紡績機が発明された。そうすると今度は再び織布工程の技術革新が求められ、蒸気機関を動力源とする力織機が発明されるに至った。蒸気機関はもともと炭坑の地下水くみ上げポンプの動力源として［ロ］が実用化したものであったが、ワットはこれを改良して効率を飛躍的に高めることに成功し、動力革命をもたらした。蒸気機関の利用による機械化・動力化は機械工業や製鉄業などへも波及していき、大規模な機械制工場とそれを経営する産業資本家を生み出した。産業資本家は経済力を背景に政治的発言力を強め、19世紀前半には⑤自由主義的政策が推しすすめられた。

産業革命によってイギリスは農業社会から工業社会へと移行した。この社会構造の変化は、資本家と労働者の経済格差を生み出したほか、劣悪な労働環境が⑥労働問題となるなど、さまざまな社会問題を引き起こすこととなった。

[語　群]

イ　a．クロンプトン　b．カートライト　c．ジョン=ケイ　d．ハーグリーヴズ

ロ　a．ニューコメン　b．フルトン　c．ホイットニー　d．ダービー

[問　い]

①北アメリカの植民地に関する記述として、誤りを含むものはどれか。

a．ヴァージニア植民地は、エリザベス1世にちなんで命名された。

b．フランスはルイ14世治下にルイジアナ植民地を建設した。

c．イギリスはオランダからニューアムステルダムを奪い、ニューヨークと改称した。

d．1763年のパリ条約で、イギリスはフランスからフロリダを獲得した。

②大西洋三角貿易に関する記述として、誤りを含むものはどれか。

a．イングランド北西部の港町リヴァプールが拠点として繁栄した。

b．北アメリカや西インド諸島からは、砂糖やタバコ、綿花などが輸出された。

c．プランテーション経営が地域経済のモノカルチャー化を招いた。

d．イギリスは奴隷貿易の拠点として南アフリカにケープ植民地を開いた。

③17世紀以降の自然科学の発達に関する記述として、誤りを含むものはどれか。

a．ニュートンが『プリンキピア』を著した。

b．ハーヴェーが種痘法を開発した。

c．リンネが植物分類学を確立した。

d．ラプラースが宇宙進化論を説いた。

④イギリスの綿工業に関する記述として、誤りを含むものはどれか。

a．綿工業が勃興する以前のイギリスの主要工業は毛織物業であった。

b．インド産と同様の綿織物の国内生産をはかって綿工業が発展した。

c．綿織物生産の中心地となったロンドンでは、過剰な人口増加が問題となった。

d．機械の導入された綿工場では、多くの女性労働者が働いた。

⑤19世紀前半の自由主義的政策に関する記述として、誤りを含むものはどれか。

a．チャーティスト運動の成果として成人男性に普通選挙権が認められた。

b．カトリック教徒解放法によって国教徒以外も公職に就けるようになった。

c．イギリス植民地では、奴隷解放法により奴隷制が禁じられた。

d．コブデンやブライトの運動が穀物法の廃止につながった。

⑥イギリスにおける労働問題に関する記述として、誤りを含むものはどれか。

a．団結禁止法が廃止され、労働者は労働組合を結成するようになった。

b．エンゲルスはニューラナークの工場で労働者の労働条件を改善しようとした。

c．機械化に抵抗する労働者がラダイト運動を起こした。

d．工場法が制定され、児童労働の規制が試みられた。

〔Ⅲ〕次の文中の［　　］に最も適当な語を語群から選び、また下線部に関する問いに答え、最も適当な記号1つをマークしなさい。

第一次世界大戦後の国際秩序を定めるために1919年1月に開催された①パリ講和会議は、アメリカ合衆国大統領ウィルソンが提案した②十四カ条を基礎としていた。しかし、講和の理念は、自国の利益を最優先とする戦勝国の主張を前にほとんど達成されなかった。とりわけフランスは、ドイツの脅威を取り除くことを目的として厳しい態度を示したため、③ヴェルサイユ条約は敗戦国ドイツに対して過酷な条件を含むものとなった。フランスのこのような対独強硬路線は戦後もしばらく続き、1923年には右派の［　イ　］内閣が賠償金の支払い不履行を理由としてルール占領を断行した。

他方、1933年にナチ党の党首として政権を掌握し、独裁体制を確立したヒトラーは、④国際連盟から脱退し、再軍備をすすめて領土拡張をはかることで、ヴェルサイユ体制を打破しようとした。フランスは反ファシズムを掲げる⑤人民戦線内閣を1936年に成立させ、こうした動きに対抗しようとしたが、有効な手立てを講じることができなかった。

ヴェルサイユ体制が実質的に崩壊し、ドイツの動きが活発化する中、その友邦イタリアは、かねてから保護国としていた［　ロ　］を1939年4月に併合した。9月1日、今度はドイツがポーランド侵攻に踏み切った。フランスはドイツのこの挙に宣戦布告で応じ、世界は⑥第二次世界大戦へと突入していった。

[語　群]

イ　a．クレマンソー　　b．ブリアン　　c．ペタン　　d．ポワンカレ

ロ　a．リビア　　b．エチオピア　　c．フィウメ　　d．アルバニア

[問　い]

①パリ講和会議に関する記述として、誤りを含むものはどれか。

a．ソヴィエト政府は招かれなかった。

b．連合国とオーストリアの間にはトリアノン条約が結ばれた。

c．イギリスからはロイド=ジョージ首相が代表として参加した。

d．民族自決権は、アジア・アフリカの植民地には適用されなかった。

②十四カ条に関する記述として、誤りを含むものはどれか。

a．ウィルソンがドイツとの休戦協定締結を受けて作成した。

b．ヨーロッパ列強の秘密外交を批判するものであった。

c．「平和に関する布告」に対抗して出された。

d．海洋の自由や関税障壁の撤廃などをうたった。

③ヴェルサイユ条約に関する記述として、誤りを含むものはどれか。

a．ドイツはすべての植民地を失った。

b．ラインラントの非武装化が定められた。

c．ヨーロッパにおけるドイツからの領土割譲は、アルザス・ロレーヌ地域に限られた。

d．ドイツでは徴兵制が廃止され、陸軍は10万人以下と定められた。

④国際連盟に関する記述として、誤りを含むものはどれか。

a．ドイツの加盟はロカルノ条約によって可能になった。

b．アメリカは下院がヴェルサイユ条約の批准を拒否したため参加しなかった。

c．侵略国家への制裁手段としては、経済制裁のみを有していた。

d．ソ連はフィンランドに侵攻したことで、国際連盟を除名された。

⑤人民戦線に関する記述として、誤りを含むものはどれか。

a．コミンテルン第7回大会で結成が提唱された。

b．フランスでは人民戦線内閣のもとで有給休暇法などが定められた。

c．ヨーロッパ以外の地域で政権を取ることはなかった。

d．スペインでは人民戦線内閣に対してフランコが反乱を起こした。

⑥第二次世界大戦に関する記述として、誤りを含むものはどれか。

a．フランスでは第二共和政が崩壊し、南部をヴィシー政府が統治した。

b．ドイツはイタリアを支援して、ユーゴスラヴィアとギリシアを占領した。

c．連合軍のシチリア上陸後、ムッソリーニが解任されバドリオ政権が成立した。

d．独ソ戦が始まると、英ソ相互援助協定が締結された。

〔Ⅳ〕次の文中の［　　］に最も適当な語を語群から選び、また下線部に関する問いに答え、最も適当な記号1つをマークしなさい。

東南アジアでは、季節風を利用した海上交通の要衝として、東西の文化を受け入れつつ、各地に国家が興亡してきた。大陸部では1世紀頃、メコン川下流域に興った扶南が港市［　イ　］を中心に栄えた。ここから出土した2世紀のローマ金貨や後漢の鏡、ヒンドゥー教の神像などは、そこが東西交易の一大拠点であったことを示している。扶南は3世紀にはアンダマン海から南シナ海におよぶ海上交易路を支配した。そうした海洋の道を通って呉の使節が訪れ、また扶南も①クシャーナ朝治下のインドに使節を派遣した。インドとの交流によって扶南の王は次第にインド文化を受容し、王権を権威づけていった。ベトナム中部では、後漢の衰退に乗じて2世紀末に②チャンパー（林邑）が独立した。中国文化の影響下にあった林邑も4世紀にはインド化をすすめたが、扶南などとともにさかんに中国南朝に朝貢した。7世紀には扶南を併合した真臘（カンボジア）が、林邑とともに中国に朝貢している。同じ頃、西のチャオプラヤ川流域では③ドヴァーラヴァティーが勃興し、東西の中継交易で栄えた。

やがて東西交易の主要ルートがマレー半島横断路からマラッカ海峡に移ると、島嶼部のスマトラ島やジャワ島の港市がインド化しつつ発達し始めた。5世紀、中国僧の［　ロ　］は④グプタ朝治下のインドから⑤スリランカをへて海路で帰国する途中、漂着した島の港市にバラモン教が栄えていたことを伝える。これら島嶼部の諸港市は、7世紀にはシュリーヴィジャヤによって統合されたが、この国はやがて⑥シャイレンドラ朝に服属した。

大陸部と島嶼部に栄えたこれらの諸国は7世紀以降、サンスクリットに加えてクメール語やマレー語で碑文を残すようになる。インド文化の影響下に各地で独自の文化が発展し始めるのである。

[語　群]

イ　a．クダ　　b．オケオ　　c．パレンバン　　d．パタニ

ロ　a．法顕　　b．義浄　　c．玄奘　　d．円仁

[問　い]

①クシャーナ朝に関する記述として、誤りを含むものはどれか。

a．大月氏のもとから自立した。

b．プルシャプラを都とした。

c．カニシカ王は大乗仏教を保護した。

d．パルティアの圧力で衰退した。

②チャンパーに関する記述として、誤りを含むものはどれか。

a．クメール人によって建てられた。

b．日本の宮中に林邑の音楽が伝えられた。

c．宋代の中国では占城と呼ばれた。

d．王都郊外に大型のヒンドゥー教神殿を建てた。

③ドヴァーラヴァティーに関する記述として、誤りを含むものはどれか。

a．モン人によって建てられた。

b．上座部仏教を導入した。

c．ピューの銀貨や綿布を扶南にもたらす中継交易で栄えた。

d．アユタヤ朝によって滅ぼされた。

④グプタ朝期のインドに関する記述として、誤りを含むものはどれか。

a．チャンドラグプタ１世がパータリプトラを都としてグプタ朝を建てた。

b．アジャンター石窟寺院で純インド的な壁画が描かれた。

c．カーリダーサが戯曲『ラーマーヤナ』を著した。

d．ナーランダー僧院が仏教教学の中心として栄えた。

⑤スリランカに関する記述として、誤りを含むものはどれか。

a．アショーカ王が仏教を布教したとされる。

b．アーリヤ系のシンハラ人が進出した。

c．大乗仏教の中心地として栄えた。

d．南インドのチョーラ朝の遠征を受けた。

⑥シャイレンドラ朝に関する記述として、誤りを含むものはどれか。

a．ジャワ島のマレー人勢力を中心に建てられた。

b．スマトラ島にプランバナン寺院を建立した。

c．ヒンドゥー勢力の台頭とともにジャワから追われた。

d．強大な海軍力で、カンボジアやチャンパーにも進出した。

〔V〕次の文中の[　　]に最も適当な語を語群から選び、また下線部に関する問いに答え、最も適当な記号1つをマークしなさい。

今にその威容を留める紫禁城は明清時代の皇帝の宮城であり、中華帝国の中心であり続けた。一方で、皇帝を取り巻く人々の間には常に権力闘争があり、紫禁城もしばしば血なまぐさい事件の舞台となった。この紫禁城の影の主役と言えるのが、皇帝の側近として仕えた宦官たちである。

紫禁城を建造した永楽帝は、靖難の役における宦官の協力に感謝し、そこで宦官の重用が始まったとされる。①洪武帝が廃止した丞相に代わり、永楽帝は政務の補佐役として[　イ　]を置いたが、これ以後宮廷に深く入り込む宦官が政治を左右することが増える。北虜南倭の問題が深刻となるなか、宦官は②モンゴルとの国境や東南沿海部に派遣され、地方で大きな権力をふるった。明代末期には銀鉱山開発の名目で宦官が暴利を貪り、これに反対する官僚たちと党争を繰り広げた。とくに③江南地方の東林書院を中心とする官僚や④知識人たちは宦官の魏忠賢の厳しい弾圧を受けた。明は宦官によって滅んだとされるが、紫禁城の北で崇禎帝と最期をともにしたのは一人の宦官だけであった。

清代には宦官の規模は大幅に縮小され、⑤康熙帝の時代には数百人まで減っていた。また紫禁城も明代に比べて開放的になり宦官の出番は減った。清の皇帝たちは離宮に滞在することが多く、⑥雍正帝が北京郊外に広大な円明園を造ると、それ以後の皇帝たちは紫禁城よりも円明園で快適に暮らすことを好んだ。19世紀初めにイギリスから清に派遣された[　ロ　]も嘉慶帝に謁見するため円明園を訪れた。嘉慶帝の治世には宦官の手引きで紫禁城に反乱軍が乱入する事件があり、皇子時代の道光帝が銃で応戦する一幕もあった。また清末には一時的に宦官が勢力を持つこともあったが、彼らも清朝と命運をともにしたのである。

[語　群]

イ　a．行中書省　b．内閣大学士　c．軍機処　d．総理各国事務衙門

ロ　a．アマースト　b．アダム=シャール　c．ラクスマン　d．ウォード

[問　い]

①洪武帝に関する記述として、誤りを含むものはどれか。

a．紅巾の乱の指導者の一人から、皇帝に即位した。

b．民衆を教化するため、里老人に六諭を唱えさせた。

c．軍役に従事する軍戸からなる緑営を設けた。

d．洪武帝以後、一世一元の制が定着した。

②明代以降のモンゴルに関する記述として、誤りを含むものはどれか。

a．永楽帝は自ら軍を率いて、モンゴル高原に遠征した。

b．オイラトのエセン=ハンが、正統帝を捕虜にした。

c．ヌルハチはチャハルを従え、大ハン位を継承した。

d．辛亥革命が勃発すると、外モンゴルは清からの独立を宣言した。

③明代の江南地方の経済・社会に関する記述として、誤りを含むものはどれか。

a．16世紀には江南で一条鞭法が始められた。

b．綿織物や生糸生産などの家内制手工業がさかんになった。

c．都市の富裕な人々が庭園の建設などの文化生活を楽しんだ。

d．長江下流域が穀倉地帯となり、「蘇湖熟すれば天下足る」と言われた。

④明代の知識人に関する記述として、誤りを含むものはどれか。

a．董其昌が詩文や書画の作品を数多く残した。

b．徐光啓が『本草綱目』を著し、薬学・植物学を解説した。

c．急進的陽明学者の李贄が危険思想家として迫害を受けた。

d．科挙の合格者や官僚経験者が郷紳として勢力を持った。

⑤康熙帝に関する記述として、誤りを含むものはどれか。

a．台湾の鄭氏政権の平定後、海禁を強化した。

b．呉三桂らによる三藩の乱を鎮圧した。

c．盛世滋生人丁には丁銀を課さないこととした。

d．ブーヴェらの協力で『皇輿全覧図』を作製した。

⑥雍正帝に関する記述として、誤りを含むものはどれか。

a．漢人の反満論に対して、『大義覚迷録』を著した。

b．青海を併合して藩部とした。

c．ロシアとキャフタ条約を結んだ。

d．『四庫全書』を編纂させた。

2月6日実施分

解答　世界史

I　解答

イ—d　ロ—c
①—a　②—c　③—a　④—b　⑤—c　⑥—a

◀解　説▶

≪十字軍の歴史≫

①a．誤文。ビザンツ皇帝は神の代理人としてギリシア正教のコンスタンティノープル総主教を管轄下に置いていた。聖職叙任権を争ったのは西ヨーロッパのローマ教皇と神聖ローマ皇帝。

②やや難。c．誤文。レオン王国はイベリア半島北部に位置し，11世紀にカスティリャ王国に併合された。イベリア半島南部に位置するコルドバは13世紀にカスティリャ王国によって征服された。

③a．誤文。第1回十字軍は，ヨーロッパ内の陸路を利用し小アジア（アナトリア）を経て聖地イェルサレムを目指した。

④b．誤文。インノケンティウス3世は神聖ローマ皇帝オットー4世を破門した。インノケンティウス3世は，12世紀末から13世紀初頭の教皇であり，1356年に金印勅書を発布したカール4世とは時期が異なる。

⑤c．誤文。第1回十字軍が始まった時には，イェルサレムはセルジューク朝の支配下にあった。トゥグルク朝はインドのイスラーム王朝である。

⑥a．誤文。アイユーブ朝はスンナ派王朝である。

II　解答

イ—c　ロ—a
①—d　②—d　③—b　④—c　⑤—a　⑥—b

◀解　説▶

≪イギリスの産業革命≫

①d．誤文。1763年のパリ条約でイギリスはフランスからカナダとミシシッピ川以東のルイジアナを獲得した。フロリダは，同条約でスペインから割譲を受けた。

②d．誤文。イギリスはアフリカ西岸のギニア湾岸を奴隷貿易の拠点とした。

③b．誤文。種痘法を開発したのはジェンナーである。ハーヴェーは血液循環説を唱えたイギリスの医学者。

④c．誤文。綿織物生産の中心地となったのはロンドンではなくマンチェスター。

⑤a．誤文。イギリスでは第2回選挙法改正（1867年）で都市労働者に，第3回選挙法改正（1884年）で農業・鉱業労働者に選挙権が与えられ，成人男性のほとんどに選挙権が認められたのは19世紀後半である。

⑥b．誤文。ニューラナークに模範工場を建設したのは，オーウェンである。

Ⅲ 解答

イ―d　ロ―d

①―b　②―a　③―c　④―b　⑤―c　⑥―a

◀解　説▶

≪ヴェルサイユ体制の成立と崩壊≫

①b．誤文。連合国とオーストリアの間で結ばれた講和条約は，サン=ジェルマン条約である。トリアノン条約は連合国とハンガリーの間で結ばれた。

②a．誤文。ウィルソンが十四カ条を発表したのは1918年1月。ドイツの休戦協定締結は同年11月なので順序が誤り。

③c．誤文。ドイツはポーランド回廊をポーランドに割譲するなど，ドイツの領土割譲はアルザス・ロレーヌに限ったものではなかった。

④b．誤文。上院がヴェルサイユ条約の批准を拒否し，アメリカは国際連盟に不参加となった。

⑤難問。c．誤文。1938年にチリで人民戦線内閣が成立している。

⑥a．誤文。ドイツの侵攻によりフランスの第三共和政が崩壊した。

Ⅳ 解答

イ―b　ロ―a

①―d　②―a　③―d　④―c　⑤―c　⑥―b

◀解　説▶

≪古代～7世紀のインド・東南アジア≫

①d．誤文。クシャーナ朝は，ササン朝ペルシアの圧力で衰退した。

②a．誤文。チャンパーは，チャム人によって建てられた。

③d．誤文。ドヴァーラヴァティーは11世紀にアンコール朝によって滅ぼされた。

④c．誤文。カーリダーサの戯曲は『シャクンタラー』である。

⑤c．誤文。スリランカは，上座部仏教の中心地として栄えた。

⑥b．誤文。プランバナン寺院は，古マタラム朝によってジャワ島に建立された。

V 解答

イ－b　ロ－a

①－c　②－c　③－d　④－b　⑤－a　⑥－d

◀解　説▶

≪明・清代の紫禁城≫

①c．誤文。洪武帝は，軍役に従事する軍戸からなる衛所制を設けた。

②c．誤文。チャハルを従えたのは，ホンタイジである。

③d．誤文。明代には長江中流域が穀倉地帯となり，「湖広熟すれば天下足る」と言われた。

④b．誤文。『本草綱目』を著したのは李時珍である。

⑤a．誤文。康熙帝は台湾の鄭氏政権を討つために海禁の一種である遷界令を発したが，台湾の平定後はこれを解除した。

⑥d．誤文。『四庫全書』を編纂させたのは，乾隆帝である。

❖講　評

Ⅰ　十字軍運動を取りあげ，中世のヨーロッパ史を中心に一部イスラーム世界が問われた。空所補充問題は基礎的レベル。誤文選択問題は全体的に標準的な難易度であるが，②はやや難であった。また③の第1回十字軍のルートに関する問題は地理的な理解が求められた。

Ⅱ　イギリスの産業革命を題材に，近世・近代のイギリス史が出題された。空所補充問題，誤文選択問題ともに基本的なレベルかつ頻出問題であった。③は文化史からの出題であるが，基本を押さえていれば対応できる。文化史は人物とその功績を必ず結びつけておきたい。

Ⅲ　ヴェルサイユ体制をとりまく戦間期の欧米史がテーマであった。空所補充問題は2問とも見逃しやすい知識が問われた。③・⑥は正文に細かい内容が含まれていたため迷いやすかったと思われる。⑤は難問。

Ⅳ　古代から7世紀にかけてのインド・東南アジアの王朝をテーマとして問われた。②は誤文の誤りが明確だが，他の選択肢に教科書範囲外の内容が含まれているため迷いやすい。他の問題も詳細な内容が含まれる選択肢が散見されるため，東南アジア地域であることを加味すると難度が高く得点が伸びにくい大問であった。

Ⅴ　テーマは紫禁城の歴史で，明・清代から出題された。空所補充問題は標準レベルであった。誤文選択問題では，④の明代の文化史は得点差が出やすい問題で，⑤・⑥は選択肢に詳細な内容が含まれているため正誤の判定で悩む可能性があった。

2月7日実施分　問題　世界史

（60分）

〔Ⅰ〕次の文中の［　　］に最も適当な語を語群から選び、また下線部に関する問いに答え、最も適当な記号1つをマークしなさい。

ゲルマン人の大移動がきっかけとなって西ローマ帝国が滅亡すると、ゲルマン人の諸部族はヨーロッパの各地に次々と王国を建設した。ゲルマン人の王国の中で、クローヴィスのフランク王国は次第に勢力を拡大し、①カール大帝の治世には、フランク王国は西ヨーロッパを統一するまでになった。カール大帝の宮廷には［　イ　］をはじめとした多くの学者が招かれ、カロリング=ルネサンスが花開いた。カール大帝の死後、フランク王国は3つに分裂し、この頃から西ヨーロッパは様々な外敵の脅威にさらされるようになる。北方からはヴァイキングと呼ばれた②ノルマン人、東方からはスラヴ人など、南方からはイスラーム勢力が西ヨーロッパを脅かした。

荘園を基盤とした封建社会は11世紀から13世紀にかけて最盛期を迎えるが、同時に都市が発展し、封建領主の支配から自由になった③自治都市が各地で誕生した。学問の中心地もそれまでの農村地域の修道院から、都市の大学へと移っていった。法学で名高いイタリアの［　ロ　］大学や神学で有名なパリ大学などがその代表である。経済的に豊かになった都市では、新たに④ゴシック様式の大聖堂が建てられた。

貨幣経済による商業活動が活発になるにしたがって、次第に封建秩序の担い手であった封建領主の力が衰え、代わりに国王を中心とした中央集権的な国家が台頭し始めた。それまで西ヨーロッパにおいて強い力を持っていたローマ教皇の権威も、中世末期には衰退し始めた。教皇ボニファティウス8世とフランス王フィリップ4世との対立に端を発した⑤「教皇のバビロン捕囚」は、イタリアとフランスに教皇が並び立つ教会大分裂という事態を招くことになる。13世紀から14世紀にかけて王権を伸長したのはイギリスとフランスで、両国は王位継承権をめぐって⑥百年戦争を起こした。

[語　群]

イ　a．アンセルムス　b．アルクイン　c．アベラール　d．ウィリアム=オブ=オッカム

ロ　a．ケンブリッジ　b．サレルノ　c．ボローニャ　d．オクスフォード

[問　い]

①カール大帝に関する記述として、誤りを含むものはどれか。

a．イベリア半島で後ウマイヤ朝と戦い、勢力を拡大した。

b．地方統治を監督するために、中央から巡察使を派遣した。

c．教会組織を統治や情報伝達に利用した。

d．アリウス派からアタナシウス派に改宗した。

②ノルマン人に関する記述として、誤りを含むものはどれか。

a．ロロを首領とするヴァイキングの一派は、ノルマンディー公国を建国した。

b．ノルマン人のルッジェーロ2世がシチリア王国を建国した。

c．リューリクに率いられたノルマン人がノヴゴロド国を建てたとされる。

d．ノルマンディー公ウィリアムはイングランドにプランタジネット朝を開いた。

③自治都市に関する記述として、誤りを含むものはどれか。

a．ロンバルディア同盟は教皇に対抗するために結成された都市同盟である。

b．商工業者の組合であるギルドには商人ギルドと同職ギルドがある。

c．北・中部イタリアではフィレンツェなどのコムーネが成立した。

d．帝国都市ニュルンベルクは手工業や商業で発展した。

④ゴシック様式の大聖堂でないものはどれか。

a．シャルトル大聖堂　b．ピサ大聖堂　c．ケルン大聖堂　d．アミアン大聖堂

⑤「教皇のバビロン捕囚」に関する記述として、誤りを含むものはどれか。

a．フィリップ4世は聖職叙任権問題をめぐって教皇と対立した。

b．教皇庁がアヴィニョンに移ったのは、教皇クレメンス5世の時である。

c．教皇ボニファティウス8世はアナーニ事件で捕らえられた。

d．「バビロン捕囚」は古代のヘブライ人の強制移住に例えた呼び名である。

⑥百年戦争に関する記述として、誤りを含むものはどれか。

a．フランスのカペー朝が断絶し、ヴァロワ朝が王位を継承したことが発端となった。

b．フランドル地方などをめぐる英仏の利害対立が背景にあった。

c．ジャンヌ=ダルクはシャルル7世を助けオルレアンを解放した。

d．長弓兵を投入したフランス軍はクレシーの戦いでイギリス軍を破った。

〔Ⅱ〕次の文中の[　　　]に最も適当な語を語群から選び、また下線部に関する問いに答え、最も適当な記号1つをマークしなさい。

第二次世界大戦後、ヨーロッパでは①冷戦による東西の分断がすすんだ。ソ連は1949年に東欧諸国と②経済相互援助会議（コメコン）を結成し、経済的な結びつきの強化をはかった。他方、西欧諸国では地域統合による経済協力体制をすすめる動きが活発化し、1952年には[　イ　]が発足した。冷戦が終結すると地域統合はさらに進展し、1993年に③ヨーロッパ連合（EU）が誕生して、21世紀になると旧社会主義諸国の多くもこれに加盟した。

経済面での東西ブロック化と並行したのが軍事・安全保障におけるブロック化である。西欧諸国では、1948年に④イギリスや⑤フランスを含む5カ国で西ヨーロッパ連合（WEU）が結成されたが、アメリカやカナダも加わった北大西洋条約機構（NATO）が発足して軍事機構化がすすむと、WEUの集団防衛機能はそちらに委ねられた。他方、東欧諸国も共同防衛を定める東ヨーロッパ相互援助条約（ワルシャワ条約機構）を結成した。

連合国の占領政策により東西に分断された⑥ドイツのうち、[　ロ　]が初代首相となった西ドイツ（ドイツ連邦共和国）は、軍事的にはWEUによる監視下に置かれながら、「経済の奇跡」と呼ばれる経済復興に成功した。

[語　群]

イ　a．ヨーロッパ共同体（EC）　　b．ヨーロッパ原子力共同体（EURATOM）
　　c．ヨーロッパ経済共同体（EEC）　　d．ヨーロッパ石炭鉄鋼共同体（ECSC）

ロ　a．コール　　b．アデナウアー　　c．ブラント　　d．ヴァイツゼッカー

[問　い]

①冷戦に関する記述として、誤りを含むものはどれか。

a．チャーチルは「鉄のカーテン」の演説において、ソ連の影響を警告した。
b．ギリシアとトルコに援助を与えるトルーマン＝ドクトリンが提唱された。
c．コミンフォルムには、フランスとイタリアの共産党も参加した。
d．オーストリアはオーストリア国家条約により、西側の安全保障体制に組み込まれた。

②経済相互援助会議（コメコン）に加盟しなかった国はどれか。

a．カンボジア　　b．ベトナム　　c．モンゴル　　d．キューバ

③ヨーロッパ連合（EU）に関する記述として、誤りを含むものはどれか。

a．オランダで調印されたマーストリヒト条約により発足した。
b．ローマ条約によって、EU大統領（EU理事会常任議長）職が設置された。
c．加盟国の多くで単一通貨ユーロが使用されている。

d．国民投票の結果を受けて、イギリスが離脱した。

④イギリスに関する記述として、誤りを含むものはどれか。

a．アトリー労働党政権は重要産業を国有化し、福祉国家の実現をはかった。

b．北欧諸国などとヨーロッパ自由貿易連合（EFTA）を結成した。

c．イーデン保守党政権はポンド切り下げやスエズ以東からの撤兵に踏み切った。

d．バグダード条約機構（METO）に参加した。

⑤フランスに関する記述として、誤りを含むものはどれか。

a．ジュネーヴ休戦協定を締結して、インドシナから撤退した。

b．核兵器を保有して、アメリカから自立した政策をとった。

c．ド=ゴール大統領が中華人民共和国との国交を断絶した。

d．第五共和国憲法によって大統領権限が強化された。

⑥東西ドイツに関する記述として、誤りを含むものはどれか。

a．東西ドイツは同時に国際連合へ加盟した。

b．西ドイツはオーデル=ナイセ線を承認し、ポーランドと国交正常化した。

c．東ドイツは、西ベルリンを囲む「ベルリンの壁」をつくった。

d．東ドイツはパリ協定で主権回復を達成した。

〔Ⅲ〕次の文中の［　　］に最も適当な語を語群から選び、また下線部に関する問いに答え、最も適当な記号1つをマークしなさい。

1729年4月21日、①プロイセン王国ポメラニアのシュテッティンで、アンハルト・ツェルプスト家の侯女ゾフィー=アウグスタ=フリデリーケは生まれた。彼女は、ロシア皇帝②ピョートル1世（大帝）の孫でホルシュタイン・ゴットルプ公家のカール=ペーター=ウルリヒと婚約し、ピョートル大帝の娘エリザヴェータ女帝によって後継者に選ばれた許婚とともに③サンクト=ペテルブルクに赴いた。ロシア正教に改宗して名もエカチェリーナに改め、婚礼は1745年8月に行われた。

最近では評価に変化があるが、即位してピョートル3世となったペーターの暗愚ぶりは夙に有名である。それはとりわけ④七年戦争時に露わになった。プロイセンの⑤フリードリヒ2世（大王）に傾倒した彼は、ロシアがオーストリア側で参戦していたにもかかわらず、即位して間もなくプロイセンと単独講和をはかり、占領地から兵を引き上げ、オーストリア側に攻撃をしかけたのである。こうして戦況は一変した。

勝つはずの戦争から撤退したのだから、宮廷周辺では不満が高まった。夫を忌み嫌うエカチェリーナ本人がどこまで関与したのかは定かではないが、ピョートル3世は近衛連隊のクーデタで廃位され、間もなく殺害された。その後を嗣いだのは皇后エカチェリーナであった。［イ］が開いたロマノフ朝とは血縁のない皇帝の即位である。

エカチェリーナ2世のもとで、ロシア帝国は拡大を遂げた。⑥ポーランド分割によりかつて女帝の愛人であったスタニスワフが治める隣国を消滅させ、また南方では［ロ］を獲得した。他方、その治世に起こった大規模な農民反乱の首謀者は、死んだはずのピョートル3世の名を騙(かた)って、女帝への不満をもつ農民や諸民族に向けて莫大な数の偽勅書を発した。これはロシアでたびたび見られた偽ツァーリの一例である。

［語　群］

イ　a．ウラディミル1世　b．イヴァン3世　c．イヴァン4世　d．ミハイル

ロ　a．クリミア半島　b．アルメニア　c．グルジア　d．ブルガリア

［問　い］

①プロイセンに関する記述として、誤りを含むものはどれか。

a．ブランデンブルク選帝侯領とプロイセン公国が合併して、後に王国になった。

b．軍隊の改革をすすめた国王フリードリヒ=ヴィルヘルム1世は兵隊王と呼ばれた。

c．北ドイツ連邦を結成した後、プロイセン=オーストリア戦争を戦った。

d．グーツヘルシャフトと呼ばれる農場領主制が支配的で、農民は賦役労働を強いられた。

②ピョートル1世（大帝）に関する記述として、誤りを含むものはどれか。

a．徹底した西欧化政策の一環として、貴族の長い顎鬚(あごひげ)を切らせた。

b．ステンカ=ラージンの農民反乱を鎮圧した。

c．ネルチンスク条約を締結して、清との通商関係を開いた。

d．デンマーク人のベーリングにカムチャツカ方面の探検を行わせた。

③サンクト=ペテルブルクに関する記述として、誤りを含むものはどれか。

a．北方戦争中にスウェーデンから奪ったネヴァ川河口に建設された。

b．日露戦争の最中に血の日曜日事件が起こった。

c．第一次世界大戦勃発により、ドイツ風呼称を避けてペトログラードに改称された。

d．第二次世界大戦の独ソ戦下で、戦意発揚のためにスターリングラードに改称された。

④七年戦争に関する記述として、誤りを含むものはどれか。

a．イギリスはプロイセンを支援した。

b．スペインはオーストリアを支援した。

c．並行して北米でアン女王戦争が起こった。

d．プロイセンはシュレジエンを確保した。

⑤フリードリヒ2世（大王）に関する記述として、誤りを含むものはどれか。

a．重商主義政策に基づき産業育成をはかった。

b．啓蒙思想家ルソーを宮廷に招聘した。

c．「君主は国家第一の僕」と述べた。

d．ポツダムにサンスーシ宮殿を建設させた。

⑥ポーランド分割に関する記述として、誤りを含むものはどれか。

a．分割以前のポーランドは選挙王制で、貴族が強い政治力を持っていた。

b．第1回分割はプロイセンの提唱で行われた。

c．第2回分割に抗議してコシューシコ（コシチューシコ）が反乱を起こした。

d．第3回分割で、ワルシャワはロシア帝国領に編入された。

〔Ⅳ〕次の文中の　　　に最も適当な語を語群から選び、また下線部に関する問いに答え、最も適当な記号1つをマークしなさい。

華北を統一した北周から禅譲を受け、さらに陳を滅ぼして中国の再統一を達成した隋の文帝は、皇帝の地位を脅かし、①魏晋南北朝の乱離を再現しかねないものとして、門閥貴族の存在をとらえた。［イ］が創始した官僚登用制度である九品中正は、結果として門閥貴族という支配層の固定化をもたらしていた。門閥貴族の勢力をそいで皇帝独裁体制を確立するためには、これに代わるものが必要である。学科試験による官僚登用制度である選挙の制はこうして導入された。隋代の選挙の制を発展させた②唐代の③科挙は、門閥貴族の政治への介入を抑制する効果をある程度はもたらした。なかでも則天武后は積極的に科挙官僚の登用をすすめたといわれている。しかし、④8世紀後半以降の唐から五代に至る変動の時代に門閥貴族から権勢を奪ったのは節度使や武人であった。五代最後の王朝［ロ］から禅譲を受けた宋の太祖は、節度使や武人から実権を奪い、皇帝に権力を集中した。⑤宋代に形成された⑥文人官僚を主体とする政治体制のもとで、ようやく科挙による官僚の選抜と登用が一般化したのである。その出身母胎となったのが新興地主層であった。多数の小作人を使役する荘園を経営し、地域社会に根を張る彼ら士大夫が目指すものは、皇帝に忠誠を尽くす官僚としての栄達であり、皇帝の地位を脅かすことではなかったのである。

[語　群]

イ　a．漢の武帝　b．後漢の光武帝　c．魏の文帝　d．晋の武帝

ロ　a．後梁　b．後唐　c．後晋　d．後周

[問　い]

①魏晋南北朝の文化に関する記述として、誤りを含むものはどれか。

a．貴族の間で清談や老荘思想が好まれた。

b．仏図澄や鳩摩羅什が江南で布教につとめた。

c．北朝では『水経注』や『斉民要術』が編纂された。

d．華北では雲崗や竜門で石窟寺院が造営された。

②唐代の文化に関する記述として、誤りを含むものはどれか。

a．孔穎達らが儒教経典の官撰注釈書『五経大全』を編纂した。

b．顔真卿が生命感のあふれる革新的な書風をおこした。

c．韓愈や柳宗元が古文の復興を主張した。

d．ペルシア起源とされるポロが、貴族の間で流行した。

③科挙に関する記述として、誤りを含むものはどれか。

a．受験資格に原則として出身や身分は問われなかった。

b．唐代の省試は尚書省で行われた。

c．宋代の殿試は皇帝自身が審査にあたった。

d．元朝は科挙を廃止し、王朝末まで復活させなかった。

④8世紀後半以降の唐に関する記述として、誤りを含むものはどれか。

a．玄宗の治世に募兵制から府兵制に切り替えられた。

b．楊炎の提言により、両税法が施行された。

c．塩の密売人である黄巣が反乱を起こした。

d．朱全忠が節度使に任じられた。

⑤宋代の社会や経済に関する記述として、誤りを含むものはどれか。

a．農村部に草市と呼ばれる定期市が営まれた。

b．都市部では商人の同業組合である作が組織された。

c．貨幣経済が発達し、会子が紙幣として流通した。

d．杭州や泉州に、海上交易を管理する市舶司が置かれた。

⑥宋代の文人官僚に関する記述として、誤りを含むものはどれか。

a．王安石は神宗によって宰相に登用され、大規模な行財政改革を行った。

b．蘇軾（蘇東坡）は新法に反対し、その政治経歴は不遇であった。

c．司馬光は紀伝体の通史『資治通鑑』を編纂した。

d．欧陽脩は『新唐書』『新五代史』などを編纂した。

〔Ⅴ〕次の文中の［　　　］に最も適当な語を語群から選び、また下線部に関する問いに答え、最も適当な記号1つをマークしなさい。

ユーラシアやアフリカの諸地域を結ぶ中継地域にある西アジアは、古来、遠距離交易がさかんな地域であった。中央アジアを横断する陸上交易とともに、インド洋では①イスラームの誕生以前から②海上交易が展開され、諸地域が経済的に結びつけられていた。ウマイヤ朝時代にはすでに海上ルートでシンド地方と呼ばれる［　イ　］川下流域地方への遠征が行われているが、このことは海上交易の安全や維持が王朝にとって重要な関心事であったことを物語る。イスラーム誕生以後にインド洋交易が活発化するのは、③アッバース朝時代に入ってからのことである。首都バグダードを中心に展開した、中国から④東アフリカ沿岸部までを結ぶ⑤国際交易ネットワークの発展は、アッバース朝の繁栄に大きく貢献した。学問の発達にともなって数多く書かれた地理書や見聞録には、当時の海域世界についての情報が記録されている。アッバース朝の衰退にともない、11世紀頃から政治や経済の中心地は⑥カイロへと移っていくが、14世紀の旅行家［　ロ　］もこのような発達した交易ネットワークを利用して各地を旅したのである。

[語　群]

イ　a．インダス　　b．ガンジス　　c．ティグリス　　d．ナイル

ロ　a．イブン=トゥールーン　　b．イブン=シーナー　　c．イブン=ルシュド
　　d．イブン=バットゥータ

[問　い]

①イスラーム誕生以前のアラビア半島に関する記述として、誤りを含むものはどれか。

a．アラビア半島のオアシス都市には、ローマ帝国時代からユダヤ人が移住した。
b．イエメン地方は、インド洋と地中海を結ぶ国際商業の拠点として栄えた。
c．ササン朝とビザンツ帝国との対立で、半島東岸の隊商路が主に利用されるようになった。
d．クライシュ族は、メッカを拠点に遠隔地交易で富を築いた。

②海上交易に関する記述として、誤りを含むものはどれか。

a．エチオピアのソンガイ王国は紅海交易によって繁栄した。
b．インド洋の季節風交易によって、地中海世界に綿布がもたらされた。
c．デカン高原のサータヴァーハナ朝が、ローマと交易を行った。
d．インド洋上の交易ではダウ船が使われた。

③アッバース朝時代の海域世界に関する記述として、誤りを含むものはどれか。

a．ユーフラテス川下流のバスラが交易の拠点となった。
b．ムスリム商人は泉州まで来航した。

c．インド半島南端のハルジー朝が、半島以東のインド洋を支配した。

d．地震によるシーラーフの壊滅は、ペルシア湾ルートの交易衰退の一因となった。

④東アフリカ沿岸部に関する記述として、誤りを含むものはどれか。

a．イラン系のムスリム商人が来航した。

b．アフリカ内陸部からの毛皮が主要な交易品として取引された。

c．アラビア語と現地語が混交してスワヒリ語が形成された。

d．ソファーラはジンバブエとの交易拠点として栄えた。

⑤国際交易ネットワークに関する記述として、誤りを含むものはどれか。

a．インドからアラビア半島やペルシア湾へ馬が輸出された。

b．カリカットは中国商人やムスリム商人が集まる中心的な港市のひとつであった。

c．東南アジアでは11世紀以降、インド洋に面した地域でイスラームが広まった。

d．インド洋の港市国家では、シャーバンダルと呼ばれる港務長官が港や交易を管理した。

⑥カイロを拠点とするインド洋海上交易に関する記述として、誤りを含むものはどれか。

a．カーリミーと呼ばれる商人集団が国際交易を担った。

b．アレクサンドリアがヨーロッパ方面への商品の輸出港として使われた。

c．ディーナール金貨が共通の貨幣として使われた。

d．インド産の砂糖が主要な交易品として各地に輸出された。

2月7日実施分　解答　世界史

I　解答

イ－b　ロ－c

①－d　②－d　③－a　④－b　⑤－a　⑥－d

◀解　説▶

≪中世ヨーロッパ史≫

①d．誤文。アリウス派からアタナシウス派（ローマ=カトリック教会）に改宗したのは，メロヴィング朝の初代国王のクローヴィス。

②d．誤文。ノルマンディー公ウィリアムがイングランドを征服して（ノルマン=コンクエスト）開いたのはノルマン朝である。

③a．誤文。ロンバルディア同盟は北イタリアのロンバルディア地方を中心とする都市同盟で，イタリアの支配を狙う神聖ローマ皇帝に対抗するために結成された。

④b．ピサ大聖堂はロマネスク様式。

⑤a．誤文。フランス王フィリップ4世は国内の聖職者（教会）への課税をめぐってローマ教皇ボニファティウス8世と対立した。

⑥d．誤文。クレシーの戦いは長弓隊を組織したイギリス軍がフランス軍を破った戦い。

II　解答

イ－d　ロ－b

①－d　②－a　③－b　④－c　⑤－c　⑥－d

◀解　説▶

≪第二次世界大戦後の世界情勢≫

①d．誤文。オーストリア国家条約は1955年に米ソ英仏とオーストリアが結んだ条約で，この条約によりオーストリアは主権を回復するとともに，ドイツとの合併禁止や永世中立国となることが定められた。このため西側陣営に組み込まれたとはいえない。

②やや難。a．カンボジアはコメコンに参加していない。国家としては1953年に独立を宣言したが（1954年のジュネーヴ協定で承認），仏教と王制を重視する独自の社会主義体制をとり，外交では非同盟諸国首脳会議に

参加している。

③難問。b．誤文。EU大統領（EU理事会常任議長）が新設されたのは，2007年調印のリスボン条約（発効は2009年）。ローマ条約は1957年に結ばれたヨーロッパ経済共同体（EEC）とヨーロッパ原子力共同体（EURATOM）の設立に合意した条約。

④難問。c．誤文。イーデン保守党政権はスエズ出兵（1956年）を行った。ポンド切り下げ（1967年）とスエズ以東からの撤兵（1968年）を行ったのは労働党の第1次ウィルソン内閣。

⑤c．誤文。ド=ゴール大統領は対米依存からの脱却を目指し，独自外交の一環として1964年に中華人民共和国を承認した。

⑥d．誤文。パリ協定で主権を回復したのは西ドイツ。この協定に基づき西ドイツの再軍備とNATO加盟が承認された。

III　解答

イ―d　ロ―a

①―c　②―b　③―d　④―c　⑤―b　⑥―d

◀解　説▶

≪エカチェリーナ2世をめぐるロシア・東欧≫

①c．誤文。北ドイツ連邦はプロイセン=オーストリア戦争（普墺戦争）後に戦勝国のプロイセンが主導し，マイン川以北の22カ国で結成された。

②b．誤文。ステンカ=ラージンの農民反乱（1667～71年）が起こったのはピョートル1世（位1682～1725年）の治世の前である。

③d．誤文。サンクト=ペテルブルクはソ連時代の1924年にレーニンにちなんでレニングラードと改称され，1991年に住民投票の結果を受けて旧名のサンクト=ペテルブルクに戻った。スターリングラードは現在のヴォルゴグラード。

④c．誤文。七年戦争（1756～63年）に並行して北米で戦われたのはフレンチ=インディアン戦争。北米で起こったアン女王戦争と並行してヨーロッパで戦われたのはスペイン継承戦争（1701～13〈14〉年）。

⑤b．誤文。フリードリヒ2世が招聘した啓蒙思想家はヴォルテール。

⑥やや難。d．誤文。第3回ポーランド分割でワルシャワはプロイセン領となった。

Ⅳ 解答

イ－c　ロ－d
①－b　②－a　③－d　④－a　⑤－b　⑥－c

◀解　説▶

≪魏晋南北朝～宋の政治・社会・文化≫

①b．誤文。仏図澄（ブドチンガ）と鳩摩羅什（クマラジーヴァ）は中央アジアのオアシス都市国家の亀茲（クチャ）出身の仏僧で，華北で仏教の普及につとめた。

②a．誤文。孔穎達が編纂したのは『五経正義』。『五経大全』は明の永楽帝の命によって編纂された五経の注釈書。

③d．誤文。元朝（1271～1368年）は当初科挙を行わなかったが，第4代皇帝仁宗の治世の1314年に復活した。したがって「王朝末まで復活させなかった」は誤り。

④a．誤文。玄宗の治世に募兵制が採用され，府兵制は廃止された。

⑤b．誤文。商人の同業組織は行という。作は手工業者の組合。

⑥c．誤文。司馬光の著した『資治通鑑』は編年体で記された史書である。

Ⅴ 解答

イ－a　ロ－d
①－c　②－a　③－c　④－b　⑤－a　⑥－d

◀解　説▶

≪古代～14世紀におけるインド洋交易史≫

①c．誤文。アラビア半島東岸ではなくアラビア半島西岸が正しい。ササン朝とビザンツ帝国の国境をめぐる抗争によりシルク=ロードと紅海貿易が衰退すると，アラビア半島西部を通る貿易ルートが発展し，同半島西岸のメッカなどのオアシス都市が中継貿易により栄えた。

②a．誤文。ソンガイ王国はエチオピアではなく西アフリカのニジェール川流域の国家。ガオやトンブクトゥを中心にサハラ縦断貿易で栄えた。

③c．誤文。ハルジー朝（1290～1320年）は，アッバース朝（750～1258年）よりも後の成立で，インド半島南端ではなくインド北部のデリーを都に成立した，デリー=スルタン朝2番目の王朝である。

④難問。b．誤文。アフリカ内陸部からの主要交易品は奴隷，象牙，金などである。

⑤難問。a．誤文。南インドのヴィジャヤナガル王国は，インド洋交易を

通して西アジアから馬を大量に輸入して軍事力を高めた。
⑥難問。d．誤文。「インド産の砂糖」が誤り。カイロを拠点とするカーリミー商人の扱う主な商品は南アジア・東南アジアの香辛料や中国からの絹織物・陶磁器などで，エジプトの砂糖も扱っている。

❖講　評

Ⅰ　中世ヨーロッパ史の政治・経済・文化から出題されているが，難問は見られないため確実に押さえたい。時代，地域・国，テーマごとに重要人物と重要事件の因果関係を正確に理解しておきたい。

Ⅱ　冷戦下の世界情勢を中心に出題されているが，難問もあり得点差が開きやすい。②・③・④は難度が高く，国際関係や条約の内容を細部に至るまで確認しておく必要がある。第二次世界大戦後の歴史は受験生がおろそかにしがちだが，時代ごとの国際関係と地域・国ごとの歴史の流れを正確に理解し，横のつながりと縦のつながりを押さえておく必要がある。

Ⅲ　ロシアのエカチェリーナ 2 世をテーマに広くロシア・東欧が問われた。⑥のポーランド分割の問題は，国際関係を地理的に理解しておくことが求められており，失点しやすかった。重要人物の事績や重要事件の因果関係について細部に至るまで理解しておくことが求められた大問であった。

Ⅳ　魏晋南北朝時代から宋代にかけての政治・社会・文化からの出題で，文化史が目立つ。全体的に基本知識を問う問題となっているため，確実に得点を重ねておきたい大問である。

Ⅴ　古代から 14 世紀にかけてのインド洋の交易に関連して主に西アジア・アフリカから出題された。学習が手薄になりがちな分野・地域で，交易ルートやルート上の地域・関係国家の状況を，細部に至るまで確認し，地図を見ながら横のつながりを理解しておく必要がある。④～⑥は難問だが，消去法などを駆使して正解にたどり着いてもらいたい。

2月2日実施分　問題　数学

(60分)

〔1〕 次の文章中の $\boxed{}$ に適する式または数値を，解答用紙の同じ記号のついた $\boxed{}$ の中に記入せよ．途中の計算を書く必要はない．

(1)　a を実数とし，座標平面上の放物線 $y=\dfrac{1}{2}x^2+ax+a^2+2a-3$ を考える．この放物線は異なる 2 点 A，B で x 軸と交わっているとする．

(i) a の取りうる値の範囲は $\boxed{\text{ア}}$ である．

(ii) 2 点 A，B のうち，一方の x 座標が負であり，もう一方が原点に一致するとき，$a=\boxed{\text{イ}}$ である．また，2 点 A，B の x 座標がともに 4 以上であるとき，a の取りうる値の範囲は $\boxed{\text{ウ}}$ である．

(2)　$n=3$ または 4 とし，n 人で 1 回じゃんけんをする．

ただし，じゃんけんには，グー，チョキ，パーの 3 種類の手の出し方がある．参加者は同時にいずれか 1 つの手を出し，勝敗を決める．グーはチョキに勝ち，チョキはパーに勝ち，パーはグーに勝つものとする．どの参加者もグー，チョキ，パーを出す確率はそれぞれ $\dfrac{1}{3}$ とする．また，参加者全員が 1 種類の同じ手を出す，または参加者の出した手がグー，チョキ，パーの 3 種類あり，勝者が決まらないことを「あいこ」と呼ぶ．

(i) $n=3$ のとき，あいこになる確率は $\boxed{\text{エ}}$ である．

(ii) $n=4$ とする．2 人だけが勝つ確率は $\boxed{\text{オ}}$ である．また，あいこになる確率は $\boxed{\text{カ}}$ である．あいこになったとき，全員が同じ手を出している条件付き確率は $\boxed{\text{キ}}$ である．

〔2〕 次の文章中の □ に適する式または数値を，解答用紙の同じ記号のついた □ の中に記入せよ．途中の計算を書く必要はない．

(1)　p を実数とする．x の方程式

$$\sin 2x - 2\cos x + 2\sin x + p = 0 \quad (0 \leqq x \leqq \pi) \quad \cdots\cdots ①$$

を考える．

(i) $t = \cos x - \sin x$ とおく．$0 \leqq x \leqq \pi$ のとき，t の取りうる値の範囲は [ア] である．
　また，$\sin 2x - 2\cos x + 2\sin x$ を t の式で表すと [イ] である．

(ii) $p = -1$ のとき，方程式 ① の実数解は，$x =$ [ウ] である．

(iii) 方程式 ① が異なる実数解をちょうど 3 個もつとき，p の取りうる値の範囲は [エ] である．

(2)　下の図のような平行六面体 ABCD − EFGH を考える．$\overrightarrow{\mathrm{AB}} = \vec{a}$, $\overrightarrow{\mathrm{AD}} = \vec{b}$, $\overrightarrow{\mathrm{AE}} = \vec{c}$ とおく．線分 CG の中点を M, 直線 AM と平面 BDE の交点を P とする．

(i) $\overrightarrow{\mathrm{AM}}$, $\overrightarrow{\mathrm{AP}}$ を $\vec{a}$, $\vec{b}$, $\vec{c}$ を用いて表すと，$\overrightarrow{\mathrm{AM}} =$ [オ], $\overrightarrow{\mathrm{AP}} =$ [カ] である．

(ii) 直線 DP と平面 ABE の交点を Q とすると，$\dfrac{\mathrm{BQ}}{\mathrm{QE}} =$ [キ] である．

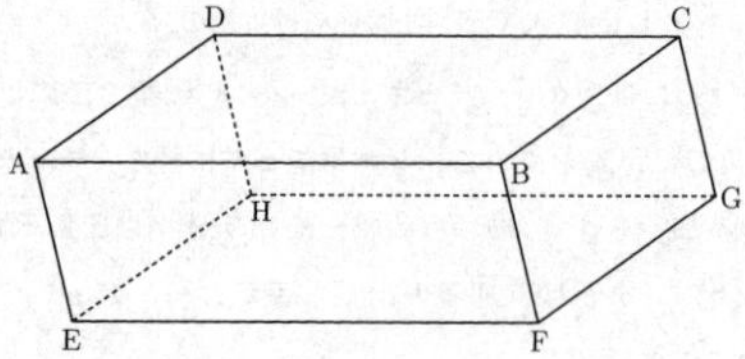

〔3〕 座標平面上の放物線 $y = x^2$ を C_1 とする．a を正の実数とし，放物線 C_1 を x 軸方向に $2a$，y 軸方向に $4a^2$ だけ平行移動した放物線を C_2 とし，2 つの曲線 C_1, C_2 の共有点を P とする．このとき，次の問いに答えよ．

(1)　点 P の座標を求めよ．

(2)

(i) 放物線 C_1 上の点 (t, t^2) における接線 ℓ の方程式を求めよ．

(ii) (i) の直線 ℓ が放物線 C_2 にも接しているとき，t を a の式で表せ．さらに，2 つの曲線 C_1, C_2 および直線 ℓ で囲まれた部分の面積 S を a の式で表せ．

(3)　ℓ は (2)(ii) で求めた直線であるとする．このとき，点 P を通り直線 ℓ に平行な直線 m と放物線 C_2 で囲まれた部分の面積を T とする．$\dfrac{T}{S}$ の値を求めよ．

2月2日実施分

解答　数学

1

解答 (1)ア．$-2-\sqrt{10}<a<-2+\sqrt{10}$　イ．1
ウ．$-2-\sqrt{10}<a\leqq -5$

(2)エ．$\frac{1}{3}$　オ．$\frac{2}{9}$　カ．$\frac{13}{27}$　キ．$\frac{1}{13}$

◀解　説▶

≪放物線と x 軸の共有点の位置，じゃんけんと条件付き確率≫

(1)　$f(x)=\frac{1}{2}x^2+ax+a^2+2a-3$　……①　とおく。

(i)　放物線 $y=f(x)$ が異なる2点で x 軸と交わる条件は，方程式 $f(x)=0$ が異なる2つの実数解をもつことであるから，判別式を D とすると，$D>0$ である。

よって

$$D=a^2-4\cdot\frac{1}{2}(a^2+2a-3)=-(a^2+4a-6)>0$$

より　$a^2+4a-6<0$

したがって　$-2-\sqrt{10}<a<-2+\sqrt{10}$　（→ア）

(ii)　①より　$f(x)=\frac{1}{2}(x+a)^2+\frac{1}{2}a^2+2a-3$

であるから，放物線 $y=f(x)$ の軸は $x=-a$ である。

2点A，Bのうち，一方の x 座標が負であり，一方が原点に一致する条件は

$$\begin{cases} D>0 & \cdots\cdots② \\ -a<0 & \cdots\cdots③ \\ f(0)=0 & \cdots\cdots④ \end{cases}$$

②は(i)より　$-2-\sqrt{10}<a<-2+\sqrt{10}$　……②′

③より　$a>0$　……③′

④より

$$a^2+2a-3=0 \qquad (a+3)(a-1)=0$$

よって　$a=-3,\ 1$　……④′

②′かつ③′かつ④′より　$a=1$　(→イ)

また，2点A，Bの x 座標がともに4以上である条件は

$$\begin{cases} D>0 & \cdots\cdots ② \\ -a>4 & \cdots\cdots ⑤ \\ f(4)\geqq 0 & \cdots\cdots ⑥ \end{cases}$$

②より　$-2-\sqrt{10}<a<-2+\sqrt{10}$　……②′

⑤より　$a<-4$　……⑤′

⑥より

$$a^2+6a+5\geqq 0 \qquad (a+5)(a+1)\geqq 0$$

よって　$a\leqq -5,\ -1\leqq a$　……⑥′

②′かつ⑤′かつ⑥′より　$-2-\sqrt{10}<a\leqq -5$　(→ウ)

(2)(i)　$n=3$ のとき，あいこになるのは，次の[1]，[2]の場合で，これらは互いに排反である。

[1]　3人が1種類の同じ手を出す

[2]　3人が3種類の手を出す

[1]の場合，3人が出す同じ手は3通りあるから，確率は

$$\left(\frac{1}{3}\right)^3\cdot 3=\frac{1}{9}$$

[2]の場合，3人の手の出し方は3!通りあるから，確率は

$$\left(\frac{1}{3}\right)^3\cdot 3!=\frac{2}{9}$$

よって，あいこになる確率は

$$\frac{1}{9}+\frac{2}{9}=\frac{1}{3} \quad (\rightarrow エ)$$

(ii)　$n=4$ のとき，2人だけが勝つのは，4人のうち勝つ2人の選び方が ${}_4C_2$ 通り，勝つ手の出し方が3通りあるから，確率は

$$\left(\frac{1}{3}\right)^4\cdot {}_4C_2\cdot 3=\frac{1}{3^4}\cdot\frac{4\cdot 3}{2\cdot 1}\cdot 3=\frac{2}{9} \quad (\rightarrow オ)$$

あいこになるのは，次の[3]，[4]の場合で，これらは互いに排反である。

[3]　4人が1種類の同じ手を出す

[4]　4人が3種類の手を出す

[3]の場合，4人が出す同じ手は3通りあるから，確率は

$$\left(\frac{1}{3}\right)^4\cdot 3=\frac{1}{27}\quad\cdots\cdots⑦$$

[4]の場合，同じ手を出す2人の選び方は${}_4C_2$通り，手の出し方は3!通りあるから，確率は

$$\left(\frac{1}{3}\right)^4\cdot {}_4C_2\cdot 3!=\frac{1}{3^4}\cdot\frac{4\cdot 3}{2\cdot 1}\cdot 3\cdot 2\cdot 1=\frac{4}{9}$$

よって，あいこになる確率は

$$\frac{1}{27}+\frac{4}{9}=\frac{13}{27}\quad\cdots\cdots⑧\quad(\to カ)$$

したがって，あいこになったとき，全員が同じ手を出している条件付き確率は，⑦，⑧より

$$\frac{\frac{1}{27}}{\frac{13}{27}}=\frac{1}{13}\quad(\to キ)$$

別解　(2)(ii)カ・キ．2人だけが勝つ確率はオより　$\dfrac{2}{9}$

1人だけが勝つ場合も同様に考えて，確率は

$$\left(\frac{1}{3}\right)^4\cdot {}_4C_1\cdot 3=\frac{1}{3^4}\cdot 4\cdot 3=\frac{4}{27}$$

3人が勝つ場合も同様に考えて，確率は

$$\left(\frac{1}{3}\right)^4\cdot {}_4C_3\cdot 3=\frac{1}{3^4}\cdot 4\cdot 3=\frac{4}{27}$$

よって，勝者が決まる確率は

$$\frac{2}{9}+\frac{4}{27}+\frac{4}{27}=\frac{14}{27}$$

あいこになる事象は，勝者が決まる事象の余事象であるから，確率は

$$1-\frac{14}{27}=\frac{13}{27}$$

4人が同じ手を出すとき，4人が出す同じ手は3通りあるから，確率は

$$\left(\frac{1}{3}\right)^4\cdot 3=\frac{1}{27}$$

したがって，あいこになったとき，全員が同じ手を出している条件付き確

率は

$$\frac{\frac{1}{27}}{\frac{13}{27}}=\frac{1}{13}$$

2 **解答** (1)ア．$-\sqrt{2}\leqq t\leqq 1$　イ．$-t^2-2t+1$　ウ．$\dfrac{\pi}{4}$

エ．$-2<p<1-2\sqrt{2}$

(2)オ．$\vec{a}+\vec{b}+\dfrac{1}{2}\vec{c}$　カ．$\dfrac{2}{5}\vec{a}+\dfrac{2}{5}\vec{b}+\dfrac{1}{5}\vec{c}$　キ．$\dfrac{1}{2}$

◀解　説▶

≪三角方程式と解の個数，直線と平面の交点の位置ベクトル≫

(1)　$\sin 2x-2\cos x+2\sin x+p=0\quad(0\leqq x\leqq\pi)$　……①

(i)　$t=\cos x-\sin x$ とおくと

$$t=-\sin x+\cos x=\sqrt{2}\sin\left(x+\frac{3}{4}\pi\right)$$

$0\leqq x\leqq\pi$ より $\dfrac{3}{4}\pi\leqq x+\dfrac{3}{4}\pi\leqq\dfrac{7}{4}\pi$　……②　であるから

$$-1\leqq\sin\left(x+\frac{3}{4}\pi\right)\leqq\frac{\sqrt{2}}{2}$$

よって　$-\sqrt{2}\leqq t\leqq 1$　……③　(→ア)

また

$$t^2=(\cos x-\sin x)^2=1-2\sin x\cos x$$

より　$2\sin x\cos x=1-t^2$

であるから

$$\begin{aligned}\sin 2x-2\cos x+2\sin x&=2\sin x\cos x-2(\cos x-\sin x)\\&=1-t^2-2t\\&=-t^2-2t+1\quad\cdots\cdots④\quad(\to イ)\end{aligned}$$

(ii)　$p=-1$ のとき，①，④より

$$-t^2-2t+1-1=0\quad すなわち\quad t(t+2)=0$$

これと③より　$t=0$

このとき $\sin\left(x+\frac{3}{4}\pi\right)=0$ で，②より　　$x+\frac{3}{4}\pi=\pi$

よって　　$x=\frac{\pi}{4}$　（→ウ）

(iii)　②より，$t_0=\sin\left(x+\frac{3}{4}\pi\right)$ を満たす x は

$-\frac{\sqrt{2}}{2}<t_0\leqq\frac{\sqrt{2}}{2}$，$t_0=-1$ のとき1個

$-1<t_0\leqq-\frac{\sqrt{2}}{2}$ のとき2個

存在する。

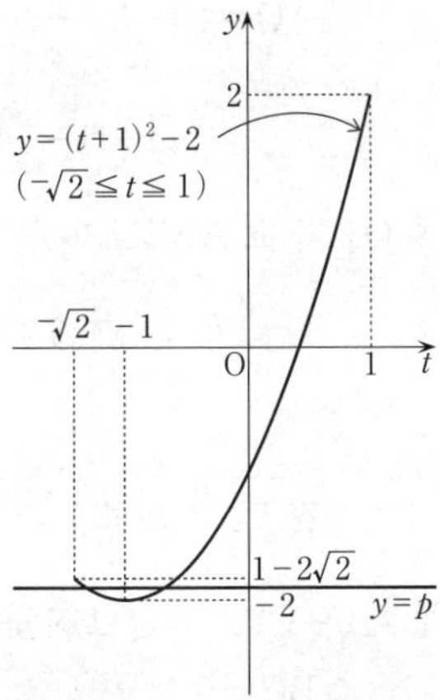

よって，$t=\sqrt{2}\sin\left(x+\frac{3}{4}\pi\right)$ を満たす x は

$-1<t\leqq1$，$t=-\sqrt{2}$ のとき1個

$-\sqrt{2}<t\leqq-1$ のとき2個

存在する。

①，④より

$p=t^2+2t-1=(t+1)^2-2$　$(-\sqrt{2}\leqq t\leqq1)$

であるから，①が異なる実数解をちょうど3個もつとき，$y=(t+1)^2-2\ (-\sqrt{2}\leqq t\leqq1)$ のグラフが直線 $y=p$ と

$-1<t\leqq1$ または $t=-\sqrt{2}$ で1個

$-\sqrt{2}<t\leqq-1$ で1個

の共有点をもつ。したがって，p の取りうる値の範囲は

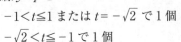

$-2<p<1-2\sqrt{2}$　（→エ）

(2)(i)　$\overrightarrow{AM}=\overrightarrow{AB}+\overrightarrow{BC}+\overrightarrow{CM}$

$=\overrightarrow{AB}+\overrightarrow{AD}+\frac{1}{2}\overrightarrow{AE}$

$=\vec{a}+\vec{b}+\frac{1}{2}\vec{c}$　（→オ）

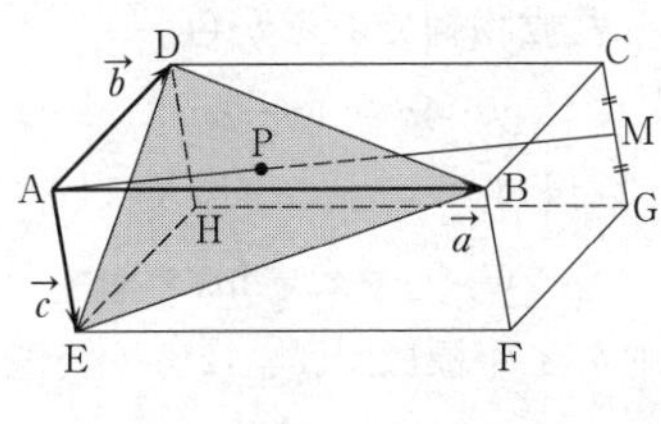

$\overrightarrow{AP}=k\overrightarrow{AM}$（$k$ は実数）とおくと

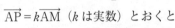

$\overrightarrow{AP}=k\left(\vec{a}+\vec{b}+\frac{1}{2}\vec{c}\right)=k\vec{a}+k\vec{b}+\frac{k}{2}\vec{c}$

$\vec{a}$, $\vec{b}$, $\vec{c}$ は同じ平面上になく，点Pは平面BDE上にあるから

$$k+k+\frac{1}{2}k=1 \quad \text{より} \quad k=\frac{2}{5}$$

よって

$$\overrightarrow{AP}=\frac{2}{5}\vec{a}+\frac{2}{5}\vec{b}+\frac{1}{5}\vec{c} \quad (\rightarrow カ)$$

(ii)　点Qは直線DP上の点であるから，実数 l を用いて

$$\overrightarrow{AQ}=(1-l)\overrightarrow{AD}+l\overrightarrow{AP}$$

と表される。これより

$$\overrightarrow{AQ}=(1-l)\vec{b}+l\left(\frac{2}{5}\vec{a}+\frac{2}{5}\vec{b}+\frac{1}{5}\vec{c}\right)$$

$$=\frac{2}{5}l\vec{a}+\left(1-\frac{3}{5}l\right)\vec{b}+\frac{1}{5}l\vec{c}$$

点Qは平面ABE上の点であるから

$$1-\frac{3}{5}l=0 \quad \text{すなわち} \quad l=\frac{5}{3}$$

よって

$$\overrightarrow{AQ}=\frac{2}{3}\vec{a}+\frac{1}{3}\vec{c}=\frac{2\overrightarrow{AB}+\overrightarrow{AE}}{3}$$

したがって，点Qは線分BEを1：2に内分する点であるから

$$\frac{BQ}{QE}=\frac{1}{2} \quad (\rightarrow キ)$$

3　解答

(1)　$C_1 : y=x^2$　……①

C_2 は C_1 を x 軸方向に $2a$，y 軸方向に $4a^2$ だけ平行移動した放物線であるから

$$y-4a^2=(x-2a)^2$$

すなわち

$$C_2 : y=x^2-4ax+8a^2 \quad ……②$$

Pの x 座標は，①，②から y を消去して

$$x^2=x^2-4ax+8a^2$$

$$4a(x-2a)=0$$

$a>0$ より　　$x=2a$

このとき，①より　　$y=4a^2$

よって，Pの座標は　　$(2a,\ 4a^2)$　……(答)

(2)(i)　$y=x^2$ より $y'=2x$ であるから，l の方程式は

$$y-t^2=2t(x-t)$$

すなわち　　$l: y=2tx-t^2$　……③　……(答)

(ii)　②，③より，y を消去して

$$x^2-4ax+8a^2=2tx-t^2$$

より

$$x^2-2(t+2a)x+t^2+8a^2=0 \quad \cdots\cdots ④$$

l が C_2 に接しているとき，④の判別式を D とすると　　$D=0$

よって

$$\frac{D}{4}=(t+2a)^2-(t^2+8a^2)$$

$$=4a(t-a)=0$$

$a>0$ より　　$t=a$　……(答)

このとき，④の重解は

$$x=t+2a=3a$$

であるから，C_1，C_2，l のグラフは右図のようになる。

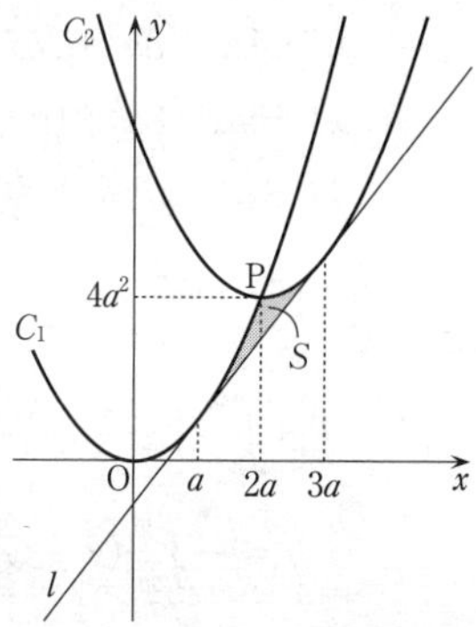

$l: y=2ax-a^2$ であるから

$$S=\int_a^{2a}\{x^2-(2ax-a^2)\}dx+\int_{2a}^{3a}\{(x^2-4ax+8a^2)-(2ax-a^2)\}dx$$

$$=\int_a^{2a}(x-a)^2dx+\int_{2a}^{3a}(x-3a)^2dx$$

$$=\left[\frac{1}{3}(x-a)^3\right]_a^{2a}+\left[\frac{1}{3}(x-3a)^3\right]_{2a}^{3a}$$

$$=\frac{1}{3}a^3-0+0-\left(-\frac{1}{3}a^3\right)$$

$$=\frac{2}{3}a^3 \quad \cdots\cdots(答)$$

参考　$$S=\int_a^{2a}\{x^2-(2ax-a^2)\}dx+\int_{2a}^{3a}\{(x^2-4ax+8a^2)-(2ax-a^2)\}dx$$

$$=\int_a^{2a}(x^2-2ax+a^2)dx+\int_{2a}^{3a}(x^2-6ax+9a^2)dx$$

$$=\left[\frac{x^3}{3}-ax^2+a^2x\right]_a^{2a}+\left[\frac{x^3}{3}-3ax^2+9a^2x\right]_{2a}^{3a}$$

$$=\frac{1}{3}(8a^3-a^3)-a(4a^2-a^2)+a^2(2a-a)$$

$$+\frac{1}{3}(27a^3-8a^3)-3a(9a^2-4a^2)+9a^2(3a-2a)$$

$$=\frac{2}{3}a^3$$

(3)　m は $\mathrm{P}(2a,\ 4a^2)$ を通り l に平行な直線であるから，方程式は

$$y-4a^2=2a(x-2a)$$

すなわち　　$y=2ax$　……⑤

C_2 と l の共有点の x 座標は，②，⑤から y を消去して

$$x^2-4ax+8a^2=2ax$$

$$x^2-6ax+8a^2=0$$

$$(x-2a)(x-4a)=0$$

$$x=2a,\ 4a$$

よって

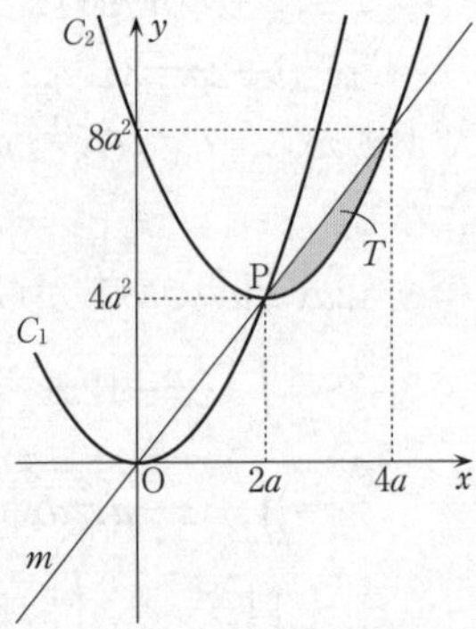

$$T=\int_{2a}^{4a}\{2ax-(x^2-4ax+8a^2)\}\,dx$$

$$=-\int_{2a}^{4a}(x-2a)(x-4a)\,dx$$

$$=-\left\{-\frac{1}{6}(4a-2a)^3\right\}$$

$$=\frac{4}{3}a^3$$

したがって

$$\frac{T}{S}=\frac{\frac{4}{3}a^3}{\frac{2}{3}a^3}=2\quad\text{……(答)}$$

◀解　説▶

≪共通接線，放物線と直線で囲まれた部分の面積≫

　2つの放物線とその共通接線で囲まれた部分の面積，および放物線と直線で囲まれた部分の面積を求める問題である。

(1)　曲線 $y=f(x)$ を x 軸方向に p，y 軸方向に q だけ平行移動した曲線の方程式は $y-q=f(x-p)$ である。

(2)　曲線 $y=f(x)$ 上の点 $(t,\ f(t))$ における接線の方程式は
$y-f(t)=f'(t)(x-t)$ である。C_2 上の点 $(s,\ s^2-4as+8a^2)$ における接線

$$y-(s^2-4as+8a^2)=(2s-4a)(x-s)$$

すなわち　$y=2(s-2a)x-s^2+8a^2$

が l と一致するとして，$t=a$，$s=3a$ を求めることもできる。面積を求める際にはどこの面積を求めるのかがわかるように図を描いておくべきである。積分計算では，公式

$$\int(ax+b)^n dx=\frac{1}{(n+1)a}(ax+b)^{n+1}+C \quad (C\text{は積分定数})$$

を用いた。公式を用いなければ〔参考〕のようになる。

(3)　T の面積は，公式 $\displaystyle\int_\alpha^\beta(x-\alpha)(x-\beta)\,dx=-\frac{(\beta-\alpha)^3}{6}$ を用いて計算する。

❖講　評

例年通り，**1**・**2**はともに空所補充形式で，**1**は「数学Ⅰ・A」から1問ずつ計2問，**2**は「数学Ⅱ・B」から1問ずつ計2問，**3**は記述式で微・積分法に関するものである。

1　(1)は2次関数・2次方程式の頻出問題。グラフを利用して考えるのがよい。(2)はじゃんけんを題材にした確率の典型問題。問題集にもあるものなので，確実に解いておきたい。

2　(1)(i)(ii)は2倍角の公式・合成を利用して三角方程式を解く問題で，標準的なものである。(iii)は x と t の関係を正確に理解しているかを問う問題。受験問題集には類題があるので勉強しておきたい。(2)は空間ベクトルの問題で，共線条件・共面条件を理解しているかを問う問題であるが，計算量は少なく慣れていれば解きやすい。

3　接線，面積に関する微・積分法の問題。(1)(2)(i)は容易。(ii)は図を描いて面積を求める部分を確認してから，積分計算に進むことが重要である。計算量は多くない。(3)の面積計算は公式を使えば容易に求まる。

2023年度も頻出・典型問題を中心に基本～標準レベルの問題が並んだ。**2**(1)(iii)，**3**(2)(ii)で差がつくであろう。**1**(2)(ii)や**2**(2)にも注意が必

要である。頻出・典型問題が多く，日頃の学習量が問われている。図・グラフを描くことがポイントとなる問題も多いので，よく練習しておこう。

2月6日実施分

問題　数学

(60分)

〔1〕 次の文章中の □ に適する式または数値を，解答用紙の同じ記号のついた □ の中に記入せよ．途中の計算を書く必要はない．

(1)　a, b を 0 以上の整数とする．次の表は，8 人の生徒のテスト I, II の得点結果をまとめた度数分布表で，テスト II の得点の平均値は 6 点であった．8 人の生徒全員は両方のテストを受けている．

得点（点）	0	1	2	3	4	5	6	7	8	9	10
テスト I 度数	0	0	1	0	3	2	0	1	0	1	0
テスト II 度数	0	a	0	0	0	0	b	3	1	0	0

テスト I の得点の分散は [ア] である．また，$b=$ [イ] である．

テスト I, II の得点の相関係数が 0.75 であるとき，テスト I, II の得点の共分散の値は [ウ] である．

(2)　x, y の 1 次方程式 $8x+27y=1$ の整数解を考える．

(i) x が自然数のとき，最小の x の値は，$x=$ [エ] である．また，x が 3 桁(けた)の自然数のとき，最大の x の値は，$x=$ [オ] である．

(ii) $x+y$ を 19 で割った余りは [カ] である．また，$|x-y| \leqq 1000$ となるような整数 x, y の組 (x,y) は全部で [キ] 組ある．

〔2〕 次の文章中の□に適する式または数値を，解答用紙の同じ記号のついた□の中に記入せよ．途中の計算を書く必要はない．

(1) 関数 $y=(\log_3 9x)(\log_{\sqrt{3}} x)$ $\left(\dfrac{1}{9} \leqq x \leqq 27\right)$ を考える．

(i) $y=0$ となるような x の値を $a, b\ (a<b)$ とするとき，$a=$ [ア] である．また，関数 y の最小値は [イ] である．

(ii) c を実数とする．方程式 $y=c$ がちょうど 2 つの実数解をもつとき，c の取りうる値の範囲は [ウ] である．

(2) a を実数とする．座標空間内の中心 C，半径 2 の球面 $x^2+y^2+z^2-2y-4z+a=0$ を S，原点を O，点 $(0, 0, 4)$ を A とする．また，点 P は球面 S 全体を動くとする．

(i) $a=$ [エ] である．

(ii) 線分 AP の長さの最大値は [オ] である．このとき，直線 AP と xy 平面との交点の y 座標は [カ] である．

(iii) 3 点 O，P，C がこの順に一直線上にあるとき，点 P の y 座標は [キ] である．

〔3〕 k を実数とし，$f(x)=2x^3+x^2-4x+k$ とする．このとき，次の問いに答えよ．

(1) 関数 $f(x)$ の極値を k を用いて表せ．

(2) $k=-12$ とする．曲線 $y=f(x)$，x 軸および y 軸で囲まれた部分の面積 S を求めよ．

(3) 方程式 $f(x)=0$ が異なる 3 つの実数解 α, β, γ をもち，$\alpha<\beta<0<\gamma$ を満たすとする．

(i) k の取りうる値の範囲を求めよ．

(ii) α の取りうる値の範囲を求めよ．

2月6日実施分

解答 数学

1

解答 (1)ア．4　イ．3　ウ．3

(2)エ．17　オ．989　カ．12　キ．57

◀解　説▶

≪小問2問≫

(1)　テストⅠの得点について

平均は　$\dfrac{2\times1+4\times3+5\times2+7\times1+9\times1}{8}=\dfrac{40}{8}=5$

よって，Ⅰの得点の分散は

$$\frac{(2-5)^2\times1+(4-5)^2\times3+(5-5)^2\times2+(7-5)^2\times1+(9-5)^2\times1}{8}$$

$$=\frac{32}{8}=4 \quad \to ア$$

テストⅡについて，人数が8人より

$$a+b+3+1=8$$

よって　$a+b=4$　……①

得点の平均は，$\dfrac{a+6b+7\times3+8\times1}{8}=6$ より

$$a+6b=19 \quad ……②$$

①，②より　$a=1$，$b=3$　→イ

Ⅱの得点の分散は

$$\frac{(1-6)^2\times1+(6-6)^2\times3+(7-6)^2\times3+(8-6)^2\times1}{8}=\frac{32}{8}=4$$

よって求める共分散を s とすると

$\dfrac{s}{\sqrt{4}\times\sqrt{4}}=0.75$ より　$s=3$　→ウ

(2)　$8x+27y=1$　……③ の解の1つは $x=-10$，$y=3$ であるから

$8\times(-10)+27\times3=1$　……④ が成り立ち，③−④ より

$$8(x+10)+27(y-3)=0$$

8と27は互いに素であるから，③の解は

$x=27k-10,\ y=-8k+3$（k は整数）

と表せる。

(i)　$x\geqq 1$ より　　$27k-10\geqq 1$

これを満たす最小の k は　　$k=1$

このとき　　$x=27-10=17$　→エ

$27k-10<1000$ のとき　　$k<\dfrac{1010}{27}=37.4\cdots$

最大の k は $k=37$ より

$x=27\times 37-10=989$　→オ

(ii)　　$x+y=(27k-10)+(-8k+3)=19k-7=19(k-1)+12$

$k-1$ は整数より，余りは12である。→カ

$|x-y|=|(27k-10)-(-8k+3)|=|35k-13|$

$-1000\leqq 35k-13\leqq 1000$ より　　$-28.2\leqq k\leqq 28.9\cdots$

これを満たす k は $-28,\ -27,\ \cdots,\ 27,\ 28$ の57個あるので，整数 $x,\ y$ の組も57組ある。→キ

2 解答

(1)ア．$\dfrac{1}{9}$　イ．-2　ウ．$-2<c\leqq 0$

(2)エ．1　オ．$\sqrt{5}+2$　カ．2　キ．$\dfrac{5-2\sqrt{5}}{5}$

◀解　説▶

≪小問2問≫

(1)(i)　$\log_3 9x=0$ のとき $9x=1$ より　　$x=\dfrac{1}{9}$

$\log_{\sqrt{3}}x=0$ のとき　　$x=1$

$a<b$ より　　$a=\dfrac{1}{9}$　→ア

$t=\log_3 x$ とおくと

$\log_3 9x=\log_3 x+\log_3 3^2=t+2$

$\log_{\sqrt{3}}x=\dfrac{\log_3 x}{\log_3 3^{\frac{1}{2}}}=2\log_3 x=2t$ であるから

$y=2t(t+2)=2t^2+4t=2(t+1)^2-2$

$\dfrac{1}{9}\leqq x\leqq 27$ のとき $-2\leqq t\leqq 3$ であるから，y は $t=-1$ すなわち $x=\dfrac{1}{3}$ のとき

最小値 -2 をとる。　→イ

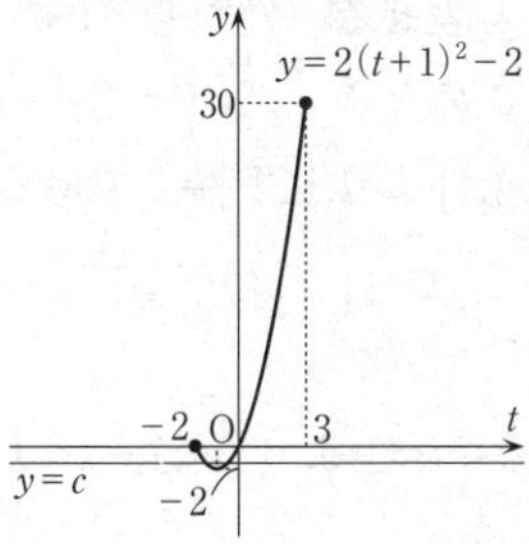

(ii)　$y=2(t+1)^2-2$（$-2\leqq t\leqq 3$）と $y=c$ のグラフが異なる2点で交わるとき，方程式 $y=c$ は異なる2つの実数解をとる。

グラフより求める c の範囲は

$$-2<c\leqq 0 \quad →ウ$$

(2)(i)　$x^2+(y-1)^2+(z-2)^2=-a+5$ と変形できる。

半径が2より　　$-a+5=2^2$

よって　　$a=1$　→エ

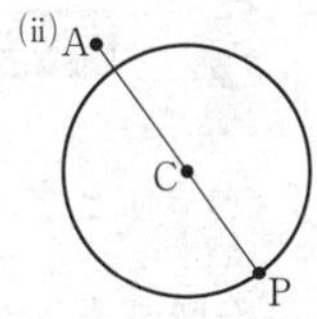

(ii)　中心Cの座標は（0, 1, 2）より

$$AC=\sqrt{0^2+1^2+(2-4)^2}=\sqrt{5}$$

$AP\leqq AC+CP=\sqrt{5}+2$ なので AP の最大値は

$$\sqrt{5}+2 \quad →オ$$

このとき，直線 AP 上の点を $Q(x,\ y,\ z)$ とすると，

$\overrightarrow{OQ}=\overrightarrow{OC}+t\overrightarrow{AC}$（$t$ は実数）となり

$$(x,\ y,\ z)=(0,\ 1,\ 2)+t(0,\ 1,\ -2)$$
$$=(0,\ 1+t,\ 2-2t)$$

$z=0$ とすると，$2-2t=0$ より　　$t=1$

このときの y 座標は　　$1+t=2$　→カ

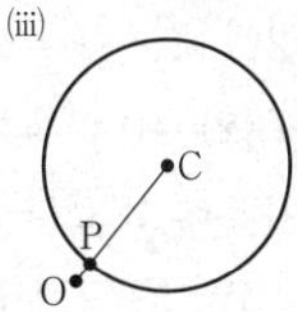

(iii)　$OC=\sqrt{0+1^2+2^2}=\sqrt{5}$，$CP=2$ より

$$OP:OC=(\sqrt{5}-2):\sqrt{5}$$

よって

$$\overrightarrow{OP}=\frac{\sqrt{5}-2}{\sqrt{5}}\overrightarrow{OC}=\frac{\sqrt{5}-2}{\sqrt{5}}(0,\ 1,\ 2)$$

$$=\left(0,\ \frac{5-2\sqrt{5}}{5},\ \frac{10-4\sqrt{5}}{5}\right)$$

したがって求める y 座標は

$$\frac{5-2\sqrt{5}}{5} \quad →キ$$

別解　(ii)と同様に，点Pが線分 OC 上にあることから，実数 s を用いて

$\overrightarrow{OP}=s\overrightarrow{OC}=s(0,\ 1,\ 2)$　……(※)

と表せる（ただし，$0<s<1$ である）。

このとき　$\overrightarrow{CP}=\overrightarrow{OP}-\overrightarrow{OC}=(1-s)(0,\ 1,\ 2)$

条件より $|\overrightarrow{CP}|=2$ であるから

$$|1-s|\sqrt{0^2+1^2+2^2}=\sqrt{5}|1-s|=2 \qquad |1-s|=\frac{2}{\sqrt{5}}$$

$0<s<1$ より $0<1-s<1$ であるから　$1-s=\dfrac{2}{\sqrt{5}}$

（※）より点Pの y 座標は s の値に等しく　$s=1-\dfrac{2}{\sqrt{5}}=\dfrac{5-2\sqrt{5}}{5}$

3 解答

(1)　$f'(x)=6x^2+2x-4=2(x+1)(3x-2)$

$f'(x)=0$ とすると　$x=-1,\ \dfrac{2}{3}$

右の増減表により

$$\begin{cases} x=-1 \text{ で極大値 } k+3 \\ x=\dfrac{2}{3} \text{ で極小値 } k-\dfrac{44}{27} \end{cases}$$

……(答)

x	…	-1	…	$\frac{2}{3}$	…
$f'(x)$	$+$	0	$-$	0	$+$
$f(x)$	↗	$k+3$	↘	$k-\frac{44}{27}$	↗

(2)　$f(2)=16+4-8-12=0$ より，$f(x)$ は $x-2$ を因数にもつので

$$f(x)=(x-2)(2x^2+5x+6)$$

$2x^2+5x+6=0$ の判別式 D について，$D=5^2-4\cdot2\cdot6=-23<0$ であるから $f(x)=0$ の実数解は $x=2$ のみとなる。

$0\leqq x\leqq 2$ では $f(x)\leqq 0$ より

$$S=-\int_0^2(2x^3+x^2-4x-12)\,dx$$

$$=-\left[\frac{1}{2}x^4+\frac{1}{3}x^3-2x^2-12x\right]_0^2$$

$$=\frac{64}{3} \quad \text{……(答)}$$

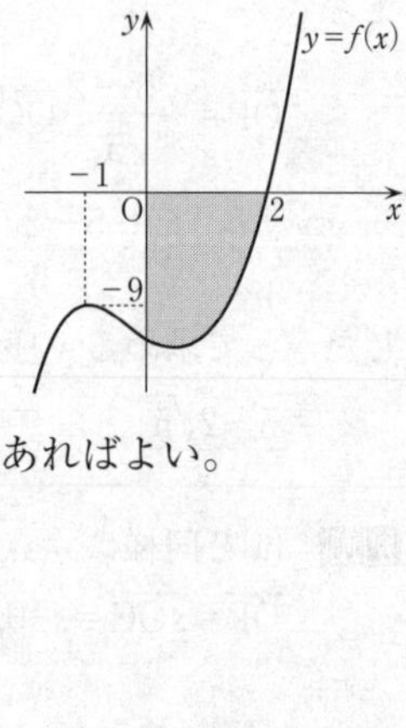

(3)(i)　次のグラフより，$f(-1)>0$ かつ $f(0)<0$ であればよい。

$f(-1)=k+3>0$ より　$k>-3$　……①

$f(0)=k<0$　……②

①，②より　$-3<k<0$　……(答)

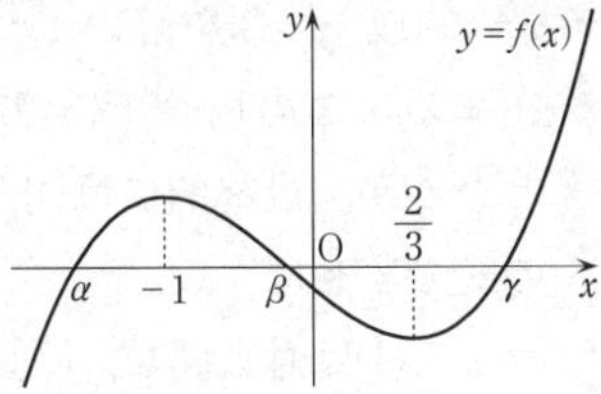

(ii)　$x=-1,\ \dfrac{2}{3}$ で極値をとるので，条件を満たすとき，$\alpha<-1<\beta<0,\ \dfrac{2}{3}<\gamma$ となる。

また，$\beta=0$ となるとき

$f(x)=2x^3+x^2-4x=x(2x^2+x-4)$　より

$$f(x)=0 \Longleftrightarrow x=0,\ \frac{-1\pm\sqrt{33}}{4}$$

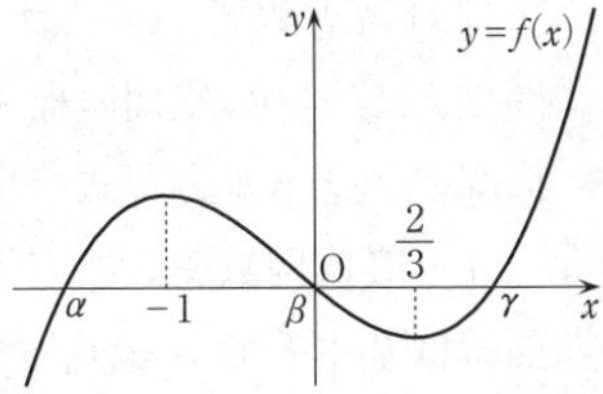

$\alpha<-1$ より　$\alpha=\dfrac{-1-\sqrt{33}}{4}$

したがって　$\dfrac{-1-\sqrt{33}}{4}<\alpha<-1$　……(答)

◀解　説▶

≪3次関数の極値と面積，3次方程式の解の範囲≫

(1)　$f'(x)=0$ を満たす x を求めるが，これはあくまで極値の候補であり，増減表を作成して極値であることを確認する必要がある。

(2)　x 軸と $y=f(x)$ の上下を確認してから定積分を立式する。グラフの概形を描くのがよい。

(3)　実数解の範囲の問題は，グラフの概形を描いて条件を見つけていくのがよい。k の値が変化すると $y=f(x)$ のグラフは y 軸方向に平行移動するので，α がとりうる範囲を調べる。α と β は極値をとる $x=-1$ をはさむので，α は -1 より小さい。また，$y=f(x)$ のグラフが原点に近づくとき，β は0に近づき，得られた実数解のうち，α は小さい方の値となる。

❖講　評

それぞれ小問2問からなる空所補充形式の**1**・**2**と，記述式の**3**の大問3題構成は例年通りである。**3**の解答スペースはA4用紙1枚分あり，余裕がある。

1　(1)はデータの分析，(2)は整数からの出題であった。(1)は階級値が1きざみの度数分布表から平均や分散を計算する問題で，最後に相関係数から共分散を求めている。(2)は1次不定方程式である。解答例では，

$x=-10$，$y=3$を解の1つとしたが，$x=17$，$y=-5$など他にも解が存在する。この場合，$x=27k+17$，$y=-8k-5$のように違う形の一般解となるが，最終的には同じ答えにたどり着く。(ii)では$x+y$，$|x-y|$をkの式で表せばよい。

2　(1)は対数関数，(2)は球面の方程式からの出題であった。(1)では，アは対数方程式，イ・ウは$\log_3 x=t$とおいて2次関数に帰着させる問題である。(2)の空間座標の求値はベクトルを利用するのが便利なので，直線のベクトル方程式を用いた解法に習熟しておくのがよいだろう。

3　3次関数や3次方程式に関する微・積分法の問題である。極値や面積は基本的であるが，(2)の方程式の解の問題はグラフを活用して考えるとよい。

全体を通して，広い範囲からの出題であるが，基本事項を問う良問であった。

2月7日実施分　問題　数学

(60分)

〔1〕 次の文章中の □ に適する式または数値を，解答用紙の同じ記号のついた □ の中に記入せよ．途中の計算を書く必要はない．

(1) p を実数とし，2 次方程式 $x^2+2\sqrt{2}x+p=0$ は異なる 2 つの実数解 α, β $(\alpha<\beta)$ をもつとする．

(i) p の取りうる値の範囲は [ア] である．

(ii) $\beta-\alpha \geqq \sqrt{2}$ を満たす p の最大値は [イ] である．

(iii) $\alpha^4+\beta^4=98$ であるとき，$p=$ [ウ] である．

(2) 2 つの袋 A, B の中にそれぞれくじが入っている．袋 A には当たりくじ 2 本，はずれくじ 2 本の合計 4 本が，袋 B には当たりくじ 2 本，はずれくじ 4 本の合計 6 本が入っている．これらの袋から同時に 2 本ずつ合計 4 本のくじを引き，そのうちの当たりくじの合計本数を X とする．

(i) $X=4$ となる確率は [エ] であり，$X=1$ となる確率は [オ] である．

(ii) $X=2$ となる確率は [カ] である．$X=2$ であったとき，当たりくじがすべて袋 B から取り出されている条件付き確率は [キ] である．

〔2〕 次の文章中の □ に適する式または数値を，解答用紙の同じ記号のついた □ の中に記入せよ．途中の計算を書く必要はない．

(1) a は正の実数であるとする．$x>0$ における $x+a+\dfrac{4a^2}{x+a}$ の最小値は [ア] である．
また，$x>0$ において，$\dfrac{x^2+6x+13}{x+2}$ は $x=$ [イ] のとき最小値 [ウ] をとる．

(2) 数列 $\{a_n\}$ は群に分けられており，下のように，第 k 群には分母が 2^k で，かつ，分子には 2^k より小さいすべての正の奇数が小さい順に並んでいるとする．ここで，k は自然数である．

$$\frac{1}{2} \,\Big|\, \frac{1}{4}, \frac{3}{4} \,\Big|\, \frac{1}{8}, \frac{3}{8}, \frac{5}{8}, \frac{7}{8} \,\Big|\, \frac{1}{16}, \frac{3}{16}, \cdots$$

第 k 群のすべての項の和 S_k は [エ] である．第 1 群から第 n 群までのすべての項の和 T_n は [オ] であり，T_N の整数部分が 5 桁(けた)となる最小の自然数 N は [カ] である．また，$a_n<\dfrac{1}{1000}$ となる最小の n は [キ] である．

〔3〕　2つの関数 $f(x)$, $g(x)$ について,

$$f(x) = x^2 + x\int_{-1}^{1} g(t)dt + \int_{0}^{3} f(t)dt$$
$$g(x) = xf(x) - 1$$

が成り立つとする．このとき，次の問いに答えよ．

(1)　$a = \int_{-1}^{1} g(t)dt$, $b = \int_{0}^{3} f(t)dt$ とおくとき，定数 a, b の値をそれぞれ求めよ．

(2)　2つの曲線 $y = f(x)$, $y = g(x)$ の共有点の x 座標を求めよ．

(3)　不定積分 $\int \{f(x) - g(x)\}dx$ を求めよ．

(4)　定積分 $I = \int_{\frac{3}{2}}^{3} |f(x) - g(x)|dx$ の値を求めよ．

2月7日実施分

解答 数学

1

解答 (1)ア．$p<2$　イ．$\frac{3}{2}$　ウ．-1　(2)エ．$\frac{1}{90}$　オ．$\frac{16}{45}$

カ．$\frac{13}{30}$　キ．$\frac{1}{39}$

◀解　説▶

≪2次方程式，判別式，解と係数の関係，条件付き確率≫

(1)　$x^2+2\sqrt{2}x+p=0$　……①とおく。

(i)　①の判別式をDとすれば　　$D/4=(\sqrt{2})^2-p=2-p$

①が異なる2つの実数解をもつ条件は，$D/4>0$である。

よって　　$2-p>0$

すなわち　　$p<2$　(→ア)

(ii)　α，β ($\alpha<\beta$) は①の2つの解であるから，解と係数の関係から

$$\alpha+\beta=-2\sqrt{2},\ \alpha\beta=p$$

が成り立つ。このとき

$$(\beta-\alpha)^2=(\beta+\alpha)^2-4\alpha\beta=8-4p$$

$\beta-\alpha>0$であるから，$\beta-\alpha\geqq\sqrt{2}$ならば　　$(\beta-\alpha)^2\geqq 2$

よって　　$8-4p\geqq 2$

すなわち　　$\frac{3}{2}\geqq p$

したがって，pの最大値は　　$\frac{3}{2}$　(→イ)

(iii)　$\alpha^2+\beta^2=(\alpha+\beta)^2-2\alpha\beta=8-2p$より

$$\alpha^4+\beta^4=(\alpha^2+\beta^2)^2-2\alpha^2\beta^2=(8-2p)^2-2p^2=2(p^2-16p+32)$$

$\alpha^4+\beta^4=98$であるとき，$p^2-16p+32=49$であるから

$p^2-16p-17=0$より　　$(p-17)(p+1)=0$

よって，(i)から$p<2$であることに注意して

$$p=-1\quad(→ウ)$$

を得る。

(2)　取り出し方の総数は，${}_4C_2 \times {}_6C_2 = 90$ 通りである。

(i)　$X=4$ となるのは，A，B両方の袋から当たりくじを2本ずつ引く場合である。よって，その確率は

$$\frac{{}_2C_2 \times {}_2C_2}{{}_4C_2 \times {}_6C_2} = \frac{1}{90} \quad (\to エ)$$

また，$X=1$ となるのは，Aから当たりくじとはずれくじを1本ずつ引き，Bからはずれくじを2本引く場合，または，Aからはずれくじを2本引き，Bから当たりくじとはずれくじを1本ずつ引く場合である。よって，その確率は

$$\frac{({}_2C_1 \times {}_2C_1) \times {}_4C_2 + {}_2C_2 \times ({}_2C_1 \times {}_4C_1)}{{}_4C_2 \times {}_6C_2} = \frac{24+8}{90} = \frac{16}{45} \quad (\to オ)$$

(ii)　$X=2$ となるのは，Aから当たりくじを2本引き，Bからはずれくじを2本引く場合，または，A，Bからそれぞれ当たりくじとはずれくじを1本ずつ引く場合，または，Aからはずれくじを2本引き，Bから当たりくじを2本引く場合である。よって，その確率は

$$\frac{{}_2C_2 \times {}_4C_2 + ({}_2C_1 \times {}_2C_1) \times ({}_2C_1 \times {}_4C_1) + {}_2C_2 \times {}_2C_2}{{}_4C_2 \times {}_6C_2}$$

$$= \frac{6+32+1}{90} = \frac{13}{30} \quad (\to カ)$$

次に，$X=2$ である事象を E，Aからはずれくじを2本引き，Bから当たりくじを2本引く事象を F とする。このとき，$X=2$ となる確率 $P(E)$ は $P(E) = \frac{13}{30}$ である。また，E と F が同時に起こる確率 $P(E \cap F)$ はAからはずれくじを2本，Bから当たりくじを2本引く場合の確率であるから $P(E \cap F) = \frac{1}{90}$ である。これより，事象 E が起こったときに事象 F が起こる条件付き確率 $P_E(F)$ は

$$P_E(F) = \frac{P(E \cap F)}{P(E)} = \frac{\frac{1}{90}}{\frac{13}{30}} = \frac{1}{39} \quad (\to キ)$$

2 **解答** (1)ア．$4a$ イ．$\sqrt{5}-2$ ウ．$2+2\sqrt{5}$ (2) エ．2^{k-2}

オ．$\dfrac{2^n-1}{2}$ カ．15 キ．512

◀解 説▶

≪相加・相乗平均，最大・最小，群数列≫

(1) $a>0$，$x>0$ であるとき，$x+a>0$，$\dfrac{4a^2}{x+a}>0$ であるから，相加平均・相乗平均の関係により

$$x+a+\frac{4a^2}{x+a}\geqq 2\sqrt{(x+a)\cdot\frac{4a^2}{x+a}}=4a$$

等号は，$x+a=\dfrac{4a^2}{x+a}$ より，$(x+a)^2=4a^2$ とすると，$a>0$，$x+a>0$ であるから，$x+a=2a$ ゆえに，$x=a$ のとき成立する。

よって，$x+a+\dfrac{4a^2}{x+a}$ の最小値は　$4a$ （→ア）

次に，$x+2>0$ であるから

$$\frac{x^2+6x+13}{x+2}=\frac{(x+4)(x+2)+5}{x+2}=x+4+\frac{5}{x+2}=2+\left(x+2+\frac{5}{x+2}\right)$$

このとき，相加平均・相乗平均の関係により

$$x+2+\frac{5}{x+2}\geqq 2\sqrt{(x+2)\cdot\frac{5}{x+2}}=2\sqrt{5}$$

等号は，$x+2=\dfrac{5}{x+2}$ より，$(x+2)^2=5$ とすると，$x+2>0$ であるから，$x+2=\sqrt{5}$ ゆえに，$x=\sqrt{5}-2$ のとき成立する。

したがって，$\dfrac{x^2+6x+13}{x+2}=2+\left(x+2+\dfrac{5}{x+2}\right)\geqq 2+2\sqrt{5}$ であるから

$\dfrac{x^2+6x+13}{x+2}$ は $x=\sqrt{5}-2$ のとき，最小値 $2+2\sqrt{5}$ をとる。（→イ，ウ）

(2) 第 k 群に含まれる項数は 2^{k-1} である。このとき

$$S_k=\frac{1+3+5+\cdots+(2^k-1)}{2^k}$$

において，$1+3+5+\cdots+(2^k-1)$ は初項 1，末項 2^k-1，項数 2^{k-1} の等差数列の和である。

よって　$S_k=\dfrac{\frac{1}{2}\cdot 2^{k-1}\{1+(2^k-1)\}}{2^k}=2^{k-2}$　(→エ)

数列 $\{S_n\}$ は初項 $\dfrac{1}{2}$，公比 2 の等比数列である。

よって　$T_n=S_1+S_2+S_3+\cdots+S_n=\dfrac{1}{2}\cdot\dfrac{2^n-1}{2-1}=\dfrac{2^n-1}{2}$　(→オ)

$T_N=\dfrac{2^N-1}{2}$ の整数部分が 5 桁であるとき

$\dfrac{2^N-1}{2}\geqq 10^4$ より　$2^N\geqq 2\cdot 10^4+1>20000$　……①

ここで　$2^{10}=1024,\ 2^{13}=8192,\ 2^{14}=16384,\ 2^{15}=32768$

よって，①を満たす最小の自然数 N は 15 である。(→カ)

次に，第 k 群（$k=1,\ 2,\ 3,\ \cdots$）の最小の項の値は，その群の初項である。

また，はじめて $a_n<\dfrac{1}{1000}$ となる項が，第 k 群の 1 番目の項であるとき，

n は，第 $k-1$ 群までの項数の和に 1 を加えたものに等しく，$k\geqq 2$ のとき

$$n=(1+2+2^2+2^3+\cdots+2^{k-2})+1=\frac{2^{k-1}-1}{2-1}+1=2^{k-1}\quad\cdots\cdots②$$

一方，第 k 群の 1 番目の項は $\dfrac{1}{2^k}$ であるから，$\dfrac{1}{2^k}<\dfrac{1}{1000}$ を満たす最小の k の値は，$2^k>1000$ より，$k=10$ である。

よって，$a_n<\dfrac{1}{1000}$ を満たす最小の n の値は　$n=2^9=512$　(→キ)

3

解答　$f(x)=x^2+x\displaystyle\int_{-1}^{1}g(t)\,dt+\int_0^3 f(t)\,dt$　……①

$g(x)=xf(x)-1$　……②

とおく。

(1)　$a=\displaystyle\int_{-1}^{1}g(t)\,dt$　……③，$b=\displaystyle\int_0^3 f(t)\,dt$　……④

として，①を $a,\ b$ で表すと

$f(x)=x^2+ax+b$　……⑤

⑤と②から

$$g(x)=x(x^2+ax+b)-1=x^3+ax^2+bx-1 \quad \cdots\cdots⑥$$

⑥を③に代入すると

$$a=\int_{-1}^{1}(t^3+at^2+bt-1)\,dt=2\int_0^1(at^2-1)\,dt=\frac{2}{3}a-2$$

より　$a=-6$

このとき，$f(x)=x^2-6x+b$ として，④に代入すると

$$b=\int_0^3(t^2-6t+b)\,dt=\left[\frac{t^3}{3}-3t^2+bt\right]_0^3=-18+3b$$

より　$b=9$

よって　$a=-6,\ b=9$　……(答)

(2)　$f(x)=x^2-6x+9,\ g(x)=x^3-6x^2+9x-1$ であるから

$$\begin{aligned}g(x)-f(x)&=x^3-6x^2+9x-1-(x^2-6x+9)=x^3-7x^2+15x-10\\&=(x-2)(x^2-5x+5)\end{aligned}$$

よって，$g(x)=f(x)$ となる x の値は，$(x-2)(x^2-5x+5)=0$ を解いて

$$x=2,\ \frac{5\pm\sqrt{5}}{2} \quad \cdots\cdots(答)$$

(3)

$$\begin{aligned}\int\{f(x)-g(x)\}\,dx&=\int(-x^3+7x^2-15x+10)\,dx\\&=-\frac{1}{4}x^4+\frac{7}{3}x^3-\frac{15}{2}x^2+10x+C \quad (C\text{は積分定数})\end{aligned}$$

……(答)

(4)

$$\begin{aligned}f(x)-g(x)&=-x^3+7x^2-15x+10\\&=-(x-2)(x^2-5x+5)\end{aligned}$$

よって，$\frac{3}{2}\leqq x\leqq 2$ のとき　$f(x)-g(x)\leqq 0$

$2\leqq x\leqq 3$ のとき　$f(x)-g(x)\geqq 0$

ゆえに

$$\begin{aligned}I&=\int_{\frac{3}{2}}^{3}|f(x)-g(x)|\,dx\\&=\int_{\frac{3}{2}}^{2}(x^3-7x^2+15x-10)\,dx+\int_2^3(-x^3+7x^2-15x+10)\,dx\\&=\left[\frac{1}{4}x^4-\frac{7}{3}x^3+\frac{15}{2}x^2-10x\right]_{\frac{3}{2}}^{2}+\left[-\frac{1}{4}x^4+\frac{7}{3}x^3-\frac{15}{2}x^2+10x\right]_2^3\\&=\frac{1}{4}\left(16-\frac{81}{16}\right)-\frac{7}{3}\left(8-\frac{27}{8}\right)+\frac{15}{2}\left(4-\frac{9}{4}\right)-10\left(2-\frac{3}{2}\right)\end{aligned}$$

$$-\frac{1}{4}(81-16)+\frac{7}{3}(27-8)-\frac{15}{2}(9-4)+10(3-2)$$

$$=\frac{125}{192}\quad\cdots\cdots(\text{答})$$

別解　$f(x)=x^2-6x+9=(x-3)^2$，$g(x)=xf(x)-1=x(x-3)^2-1$ であるから

$$I=\int_{\frac{3}{2}}^{2}\{(x-1)(x-3)^2-1\}dx+\int_{2}^{3}-\{(x-1)(x-3)^2-1\}dx$$

$$=\int_{\frac{3}{2}}^{2}\{(x-3)^3+2(x-3)^2-1\}dx-\int_{2}^{3}\{(x-3)^3+2(x-3)^2-1\}dx$$

$$=\left[\frac{1}{4}(x-3)^4+\frac{2}{3}(x-3)^3-x\right]_{\frac{3}{2}}^{2}-\left[\frac{1}{4}(x-3)^4+\frac{2}{3}(x-3)^3-x\right]_{2}^{3}$$

$$=\frac{1}{4}\left\{(-1)^4-\left(-\frac{3}{2}\right)^4\right\}+\frac{2}{3}\left\{(-1)^3-\left(-\frac{3}{2}\right)^3\right\}-\left(2-\frac{3}{2}\right)$$

$$-\frac{1}{4}\{0-(-1)^4\}-\frac{2}{3}\{0-(-1)^3\}+(3-2)$$

$$=\frac{125}{192}$$

◀解　説▶

≪定積分で表された関数，不定積分，定積分の計算≫

(1)　設問で与えられた定数 a，b で $f(x)$，$g(x)$ を表す。〔解答〕のように，a を求める際に積分区間に注目して $\int_{-c}^{c}x^{2n-1}dx=0$，$\int_{-c}^{c}x^{2n}dx=2\int_{0}^{c}x^{2n}dx$ が利用できれば計算が楽になる。

(4)　(3)の不定積分を利用して計算すればよいが，計算がやや煩雑になる。

(4)の計算は，単純だが煩雑な計算を要求されているので意外と難しい。ケアレスミスなく解答できる計算力を養っておきたい。

❖講　評

1　空欄補充形式で例年「数学Ⅰ・A」からの出題である。

(1)は「数学Ⅰ」の2次方程式に関する内容であるが，「数学Ⅱ」の内容の解と係数の関係を使うと計算しやすい。(2)は「数学A」の確率から条件付き確率を含む設問の出題である。

2　空欄補充で，「数学Ⅱ・B」からの出題である。

(1)は「数学Ⅱ」の式と証明から，相加平均・相乗平均の関係を用いての最大・最小についての考察。(2)は「数学B」の数列から群数列の考察。どちらも難しくはないが，(1)は経験の有無，(2)は苦手意識の有無で差が出たのではないだろうか。

3　「数学Ⅱ」の積分法からの出題で記述式となっている。定積分で表された関数からの定番的な問題であり，(1)から(3)まででしっかり計算して完答できる学力をつけておきたい。ただ，(4)は単純ながら計算が煩雑で，差がつくと思われる。

難問が出るということはないので，典型的な問題をしっかり演習しておくこと。また，日頃から計算の工夫を怠らないようにしておきたい。

////////////////////// · memo · //////////////////////

2022年度

問題と解答

2月2日実施分　問題　日本史

(60分)

〔Ⅰ〕次の1～10の文章について、a・bとも正しい場合はアを、aが正しくbが誤っている場合はイを、aが誤りでbが正しい場合はウを、a・bともに誤っている場合はエをマークしなさい。

1．a．人類は猿人・原人・旧人・新人の順に出現した。日本列島の更新世の化石人骨としては沖縄県の港川人・山下町洞人などが知られており、いずれも旧人段階のものである。

b．三内丸山遺跡などで知られる縄文文化とは異なり、水稲農耕にもとづく弥生文化は北海道にまでは及ばず、北海道では続縄文文化と呼ばれる食料採取の文化が続いた。

2．a．ヤマト政権は大和盆地の支配に際して、職掌を氏の名とした有力豪族を臣に、地名を氏の名とした有力豪族を連に任じた。

b．ヤマト政権は地方に直轄地としての屯倉を置いたが、屯倉とその部民の管理は、国造に任じられた地方豪族に委ねられることもあった。

3．a．白鳳文化は外国文化の影響が大きいといわれ、高松塚古墳壁画には中国や朝鮮半島、法隆寺金堂壁画にはインド・中国の影響がそれぞれみられる。

b．遣隋使や遣唐使に随行して中国に渡った学問僧には、帰国後に国博士を務めた旻や、称徳天皇に支持され太政大臣禅師となった道鏡のように、政治的に重用される者がいた。

4．a．源満仲は安和の変で伴善男とともに都を追われたが、摂津で武士団を形成し、子の頼光と摂関家に奉仕して清和源氏発展の基礎を築いた。

b．平清盛は保元の乱では叔父の忠正とともに崇徳上皇を擁して勝利し、続く平治の乱では源義朝を滅ぼし、平氏の権勢を確かなものにした。

5．a．鎌倉時代、遠隔地への金銭の輸送を手形で代行する為替や、高利で金銭を貸し付ける借上が現れたが、国内での新貨の鋳造は行われなかった。

b．室町幕府や戦国大名は、粗悪な貨幣の使用を禁止したり悪銭と良銭の交換比率を明確化したりする政策によって商取引の円滑化を試みた。

6．a．朱子学を後世の解釈にすぎないと批判し、孔子や孟子などの原典そのものに学ぶことを重視した古学派の人物として、山鹿素行や伊藤仁斎が挙げられる。

b．契沖や新井白石による日本の古典の研究は、荷田春満、賀茂真淵、本居宣長などの国学へと発展していった。

7．a．ロシア使節ラクスマンは伊勢の船頭で漂流民となっていた大黒屋光太夫らを伴い根室に来航し、幕府に通商を要求した。

b．全権大使ハリスとの交渉で結ばれた日米修好通商条約は、神奈川・長崎・新潟・兵庫の開港、自由貿易、居留地の設置、相互の領事裁判権と関税自主権の承認などを定めていた。

8．a．明治政府は、貴族院の設置を視野に入れて華族令を公布したほか、太政官制を廃止し内閣制度を導入するなど、立憲国家の体制づくりを進めた。

b．天皇の諮問機関である枢密院は、明治憲法草案の審議のために設置されたが、憲法によって常置されることになった。

9．a．大正時代、日本社会主義同盟は結成の翌年に禁止され、また東京帝国大学の森戸辰男がクロポトキン研究によって処分されるなど、社会主義・無政府主義は厳しく弾圧された。

b．中国との戦争が進む中、当時の大陸政策を批判した矢内原忠雄は東京帝国大学を追われ、人民戦線の結成を計画したとして大内兵衛らは検挙された。

10．a．佐藤栄作内閣はアメリカのアジア政策に協調して日韓基本条約を結んだが、その条文内で韓国政府を「朝鮮にある唯一の合法的な政府」と記し、北朝鮮から批判を受けた。

b．アメリカと中国の接近に呼応し、田中角栄首相は中国を訪問した際に日中平和友好条約を結んで国交正常化を果たし、代わって中華民国と断交するに至った。

〔Ⅱ〕次の文章A・Bを読んで設問に答えなさい。もっとも適切な答えを一つマークしなさい。

A.　人の歴史に宗教や信仰は深く関係してきた。$_a$5世紀以前の社会ではアニミズム的信仰が特徴であり、『魏志』倭人伝などにその様相を垣間見ることができる。やがて日本列島に仏教が伝来すると、在来の神祇祭祀も仏教的な言語や論理で叙述されるようになり、後世の社会や思想に大きな影響を与える。8世紀には、中央で「大寺」の整備、地方では国分寺・国分尼寺を軸にした寺院網が建設されはじめ、9世紀初頭までには宗派教学としての$_b$南都六宗と平安二宗が確立する。[c]は唐からの帰国後、天台宗の密教化を主導したが、彼が宣揚した末法思想は学僧以外にも広がった。そして10世紀には仏教が護国を含めた支配層の祭祀に圧倒的な地位を築いた。

律令制のもとでは僧尼は護国仏教に奉仕するものとされていたが、次第に国家仏教とは異なる$_d$雑多な要素が混淆した信仰の形態が生まれた。10世紀の空也や[e]などの活動は民間社会に新たな仏教の広まりを促し、11世紀には仏教はかつての現世利益を主眼とした信仰から、自身の来世を主眼とする$_f$浄土教の信仰が中心となっていった。

【設　問】

1．下線部aに関して誤っているものを下記より選びなさい。

ア．縄文時代の遺跡から発掘される土偶は大部分が女性をかたどっている。

イ．縄文時代中期には畿内地方を中心にして甕棺に死者を折り曲げて葬る屈葬が一般化する。

ウ．『魏志』倭人伝には3世紀に卑弥呼が「鬼道を事とし、能く衆を惑」わしていたことが記されている。

エ．玄界灘の沖ノ島では4世紀後半から9世紀にかけての祭祀遺物が発見されている。

2．下線部bに関して誤っているものを下記より選びなさい。

ア．孝謙天皇に信任されて政界でも活躍した玄昉は三論宗の僧である。

イ．南都六宗は、三論、成実、法相、倶舎、華厳、律の六つをいう。

ウ．華厳宗の良弁は東大寺の造営に尽力した。

エ．三論宗の道慈は大安寺の造営に尽力した。

3．空欄c・eに該当する語句の正しい組合せを下記より選びなさい。

ア．c：空海・e：行基　　イ．c：空海・e：源信

ウ．c：円仁・e：源信　　エ．c：最澄・e：行基

4．下線部dに関連して、正しいものを下記より選びなさい。

ア．奈良時代の中頃には、神々は仏教を守る護法善神と考える思想や、神を本地、仏を垂迹とする神本仏迹説が現れた。

イ．山中修行を重視する天台・真言の密教と旧来の山岳信仰が結びついて修験道がはじまった。投入堂のある三仏寺は平安後期までさかのぼる修験道の修行場として有名である。

ウ．疫病や天災は非業の死を遂げた人の怨霊などが原因と考え、その祟りを恐れる御霊信仰が生まれた。9世紀には京都で菅原道真の霊を祀った北野天満宮がつくられた。

エ．厩戸皇子の死後には聖徳太子を信仰する太子信仰が生まれ、その太子信仰にもとづいて難波に四天王寺が創建された。

5．下線部fにもっとも関係のある作品を下記より選びなさい。

ア．

イ．

ウ．

エ．

B．　中世には、仏教と世俗権力は互いに助け合うべきと考える王法仏法相依論に支えられて、顕密仏教―南都六宗と平安二宗―が国家支配の中心的位置を占めた。11・12世紀、朝廷や院権力は王権強化のために仏法興隆策をとったが、鎌倉幕府も京から多くの顕密僧を招くなど顕密仏教を重んじた。とりわけ北条時頼・時宗の時代には、京から将軍を招いたことを背景に顕密仏教がさらに重視されるとともに、のちに［　g　］の開山となった蘭溪道隆を招くなどした禅宗が政権の支配的教学となった。

法然らの教えも顕密仏教の仏教学研究から誕生したものであり、旧仏教の衰退が$_h$鎌倉新仏教を招いたわけではない。顕密仏教派が王法仏法相依論に拠ったのに対して、異端派は仏法至上主義の立場から社会の矛盾を批判した。つづく室町幕府でも国家的祭祀の面では顕密仏教が中心となった。義満の時代には$_{\text{i}}$禅宗が顕密仏教とならぶ正統宗教の地位を得、[　j　]を五山の上とする官寺制度が整えられた。

$_{\text{k}}$近世になると宗教と幕府との関係は大きく変化した。仏教は依然主たる宗教として存在したが、全国の寺院は本末制度の下に編成され、諸宗寺院法度によって統制された。諸神社については$_{\text{l}}$諸社禰宜神主法度が出され、神職の神祇道への精勤や社家の位階伝奏、服装などが規定された。

【設　問】

6．空欄g・jに該当する語句の組合せとして正しいものを下記より選びなさい。

ア．g：円覚寺・j：南禅寺　　イ．g：円覚寺・j：相国寺

ウ．g：建長寺・j：南禅寺　　エ．g：建長寺・j：相国寺

7．下線部hに関連して、次の図に関する説明として正しいものを下記より選びなさい。

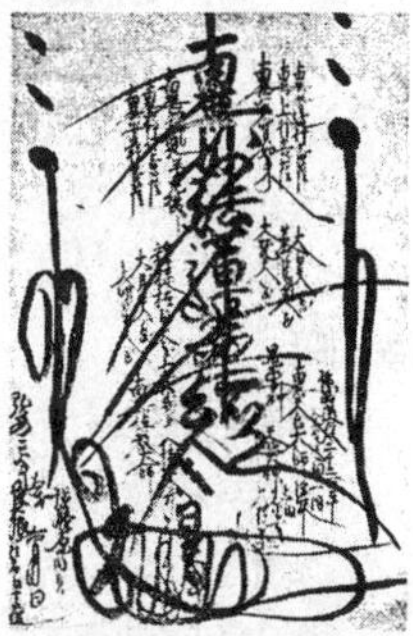

ア．法然は念仏をとなえれば死後は平等に極楽浄土に往生できるという専修念仏の教えを説いた。

イ．阿弥陀仏への他力信心を説いた親鸞は、すべての人間は平等に悪人であり、その自覚が救済につながると説いた。

ウ．一遍は諸国で念仏の札をくばって歩き、踊念仏によって教えを広めていった。

エ．法華経への純粋な信仰を説いた日蓮の教えは、信者のあいだに題目を信仰する形態をうみだした。

8．下線部iに関して、中世の禅宗・禅文化に関する説明として誤っているものを下記より選びなさい。

ア．後醍醐天皇の冥福を祈って京都に天竜寺が造営され、夢窓疎石が開山となった。

イ．禅僧が中国から茶の湯文化をもたらし、15世紀には村田珠光が禅を取り入れたわび茶の方式を編み出した。

ウ．絶海中津らの禅僧は文化的貢献にとどまらず、室町幕府の政治・外交顧問としても活躍した。

エ．世阿弥は禅の真髄の再解釈を主題とした『風姿花伝』を著し、猿楽能を完成させた。

9．下線部kに関連して誤っているものを下記より選びなさい。

ア．江戸幕府はキリスト教や日蓮宗不受布施派のほか、黒住教などの新興宗教を禁圧した。

イ．庚申信仰などに基づくもろもろの庶民の講は社交や娯楽の場としての性格を強めた。

ウ．修験道では、醍醐寺三宝院門跡が当山派の山伏を、聖護院門跡が本山派の山伏を支配した。

エ．善光寺や伊勢神宮、富士山など、庶民の行楽としての参詣が広く行われるようになった。

10. 下線部lの内容として正しいものを下記より選びなさい。

ア.「諸宗法式、相乱すべからず、若不行儀の輩これあるにおいては急度沙汰に及ぶべき事」

イ.「本末の規式これ乱すべからず…末寺に対し理不尽の沙汰あるべからず事」

ウ.「無位の社人白張着すべし、其外の装束は吉田の許状をもってこれ着すべきこと」

エ.「天子諸芸能の事、第一御学問也」

〔Ⅲ〕次の史料A・Bを読んで設問に答えなさい。もっとも適切な答えを一つマークしなさい。なお史料は省略したり、書き改めたところがあります。

A.　去程に、京都には$_{a}$君、[b]より還幸なりしかば、御迎に参られける卿相雲客かうさう花をなせり。今度忠功をいたしける正成・長年以下供奉の武士其数をしらず。宝祚は[c]内裏なり。保元・平治・治承より以来、武家の沙汰として政務を恣にせしかども、元弘三年の今は$_{d}$天下一統に成しこそめづらしけれ。$_{a}$君の御聖断は[e]のむかしに立帰て武家安寧に民屋謳歌し、いつしか諸国に[f]をさだめ、卿相雲客各其階位に登りし体、実に目出かりし善政なり。

『梅松論』

【設　問】

1. 下線部aに該当する人物の説明として正しいものを下記より選びなさい。

ア. 後深草天皇の流れをくむ大覚寺統に属する。

イ. 光明天皇を退位させた。

ウ. 懐良親王を天台座主にすえて寺院勢力の結集をはかり、鎌倉幕府を倒そうとした。

エ. 綸旨によって所領の安堵を行った。

2. 空欄b・cに該当する語句の組合せとして正しいものを下記より選びなさい。

ア. b：佐渡・c：室町　　イ. b：土佐・c：二条

ウ. b：伯耆・c：二条　　エ. b：吉野・c：室町

3. 下線部dは何を指しているか、文脈も踏まえて正しいものを下記より選びなさい。

ア. 全国各地の軍勢が降伏したこと

イ. 鎌倉幕府が滅亡して建武の新政が成立したこと

ウ. 建武の新政に不満を持った勢力によって室町幕府が設けられたこと

エ. 南朝と北朝が統一されたこと

4. 空欄eに該当する語句の説明として正しいものを下記より選びなさい。

ア. 初代天皇とされる神武天皇の頃　　イ. 醍醐・村上天皇が親政を行った頃

ウ．源頼朝が武家政権をうち立てた頃　エ．足利尊氏が室町幕府をうち立てた頃

5．空欄 f に該当する語句として正しいものを下記より選びなさい。

ア．国司・郡司　イ．守護・地頭　ウ．国司・守護　エ．国司・地頭

B．　g寛政四・五のころより［ h ］の書を集む。蛮国は理にくはし。天文地理又は兵器あるは内外科の治療、ことに益も少なからず。されどもあるは好奇の媒となり、またはあしき事などいひ出す。さらば禁ずべしとすれど、禁ずれば猶やむべからず。況やまた益もあり。さらばその書籍など、心なきものゝ手には多く渡り侍らぬやうにすべきなり。（中略）わがかたへかひをけば世にもちらず、御用あるときも忽ち弁ずべしと、［ i ］へ談じて、舶来の蛮書かひ侍ることゝは成りにけり。

j『宇下人言』

【設　問】

6．下線部 g の時期にとられた幕府の政策を皮肉って詠まれた歌として正しいものを下記より選びなさい。

ア．上げ米といへ上米は気に入らず　金納ならばしじうくろふぞ

イ．白河の岸打波に引換て　浜松風の音の烈しさ

ウ．世の中に蚊ほどうるさきものはなし　ぶんぶといふて夜るもねられず

エ．旗本に今ぞ淋しさまさりけり　御金もとらで暮すと思へば

7．空欄 h に該当する国名として正しいものを下記より選びなさい。

ア．イギリス　イ．清（中国）　ウ．朝鮮　エ．オランダ

8．空欄 i に該当する語句として正しいものを下記より選びなさい。

ア．長崎奉行　イ．勘定奉行　ウ．蛮書和解御用　エ．昌平坂学問所

9．下線部 j の著者の他の著作として正しいものを下記より選びなさい。

ア．『西洋紀聞』　イ．『花月草紙』　ウ．『海国兵談』　エ．『戊戌夢物語』

10．史料Bで述べられていることの内容として正しいものを下記より選びなさい。なお、すべて誤っている場合は「エ」をマークしなさい。

ア．海外の書物は医学書以外は役に立たない。

イ．海外の書物は「御用」の際に売れば、資金の足しになる。

ウ．海外の書物は幕府当局者以外の者に渡らないようにするべきである。

〔Ⅳ〕 次の文章A・Bを読んで設問に答えなさい。もっとも適切な答えを一つマークしなさい。

A. 世界恐慌のなか、1931（昭和6）年9月にイギリスが金輸出を再禁止したことを契機に国際的な金本位制は崩壊し、a日本においてもそれ以前の金輸出解禁（金解禁）を柱とした経済・財政政策の維持が困難となった。同年末にb大蔵大臣に就任した高橋是清はただちに金輸出の再禁止を断行し、次いで円の金兌換を停止して、日本は［ c ］に移行した。高橋蔵相は景気回復をはかるために、軍事費・農村救済費を中心として財政支出を拡大し、その財源を日本銀行引受けの赤字公債で賄うという積極財政を行った。また、金輸出再禁止による円の外国為替相場の大幅な下落は輸出産業に有利に作用した。これらの結果、1932（昭和7）年頃からd生産の回復と輸出の飛躍的な増大がみられ、経済は不況から脱していった。しかし、列強諸国では世界恐慌からの回復が遅れ、イギリスはブロック経済圏をつくり、保護貿易政策を行った。また、e日本の輸出の躍進に対して列強諸国からはソーシャル=ダンピングとの非難がなされ、列強諸国は高関税率の設定などで対抗した。

【設 問】

1. 下線部aの政策について正しいものを下記より選びなさい。
   ア. 日銀総裁から大蔵大臣に起用された井上準之助は日銀券を増発し、不況からの脱出をはかった。
   イ. 日本はイギリスやアメリカ、ドイツ、フランスなどの欧米諸国に先んじて金輸出解禁を行った。
   ウ. 金輸出の解禁は、当時の為替相場より円高である旧平価で行われたため、輸出を抑制する効果をもたらした。
   エ. 政府は企業の国際競争力を高めるため、徹底した産業保護政策を実施した。

2. 下線部bの高橋是清が蔵相を務めた内閣として正しいものを下記より選びなさい。
   ア. 立憲政友会の犬養毅内閣　　イ. 立憲民政党の浜口雄幸内閣
   ウ. 立憲民政党の犬養毅内閣　　エ. 立憲政友会の浜口雄幸内閣

3. 空欄cに該当する語句として正しいものを下記から選びなさい。
   ア. 変動相場制度　　イ. 管理通貨制度
   ウ. 固定相場制度　　エ. 銀本位制

4. 下線部dの説明として誤っているものを下記より選びなさい。なお、すべて正しい場合は「エ」をマークしなさい。
   ア. この時期、輸入面では綿花・石油・屑鉄・機械などでアメリカへの依存が強まった。
   イ. 日本は1933年頃には世界恐慌以前の生産水準を回復した。
   ウ. 重化学工業の発展がめざましく、1933年に繊維工業の生産額を上回った。

5．下線部eの説明として正しいものを下記から選びなさい。なお、すべて誤っている場合は「エ」をマークしなさい。

ア．ソーシャル＝ダンピングとは産業の生産性の上昇により生産費を低くし、海外市場で安売りすることである。

イ．列強諸国は日本が円安を背景に自国の植民地への輸出を拡大したことに危機感を抱いていた。

ウ．1930年代前半、日本では輸出額が輸入額を大きく上回り、巨額の貿易黒字が発生していた。

B．太平洋戦争の終戦後、経済を再建するために、生産力を回復させることが日本にとって喫緊の課題であったが、基礎資材の不足がその障害となっていた。そこで、［　f　］は1946（昭和21）年12月に、資材と資金を鉄鋼や石炭などの重要産業部門に集中的に投入する g 傾斜生産方式を閣議決定した。傾斜生産方式では鋼材14万トンの増産、石炭生産年3000万トンを達成し、これを各重点産業に配分することとされた。この施策の実施に際して、基礎物資に補給金を支給する価格差補給金制度とともに重要な役割を果たしたのが、長期の設備投資資金を電力・海運などを含む基幹産業に供給することを目的に1947（昭和22）年1月に設立された［　h　］である。しかし、その原資を調達するための債券を日本銀行が引き受けたために、終戦処理にともなう財政拡大によって生じていたインフレをさらに加速させる結果となった。こうした事態に対処するために、GHQは1948（昭和23）年12月に日本政府に対して i 経済安定九原則の実行を指令し、翌年には j ドッジ＝ラインが導入されて財政支出の大幅な削減がなされた。

【設　問】

6．空欄fに該当する内閣を下記より選びなさい。

ア．幣原喜重郎内閣　　イ．第1次吉田茂内閣　　ウ．芦田均内閣　　エ．片山哲内閣

7．下線部gの説明として正しいものを下記より選びなさい。なお、すべて誤っている場合は「エ」をマークしなさい。

ア．傾斜生産方式の対象となった産業は鉄鋼や石炭のほかに、自動車・電気機械・石油化学などである。

イ．傾斜生産方式は第4次吉田茂内閣の時代まで引き継がれた。

ウ．傾斜生産方式は基幹産業からそれ以外の産業への経済波及効果が弱く、工業生産の回復にはあまり効果がなかった。

8．空欄hに該当する語句を下記より選びなさい。

ア．日本長期信用銀行　　イ．日本政策投資銀行

ウ．日本政策金融公庫　　エ．復興金融公庫

※設問8については，正答として設定していた選択肢に誤記があったため，全員正解とする措置を取ったことが大学から公表されている。

9．下線部ｉの説明として正しいものを下記より選びなさい。

ア．経済安定九原則では、日本の経済復興のため、公債発行による積極財政が求められた。

イ．経済安定九原則を実施させるために財政学者のシャウプが特別公使として派遣され、一連の施策を指示した。

ウ．経済安定九原則の一環として、インフレ抑制のために金融緊急措置令が公布された。

エ．経済安定九原則は徹底した引締め政策によりインフレを抑えて円の価値を安定させ、日本経済の国際競争力を高めようとするものであった。

10．下線部ｊに関する説明として誤っているものを下記より選びなさい。

ア．ドッジは財政赤字を全く許さない均衡予算を第３次吉田茂内閣に作成させた。

イ．ドッジは資本蓄積と財政健全化をはかるため、直接税中心主義の税制改革を勧告した。

ウ．ドッジ=ラインによりインフレは収束したが、これも含んだ一連の政策の反動で不況が生じ、中小企業の倒産、失業者の増大が起こった。

エ．それまでの複数レート制を改めて、１ドル＝360円の単一為替レートの設定を行い、日本経済の国際市場への復帰と輸出の振興をはかった。

2月2日実施分

解答 日本史

I

解答 1―ウ 2―ウ 3―イ 4―エ 5―ア 6―イ
7―イ 8―ア 9―ア 10―イ

◀解 説▶

≪原始～現代の総合問題≫

1．a．誤文。日本列島の更新世の化石人骨は，いずれも「旧人」ではなく，新人段階のものである。b．正文。

2．a．誤文。「臣」と「連」の説明が逆である。b．正文。

3．a．正文。b．誤文。道鏡は遣隋使や遣唐使に随行して中国に渡った学問僧ではない。

4．a．誤文。源満仲は安和の変で藤原氏と結び，左大臣源高明が陰謀を企てていると密告して勢力を拡大させた人物である。伴善男は応天門の変で都を追われた。また，満仲とその子頼光の子孫は摂津（多田）源氏と称された。

b．誤文。平清盛は保元の乱では叔父の忠正と対立し，「崇徳上皇」ではなく，後白河天皇を擁して勝利した。

5．a．正文。鎌倉時代，国内では中国から輸入された宋銭が用いられた。

b．正文。悪銭を避けて良銭を選び取る行為である撰銭と，悪銭と良銭の交換比率を定めるなどした撰銭令との違いをしっかり確認しておこう。

6．a．正文。b．誤文。日本の古典の研究を行い，後の国学に継承される業績を残した人物としては，「新井白石」ではなく北村季吟などが該当する。

7．a．正文。b．誤文。「相互の領事裁判権と関税自主権の承認などを定めていた」が誤り。実際は，日本はアメリカに対して，日本に滞在するアメリカ人に領事裁判権を認め（治外法権），日本に税率の決定権がない協定関税（関税自主権の欠如）が承認された。

8．a．正文。b．正文。枢密院の初代議長は伊藤博文であり，枢密院は，1947年の日本国憲法の施行とともに廃止された。

9．a．正文。日本社会主義同盟は1920年，堺利彦・山川均・大杉栄ら

が発起人となり発足した社会主義者の統一組織である。b．正文。

10．a．正文。b．誤文。田中角栄首相は中国を訪問した際に「日中平和友好条約」ではなく，日中共同声明を発表して中国との国交正常化を果たした。

Ⅱ 解答

A．1―イ　2―ア　3―ウ　4―イ　5―エ

B．6―ウ　7―エ　8―エ　9―ア　10―ウ

◀解　説▶

≪原始～近世の宗教・信仰≫

A．1．イ．誤文。甕棺は弥生時代に九州北部を中心に一般的となった墓制である。

2．ア．誤文。孝謙天皇に信任されて政界でも活躍した僧は「玄昉」ではなく，道鏡である。また，玄昉は「三論宗」ではなく，法相宗の僧であるといわれる。

4．ア．誤文。「神を本地，仏を垂迹」とする神本仏迹説が現れたのは「奈良時代の中頃」ではなく，鎌倉時代末期頃である。神本仏迹説は，伊勢外宮の神官度会家行によって唱えられた。

ウ．誤文。菅原道真が大宰府に左遷された昌泰の変は901年である。このことからも，北野天満宮がつくられたのは「9世紀」ではなく，10世紀以降と判断できる。

エ．誤文。四天王寺は物部守屋との戦いに勝利した厩戸皇子（聖徳太子）が，存命中に創建したといわれる。

5．エは平等院鳳凰堂阿弥陀如来像である。ちなみに，アは教王護国寺両界曼荼羅，イは薬師寺吉祥天像，ウは神護寺薬師如来像で，ア・ウは弘仁・貞観文化（密教），イは天平文化の作品である。

B．7．正解はエ。図の中央に描かれている文字が「南無妙法蓮華経」と判断できれば，日蓮（日蓮宗）が想起できる。

8．エ．誤文。世阿弥は「禅」ではなく，能の真髄の再解釈を主題とした『風姿花伝』を著した。

9．ア．誤文。「黒住教などの新興宗教を禁圧した」が誤り。黒住教は1814年に黒住宗忠が創始した新興宗教で，江戸幕府によって禁圧されていない。黒住教は天理教や金光教などとともに，のちに教派神道とよばれ

明治政府によって公認された。

10. ア・イは諸宗寺院法度，エは禁中並公家諸法度の内容である。

III 解答

A．1―エ　2―ウ　3―イ　4―イ　5―ウ
B．6―ウ　7―エ　8―ア　9―イ　10―ウ

◀解　説▶

≪建武の新政，寛政期の蘭学の統制≫

A．1．史料Aは建武の新政に関する記述で，「君」は後醍醐天皇を指す。
ア．誤り。「後深草天皇」ではなく，亀山天皇の流れをくむ大覚寺統に属する。
イ．誤り。「光明天皇」ではなく，光厳天皇を退位させた。
ウ．誤り。「懐良親王」ではなく，護良親王を天台座主にすえて寺院勢力の結集をはかり，鎌倉幕府を倒そうとした。
2．やや難。史料中の「長年」から後醍醐天皇を隠岐より船上山に迎えて挙兵した伯耆の豪族名和長年を想起しよう。空欄ｂには伯耆が入り，空欄ｃが二条と判断できなくてもウと解答できる。
3．「元弘三年」は1333年のことであり，鎌倉幕府が滅亡して建武の新政が始まった年である。よって，正解はイ。
4．後醍醐天皇が行った建武の新政は，醍醐・村上天皇の行った「延喜・天暦の治」を理想としていた。よって，正解はイ。
5．後醍醐天皇は諸国に，守護だけではなく国司も併置した。
B．6．ア・エ．誤り。徳川吉宗が行った享保の改革を皮肉って詠まれた歌である。
イ．誤り。水野忠邦が行った天保の改革を皮肉って詠まれた歌である。
7．空欄ｈには紅毛が入る。いわゆる紅毛の書とは蘭書である。よって，正解はエ。
8．ア．長崎奉行は，長崎の市政や貿易を担当した遠国奉行である。
9．『宇下人言』は松平定信の回顧録である。ア．『西洋紀聞』は新井白石，ウ．『海国兵談』は林子平，エ．『戊戌夢物語』は高野長英の著作である。
10．正解はウ。史料中の「さらばその書籍など，心なきものゝ手には多く渡り侍らぬやうにすべきなり」「わがかたへかひをけば世にもちらず，御用あるときも忽ち弁ずべし」などから判断しよう。

Ⅳ 解答

A．1―ウ　2―ア　3―イ　4―エ　5―イ
B．6―イ　7―エ　8―※　9―エ　10―イ

※設問8については，正答として設定していた選択肢に誤記があったため，全員正解とする措置を取ったことが大学から公表されている。

◀解　説▶

≪昭和戦前～戦後の経済≫

A．1．ア．誤文。井上準之助は「日銀券を増発」するようなインフレ政策ではなく，緊縮財政を行って物価を引き下げるデフレ政策によって，不況からの脱出をはかった。

イ．誤文。「日本はイギリスやアメリカ，ドイツ，フランスなどの欧米諸国に先んじて」が誤り。欧米諸国は第一次世界大戦後まもなく金輸出解禁を行ったが，日本が金輸出解禁を行ったのは，1930年1月である。

エ．誤文。政府は企業の国際競争力を高めるため，生産性の低い不良企業を整理・淘汰するなど産業の合理化政策を行った。

3．イ．管理通貨制度とは，政府によって，国内に流通する通貨の量を管理・統制する制度である。

5．ア．誤文。ソーシャル=ダンピングとは「産業の生産性の上昇」ではなく，労働者の賃金を不当に低くし，生産費を安くして海外市場に安売りすることである。

ウ．誤文。1930年代前半の日本は輸出額より輸入額が上回り，貿易赤字が発生していた。自国の植民地への輸出は増大したが，英米からの輸入は拡大していった。

B．7．ア．誤文。傾斜生産方式の対象となった産業に，「自動車・電気機械・石油化学」は入っていない。

イ．誤文。傾斜生産方式は「第4次吉田茂内閣」ではなく，第2次吉田茂内閣まで引き継がれた。1949年のドッジ=ラインの実施まで継続された。

ウ．誤文。「工業生産の回復にはあまり効果がなかった」が誤り。傾斜生産方式では，石炭・鉄鋼の生産が大きく回復するなど，一定の効果は見られた。

9．ア．誤文。経済安定九原則では「公債発行による積極財政」ではなく，インフレの収束を目的として，財政支出をきびしく引き締める緊縮財政が求められた。

イ．誤文。経済安定九原則を実施させるために特別公使として派遣されたのは「財政学者のシャウプ」ではなく，銀行家のドッジである。

ウ．誤文。金融緊急措置令は1946年，幣原喜重郎内閣のもとで出された法令である。

10. イ．誤文。資本蓄積と財政健全化をはかるため，直接税中心主義の税制改革を勧告したのは「ドッジ」ではなく，シャウプである。

❖講　評

全体を通して，原始～戦後に至る幅広い時代・分野が出題されており，出題傾向・難易度ともに例年通りであった。

Ⅰ　例年出題されている2文の正誤判定問題である。教科書の内容に沿った標準的な問題が多く出題されている。しかし，6のbは解答に迷った受験生が多いのではないだろうか。

Ⅱ　原始～近世の宗教・信仰をテーマとして，それに関連した問題が出題されている。5・7では視覚資料も用いられた。また，4を解答するにあたっては，時代背景を想起できない受験生にとっては難しかったのではないだろうか。10はキーワードを手掛かりにすれば消去法で正答を導き出せるだろう。

Ⅲ　例年出題されている史料問題である。史料自体はそれほど難解なものではなく，史料中のキーワードから何について書かれているのかを判断しよう。これがわからなければ，設問自体が易しくても正答を導き出すことは難しい。10は史料文を読解する力が求められた問題であった。

Ⅳ　昭和戦前～戦後の経済をテーマとして出題されている。受験生が苦手とする経済分野からの出題であるが，教科書の内容に沿って出題されているので，教科書をしっかり熟読しておく必要がある。しかし，7・9・10の正文・誤文選択問題は戦後からの出題であり，やや詳細な内容も含まれるので，注意が必要である。

2月6日実施分　問題　日本史

(60分)

〔Ⅰ〕次の1～10の文章について、a・bとも正しい場合はアを、aが正しくbが誤っている場合はイを、aが誤りでbが正しい場合はウを、a・bともに誤っている場合はエをマークしなさい。

1. a. 白鳳文化は、唐代初期の文化の影響を受けており、代表的な仏教美術として興福寺仏頭、薬師寺金堂薬師三尊像などがある。
   b. 天平時代には多くの優れた美術作品が制作された。代表的作品として、乾漆像の興福寺阿修羅像、塑像の東大寺日光・月光菩薩像がある。

2. a. 律令制度の兵役では、兵士には武器や食料の全てが軍団から支給され、その一部の者たちは都での衛士や九州での防人の任務を割り当てられた。
   b. 元明天皇によって、都が藤原京から平城京へと遷された。唐の都長安をならって造営された平城京の南面中央には朱雀門がおかれた。

3. a. 平安時代初頭、嵯峨天皇とその兄の平城太上天皇が対立して政治的混乱が生じたが、嵯峨天皇側が勝利し、太上天皇側の藤原薬子は自殺した。
   b. 阿弥陀仏を信仰する浄土教が広まる中で、定朝が一木造の手法を完成させ、仏像の大量需要に応えた。

4. a. 鎌倉時代に北条氏の勢力が拡大すると、朝廷の勢力回復を図った後鳥羽上皇は、北条時政を追討するために挙兵したが敗北した。
   b. 鎌倉時代には、要衝地で商品を売買する三斎市などの定期市が開催された。また、京都・奈良などでは商人が座を結成し、取引の特権的な地位を得ていた。

5. a. 室町時代の日明貿易では、足利義満による遣明船派遣以降、明から公認されたのは幕府との貿易のみであった。一方で、日朝貿易では幕府・守護・商人が参加していた。
   b. 室町時代には、農民を中心とした勢力による土一揆が多発し、幕府に対して年貢の減免措置である徳政令を要求した。

6. a. 江戸時代には、日本人による北方探索が進んだ。最上徳内・近藤重蔵は蝦夷地調査を行い、間宮林蔵は樺太から黒龍江を探検した。

b．江戸時代の海上交通では、陸奥から江戸へ太平洋岸を南下する東廻り航路が整備され、北前船が往来した。また、出羽から日本海を経由して大坂・江戸に至る西廻り航路も整備された。

7．a．江戸時代には、全国各地において藩校・郷学・私塾が開設され、教育の発展につながった。藩校では萩の明倫館、私塾では大坂の適々斎塾がその代表例である。

b．江戸時代の国学は本居宣長やその門人の賀茂真淵によって発展し、他方で洋学は、西川如見や杉田玄白によって進歩した。

8．a．明治の産業革命期には、高野房太郎・片山潜らを指導者として、労働組合期成会が結成された。さらに、労働者の待遇改善を目的に日本鉄道矯正会などの労働組合が組織された。

b．明治10年代に大蔵卿松方正義のもとで、日本銀行が設立され、銀兌換券である日本銀行券の発行が始まった。

9．a．軍部大臣の任用資格は山県有朋内閣によって現役の大将・中将に限定され、のちに山本権兵衛内閣によって予備役・後備役にまで広げられた。

b．日清戦争前後に待遇改善を求める工場労働者のストライキが多発したことから、政府は治安警察法を制定して労働運動を取り締まった。

10．a．田中角栄首相は中国を訪問し日中共同声明が発表され、日中国交正常化が実現した。さらに、福田赳夫内閣のもとで日中平和友好条約が締結された。

b．ドル高の是正を目的に行われたＧ５（日、米、英、独、仏）によるプラザ合意を契機として大幅に円高が進行し、日本の輸出産業が打撃を受けた。

〔Ⅱ〕次の文章A・Bを読んで設問に答えなさい。もっとも適切な答えを一つマークしなさい。

A.　江戸時代には商工業者が屋号を設けて事業展開することが多かった。三井家が17世紀後半に[a]屋の屋号で営んだ b呉服店は大繁盛し、続いて[c]の事業にも進出し、d三都で事業を拡大した。現在も銀行名などに名を残す[e]家も泉屋の屋号で鉱山事業などを営んだが、その中心的な事業は現在の愛媛県に存在した[f]銅山での鉱山経営であった。

幕末の政治的事件として有名な「g池田屋事件」も、屋号の旅宿を舞台に起こったものである。

【設　問】

1．空欄a・cに該当する語句の組合せとして正しいものを下記より選びなさい。

ア．a：伊勢・c：廻船業　　イ．a：伊勢・c：両替商

ウ．a：越後・c：両替商　　エ．a：越後・c：廻船業

2．下線部bは現代では和服そのものの総称へと意味が変化したが、江戸時代では特定の原材料からつくられた織物を意味した。その主な原材料を下記より選びなさい。

ア．木綿　　イ．生糸　　ウ．麻　　エ．苧

3．下線部dに関連する文章として誤っているものを下記より選びなさい。

ア．江戸の町奉行は老中の指揮下にあった。

イ．京都には浄土宗の東本願寺・西本願寺、浄土真宗の知恩院など寺院の本山・本寺が置かれていた。

ウ．大都市には市場が出現したが、大坂・雑喉場の魚市場、江戸・神田の青物市場は有名である。

エ．江戸には十組問屋、大坂には二十四組問屋という問屋仲間の組織が成立した。

4．空欄e・fに該当する語句の組合せとして正しいものを下記より選びなさい。

ア．e：住友・f：別子　　イ．e：鴻池・f：足尾

ウ．e：住友・f：足尾　　エ．e：鴻池・f：別子

5．下線部gの説明として正しいものを下記より選びなさい。なお、すべて誤っている場合は「エ」をマークしなさい。

ア．坂本龍馬が何者かに殺害された事件

イ．京都守護職松平容保指揮下の新選（撰）組が長州藩士ら尊王攘夷派を殺傷した事件

ウ．薩摩藩の島津久光が上洛した際、藩内の急進的な尊王攘夷派を弾圧した事件

B.　幕末維新の動乱期を乗り切った h三井は、明治時代に入ると新政府と密接な関係を築きさまざまな保護を受けた。[i]出身の岩崎弥太郎経営の三菱も、1874年の[j]での輸送を請

け負い、政府からの保護を受けて急速に発展した。三井と三菱は2大財閥として政財界に君臨していくことになる。自由民権運動が高まりをみせた時には、政府側の伊藤博文らは懐柔策として［ k ］に費用を拠出させて自由党の［ l ］を洋行させた。また明治時代後半期の$_m$共和演説事件なども、三井や三菱の影響力の大きさを物語るものといえよう。しかし昭和初期に起こった［ n ］事件で三井財閥の［ o ］が暗殺されたことに示されるように、財閥は怨嗟や批判の的となることもあった。

【設　問】

6. 下線部hに対して払い下げられたものとして正しいものを下記より選びなさい。

ア. 東京砲兵工廠　イ. 大阪砲兵工廠　ウ. 長崎造船所　エ. 富岡製糸場

7. 空欄i・jに該当する語句の組合せとして正しいものを下記より選びなさい。

ア. i：肥前藩・j：台湾出兵　イ. i：肥前藩・j：江華島事件

ウ. i：土佐藩・j：江華島事件　エ. i：土佐藩・j：台湾出兵

8. 空欄k・lに該当する語句、人名の組合せとして正しいものを下記より選びなさい。

ア. k：三井・l：後藤象二郎　イ. k：三井・l：大隈重信

ウ. k：三菱・l：大隈重信　エ. k：三菱・l：後藤象二郎

9. 下線部mの説明として誤っているものを下記より選びなさい。なお、すべて正しい場合は「エ」をマークしなさい。

ア. 尾崎行雄文部大臣が「日本で共和政治が行われたら三井・三菱が大統領の有力候補となろう」と演説した。

イ. この事件のために内閣は退陣し、代わって第3次伊藤博文内閣が成立した。

ウ. この事件ののち憲政党は旧自由党系の憲政党と旧進歩党系の憲政本党に分裂した。

10. 空欄n・oに該当する語句、人名の組合せとして正しいものを下記より選びなさい。

ア. n：五・一五・o：団琢磨　イ. n：五・一五・o：井上準之助

ウ. n：血盟団・o：井上準之助　エ. n：血盟団・o：団琢磨

〔Ⅲ〕次の史料A・Bを読んで設問に答えなさい。もっとも適切な答えを一つマークしなさい。なお史料は省略したり、書き改めたところがあります。

A.　北野宮[(1)]社領諸国［ a ］田畠・洛中辺土敷地の事
右伊勢造営・御禊[(2)]・$_b$大嘗会・$_c$臨時恒例課役・諸国段銭・地口[(3)]、はたまた［ d ］催促軍役・兵粮・人夫以下、$_e$ことごとく免除せらるる所なり、社家[(4)]この趣を存じ、興隆を致し、神事を専らにすべきの状くだんの如し

至徳四年卯月二十一日

左大臣源朝臣（花押）

奉行松田丹後

注：（1）北野宮　京都の北野天満宮
（2）御禊　大嘗会の際に賀茂川で行われた新天皇のみそぎ
（3）地口　京都や奈良などの都市で土地の間口を基準に賦課された臨時の税
（4）社家　北野宮の神官

【設　問】

1．空欄a・dに該当する語句の組合せとして正しいものを下記より選びなさい。

ア．a：国衙・d：地頭　　イ．a：庄園・d：地頭
ウ．a：国衙・d：守護　　エ．a：庄園・d：守護

2．下線部bに関する説明として正しいものを下記より選びなさい。

ア．収穫した新穀を毎年秋に神に捧げる祭り。
イ．毎年春に天皇がその年の豊作を神に祈る祭り。
ウ．天皇が即位後初めて神に新穀を捧げる一世一度の祭り。
エ．毎年春に将軍がその年の豊作を神に祈る祭り。

3．下線部cに関する説明として誤っているものを下記より選びなさい。

ア．一国平均役は国中の荘園・国衙領を対象として臨時に賦課された。
イ．内裏の造営など国家的行事には臨時税としての段銭が課されることがあった。
ウ．室町時代には守護自身が国内の荘園・公領に対して段銭を賦課するようになった。
エ．段銭は田地の所持石高に応じて賦課された。

4．下線部eについての説明として正しいものを下記より選びなさい。

ア．奉行松田丹後が伊勢神宮等に対して免除した。
イ．左大臣源朝臣が北野宮社家に対して免除した。
ウ．朝廷が左大臣源朝臣に対して免除した。

エ．伊勢神宮が北野宮社家に対して免除した。

5．史料Aの説明として正しいものを下記より選びなさい。

ア．史料Aは、天皇の有する諸役免除権限を左大臣源朝臣が奪取したことを示している。

イ．左大臣源朝臣は源頼朝のことであり、史料Aは朝廷が頼朝に東国の支配権を与えたことを示している。

ウ．左大臣源朝臣は源実朝のことであり、史料Aは承久の乱後に鎌倉幕府の支配権が西国にも及んだことを示している。

エ．史料Aは弘安の役後に鎌倉幕府の支配権が西国にも及んだことを示している。

B．　次の史料は、江戸時代の見せ物の広告文を模した、政治風刺のパロディである。

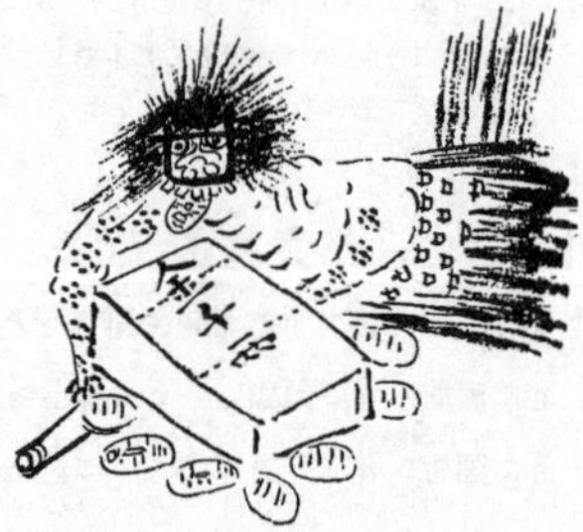

此度遠州相良より
　かり出し候化物
　　眼は四文銭のごとく
　　　光りハ七ツ星の如し
　　　歯は方形の［　f　］に似たり
　　　　なき声 g凶年(ききん)となく
　　　　舌は大判の如く

一、此度顕れました化物は、三十年已来 h上々方へはひこり、奥向へ取込、有増たぶらかし、武士方をあらし、或は己が威を振ひ、まひない(5)を取り込、国々に名をはびこり、三年已前印幡沼を騒し、又砂をふらし、泥を吹出し、又は新地を筑出し、［　i　］を取あけ、おのれか私欲を企て、町人百姓の生き血を絞りくらひ、世の中を困窮に致させ候事、みな化もののなすわざに御座ります

　此度小間三匁百石ニ付二十五匁(6)之鉄炮にて打留ました

注：(5) まひない　賄賂のこと
　　(6) 小間三匁百石ニ付二十五匁　諸国の百姓町人から御用金の徴収を図った政策のことを指している

【設　問】

6．空欄fに該当する語句を下記より選びなさい。

ア．小判　　イ．豆板銀　　ウ．寛永通宝　　エ．南鐐二朱銀

7．下線部gに関連して、近世の飢饉に関する文のうち、誤っているものを下記より選びなさい。

ア．寛永の飢饉の惨状は幕藩領主に過酷な農村支配の再考を促した。飢饉後、幕府農政は脆弱な小経営百姓の没落を防ぐ方向へ転換し、田畑永代売買禁令などが発令された。

イ．天候不順と蝗害がもたらした享保の飢饉では、西日本を中心に大きな被害が発生した。そのため幕府は救荒対策として甘藷の栽培や上米の制を実施した。

ウ．天明の飢饉では奥羽地方を中心に多数の餓死者・病死者が出た。津軽藩では犠牲者が十数万人以上に達した。

エ．複数年にわたった天保の飢饉では各地で一揆や打ちこわしが激発した。甲斐国では騒動が一国規模に広がり、三河国加茂郡では１万人を超える民衆が一揆に蜂起した。

8．下線部ｈに関連して、側用人となった者を下記より選びなさい。

ア．間部詮房　　イ．新井白石　　ウ．井伊直弼　　エ．堀田正俊

9．空欄ｉに該当する語句を下記より選びなさい。

ア．七分金　　イ．諸株　　ウ．運上　　エ．領知

10．史料Ｂが語る時代ともっとも制作年の近い作品を下記より選びなさい。

ア．

イ．

ウ．

エ．

〔Ⅳ〕次の文章A・Bを読んで設問に答えなさい。もっとも適切な答えを一つマークしなさい。

A.　明治期の言論界は当初 a 封建思想の排除や西洋の自由主義的な思想の普及をめざす動きが目立ったが、日清戦争に勝利をおさめた後は対外膨張論を唱える国家主義的な主張が勢いを増すようになる。その代表的な論者が『国民之友』の創刊者として影響力のあった［ b ］や新聞『日本』を発刊した［ c ］である。d 日露戦争の際には非戦論や反戦論も登場し、必ずしも言論界が一色に染まったわけではないが、世論は『万朝報』の黒岩涙香らが推す主戦論に流れていった。

日露戦争後の明治時代末期から大正時代には自由や人権を尊重する主張が力を増すようになった。民主主義やマルクス主義に対する知識人の関心が高まり、様々な評論や記事が新聞や雑誌をにぎわした。『東洋経済新報』の［ e ］は植民地を放棄して平和的に経済発展することを求める「小日本主義」の考え方を唱えた。河上肇が執筆した［ f ］は広い読者を集めた。この時期には、g 社会的に低い立場に置かれていた女性の解放をめざす動きが始まり、広がっていったことも注目される。

【設　問】

1．下線部aの動きを担った人物とその人物が発行に携わった雑誌の組合せとして正しいものを下記より選びなさい。

ア．高山樗牛：『太陽』　　イ．森有礼：『太陽』
ウ．中江兆民：『明六雑誌』　　エ．加藤弘之：『明六雑誌』

2．空欄b・cに該当する人物の組合せとして正しいものを下記より選びなさい。

ア．b：徳富蘇峰・c：三宅雪嶺　　イ．b：徳富蘇峰・c：陸羯南
ウ．b：三宅雪嶺・c：陸羯南　　エ．b：陸羯南・c：三宅雪嶺

3．下線部dに関する説明として誤っているものを下記より選びなさい。

ア．歌人の与謝野晶子は「君死にたまふこと勿れ」とうたった反戦詩を雑誌『明星』で発表した。
イ．東京帝国大学の戸水寛人など七博士が国際協調の立場から戦争の回避を政府に呼びかけた。
ウ．後に大逆事件で死刑判決を受ける幸徳秋水は日露戦争に反対する立場を取った。
エ．キリスト教徒では内村鑑三が非戦論を唱えたことで知られる。

4．空欄e・fに該当する語句、人物の組合せとして正しいものを下記より選びなさい。

ア．e：猪俣津南雄・f：『蟹工船』　　イ．e：和辻哲郎・f：『貧乏物語』
ウ．e：石橋湛山・f：『貧乏物語』　　エ．e：羽仁五郎・f：『蟹工船』

5．下線部gに関する説明として正しいものを下記より選びなさい。

ア．平塚らいてうをはじめとした女性が結成した青鞜社は雑誌『解放』を発刊した。

イ．市川房枝らは婦人参政権などを求める新婦人協会を結成した。

ウ．女性の地位向上を求める声が高まったものの、女性の政治運動参加を禁じた治安警察法5条の改正には至らなかった。

エ．山川菊栄らは赤瀾会を結成し、社会主義とは一線を画する立場から女性運動を展開した。

B．　1945年夏にポツダム宣言を受諾して連合国に占領された日本は、連合国軍最高指令官総指令部（GHQ）の指令・勧告に基づいて政府が政策を実行する間接統治の形で政治が運営されることになった。GHQが同年10月に発したのがいわゆる$_h$人権指令である。東久邇宮稔彦内閣はこの指令に不満を示し、総辞職した。後を引き継いだ幣原喜重郎内閣にGHQは新たに$_i$五大改革の実施を指示した。その一方、GHQは$_j$戦争を率いた軍や政府の首脳らを相次いで逮捕、起訴した。そして東京に設置された極東国際軍事裁判所でこれらの戦犯を裁く「東京裁判」が行われた。

GHQは日本の民主化を確実なものにするため憲法を抜本的に改正することにも意を注いだ。$_k$実現までには曲折もあったが、1946年11月にGHQの草案をもとにした日本国憲法が公布された。新憲法下で最初の首相になったのは［　l　］である。ただ、連立与党内の対立を解消できず、わずか短期間で総辞職した。その後に連立政権を担った［　m　］も疑獄事件の発生により、早期退陣を迫られた。

【設　問】

6．下線部hに関する説明として誤っているものを下記より選びなさい。なお、すべて正しい場合は「エ」をマークしなさい。

ア．共産党員をはじめとした政治犯の即時釈放を指令した。

イ．治安維持法や破壊活動防止法の廃止を指令した。

ウ．天皇についての自由な議論を奨励した。

7．下線部iの内容の説明として誤っているものを下記より選びなさい。なお、すべて正しい場合は「エ」をマークしなさい。

ア．婦人参政権の付与

イ．労働組合の結成奨励

ウ．経済機構の民主化

8．下線部jに関する説明として誤っているものを下記より選びなさい。

ア．東条英機元首相を含めて7人が死刑判決を受けた。

イ．GHQが天皇を戦犯容疑者に指定しなかったのは天皇制を占領支配に利用しようと考えたためである。

ウ．A級戦犯が問われたのは「人道に対する罪」である。

エ．B級戦犯には死刑判決をうけるものもいた。

9．下線部kに関する説明として誤っているものを下記より選びなさい。なお、すべて正しい場合は「エ」をマークしなさい。

ア．幣原内閣は松本烝治を委員長とする憲法問題調査委員会を政府内に設置して、憲法改正案を検討した。

イ．GHQ は草案をつくる際に、高野岩三郎らによって結成された民間の憲法研究会による憲法草案要綱も参照した。

ウ．新憲法は天皇の地位について、「主権の存する日本国民の総意に基く」と明記している。

10．空欄 l ・mに該当する語句の組合せとして正しいものを下記より選びなさい。

ア．l：民主党総裁の片山哲・m：日本社会党委員長の芦田均

イ．l：日本社会党委員長の片山哲・m：民主党総裁の芦田均

ウ．l：日本社会党委員長の芦田均・m：民主党総裁の片山哲

エ．l：民主党総裁の芦田均・m：日本社会党委員長の片山哲

2月6日実施分　解答 日本史

I

解答　1―ア　2―エ　3―イ　4―ウ　5―イ　6―イ
7―イ　8―ア　9―ア　10―ア

◀解　説▶

≪古代～現代の小問集合≫

1．a・b．ともに正文。

2．a．誤文。律令制では，兵士の武器・食料は原則自弁で，家族内の有力な労働力をとられることから大きな負担となった。

b．誤文。朱雀門は平城宮の南面中央に位置する門である。ここから南に延びて，平城京南面中央の羅城門に至る大路が朱雀大路であった。

3．a．正文。

b．誤文。一木造は弘仁・貞観期に盛んに造られた技法。11世紀の仏師定朝は寄木造の技法を完成させて，大量の阿弥陀仏像の需要に応えた。

4．a．誤文。後鳥羽上皇は北条義時の追討を名目に兵を挙げ，承久の乱を起こした。

b．正文。

5．a．正文。日明貿易は，明を中心とする国際秩序の中で行われた貿易で，日本国王として認められた将軍が明の皇帝に朝貢し，その返礼として品物を受け取る朝貢形式で行われた。これに対して日朝貿易は，朝貢形式ではなく，当初から幕府・守護大名・国人・商人などが貿易に参加したが，朝鮮側は対馬の宗氏を通して通交の制度を定め，貿易を統制した。

b．誤文。土一揆で要求された徳政令は，負債の破棄を命じる法令である。

6．a．正文。

b．誤文。北前船は18世紀末ごろから発展した廻船で，北海道や日本海沿岸各地を結び，出羽から下関を経由して大坂に入る西廻り航路を往来した。

7．a．正文。

b．誤文。本居宣長は賀茂真淵の弟子にあたる。

8．a・b．ともに正文。

9．a・b．ともに正文。

10．a・b．ともに正文。

Ⅱ 解答

A．1―ウ　2―イ　3―イ　4―ア　5―イ

B．6―エ　7―エ　8―ア　9―イ　10―エ

◀解　説▶

≪A．近世の三井家　B．明治～昭和期の三井財閥≫

A．1．三井家の呉服店越後屋は，「現金掛け値なし」の商法で繁栄した。

3．イ．誤文。東本願寺・西本願寺は浄土真宗，知恩院は浄土宗の総本山である。

4．f は愛媛県の銅山なので，別子銅山を選択する。江戸時代に多くの鉱山が幕府直轄だったのに対して，別子銅山は民間の鉱山で，住友家が開発，経営した。なお，足尾銅山は栃木県にあり，江戸時代幕府直轄だったものを明治になって官有から古河市兵衛に払い下げられた銅山である。

5．ア．誤文。坂本龍馬は近江屋で殺害された。

イ．正文。池田屋事件は，長州藩が禁門の変を起こすきっかけになった。

ウ．誤文。公武合体を掲げる島津久光が藩内の尊王攘夷派志士を弾圧したのは寺田屋事件。

B．6．エ．富岡製糸場は三井に払い下げられた。ア．東京砲兵工廠・イ．大阪砲兵工廠は，陸軍省が管轄する官営の工場として，大砲・銃と弾丸を製造した。払い下げはされていない。ウ．長崎造船所は三菱に払い下げられた。

7．土佐藩出身の岩崎弥太郎は土佐藩の船を払い下げられた九十九商会をもとに，三菱汽船会社を設立，台湾出兵や西南戦争の軍事輸送を請け負い，政府と深く結びついて発展した。

8．後藤象二郎は自由党の幹部で，板垣退助とともに三井の資金によって渡欧した。これには自由党内部にも批判が起こり，立憲改進党も攻撃したので，自由民権運動は指導部を失った。

9．イ．誤文。共和演説事件は，憲政党による最初の政党内閣である第1次大隈重信内閣の尾崎行雄文相による発言が問題となった事件で，憲政党の分裂と第1次大隈重信内閣の倒壊を招いた。第1次大隈重信内閣にかわって成立したのは，第2次山県有朋内閣である。

10. 三井合名会社理事長の団琢磨は，血盟団員によって暗殺された。同じく血盟団員に暗殺された井上準之助は前蔵相であった。なお，五・一五事件で暗殺されたのは犬養毅。

Ⅲ 解答

A．1ーエ　2ーウ　3ーエ　4ーイ　5ーア
B．6ーエ　7ーイ　8ーア　9ーウ　10ーア

◀解　説▶

≪A．室町幕府の税制　B．田沼意次とその時代≫

A・B．ともにやや難問である。

A．北野天満宮の社領に対して，さまざまな課役・段銭などを免除することを認めた史料である。多くの受験生にとって初見の史料であろう。史料中の「段銭」をキーワードに南北朝・室町時代の史料と推測したい。この時代，段銭などを「ことごとく免除せらる」ことができるのは幕府であるから，「左大臣源朝臣」は源氏出身で，最終的に太政大臣になった3代将軍足利義満であろうと推定できる。

1．a．史料冒頭に「北野宮社領」とあるので，この史料は諸国にある北野天満宮の荘園などについて課役・段銭などを免除することを定めたものである。また，dは軍役・兵粮・人夫を催促する立場の者であるので，地頭ではなく守護が適当である。

2．大嘗会は天皇の即位後最初の新嘗祭のことで，大嘗会の費用をまかなう税は，本来朝廷が賦課していたが，室町時代には幕府が徴収する主体になっていた。

3．エ．誤文。段銭は国家的行事に際して面積に応じて臨時に銭で徴収する税で，室町幕府が守護に徴収させ，後には守護が独自に段銭を賦課するようになった。エの文中の「石高」が太閤検地以後の課税の基準であることから正誤を判断したい。

4．イ．正しい。史料Aは，北野天満宮社領について，伊勢神宮の造営・大嘗会に関するみそぎ，大嘗会の費用負担，臨時恒例課役，段銭，軍役，兵粮，人夫などについて，すべて免除されることを，北野天満宮の社家に対して伝えたもので，免除する命令を出したのは花押を記している左大臣源朝臣である。松田丹後はその命令を伝える役割をもった奉行である。

5．ア．正しい。足利義満の時期になると，本来朝廷が有していた諸国の

段銭や課役を賦課する権限も幕府が持つようになり，伊勢神宮造営や大嘗会の負担の免除も幕府が命じていたことがわかる史料である。

B．江戸時代の政治風刺の広告文パロディとする問いの文を参考に，考えていく。史料の注にある「賄賂」「御用金の徴収」や史料中の「凶年（ききん）」「印幡沼」をキーワードに，田沼意次の政治に対する風刺と推測できるだろう。設問の中で，南鐐二朱銀が出てくることから田沼政治に関するものと判断していくとよい。史料Bは，田沼意次の失脚を風刺したものである。

6．エが正しい。選択肢のうち南鐐二朱銀のみ四角形である。南鐐二朱銀は田沼意次が鋳造させた貨幣で，金貨の単位を用い，計数貨幣の銀貨を初めて鋳造したものである。

7．イ．誤文。享保の改革で，甘藷栽培や上米の制が行われたが，上米は幕府財政を補塡するために，大名から幕府に米を上納させた制度で，救荒対策ではない。

8．ア．間部詮房は6代将軍徳川家宣・7代将軍徳川家継の時期の側用人。侍講の新井白石とともに幕政を主導した。

9．ウ．運上は商人から幕府が徴収した税であり，田沼意次は運上・冥加を商工業者から徴収することで幕府財政を立て直そうとした。

10．田沼意次が政権にあった時期にあたる宝暦・天明期の文化に属するものとしては，ア．円山応挙の「雪松図屛風」が適当である。イ．桃山文化の障壁画「唐獅子図屛風」（狩野永徳），ウ．「鷹見泉石像」は化政文化の渡辺崋山の文人画，エ．「彦根屛風」は寛永期の風俗画である。視覚資料は図説資料集を使って見ておくようにしよう。

Ⅳ　解答

A．1―エ　2―イ　3―イ　4―ウ　5―イ
B．6―イ　7―エ　8―ウ　9―エ　10―イ

◀解　説▶

≪A．明治～大正期の言論界　B．第二次世界大戦後占領期の政治≫

1．エが正しい。『明六雑誌』は文明開化期の啓蒙思想家たちが参加した明六社が発行した雑誌である。加藤弘之は明六社に参加した人物で，後に社会進化論に転じて民権思想を批判した。ア・イ．森有礼は明六社の参加者だが，雑誌『太陽』は高山樗牛等が執筆し日本主義を唱えた雑誌。ウ．中江兆民は天賦人権論の思想家で，明六社には参加していない。

2．b．徳富蘇峰は，1880年代に平民的欧化主義を主張したが，日清戦争後国家主義的傾向が強まった。c．陸羯南は国民主義を掲げ，新聞『日本』を発刊した。

3．イ．誤文。戸水寛人ら東大七博士は，主戦論の立場から政府に対して意見書を提出して開戦を主張した。

5．イ．正文。ア．誤文。雑誌『解放』は吉野作造等黎明会の機関誌的総合雑誌。青鞜社の機関誌は『青鞜』。ウ．誤文。新婦人協会の活動によって1922年に治安警察法第5条の改正は実現した。エ．誤文。山川菊栄・伊藤野枝らの赤瀾会は女性社会主義者の女性運動団体。

6．イ．誤文。破壊活動防止法は占領終了後の1952年第3次吉田茂内閣が制定。

7．すべて正しい。五大改革指令は，①婦人参政権の付与，②労働組合の結成奨励，③教育制度の自由主義的改革，④圧制的諸制度の撤廃，⑤経済機構の民主化である。

8．ウ．誤文。A級戦犯は「平和に対する罪」が問われた。「人道に対する罪」を問われたのはB級・C級戦犯である。

10．1947年4月の衆議院議員総選挙で第1党になった日本社会党は，民主党・国民協同党と連立内閣を組織し，日本国憲法が施行された5月に日本社会党の片山哲委員長が首相に就任した。しかし短期間で総辞職し，同じ3党の連立で民主党芦田均を首相とする内閣が成立した。

❖講　評

Ⅰ　例年出題されている2文からなる正誤判定形式の問題である。教科書の内容に沿った出題がほとんどである。正文についても正確な知識が身についているかどうかが問われている。2022年度は白鳳文化から1980年代のプラザ合意までであったが，2021年度は旧石器文化から現代まで出題されており，時代を網羅している。また，文化・政治・経済・国際・社会と分野も多岐にわたっている。

Ⅱ　2020年度からA・B2つの文章に関して設問がおかれている。2022年度は，A．近世の三井家，B．明治～昭和期の三井財閥をめぐる出題であった。教科書の脚注や資料集の図表・地図などに注意して学習しておく必要がある。文章中の空欄に適語を選択する設問も，用語の組合せを選択する設問が多く，正確な知識が求められる。

Ⅲ　例年出題されている史料問題である。2022 年度は中世と近世の史料であった。史料は，A．室町幕府による北野天満宮に対する課税免除，B．田沼時代の風刺文で，多くの受験生にとって初見の史料であり，史料の読解力が必要で思考力が問われる設問である。やや難問で，じっくりと時間をかけて解きたい。2022 年度は，美術作品の視覚資料の中から同時代のものを選択する設問もあり，さまざまな角度から史・資料を理解する力が求められている。

Ⅳ　A．明治～大正期の言論界に関する問題，B．第二次世界大戦後占領期の政治に関する問題である。Ⅱと同様に，空欄に適語を入れる設問では 2 つの語句の組合せを選択する形式で正確な知識が求められる。

全体として，教科書の脚注や資料集の地図・図表・グラフの解説などにある知識を問う設問がある一方，史・資料の読解力や思考力が求められる設問もあり，多様な力が求められる問題である。

問題　日本史

(60分)

〔I〕次の1～10の文章について、a・bとも正しい場合はアを、aが正しくbが誤っている場合はイを、aが誤りでbが正しい場合はウを、a・bともに誤っている場合はエをマークしなさい。

1. a. 世界史的な考古学の時代区分に当てはめると、青銅器時代は縄文時代後期に始まり、続く鉄器時代は弥生時代前期に始まるとされる。
   b. 死者の霊による災いを恐れたとされる屈葬の習慣は弥生時代まで続き、王の神格化が始まる古墳時代になって伸展葬が登場しはじめた。

2. a. 律令制度のもと、正丁から兵士が徴発された。兵士から選ばれる防人は移動距離を考慮して西国の正丁を中心に編成されたが、大宰府にとどめられるものも多く、忌避されていた。
   b. 桓武天皇が派遣した軍は、最上川中流の胆沢地方にまで進軍したが、蝦夷の族長阿弖流為の活躍によって大敗を喫した。

3. a. 唐滅亡後に興った宋と日本とは正式な国交を結び、博多を拠点に活発な貿易を行った。また天台山などをめざした、日本からの僧の渡航も行われた。
   b. 日宋貿易において日本からの輸出品は金などであった。当時、奥州は金の産地であり、それが奥州藤原氏の繁栄を支えていた。

4. a. 琉球では12世紀頃から各地に按司があらわれ、やがて山北（北山）・中山・山南（南山）の三つの勢力へと統合され、15世紀に尚巴志が三山を統一し、琉球王国が成立した。
   b. 15世紀には、蝦夷ヶ島の十三湊を拠点とする安藤（安東）氏が支配する和人たちとアイヌとの間で行われていた交易をめぐり、アイヌの大規模な蜂起が起こった。

5. a. 戦国大名が群雄割拠した時期、薩摩を支配していたのは島津氏であった。島津氏はのちに琉球王国を支配下に入れ、かつ琉球王国に中国との朝貢貿易も継続させた。
   b. 東北地方に勢力を誇っていた伊達氏は、全国統一をはかる豊臣秀吉に服属することとなる。仙台藩主伊達政宗は支倉常長をメキシコに派遣して、ポルトガルとの貿易を試みた。

6. a. 19世紀半ば、琉球王国の那覇に寄航したアメリカ東インド艦隊司令長官ビッドルは、琉球国王尚泰を通じて幕府に通商を求めたが、幕府はこれを拒絶した。

b．ロシアとの緊張関係の高まりを背景に、幕府は東蝦夷地、西蝦夷地を順次、直轄地とし、東北諸藩に警護を命じた。その後、ロシアとの関係改善を受けて、松前氏は蝦夷地に復帰した。

7．a．幕府権力が弱まる中、薩摩藩では調所広郷が藩財政の建て直しに着手し、藩主島津久光は長崎の商人グラヴァーから洋式武器を購入し、軍備の強化をはかった。

b．戊辰戦争において、薩摩藩など西国の雄藩を中心とした東征軍は、江戸城を激戦の末陥落させた後も北上を続け、箱館の五稜郭に立てこもった榎本武揚の軍も降伏させた。

8．a．台湾で琉球漂流民が殺害される事件が起こり、清国の処置を不満とする日本は台湾出兵を行った。緊張関係が高まるなか、日本政府は沖縄県の設置を強行し、琉球を日本へと組み込んだ。

b．明治新政府が北方開発のため、蝦夷地を北海道と改称した年に設置された開拓使は、のちに官有物払い下げに際し、薩摩藩出身の開拓長官と同藩出身の政商との間に結託があったと問題視された。

9．a．日清戦争の結果、台湾を領有した日本政府は、陸軍大臣寺内正毅を初代台湾総督として、陸相との兼務を命じた。台湾総督のもと、後藤新平らが統治に力を注いだ。

b．日露戦争の結果、日本は南樺太の譲渡と沿海州とカムチャッカの漁業権などを得た。賠償金のない講和に対する不満が高まり、富山県での騒動をきっかけに全国に反対運動が広まった。

10．a．サンフランシスコ平和条約によって、南西諸島・小笠原群島はアメリカの施政権下におかれた。沖縄返還協定によって沖縄の日本復帰が実現したのは1970年代のことである。

b．日本の統治から解放された朝鮮半島では、ソ連軍占領地域には朝鮮民主主義人民共和国（北朝鮮)、アメリカ軍占領地域には大韓民国（韓国）が建国された。

〔Ⅱ〕次の文章Ａ・Ｂを読んで設問に答えなさい。もっとも適切な答えを一つマークしなさい。

Ａ．701年に大宝律令が完成し、律令制度による政治の仕組みも整いはじめた。a律は現代でいう刑法、令は行政法や民事法にあたる。中央行政組織に置かれたb太政官のもとでc八省がd政務を分担した。行政運営は、太政官の公卿による合議で行われた。地方組織としては、全国が畿内・e七道に行政が区分された。各国に国府が置かれ、国司に中央から派遣された貴族がついた。

【設　問】

1．下線部ａの説明として誤っているものを下記より選びなさい。

ア．刑罰には笞・杖・徒・流・死の五刑があった。

イ．天皇に対する謀反や尊属に対する不孝などは重罪とされ五虐と呼ばれた。

ウ．一部の貴族には、刑罰が減免される特権があった。

エ．地方では、郡司が答罪までの裁判権を持った。

2．令により、下線部ｂの構成員と定められた役職に含まれないものを下記より選びなさい。

ア．中納言　　イ．太政大臣　　ウ．右弁官　　エ．少納言

3．下線部ｃのうち、外国使節の接待などに関する業務を担当したものとして正しいものを下記より選びなさい。

ア．中務省　　イ．大蔵省　　ウ．治部省　　エ．民部省

4．下線部ｄを担った官人に関する説明として誤っているものを下記より選びなさい。

ア．官人は位階を与えられ、位階に相応する官職に任じられた。

イ．官人養成のために地方に国学が設置された。

ウ．官人になるには漢字の文筆能力と仏教の教養が求められた。

エ．官人の給与として封戸、田地、禄などが与えられた。

5．下線部ｅに含まれないものを下記より選びなさい。

ア．北陸道　　イ．東海道　　ウ．山陽道　　エ．中山道

Ｂ．f15世紀までには農業生産が向上し、農民たちが村で寄合を持ち、惣と言われる新しい自治的な村を作るようになった。g惣村は、寄合の決定に従って運営された。また、村民が掟を作り、警察権を行使して、自らの村を守った。さらに、荘園領主に対してhさまざまな要求を行った。時には、i土一揆と呼ばれる、より広い地域の村が連合して実力行使を行うこともあった。代表的なものとして、j正長の徳政一揆、嘉吉の徳政一揆がある。

【設　問】

6．下線部ｆの説明として誤っているものを下記より選びなさい。

ア．稲の品種改良が進み早稲、中稲、晩稲の作付けが広がった。

イ．灯明油の原料として菜種の栽培が盛んになった。

ウ．鉄製の農具や牛馬を利用した農耕も広がった。

エ．西日本では二毛作が普及した。

7．下線部ｇの説明として誤っているものを下記より選びなさい。

ア．指導者として、長、乙名、年寄、沙汰人などを選んだ。

イ．宮座と呼ばれる技能集団が中心となった。

ウ．百姓請、地下請など、惣村が領主へ納める年貢を請け負った。

エ．地下検断を行い、掟に背く者を村から追放することもあった。

8．室町時代における下線部ｈの要求内容として誤っているものを下記より選びなさい。なお、すべて正しい場合は「エ」をマークしなさい。

ア．年貢の減免要求　　イ．守護からの課税対応　　ウ．用水路維持のための負担要求

9．下線部ｉの説明として誤っているものを下記より選びなさい。なお、すべて正しい場合は「エ」をマークしなさい。

ア．土一揆は、惣村の結合をもとにした農民勢力が、土倉や武士とともに蜂起したものである。

イ．播磨の土一揆は、守護赤松氏の兵の国外退去を求めた。

ウ．幕府は、分一銭と呼ばれる手数料をおさめた側に権利を認める分一徳政令を生み出した。

10．下線部ｊに関連して、正しいものを下記より選びなさい。

ア．正長の徳政一揆はまず九州で発生した。

イ．嘉吉の乱で足利義教が暗殺されたのちに嘉吉の徳政一揆が起こった。

ウ．正長の徳政一揆蜂起をうけて、幕府は徳政令を出した。

エ．足利義教暗殺後、混乱を収束するために足利義政が後継に指名された。

〔Ⅲ〕次の史料A・Bを読んで設問に答えなさい。もっとも適切な答えを一つマークしなさい。なお史料は省略したり、書き改めたところがあります。

A. ひごのくにの御けにん、[a]申あけ候、きよねん十月廿日もうこかせんの時、はこさきのつにあひむかひ候しところに、ぞくとはかたにせめいり候とうけ給はり候しをもて、はかたにはせむかひ候しに、四日のたいしやうだざいのせうに三らうさゑもん、かけすけはかたのおきのはまをあひかためて、一とうにかせん候べしと、しきりにあひふれられ候し

【設　問】

1. 空欄aに該当する人物名について正しいものを下記より選びなさい。
 ア. 安達泰盛　　イ. 竹崎季長　　ウ. 平頼綱　　エ. 三浦泰村

2. 史料Aに書かれた戦いの後に起こった出来事として正しいものを下記より選びなさい。
 ア. 博多に鎮西探題として北条氏一門を派遣し、九州地方の政務や御家人の統率にあたらせた。
 イ. 有力御家人のなかから政務にすぐれた者らを評定衆に選んで、幕府の政務につかせた。
 ウ. 北条氏一門のなかでも家督をつぐ内管領の勢力が拡大していった。
 エ. 給与が少ない土地に新たに地頭をおく際には、新たに基準を定めて新補地頭としての給与を保障した。

B. [b]羽柴関白秀吉、文禄元年[c]ノ三月ヨリ高麗入トシテ、日本国ノ軍兵ヲソツシテ九州ニ下リ、肥州[d]ヲ高麗ノ渡リ口トシテ城ヲ構、秀吉下向ニテ諸国ノ家陣トシテ、[d]ヨリ廿里、平渡ヨリハ十八里ノ渡海ヲシテ、先[e]ノ風モトニ着ク、内島ノ浦々ニ大船小船イク千万ゾウカズハシレス、其ヨリ五十里ノ渡海シテ、[f]ノ東ノ浦金ノ浦スミ瀬戸迄、舟ハ思々ニ着ナリ、内島ノ内ヲ一日乗テ西方ニマイリ、ワンノ浦ニテ船揃シテ出船シ、次第ヲシテ前手ハ九州大名ニハ、豊後[g]、豊前住人森壱岐守、筑前住人黒田甲斐守、筑後住人屋那川ノ橘左近太夫、肥前住人鍋島加賀守、松浦法印、有馬、大村、[h]日向住人伊東修理亮、秋月長門守、高橋右近太夫、島津又七、薩摩住人島津兵庫頭、[i]肥後住人加藤主計助、小西摂津守ヲシテ、大船五百艘[f]ノワンノ浦ヲ出シテ行ク、是ハ諸国ノ舟、[f]ノ内ニ掛ル舟、艫綱ヲトキテ櫓梶ヲ取ハ天地モヒヽキ立、神モヲトロクヤウニシテ、思々ニ取梶面梶ニテ行ク程ニ、四十八里ノ渡間ヲ、四月廿六日ノ卯尅ニ湾ノ浦ヲ出シテ、朝鮮ノ内[j]浦ニ申酉刻ニ着、其ノ外南北ノ浦島ニ付舟ノ数幾千万艘トハ知レス、朝鮮人ハ[f]ヨリ万々ト馳着到舟ヲ見テ、臆シテ山野ニ逃ケリ、

『朝鮮日々記』

高麗：当時は朝鮮を高麗と呼ぶこともあった。

【設　問】

3．下線部bの人物に関する出来事について正しいものを下記より選びなさい。

ア．山崎の合戦で信長の重臣であった柴田勝家を倒し、信長の後継者の地位を確立した。

イ．小牧・長久手の戦いで織田信忠・徳川家康と戦ったが、和睦した。

ウ．京都の聚楽第に後水尾天皇を迎えて歓待し、諸大名に忠誠を誓わせた。

エ．小田原攻めにおいて北条氏政を倒した。

4．空欄cに入る干支を下記より選びなさい。

ア．丁酉　　イ．壬申　　ウ．壬辰　　エ．丁辰

5．空欄dに該当する地名を下記より選びなさい。

ア．平戸　　イ．長崎　　ウ．博多　　エ．名護屋

6．空欄e・fに該当する島名の組合せとして正しいものを下記より選びなさい。

ア．e：隠岐・f：対馬　　イ．e：壱岐・f：対馬

ウ．e：対馬・f：壱岐　　エ．e：隠岐・f：壱岐

7．空欄gに該当する戦国大名として正しいものを下記より選びなさい。

ア．龍造寺氏　　イ．相良氏　　ウ．毛利氏　　エ．大友氏

8．下線部h・iに相当する現在の県の組合せとして正しいものを下記より選びなさい。

ア．h：大分・i：熊本　　イ．h：宮崎・i：大分

ウ．h：宮崎・i：熊本　　エ．h：熊本・i：宮崎

9．空欄jに該当する地名として正しいものを下記より選びなさい。

ア．慶州　　イ．蔚山　　ウ．釜山　　エ．泗川

10．史料Bに書かれた戦いのその後の経緯について、正しいものを下記より選びなさい。

ア．上陸した日本軍はまもなく漢城・平壌を占領し、その一部は明との国境にまで進攻した。

イ．明の将軍李舜臣の率いる朝鮮水軍や明からの援軍により、戦局は次第に日本軍に不利になった。

ウ．現地の日本軍は休戦し、講和のための交渉が行われ、明との間に和平条約が結ばれた。

エ．和平交渉では、明皇女と天皇の結婚、朝鮮王子の人質、朝鮮全土の割譲が議題になった。

〔Ⅳ〕次の文章を読んで設問に答えなさい。もっとも適切な答えを一つマークしなさい。

1868年に誕生した明治政府にとって、貧困問題への対応は重要な課題であった。aa欧米列強に追いつくべく近代化を急いだ日本は、その改革によって士族や農民の困窮をもたらし、都市へ流出した窮民救済も大きな問題となった。

政府は大都市に救済施設を設置するなどの救済施策を行い、士族にはb士族授産政策をとった。また1874年にはc太政官通達として恤救規則を制定したが、親族扶養と地域の相互扶助に期待した制限的な内容であった。その限界を埋めたのが、篤志家、宗教家による先駆的な慈善事業であり、なかでもdキリスト教外国人宣教師、またその影響を受けた信者による児童保護系の実践が目立った。

産業革命が進み、資本主義が本格的に成立すると新たな生活問題が生じる。農村では農民層の分解が進み、土地を持たない小作人は職を求め都市に流れた。都市では労働者人口が急増し、劣悪な環境におかれた下層労働者らの生活は悲惨であった。社会主義思想への関心が高まり、労働運動も黎明期を迎えるが、1900年に政府は［ e ］によってこれを抑圧する一方で、貧困問題に対しては、f明治民法に規定された親族扶養の原則と地域の相互扶助に期待し積極的な対応を行わなかった。

g日露戦争の勝利は重工業の発展をもたらしたが、国民生活は戦後不況と軍事力増強のための増税で、より苦しくなった。小作争議や労働運動が盛んになり、社会主義運動も高揚するが、政府は1911年工場法を制定し労働者保護の姿勢を見せる一方で、社会主義運動への弾圧を強めた。

そして社会運動に対する防波堤としての役割と、善良な国民づくりの手段として期待されたのが救済事業であった。民間の慈善事業を統制下に置き、国民への教化を重視したことから感化救済事業とよばれる。従事者養成にも乗り出し、1908年に開催された第1回感化救済事業講習会を機に慈善事業の全国組織「中央慈善協会」が誕生しh渋沢栄一が初代会長に就任している。また疲弊した農村に対しても、同年発せられた「［ i ］」の具体化のためにj地方改良運動が開始された。

第一次世界大戦は、日本の経済に未曾有の繁栄をもたらしたが、大戦後の恐慌は大量の失業者を生みだし深刻な社会問題となった。k労働者団体や農民組合の発達を背景に社会主義運動が再び活性化する。1918年には米騒動が起こり、ロシア革命の影響をおそれた政府には、国民生活の安定化をはかる必要があった。その結果、社会福祉の前段階である社会事業がはじまったのである。

【設　問】

1．下線部aに該当する状況として誤っているものを下記より選びなさい。

ア．富国強兵、殖産興業政策を押し進めた。

イ．アメリカの先進技術を導入した富岡製糸場を設けた。

ウ．廃藩置県を断行し、中央集権制度の確立に努めた。

エ．秩禄処分や土地制度・税制の改革を行った。

2．下線部bの政策が必要だった背景として誤っているものを下記より選びなさい。

ア．安定した職につけなかった士族も多く、彼らは生活に困っていた。

イ．封建的身分制度の撤廃が進められ、旧来の主従関係が解消された。

ウ．国はすべての秩禄受給者に対して、秩禄の支給の停止と引き換えに一時金を支給する秩禄奉還の法を定め、秩禄の全廃に成功した。

エ．士族が受け取った金禄公債の平均額は、華族に比べわずかであった。

3．下線部cの置かれた組織の説明として誤っているものを下記より選びなさい。

ア．版籍奉還の際に、政体書による太政官制は改められた。

イ．新政府は、天皇親政の方針から神祇官を太政官のうちに入れる養老律令の形式を復活した。

ウ．廃藩置県後の官制改革では、太政官を正院・左院・右院の三院制とした。

エ．新政府の中枢を占めたのは、薩長土肥4藩の出身の士族であった。

4．下線部dに関連する状況として誤っているものを下記より選びなさい。

ア．キリスト教禁止の高札が撤廃され、キリスト教は黙認されるようになった。

イ．幕末にはすでにヘボンやコンドルなど多くの外国人宣教師が来日し、教育や医療、慈善活動を行っていた。

ウ．外国人宣教師たちは、長い弾圧のなかでも信仰を守ってきた隠れキリシタンの存在を知った。

エ．外国人宣教師たちは、学校教育にも携わり、日本の近代教育の発展に貢献した。

5．空欄e・iに該当する語句の組合せとして正しいものを下記より選びなさい。

ア．e：治安警察法・i：戊申詔書　　イ．e：治安維持法・i：戊申詔書

ウ．e：治安警察法・i：大教宣布の詔　　エ．e：治安維持法・i：大教宣布の詔

6．下線部fの編纂にともなう状況として誤っているものを下記より選びなさい。なお、すべて正しい場合は「エ」をマークしなさい。

ア．ドイツの法学者ボアソナードを招き、法典を起草させた。

イ．民法は1890年に大部分が公布されたが、民法典論争が起こり、施行延期となったのち、大幅に修正されて公布された。

ウ．1896年と1898年に大幅修正して公布された民法は、家父長制的な家制度を存続させるものとなった。

7．下線部gがもたらした国際関係の状況について誤っているものを下記より選びなさい。

ア．非公式な協定や同盟協約の改定によって、アメリカとイギリスの両国に日本の韓国保護国化を承認させた。

イ．第2次日韓協約を締結して統監府をおき、伊藤博文が初代の統監となった。

ウ．植民地化に抵抗した義兵運動に対して軍隊を増派して鎮圧をはかり、1910年には韓国を植民地化した。

エ．韓国併合により、日本は統治機関として朝鮮総督府を設置し、初代総督には伊藤博文が就任した。

8．下線部hの人物に関する記述として誤っているものを下記より選びなさい。なお、すべて正しい場合は「エ」をマークしなさい。

ア．国立銀行条例を定める際の中心的役割を担い、第一国立銀行などを設立させた。

イ．大阪紡績会社設立に尽力し、その大規模経営に成功した後、商人が会社を設立する動きが高まった。

ウ．創立に中心的な役割を果たした大阪紡績会社では昼夜二交代制での操業が行われた。

9．下線部jの状況として誤っているものを下記より選びなさい。

ア．旧来の村落共同体を、行政単位としての町村に再編成し、租税負担力の増加をはかる目的をもっていた。

イ．運動の推進団体として、青年団や在郷軍人会、産業組合の組織化もすすめられた。

ウ．国民の教化が重視されたため、文部省が中心となって運動を推進した。

エ．農業生産の停滞や困窮に対応する運動でもあり、協同事業に成功した村を模範村として紹介した。

10．下線部kに関わるこの当時の組織名として、該当しないものを選びなさい。

ア．友愛会　　イ．大日本労働総同盟友愛会

ウ．日本労働組合総評議会　　エ．日本労働総同盟

2月7日実施分　解答　日本史

I

解答　1－エ　2－エ　3－ウ　4－イ　5－イ　6－ウ
7－エ　8－ア　9－エ　10－ア

◀解　説▶

≪原始～現代の小問集合≫

1．a．誤文。考古学史上縄文時代は石器時代に含まれ，弥生時代は中期以降は青銅器・鉄器がともに存在する鉄器時代であり，日本は「青銅器時代」を欠くとされる。b．誤文。「伸展葬」は「古墳時代」以前の「弥生時代」からすでに一般化している。

2．a．誤文。九州警備の「防人」は，主に東国の兵士が当てられ3年間の勤務が大きな負担となっていた。b．誤文。桓武天皇が789年大軍を派遣し制圧しようとした「胆沢地方」は，「最上川」ではなく北上川の中流である。

3．a．誤文。「宋」成立後，博多での貿易は行ったが「正式な国交」は結ばなかった。b．正文

4．a．正文。b．誤文。「十三湊」は「蝦夷ヶ島」ではなく，津軽半島の日本海側にあった港である。

5．a．正文。b．誤文。「伊達政宗」は1613年，家臣「支倉常長」をスペインに派遣し（慶長遣欧使節），メキシコとの貿易を開こうとしたが，失敗した。

6．a．誤文。「ビッドル」は1846年浦賀に来航し，幕府に通商を要求した。b．正文。

7．a．誤文。「島津久光」は薩摩藩の実力者であったが「藩主」ではなく，藩主島津忠義の父親である。b．誤文。「戊辰戦争」において新政府の「東征軍」は，勝海舟・西郷隆盛の交渉などにより江戸攻撃は行わず「江戸城」は無血開城された。

9．a．誤文。「初代台湾総督」になったのは，海軍軍令部長樺山資紀である。b．誤文。「日露戦争」の「賠償金のない講和に対する不満」は大きく，講和条約調印の当日，日比谷公園で開かれた講和反対集会は暴徒化

した（日比谷焼き討ち事件）。「富山県での騒動」から全国化したのは米騒動である。

II 解答

A．1―イ　2―ア　3―ウ　4―ウ　5―エ
B．6―イ　7―イ　8―エ　9―ア　10―イ

◀解　説▶

≪古代～中世の政治・経済・社会≫

1．イ．誤文。天皇・国家や尊属に対する罪は8種類あり，特に重罪として指定され八虐と呼ばれた。

2．アが含まれない。「中納言」は705年に設置された令外官である。

3．ウが正答。外交事務や仏事を担当。アの「中務省」は詔書の起草など，イの「大蔵省」は収納・貨幣など，エの「民部省」は民政・財政などを担当した。

4．ウ．誤文。「官人」の教養として儒教の経典を学ぶ明経道や，律令などの法律を学ぶ明法道，他に音道，書道などの学問があったが，「仏教」は特に重視されなかった。

6．イ．誤文。中世に「灯明油の原料」として栽培されたのは荏胡麻，「菜種の栽培」が普及するのは江戸時代である。

7．イ．誤文。「宮座」は神社の祭礼を行う，農民の祭祀集団である。

8．エ．すべて正しい。室町時代の農民は，年貢の減免や守護が課してきた過重な課役の苦しさを荘園領主に訴えたり，用水路維持のために必要な人夫賃の負担を荘園領主に要求したりした。

9．ア．誤文。「土倉」は室町時代の高利貸し資本であり，借財のある農民の攻撃対象となる勢力である。イ・ウ．正文。

10．イ．正文。ア．誤文。1428年の「正長の徳政一揆」は，まず近江の国（現滋賀県）の坂本から始まった。ウ．誤文。「正長の徳政一揆」で一揆勢から徳政令発布が要求されたが幕府は応じなかった。エ．誤文。「嘉吉の乱」で6代将軍「足利義教」が播磨の守護赤松満祐に謀殺され，7代将軍となったのは足利義勝である。

解答編

III 解答　A．1―イ　2―ア
B．3―エ　4―ウ　5―エ　6―イ　7―エ　8―ウ
9―ウ　10―ア

◀解　説▶

≪中世・近世の政治・外交≫

Aの史料は，その内容が「ひごのくにの御けにん」=「肥後の国の御家人」の［ a ］が「きよねん十月廿日もうこかせんの時」=「去年 10 月 20 日蒙古合戦の時」の様子を書き記したものなので，鎌倉時代後期の絵巻『蒙古襲来絵巻（詞）』の詞書部分と判断できる。

1．イが正しい。『蒙古襲来絵巻』は肥後の国（現熊本県）の御家人竹崎季長が蒙古襲来のときの自己の姿を描かせ神社に奉納したもの。ほかの選択肢はいずれも関東の武士である。

2．ア．正文。イ．誤文。執権北条泰時による「評定衆」の設置は 1232 年。蒙古襲来以前である。ウ．誤文。蒙古襲来後に勢力を強めた「北条氏一門の家督」をつぐものは「内管領」ではなく得宗と呼ばれた。得宗の家臣を御内人といい，御内人の中心人物を「内管領」という。エ．誤文。「新補地頭」が設置されたのは，1221 年の承久の乱後である。

Bの史料は，『朝鮮日々記』という出典が示されており，史料文中の「羽柴関白秀吉」「文禄元年」「高麗入」などの語から，朝鮮出兵（文禄の役）に関するものと判断できる。

3．エ．正文。ア．誤文。「柴田勝家」を破り，「信長の後継者」の地位を固めたのは賤ケ岳の戦いである。イ．「小牧・長久手の戦い」で戦ったのは，織田信長の次男織田信雄である。ウ．誤文。「聚楽第」に招き歓待したのは後陽成天皇である。

4．ウが正しい。朝鮮出兵の文禄の役は 1592 年，慶長の役は 1597 年にはじまり，朝鮮ではその年の干支をとり，壬辰倭乱・丁酉倭乱と呼ばれる。史料は文禄の役なのでウが正しい。

5．エが正しい。「肥州」とは肥前・肥後の総称で現在の佐賀県・熊本県にあたる。秀吉は肥前（現佐賀県）の「名護屋」に国内の本陣を置いた。

7．エが正答。「豊後」（現大分県）の大名は「大友氏」である。アの龍造寺氏は肥前，イの相良氏は肥後（現熊本県），ウの毛利氏は安芸・周防・長門など（現広島・山口県）を支配した武将である。

9．ウが正しい。秀吉軍はまず「釜山」（＝プサン）に上陸，北上した。
10．ア．正文。イ．誤文。「李舜臣」は「明」ではなく朝鮮の武将である。ウ・エ．誤文。和平の交渉では，円滑な進展のために「明皇女と天皇の結婚」などの秀吉の要求は明に伝えられず，議題にされなかった。それを知った秀吉が激怒し，和平交渉は決裂し条約は結ばれなかった。

Ⅳ　解答

1―イ　2―ウ　3―イ　4―イ　5―ア　6―ア
7―エ　8―エ　9―ウ　10―ウ

◀解　説▶

≪近代の政治・経済・外交≫

1．イ．誤文。「富岡製糸場」はフランスから機械を輸入し，フランス人技術者ブリューナの指導のもと，先進技術の導入・普及を図った。
2．ウ．誤文。「秩禄奉還の法」は1873年，希望者のみに対して秩禄停止と引き換えに一時金を支給した改革で，秩禄整理は進まなかった。「秩禄の全廃に成功」するのは1876年，秩禄受給者全員に，秩禄に替えて金禄公債証書を発行したことによってである。
3．イ．誤文。養老律令では，神祇官は太政官と並ぶかたちで置かれている。
4．イ．誤文。「コンドル」は「外国人宣教師」ではなくイギリス人建築家。鹿鳴館やニコライ堂を設計するとともに，辰野金吾や片山東熊ら日本人建築家を育成した。
5．アが正しい。1900年制定された社会主義思想や労働運動への弾圧立法は「治安警察法」。「治安維持法」の制定は1925年である。「戊申詔書」は日露戦争後民心の引き締めのために1908年発せられ，国民道徳の強化が唱えられた。「大教宣布の詔」は1870年，神道国教化推進のために発せられた詔である。
7．エ．誤文。1910年設置された「朝鮮総督府」の初代総督に就任したのは寺内正毅である。
9．ウ．誤文。「地方改良運動」を推進する中心となったのは内務省である。
10．ウが該当しない。この当時の「労働者団体」としてアの「友愛会」が1912年結成され，1919年にはイの「大日本労働総同盟友愛会」，さらに

1921年にはエの「日本労働総同盟」と改称した。ウの「日本労働組合総評議会」＝総評の結成は1950年である。

❖講　評

原始・古代と現代史からの出題は比較的少なく，分野別では政治・外交の分野の比重が高く，例年出題されていた文化史はほぼ出題されなかった。出題内容は教科書で対応できる標準的レベルの問題である。

Ⅰは例年出題される正誤判定の問題である。ほぼ教科書レベルの標準的内容ではあるが，２．ｂ，７．ａなどはうっかりと読み過ごしてしまう可能性がある。落ち着いてケアレスミスを防ぐこと。教科書レベルではあるが，いずれもうろ覚えだと迷うものが多い。特に正文の判定は難しいので，教科書本文だけでなく，脚注も含めてしっかり読み込んで正確な知識を身につけたい。

Ⅱは古代の律令制度，中世の惣村に関する出題で，全体として標準的内容である。８は難問であるが，惣村の実態を考えることからアプローチしたい。

Ⅲは例年出題される史料問題である。Ａ・Ｂともに史料中の語句や出典から，何に関する史料かが把握できる。Ａは史料中のキーワードがひらがなで書かれているが，設問の人名や選択肢の文からも蒙古襲来に関するものと理解できるだろう。設問は，10が少し詳細な知識が求められるが，全体として教科書レベルの内容である。

Ⅳは明治初期から第一次世界大戦にかけての「貧困問題」に視点を置いた出題である。３や９は少し詳細な点が問われているが，全体として標準的レベルの問題である。

2月2日実施分　問題　世界史

(60分)

〔Ⅰ〕次の文中の［　　］に最も適当な語を語群から選び、また下線部に関する問いに答え、最も適当な記号1つをマークしなさい。

東地中海ではオリエントの文明の影響を受けて、古くから文明の勃興が見られた。紀元前2千年紀頃からは、青銅器文化を有するクレタ文明が栄え、続いてギリシア本土で①ミケーネ文明が栄えた。

前1200年頃にミケーネ文明が崩壊した後、ギリシア地域は暗黒時代を迎えたが、前8世紀頃から各地でポリスと呼ばれる独自の都市国家が形成されるようになった。各ポリスは盟約を結ぶことはあっても統合されることはなく、対立をくりかえした。その一方で、人々は自分たちがギリシア人（ヘレネス）であるとの同一の民族意識を保持し続けた。

前500年に始まるペルシア戦争で、東方のアケメネス朝の侵攻を退けると、独自に②民主政を発展させたアテネと軍事国家である③スパルタが台頭することになった。繁栄を誇るアテネでは、アクロポリスに［　イ　］様式によるパルテノン神殿が建設された。前5世紀後半の④ペロポネソス戦争でアテネとスパルタが衝突した後、ギリシアの諸ポリスは覇権争いを継続させたが、前330年代に最終的に勝利をおさめたのは北方のマケドニアの国王フィリッポス2世であった。

フィリッポス2世の息子アレクサンドロス大王が行った東方遠征によって形成された巨大帝国は、王の急死により間もなく分裂したが、ギリシアのポリスは⑤ヘレニズム時代にも一定の自治を維持しながら存続した。前200年頃には、マケドニアの［　ロ　］に対抗するため、諸ポリスはイタリア半島から⑥共和政ローマの支援を受けたが、このことは結果的にポエニ戦争に勝利して、西地中海の覇権を握ったローマの介入を招いた。結局、前2世紀の中頃以降、マケドニアに続いてギリシア本土は属州としてローマの帝国的な支配に組み込まれていった。

こうして紀元後も含めた数世紀にわたり、ギリシアはローマ帝国の支配を支える構成要素となった。軍事や政治面で敗れたギリシアではあったが、文化面においては逆に「野蛮な」勝利者ローマを魅了することになった。

[語　群]

イ　a．イオニア　b．コリント　c．ドーリア　d．ビザンツ

ロ　a．アルサケス朝　b．セレウコス朝　c．プトレマイオス朝　d．アンティゴノス朝

[問　い]

①ミケーネ文明に関する記述として、誤りを含むものはどれか。

a．エヴァンズがクノッソス宮殿跡を発掘した。

b．ティリンスやピュロスなどの城塞をともなった遺跡が知られる。

c．ヴェントリスらが線文字Bを解読した。

d．貢納王政による専制的な支配が行われた。

②アテネの民主政の発展に関する記述として、誤りを含むものはどれか。

a．ソロンは身体を抵当とする借財を禁止するなど平民の奴隷没落を防止した。

b．僭主ペイシストラトスは市民たちの蜂起により打倒された。

c．クレイステネスは血縁にかわって地縁にもとづく10部族制を導入した。

d．ペリクレスの指導で成人男性市民が参加する民会が国政の最高決定機関となった。

③貢納・従軍しつつも参政権を有さなかった、スパルタの半自由民はどれか。

a．ペリオイコイ　　b．エクイテス　　c．ヘイロータイ　　d．ノビレス

④ペロポネソス戦争に関する記述として、誤りを含むものはどれか。

a．アテネはデロス同盟を率いた。

b．スパルタはアケメネス朝の支援を得た。

c．アテネは衆愚政治に陥った。

d．戦争終結後、スパルタではリュクルゴスの制が確立した。

⑤ヘレニズム時代に活躍した学者に関する記述として、誤りを含むものはどれか。

a．アルキメデスは浮体の原理を発見した。

b．ピタゴラスは『幾何学原本』を著した。

c．エラトステネスはムセイオンの館長を務めた。

d．アリスタルコスは地球の自転と公転を主張した。

⑥共和政ローマに関する記述として、誤りを含むものはどれか。

a．前5世紀初頭、平民を守る権限をもつコンスルが設置された。

b．ホルテンシウス法により、平民会の決議が国法として認められるようになった。

c．グラックス兄弟は軍を建て直すために、自作農の再建をはかった。

d．同盟市は完全な市民権を要求して反乱を起こした。

〔Ⅱ〕次の文中の［　　］に最も適当な語を語群から選び、また下線部に関する問いに答え、最も適当な記号1つをマークしなさい。

①ドイツ・オーストリア地域の19世紀は、②ナポレオンが指揮するフランス軍との③戦争やそれにともなう激変で始まった。1805年、ナポレオンはオーストリア・ロシアの連合軍を破り、翌年、西南ドイツ諸国をみずからの保護下においた。この結果、④オーストリア皇帝が神聖ローマ皇帝の地位を放棄したため、神聖ローマ帝国は消滅した。この地域のもうひとつの強国⑤プロイセンも1806年にナポレオン軍に敗北し、その首都［　イ　］から諸国のイギリスとの通商を禁ずる布告が発せられた。しかしプロイセンは、シュタインやハルデンベルクの改革を基軸に近代的な強国へと自国を高めていき、1813年に他の諸国とともにライプツィヒの戦いでフランス軍に勝利する。その後、オーストリアが国際政治のリーダーとしての役割を果たしたが、プロイセンは1834年に発足した［　ロ　］によって自国の経済力と、周辺の諸国への影響力とを強めていった。19世紀後半には、対オーストリア、対フランスの2つの戦争に勝利し、1871年にプロイセンを中心とした⑥ドイツ帝国が成立するのである。

［語　群］

イ　a．ハンブルク　　b．ベルリン　　c．ミュンヘン　　d．ケルン

ロ　a．ドイツ関税同盟　　b．北ドイツ連邦　　c．ドイツ連邦　　d．神聖同盟

［問　い］

①ドイツ・オーストリア地域に関する記述として、誤りを含むものはどれか。

a．ザクセン朝の国王オットー1世が、最初の神聖ローマ皇帝となった。

b．プロイセン公国は、ブランデンブルク選帝侯国と合邦した。

c．カール4世の金印勅書によって七選帝侯が定められた。

d．オーストリアは、プロイセン、イギリス、フランスと四国同盟を結んだ。

②ナポレオンに関する記述として、誤りを含むものはどれか。

a．総裁政府を倒して統領政府をたて、第一統領として独裁権を握った。

b．ローマ教皇との宗教協約やイギリスとの講和により、第1回対仏大同盟を崩壊させた。

c．私有財産の不可侵や法の前の平等、契約の自由などを定める民法典を公布した。

d．終身統領となり、さらに国民投票での圧倒的支持を受けて皇帝に即位した。

③ナポレオンの戦争に関する記述として、誤りを含むものはどれか。

a．ナポレオンのロシア遠征の敗北を機に、諸国の解放戦争が起こった。

b．ナポレオンはトラファルガーの海戦でイギリスに大敗した。

c．ナポレオンはアウステルリッツの戦いで、オーストリア・ロシア連合軍を破った。

d．ナポレオンはワーテルローの戦いでの敗北により、エルバ島に流された。

④オーストリアに関する記述として、誤りを含むものはどれか。

a．オーストリア継承戦争時にフランスと同盟を結んでプロイセンに対抗した。

b．マリア=テレジアは娘マリ=アントワネットを後のフランス国王ルイ16世に嫁がせた。

c．ヨーゼフ2世の治世にポーランド分割に加わった。

d．宰相のメッテルニヒはウィーン体制を主導した。

⑤プロイセンに関する記述として、誤りを含むものはどれか。

a．フリードリヒ=ヴィルヘルム1世のもとで軍隊や官僚制が整備された。

b．地主貴族ユンカーによる農場領主制が支配的であった。

c．スペイン継承戦争を契機に王号を許された。

d．フリードリヒ2世が建てたサンスーシ宮殿はバロック式建築である。

⑥ドイツ帝国に関する記述として、誤りを含むものはどれか。

a．プロイセン国王がドイツ皇帝を兼ねた。

b．帝国議会の議員は25歳以上の男性による普通選挙によって選出された。

c．ビスマルクは連邦参議院での選出により帝国宰相となった。

d．フランスからアルザスとロレーヌを獲得した。

〔Ⅲ〕次の文中の［　　］に最も適当な語を語群から選び、また下線部に関する問いに答え、最も適当な記号1つをマークしなさい。

16世紀のヨーロッパ人の到来よりも前から①アメリカ大陸には多様な文化や文明がつくりあげられ、アステカ王国や②インカ帝国のような大規模な国家が形成されていた。スペイン人たちはこれらを滅ぼして③植民地としたのである。18世紀末頃からフランス革命やナポレオン戦争の影響によって本国から植民地への支配が弱まると、植民地生まれの白人である［　イ　］の大地主層を中心とする独立運動が高揚した。19世紀に入ると多くの国が④独立を達成したが、独立後も多くの国では階層的な社会構造が温存された。不安定な政治状況が続き、経済的には欧米諸国に従属して、近代化の進展は緩慢であった。たとえば、「天国に最も遠く、米国に最も近い国」メキシコは、19世紀中頃までにアメリカ=メキシコ戦争での敗北などにより領土の半分を失い、20世紀前半までメキシコ内乱や⑤メキシコ革命と呼ばれる社会変動が続いてゆく。⑥第二次世界大戦後のラテンアメリカ諸国では、冷戦構造のもと、［　ロ　］がクーデタによって政権を掌握したチリなどで軍事独裁政権が有力となったが、冷戦構造の解消とともに政治的民主化が進展してきた。しかし、社会構造の近代化とアメリカ合衆国への従属からの離脱は、今も充分には達成されていない。

[語　群]

イ　a．ムラート　b．クリオーリョ　c．メスティーソ　d．ペニンスラール

ロ　a．チャモロ　b．アジェンデ　c．エイルウィン　d．ピノチェト

[問　い]

①アメリカ大陸の文化や文明に関する記述として、誤りを含むものはどれか。

a．コロラド川流域に日干し煉瓦の集合住宅群がつくられた。

b．メキシコ湾岸のオルメカ文明ではジャガーが聖獣として信仰された。

c．ユカタン半島のマヤ文明ではキープ（結縄）を用いて数量が記録された。

d．メキシコ高原のテオティワカン文明では太陽のピラミッドがつくられた。

②インカ帝国に関する記述として、誤りを含むものはどれか。

a．テノチティトランを首都として発展した。

b．支配地域に道路網と宿駅制度をととのえた。

c．すぐれた石造技術により、マチュ=ピチュの遺跡をのこした。

d．ピサロによって皇帝アタワルパが処刑された。

③ラテンアメリカの植民地に関する記述として、誤りを含むものはどれか。

a．コルテスは、リマをヌエバ=エスパーニャの首都とした。

b．エンコミエンダ制のもと、植民者に先住民の支配が委託された。

c．ラス=カサスが先住民の悲惨な状況をスペイン国王に報告した。

d．ブラジルのサトウキビ農園では黒人奴隷が主要な労働力となった。

④ラテンアメリカ諸国の独立に関する記述として、誤りを含むものはどれか。

a．スペインの自由主義革命に反発した現地支配層がメキシコの独立に踏み切った。

b．フランス領のイスパニョーラ島西部がハイチとして独立した。

c．サン=マルティンの指導のもと、大コロンビア共和国が独立した。

d．ブラジルはポルトガルの王子を皇帝として独立した。

⑤民主的な1917年憲法を制定し、メキシコ革命を収拾した人物は誰か。

a．ディアス　b．フアレス　c．マデロ　d．カランサ

⑥第二次世界大戦後のラテンアメリカに関する記述として、誤りを含むものはどれか。

a．グレナダの左翼政権がアメリカ合衆国の侵攻によって打倒された。

b．ベネズエラの軍事政権がイギリスとの領土紛争に敗北して崩壊した。

c．オクタビオ=パスやガルシア=マルケスがノーベル文学賞を受賞した。

d．社会改革を求める「解放の神学」がカトリック教会のなかから広がった。

〔Ⅳ〕次の文中の［　　　］に最も適当な語を語群から選び、また下線部に関する問いに答え、最も適当な記号1つをマークしなさい。

19世紀はイスラーム世界へのヨーロッパ列強の進出が本格化した時代であった。ヨーロッパの圧倒的な政治力・軍事力の前に危機感をもったイスラーム世界の側では、①オスマン帝国や②カージャール朝などの政府主導でヨーロッパ型の近代化改革が行われる一方、内部からの③イスラーム改革をめざす人々が登場するようになった。

そのような改革運動を先駆けて行った［　イ　］は、④エジプトなどのイスラーム世界やヨーロッパ各地を訪れてイスラーム世界の連帯や同盟をめざすパン=イスラーム主義を説いた。彼の思想を受け継いだのは弟子のムハンマド=アブドゥフやその弟子のラシード=リダーである。アブドゥフは［　ロ　］に参加した後でエジプトから国外追放となり、［　イ　］とともにパリで1884年に『固き絆』を創刊した。『固き絆』の発行は短期間に終わったが、リダーはのちに『マナール（灯台）』を創刊して改革運動の理論を確立した。『マナール』はインドや東南アジアなどにまでおよぶイスラーム世界で広く読者を獲得し、影響力を及ぼした。

『マナール』が刊行されていた時代は、イスラーム世界の解体が進んだ時代であった。リダーの出身地⑤シリアや⑥パレスチナはヨーロッパ列強の支配下に入り、オスマン帝国も滅亡した。このような時代にあって『マナール』はイスラーム世界の人々に希望の光を投げかけていたのである。

[語　群]

イ　a．アフガーニー　　b．サイイド=アリー=ムハンマド　　c．バイバルス
　　d．ムスタファ=カーミル

ロ　a．タバコ=ボイコット運動　　b．ジャディード運動　　c．ウラービー運動
　　d．マフディー運動

[問　い]

①オスマン帝国の近代化に関する記述として、誤りを含むものはどれか。

a．イェニチェリ軍団を廃止し、新軍を創設した。
b．アブデュルハミト2世がタンジマートを開始した。
c．「新オスマン人」と称する知識人が立憲政をめざした。
d．改革派の宰相が起草したミドハト憲法が発布された。

②カージャール朝に関する記述として、誤りを含むものはどれか。

a．イラン系の王朝である。
b．ロシアとトルコマンチャーイ条約を結んだ。
c．バーブ教徒の乱が起こった。
d．イギリスとロシアに経済的に支配された。

③アラビア半島でおこったイスラーム改革運動に関する記述として、誤りを含むものはどれか。

a．イブン=アブドゥル=ワッハーブが始めた。

b．豪族のサウード家を排除して王国を建設した。

c．イスラーム神秘主義を強く批判した。

d．アラブの民族意識が芽生えるきっかけとなった。

④エジプトに関する記述として、誤りを含むものはどれか。

a．ナポレオンが率いるフランス軍に占領された。

b．エジプト総督のムハンマド=アリーが近代化を進めた。

c．イギリスにスエズ運河の管理権を譲渡した。

d．ギリシア独立運動を支援した。

⑤シリアに関する記述として、誤りを含むものはどれか。

a．エジプト=トルコ戦争後のロンドン会議で、エジプトはシリアを放棄させられた。

b．セーヴル条約でイギリスの委任統治領とされた。

c．エジプトとともにアラブ連合共和国を成立させた。

d．第4次中東戦争でエジプトとともにイスラエルを攻撃した。

⑥パレスチナに関する記述として、誤りを含むものはどれか。

a．サイクス・ピコ協定により、ユダヤ国家の設立が認められた。

b．第二次世界大戦後に国連総会でパレスチナの分割が決定された。

c．パレスチナ人はパレスチナ解放機構を組織して、武力闘争を展開した。

d．パレスチナ暫定自治協定にもとづいて自治政府が誕生した。

〔V〕次の文中の［　　］に最も適当な語を語群から選び、また下線部に関する問いに答え、最も適当な記号1つをマークしなさい。

①春秋②戦国の諸国分裂に終止符をうった③始皇帝は、治世後半を5度におよぶ大旅行に明け暮れた。秦に滅ぼされた東方6国旧領の鎮定がその一目的とされる。紀元前210年秋、最後の旅の途上で病重くなった彼は、当時北方の対④匈奴前線に派遣されていた長男の扶蘇にあてて密詔をしたためた。内心、扶蘇を自身の後継者に定めてのことであった。しかし始皇帝の死後、丞相の［　イ　］と宦官の趙高らは密詔を書き改め、扶蘇に自殺を命じて年少の胡亥を二世皇帝として立てた。二世皇帝を操る趙高の専権下で秦の統治は急速に解体に向かい、始皇帝の死の翌年に起こった［　ロ　］をきっかけに旧6国領では秦への反発が爆発し、項羽や劉邦らの群雄が割拠する中で秦は滅亡した。⑤『史記』によって知られてきた以上の物語は、近年発見された⑥竹簡では別様に語られている。前漢の武帝時代頃に書かれたこの史料によると、病重くなった始皇帝は遺言で扶蘇の自死と胡亥の帝位継承を自ら命じている。歴史書の記事の背後に様々な異説があったことを、この事例は知らせてくれる。

[語　群]

イ　a．商鞅　　b．李斯　　c．韓非　　d．張衡

ロ　a．呉楚七国の乱　　b．陳勝・呉広の乱　　c．赤眉の乱　　d．八王の乱

[問　い]

①春秋時代に関する記述として、誤りを含むものはどれか。

a．斉の桓公などが、諸侯を従えて覇者と呼ばれた。

b．孔子は、周を理想の世とする政治改革に失敗した。

c．「春秋」という時代の呼称は、同時代の秦の年代記にちなんでつけられた。

d．鉄製の農具が使用されはじめた。

②戦国時代に関する記述として、誤りを含むものはどれか。

a．海に面する魏は、製塩業で栄えた。

b．諸国では身分にかかわらない実力主義の人材登用が行われた。

c．銅銭による納税が始まった。

d．楚の屈原らの詩作が、のちに『楚辞』としてまとめられた。

③始皇帝に関する記述として、誤りを含むものはどれか。

a．半両銭による貨幣統一を進めた。

b．華南を征服して南海郡などを置いた。

c．元号を用いはじめた。

d．秦国内で実施されていた郡県制を全土に施行した。

④匈奴に関する記述として、誤りを含むものはどれか。

a．冒頓単于のもとで月氏を攻撃し、中央アジアに進出した。

b．漢の攻撃により東西交易の利を失い、衰退した。

c．１世紀中頃、東匈奴は南北に分裂した。

d．南匈奴の南下にともない、モンゴル高原では羌族が勢力を広げた。

⑤『史記』に関する記述として、誤りを含むものはどれか。

a．光武帝期の人である司馬遷がまとめた。

b．本紀と列伝を中心とする紀伝体で書かれた。

c．中国最初の正史とされる。

d．上古から武帝期までの通史である。

⑥竹簡などの書写材料に関する記述として、誤りを含むものはどれか。

a．竹簡は細長い竹片で、ひもでつづって冊や巻にして用いられた。

b．竹簡や木簡に公文書を書写するために隷書が用いられた。

c．竹簡や木簡とならんで、絹布も書写材料として用いられた。

d．前漢の蔡倫が製紙法を改良したのちも、竹簡や木簡が用いられた。

2 月 2 日実施分

解答　世界史

I　解答

イ—c　ロ—d
①—a　②—b　③—a　④—d　⑤—b　⑥—a

◀解　説▶

≪ギリシア世界≫

①a．誤文。エヴァンズが発掘したクノッソス宮殿跡はクレタ文明（前 2000～前 1400 年ごろ）の遺跡である。

②b．誤文。打倒されたのはペイシストラトスの後を継いだ子のヒッピアスである。ペイシストラトスは平民の支持を受けて僭主となり，その善政をたたえられた。

③a．正解。b．エクイテスはローマの騎士，c．ヘイロータイはスパルタの隷属農民，d．ノビレスはローマの新貴族のことである。

④d．誤文。リュクルゴスの制はスパルタの立法者リュクルゴスが制定したとされる軍国主義的国家体制で，ペロポネソス戦争前に成立した。

⑤b．誤文。『幾何学原本』を著したのはエウクレイデス。ピタゴラスは前 6 世紀の自然哲学者・数学者である。

⑥a．誤文。前 5 世紀初頭に設置された，平民を守る権限をもつ役職は護民官。コンスルはローマ共和政下の最高公職者。

II　解答

イ—b　ロ—a
①—d　②—b　③—d　④—a　⑤—d　⑥—c

◀解　説▶

≪19 世紀のドイツ・オーストリア地域≫

①d．誤文。四国同盟はオーストリア・プロイセン・イギリス・ロシア間で結ばれた（1815 年）。フランスは 1818 年に加入が認められ，五国同盟が成立した。

②b．誤文。イギリスとの講和（アミアンの和約：1802 年）で崩壊したのは第 2 回対仏大同盟。

③d．誤文。ナポレオンがワーテルローの戦い（1815 年）に敗北して流

されたのは大西洋上の孤島セントヘレナ。エルバ島はこれ以前，ライプツィヒの戦い（1813年）に敗れ，パリを占領されたのちに流された地中海の島である。

④a．誤文。オーストリアがフランスと同盟したのは七年戦争（1756～63年）。オーストリア継承戦争（1740～48年）でシュレジエンをプロイセンに奪われたマリア=テレジアは，この地を奪回するために長年ハプスブルク家と対立してきたフランス王家（ブルボン朝）と同盟を結んだが，これを外交革命という。

⑤d．誤文。サンスーシ宮殿はロココ式の代表的建造物。

⑥c．誤文。ビスマルクは皇帝ヴィルヘルム1世によって帝国宰相に任命された。

III 解答

イ―b　ロ―d

①―c　②―a　③―a　④―c　⑤―d　⑥―b

◀解　説▶

≪アメリカ大陸の歴史≫

①c．誤文。キープ（結縄）はインカ帝国で用いられた記録法。マヤ文明では独自の文字（マヤ文字）が使用された。

②a．誤文。インカ帝国の首都はクスコ。テノチティトランはアステカ王国の首都である。

③a．誤文。ヌエバ=エスパーニャの首都はメキシコシティに置かれた。リマはインカ帝国を滅ぼしたピサロがペルーに建設した都市。

④c．誤文。大コロンビア共和国を独立させたのはシモン=ボリバルである（1819年）。サン=マルティンはチリやペルーの独立を指導した人物。

⑤やや難。d．カランサはブルジョワ派の指導者として政権を掌握し，1917年憲法を制定して大統領となった（任1917～20年）。

⑥難問。b．誤文。イギリスとの領土紛争（フォークランド戦争：1982年）に敗北して崩壊したのはアルゼンチンの軍事政権である。

Ⅳ 解答

イ―a　ロ―c
①―b　②―a　③―b　④―d　⑤―b　⑥―a

◀解　説▶

≪イスラーム改革≫

①b．誤文。タンジマート（1839～76 年）を開始したのはアブデュルメジト1世。アブデュルハミト2世は1876 年にミドハト憲法を制定したが，ロシア=トルコ戦争が1877 年に勃発すると，翌年に憲法を停止して専制政治を行った。

②a．誤文。カージャール朝（1796～1925 年）はトルコ系の王朝。

③b．誤文。ワッハーブ派はサウード家と協力して王国を建設した（ワッハーブ王国：1744 年ごろ～1818 年，1823～89 年）。

④d．誤文。エジプト総督のムハンマド=アリーはギリシア独立戦争（1821～29 年）でオスマン帝国を支援した。また，その代償としてシリアを要求したことで第1次エジプト=トルコ戦争（1831～33 年）がおこった。

⑤b．誤文。第一次世界大戦後，セーヴル条約によりシリアはフランスの委任統治領となった。

⑥a．誤文。ユダヤ国家の設立を認めたのはバルフォア宣言（1917 年）で，イギリスがユダヤ系資本の戦争協力を期待して発した。サイクス=ピコ協定（1916 年）はオスマン帝国領の分割に関して交わされた英・仏・露間の秘密協定である。

Ⅴ 解答

イ―b　ロ―b
①―c　②―a　③―c　④―d　⑤―a　⑥―d

◀解　説▶

≪春秋戦国～漢≫

①c．誤文。「春秋」は孔子が編纂したとされる魯の年代記にちなんでつけられた。

②a．誤文。魏は内陸部の国。製塩業で栄えたのは斉である。

③c．誤文。元号を用いはじめたのは前漢武帝（位前 159～前 87 年）である。

④d．誤文。羌族は青海地方で活動したチベット系の民族。

⑤a．誤文。司馬遷は前漢武帝期の人。

⑥d．誤文。蔡倫は後漢時代の宦官である。

❖講　評

Ⅰ　エーゲ文明からローマ時代までのギリシア世界について問う大問。イと⑤は文化に関する問題。空所補充，下線部に関する設問ともに標準レベルの出題となっている。

Ⅱ　19世紀のドイツ・オーストリア地域に関する大問。⑥はやや詳細であるが，帝国宰相は皇帝のみに責任を負うということを理解していれば解答できる。全体的には標準レベルの出題といえる。

Ⅲ　古代アメリカ文明から現代にいたるまで，年代的に幅広くアメリカ大陸の情勢について問う。⑤は詳細，また⑥は学習が及びにくく，選択肢にも詳細な内容が複数含まれるため難問といえる。

Ⅳ　19世紀のイスラーム改革をテーマに中東情勢について問う大問。リード文の内容は受験生にとって初見の知識が多いと思われるが，空所補充，下線部に関する設問とも標準レベルの内容である。

Ⅴ　春秋戦国～漢代の社会・文化と周辺情勢に関する大問。②・④は地理的知識が求められている。③は詳細な知識であるが，消去法で対応できる。

すべての大問が空所補充2問，下線部に関する設問6問で構成されている。下線部に関する設問は誤文選択が中心で，他に語句選択が出題されている。空所補充は基本事項が中心となっている。また，誤文選択はおおむね標準レベルであるが，一部の選択肢の中に詳細な内容のものが含まれる場合もある。

２月６日実施分　問題　世界史

（60分）

〔Ⅰ〕次の文中の［　　］に最も適当な語を語群から選び、また下線部に関する問いに答え、最も適当な記号１つをマークしなさい。

ロシア国家の起源は、［　イ　］に率いられて東スラヴ人の地に到来したノルマン人が①ノヴゴロド国を建国したところにあると言われることが多い。その彼らが、ノヴゴロドから南下してキエフを中心に公国を建て、ビザンツ帝国と結びつきを深めてギリシア正教を受け入れたというのが、広く知られたロシア建国物語である。

この物語はロシア以外では通説になっているが、ロシアには異を唱える学者も少なくない。そもそもこの説は、18世紀、②ピョートル１世の命を受けてその没後に設立されたサンクト＝ペテルブルク科学アカデミーに招聘されたドイツ人学者が唱えたものであり、東スラヴ人の国家としてのロシアに信念を抱いたロシア人学者が猛反発したという、曰く因縁付きのものである。

ロシアを東スラヴ人の国家と呼ぶのにはそもそも無理がある。ピョートル１世と並んで大帝と称される③エカチェリーナ２世はドイツのとある領邦国家の宮廷出身だし、その治世に発生したコサックが率いる［　ロ　］の反乱は、非ロシア人諸民族の反乱でもあった。④ニコライ１世時代の秘密警察長官として名高いベンケンドルフは、⑤ドイツ騎士団以来の系譜に連なるバルト・ドイツ人であり、ロシア帝国最後の皇帝⑥ニコライ２世の妻はドイツのヘッセン出身で、しかもイギリス女王の孫娘である。ロシアは、住民も政府も宮廷も多民族からなる帝国だったのである。

［語　群］

イ　a．クヌート　b．エグバート　c．リューリク　d．ロロ

ロ　a．プガチョフ　b．ステンカ＝ラージン　c．コシューシコ　d．スパルタクス

［問　い］

①ノヴゴロドに関する記述として、誤りを含むものはどれか。

a．ハンザ同盟の商館が置かれていた。

b．共和政の自治都市として栄えた。

c．毛皮貿易の中心地として栄えた。

d．モスクワ大公イヴァン４世に併合された。

②ピョートル1世に関する記述として、誤りを含むものはどれか。

a．啓蒙思想家ヴォルテールと親交を深めた。

b．後進性の象徴であるとして、髭(ひげ)を長く伸ばした者に高額課税した。

c．西欧への大使節団の一員として造船技術を学んだ。

d．デンマーク出身のベーリングにアラスカなどの探検を行わせた。

③エカチェリーナ2世に関する記述として、誤りを含むものはどれか。

a．クーデタにより夫ピョートル3世から帝位を奪った。

b．農奴制と貴族特権の強化をはかった。

c．プロイセンやオーストリアとともに、第2回ポーランド分割に参加した。

d．オスマン帝国保護下のクリム=ハン国を奪った。

④ニコライ1世に関する記述として、誤りを含むものはどれか。

a．即位時に発生したデカブリストの乱を鎮圧した。

b．ギリシア独立戦争に介入して、独立を支援した。

c．1848年革命で、コシュートが率いるハンガリーの民族運動を制圧した。

d．クリミア戦争に敗北して、農奴解放などの改革を決断した。

⑤ドイツ騎士団に関する記述として、誤りを含むものはどれか。

a．第4回十字軍に際して組織された。

b．組織された当初の拠点はアッコンにあった。

c．エルベ川以東の植民活動に従事した。

d．ドイツ騎士団領は、プロイセン公国の起源となった。

⑥ニコライ2世とその治世に関する記述として、誤りを含むものはどれか。

a．2度にわたるハーグ万国平和会議の開催を提唱した。

b．モスクワで労働者らのデモに軍が発砲する「血の日曜日事件」が発生した。

c．十月宣言を発して、国会（ドゥーマ）開設を約束した。

d．ロシア二月革命（三月革命）で臨時政府が成立して、ニコライ2世は退位した。

〔Ⅱ〕次の文中の［　　］に最も適当な語を語群から選び、また下線部に関する問いに答え、最も適当な記号1つをマークしなさい。

第一次世界大戦の戦後処理のため、1919年に①パリ講和会議が開かれた。会議ではアメリカ大統領［　イ　］が提案していた十四カ条の平和原則が基礎とされたが、戦勝国の利益が優先された。会議の結果、国際連盟が設立されて本部は［　ロ　］に置かれたが、調印されたヴェルサイユ条約の内容は敗戦国ドイツにとって過酷なものであった。

大戦後のイギリスでは、選挙権を新たに与えられた労働者の支持を集めた②労働党が躍進した。フランスでは、ドイツの賠償支払不履行を口実としたルール占領の後、左派連合政権が成立した。イタリアでは、期待した領土拡張が得られなかったことへの不満や、変革を求める労働者や農民の運動などから社会に混乱が生じ、それを背景にファシスト党の指導者③ムッソリーニが政権を獲得した。

大戦中に物資や戦債を連合国に提供して利益をあげていたアメリカでは、大戦後もつづく経済好況のうちに④「黄金の20年代」を迎えた。しかし1929年にはニューヨークのウォール街で株価が大暴落して、大恐慌が始まった。その影響は世界に波及して⑤世界恐慌が生じ、ドイツでも失業者が急増して深刻な社会危機が引き起こされた。そのなかでナチ党が勢力を伸ばし、総選挙で第一党の座を獲得した。首相となったナチ党の党首⑥ヒトラーは全権委任法によって一党独裁体制を樹立し、ヒンデンブルク大統領が死去すると大統領を兼任して総統となった。

[語　群]

イ　a．ウッドロー=ウィルソン　　b．セオドア=ローズヴェルト
　　c．ハロルド=ウィルソン　　d．フランクリン=ローズヴェルト

ロ　a．ハーグ　　b．ジュネーヴ　　c．ローザンヌ　　d．ブリュッセル

[問　い]

①パリ講和会議に関する記述として、誤りを含むものはどれか。

a．ソヴィエト政府は除外されていた。
b．イタリアからはオルランドが代表として参加した。
c．フランスからはダラディエが代表として参加した。
d．民族自決権はアジアやアフリカの植民地の諸民族には適用されなかった。

②労働党に関する記述として、誤りを含むものはどれか。

a．第4次選挙法改正後、マクドナルドを首相とする労働党内閣が成立した。
b．最初の労働党内閣は、ソ連を承認した。
c．フェビアン協会などにより結成された労働代表委員会が、労働党と改称された。
d．保守党アスキス内閣に協力して国民保険法を成立させた。

③ムッソリーニ政権とファシスト党に関する記述として、誤りを含むものはどれか。

a．ムッソリーニ政権はローマ教皇庁と和解してラパロ条約を締結した。

b．ムッソリーニ政権はティラナ条約によってアルバニアの保護国化を進めた。

c．ファシスト党は「ローマ進軍」と称する大示威行進を行った。

d．ファシスト党は軍人や資本家・地主から支持を受けて発展した。

④「黄金の20年代」のアメリカに関する記述として、誤りを含むものはどれか。

a．共和党政権下で、連邦レベルでの女性参政権が初めて認められた。

b．ラジオの定時放送が開始された。

c．国内市場を守るため、高率保護関税政策がとられた。

d．大量生産・大量消費という生活様式が生み出された。

⑤世界恐慌に関する記述として、誤りを含むものはどれか。

a．資本主義諸国の購買力が低下し、植民地や従属国の農民が経済的打撃を受けた。

b．イギリスでは挙国一致内閣が輸出促進を目的として金本位制を再開した。

c．アメリカのフーヴァー大統領は、ドイツの賠償支払の１年間停止を宣言した。

d．フランスでは、フラン=ブロック構築による経済の安定化がはかられた。

⑥ヒトラー政権に関する記述として、誤りを含むものはどれか。

a．国際連盟の管理下にあったザール地方を住民投票によりドイツに編入した。

b．アウトバーン建設などの土木工事や軍需工業によって、失業者を減らした。

c．スペイン内戦でフランコ軍を支援し、ゲルニカを空爆した。

d．仏ソ相互援助条約を理由にロカルノ条約を破棄した後、再軍備を宣言した。

〔Ⅲ〕次の文中の［　　］に最も適当な語を語群から選び、また下線部に関する問いに答え、最も適当な記号1つをマークしなさい。

人類の①オセアニアへの到達は約5万年前とされ、紀元前3千年紀頃からは東南アジアからの移住者が太平洋の島々へと広がっていった。しかし、ヨーロッパ人によるこの海域の認識は、16世紀にパナマ地峡を縦断して「南の海」に至った［　イ　］らによる「発見」のあとになる。アメリカ大陸西海岸とフィリピンを領有したスペインは、メキシコの［　ロ　］からフィリピンに至り、大圏航路を経由してカリフォルニアへと戻る海上交易路を開拓し、その結果太平洋はスペインの「内海」と化した。この海域で欧米列強による植民地化が本格化するのは18世紀後半以降である。19世紀までに②オーストラリアやニュージーランドを支配した③イギリスだけでなく、④フランスやドイツも太平洋の島々を領有していった。19世紀末にはアメリカ合衆国がフィリピンや⑤ハワイを獲得し、太平洋北部海域を勢力圏におさめた。アメリカによる太平洋の覇権は⑥第二次世界大戦後も存続している。

[語　群]

イ　a．バルボア　b．カブラル　c．カボット　d．レガスピ

ロ　a．カリカット　b．ソファラ　c．マリンディ　d．アカプルコ

[問　い]

①オセアニアに関する記述として、誤りを含むものはどれか。

a．最終氷期にオーストラロイド系の人々が現在のオーストラリアへと到達した。

b．アフロ=アジア系の人々の移住はミクロネシアから拡大していった。

c．太平洋の島々に定住した人々は、農耕や家畜の飼養を行った。

d．ポリネシアのイースター島では巨石文化が発達した。

②オーストラリアに関する記述として、誤りを含むものはどれか。

a．イギリスの入植前、先住民のアボリジニーは狩猟採集生活を送っていた。

b．オーストラリア沿岸を探検したタスマンが、イギリスによる領有を宣言した。

c．19世紀中頃には、金鉱の発見によって移民が急増した。

d．20世紀初頭、オーストラリア連邦が成立し、イギリス帝国内の自治領となった。

③イギリスによるオセアニアの植民地化に関する記述として、誤りを含むものはどれか。

a．メラネシアのフィジーを獲得し、インド人を農園労働者として移住させた。

b．ニューギニア東南部を獲得し、オーストラリア連邦の準州とした。

c．ニュージーランドのマオリはイギリスによる植民地化に協力的であった。

d．19世紀末以降、イギリスはニュージーランドで牧羊業を発展させた。

④フランスの保護領となり、ゴーガンが移住したポリネシアの島はどれか。

a．ウェーク　　b．トラック　　c．タヒチ　　d．パラオ

⑤ハワイに関する記述として、誤りを含むものはどれか。

a．18世紀末に成立したカメハメハ朝によって、ハワイ王国が建てられた。

b．19世紀前半に、ハワイ王国は立憲君主政を採用した。

c．アメリカ合衆国への併合と同時に、リリウオカラニが退位した。

d．ハワイを併合したアメリカ合衆国大統領はマッキンリーであった。

⑥第二次世界大戦後のオセアニアに関する記述として、誤りを含むものはどれか。

a．アメリカ合衆国を中心として、太平洋安全保障条約が締結された。

b．フランスが南太平洋のビキニ環礁で水爆実験を行った。

c．オーストラリアの提唱により、アジア太平洋経済協力会議が結成された。

d．地球温暖化の影響とされる海面上昇による水没が、ツバルで危惧されている。

〔Ⅳ〕次の文中の［　　］に最も適当な語を語群から選び、また下線部に関する問いに答え、最も適当な記号1つをマークしなさい。

16世紀前半にアジアの西側に2つの①イスラーム王朝が相次いで成立した。インドのムガル帝国と②イランの③サファヴィー朝である。同じ頃④オスマン帝国は地中海を制圧し、スンナ派のイスラーム世界の盟主として、最盛期を迎えていた。一方サファヴィー朝はシーア派を国教とする王朝であった。イランでは10世紀にシーア派の王朝として［　イ　］が成立したが、その後の多くの政権はスンナ派であった。16世紀にムガル帝国とオスマン帝国の間にシーア派のサファヴィー朝が位置したことや、帝国間の国境争いが激しかったことなどから、帝国同士の対立がイスラーム世界を政治的に分断し、国を越えての交流が阻害されたと、しばしば説明されてきた。

しかし、そもそも近代以前には国境や国籍の概念はあいまいなものであったし、イスラーム世界は古来、⑤遠距離交易が活発な地域であった。インド洋から紅海までをわがものとしていたムスリム商人たちは、異教徒の国々とも盛んに交易しており、インド南部のヒンドゥー教国家である［　ロ　］と綿布や馬を交易したことも知られる。また、イスラームでは巡礼が信徒の義務であり、国家もこれを保護する責任があったため、交戦状態などの一時的・局地的な事情がない限り、人やモノの交流が妨げられることはなかった。ムガル帝国下における華麗な⑥インド=イスラーム文化の興隆もまた、サファヴィー朝との交流に触発されたものといえよう。

[語　群]

イ　a．アイユーブ朝　　b．ファーティマ朝　　c．カージャール朝　　d．ブワイフ朝

ロ　a．ハフス朝　b．タウングー朝　c．ヴィジャヤナガル王国　d．ロディー朝

[問　い]

①イスラームに関する記述として、誤りを含むものはどれか。

a．イスラームとは「自分のすべてを神に委ねること」を意味する。

b．『コーラン（クルアーン）』やハディースを基礎として、イスラーム法が整えられた。

c．ムスリムの義務である五行には、ジハード（聖戦）が含まれる。

d．イスラーム諸学をおさめた学者・知識人はウラマーと呼ばれる。

②古代イランの王朝で、『史記』に「安息」としてその名が記載されているものはどれか。

a．バクトリア　b．パルティア　c．アケメネス朝　d．ササン朝

③サファヴィー朝に関する記述として、誤りを含むものはどれか。

a．神秘主義教団の指導者によって建てられた。

b．シーア派のなかのイスマーイール派を国教とした。

c．アッバース1世は、イスファハーンに新たな都を造営した。

d．アフガン人の侵攻を受けて滅亡した。

④オスマン帝国に関する記述として、誤りを含むものはどれか。

a．マムルーク朝を滅亡させ、紅海経由の海洋ルートを手中におさめた。

b．プレヴェザの海戦でスペイン・ヴェネツィアの連合軍に敗れた。

c．主にバルカン半島などから徴用されたキリスト教徒子弟は、帝国軍の主力となった。

d．フランスを手始めに、ヨーロッパ諸国にカピチュレーションを与えた。

⑤遠距離交易に関する記述として、誤りを含むものはどれか。

a．『エリュトゥラー海案内記』は、フェニキア人が著わした航海案内書である。

b．ムスリム商人は、ダウ船と呼ばれる木造帆船でインド洋を航海した。

c．宋代の中国で生産された陶磁器は主に海上の道を通って運ばれた。

d．鄭和の艦隊は、東アフリカまで達した。

⑥インド=イスラーム文化に関する記述として、誤りを含むものはどれか。

a．アウラングゼーブがタージ=マハルを造営した。

b．ペルシア語の要素を取り入れたウルドゥー語が成立した。

c．細密画の影響の下で、ラージプート絵画が生まれた。

d．ナーナクがシク教を創始し、偶像崇拝を否定した。

〔V〕次の文中の[　　]に最も適当な語を語群から選び、また下線部に関する問いに答え、最も適当な記号1つをマークしなさい。

16世紀末、明の衰退に乗じて中国東北部を拠点とするヌルハチが女真を統一し、新たな王朝を開いた。ヌルハチの子、①ホンタイジ（太宗）は周辺勢力を圧迫して領土の拡張に成功し、国号を大清とした。順治帝は華南の統治にも乗り出した。康熙帝は、[　イ　]以来台湾を根拠地として抵抗を続けてきた反清勢力を平定するとともに、②チベットなどにも勢力を伸ばした。雍正帝は皇帝直属の諮問機関である[　ロ　]の創設などにより支配を強化し、乾隆帝の治世に清朝は最大版図を実現した。しかし③18世紀後半には様々な動揺が見られるようになり、弱体化が進み始めた。19世紀になると、④イギリスや⑤フランス、⑥ロシアなどヨーロッパ諸国との関係にも苦しむようになる。

[語　群]

イ　a．鄭成功　b．呉三桂　c．李自成　d．黄宗羲

ロ　a．理藩院　b．内閣　c．軍機処　d．緑営

[問　い]

①ホンタイジ（太宗）に関する記述として、誤りを含むものはどれか。

a．蒙古八旗・漢軍八旗を編制した。
b．モンゴルの大ハン位を継承した。
c．盛京から北京に遷都した。
d．チャハルを支配下に置いた。

②チベットと清朝との関係に関する記述として、誤りを含むものはどれか。

a．順治帝はダライ=ラマ5世を招いて会談した。
b．清朝の皇帝は文殊菩薩皇帝という立場でチベット仏教を保護した。
c．清末に実施された近代化政策や漢語教育は、チベットの反発を招いた。
d．ダライ=ラマ13世による独立の布告を、清朝は拒絶した。

③18世紀以降の清朝に関する記述として、誤りを含むものはどれか。

a．人口増加や耕地不足により、社会不安が高まった。
b．中国東北部を中心に白蓮教が広まり、反乱に発展した。
c．小作料不払いの抗租や、土地税減税要求の抗糧が激化した。
d．郷紳などの有力者が団練を組織して地域の秩序維持をはかった。

④イギリスと清朝との関係に関する記述として、誤りを含むものはどれか。

a．18世紀後半、イギリスから清への綿製品の輸出が急増した。
b．東インド会社の対清貿易独占権は、アヘン戦争以前に廃止された。

c．アヘン戦争の講和条約で、香港島がイギリスへ割譲された。

d．イギリスは義和団事件の際に8カ国連合軍に加わった。

⑤フランスと清朝との関係に関する記述として、誤りを含むものはどれか。

a．黄埔条約により、フランスは清朝に最恵国待遇などを認めさせた。

b．アロー戦争の際、フランス軍は円明園で略奪を行った。

c．清仏戦争の後、清朝はフランスのベトナムに対する保護権を認めた。

d．フランスは膠州湾を租借して勢力範囲とした。

⑥ロシアと清朝との関係に関する記述として、誤りを含むものはどれか。

a．アイグン条約によりアムール川以北がロシア領とされた。

b．康熙帝とエカチェリーナ2世との間でネルチンスク条約が結ばれた。

c．北京条約により沿海州がロシア領とされた。

d．ヤークーブ=ベクによる独立政権樹立の動きに乗じ、ロシアはイリを占領した。

２月６日実施分　解答　世界史

Ⅰ　解答

イ―c　ロ―a
①―d　②―a　③―c　④―d　⑤―a　⑥―b

◀解　説▶

≪中世～現代ロシア史≫

①やや難。d．誤文。ノヴゴロドを併合したのは，モスクワ大公のイヴァン３世である。

②a．誤文。啓蒙思想家ヴォルテールと親交を深めたのは，エカチェリーナ２世である。

③c．誤文。第２回ポーランド分割（1793 年）に，オーストリアは参加していない。

④d．誤文。クリミア戦争に敗北し，農奴解放令を発したツァーリは，アレクサンドル２世である。

⑤a．誤文。ドイツ騎士団が結成されたのは，第３回十字軍である。

⑥b．誤文。「血の日曜日事件」が発生したのは，ペテルブルクである。

Ⅱ　解答

イ―a　ロ―b
①―c　②―d　③―a　④―a　⑤―b　⑥―d

◀解　説▶

≪戦間期の欧米≫

①c．誤文。パリ講和会議に参加したフランスの代表はクレマンソーである。

②やや難。d．誤文。国民保険法の成立は，自由党アスキス内閣の時期である。

③a．誤文。ムッソリーニ政権がローマ教皇庁と締結したのは，ラテラノ（ラテラン）条約である。

④a．誤文。アメリカで連邦レベルでの女性参政権が認められたのは 1920 年であり，民主党のウッドロー=ウィルソン大統領の政権下であった。

⑤b．誤文。イギリスは世界恐慌の影響で，金本位制を停止した。

⑥d．誤文。ドイツの再軍備宣言に対して，仏ソ相互援助条約が結ばれた。

Ⅲ 解答

イ－a　ロ－d

①－b　②－b　③－c　④－c　⑤－c　⑥－b

◀解　説▶

≪オセアニアの歴史≫

①難問。b．誤文。アフロ=アジア系は，セム語系など西アジアや北アフリカに分布する語族である。

②b．誤文。オーストラリア沿岸を探検しイギリスの領有を宣言したのは，クックである。

③c．誤文。ニュージーランドではイギリスの植民地化に対して，マオリの反乱がしばしば勃発した。

⑤c．誤文。「同時に」が誤り。アメリカは1893年にクーデタによってリリウオカラニを退位させたのち，1898年にハワイを併合した。

⑥b．誤文。南太平洋のビキニ環礁で水爆実験を行ったのは，アメリカである。

Ⅳ 解答

イ－d　ロ－c

①－c　②－b　③－b　④－b　⑤－a　⑥－a

◀解　説▶

≪サファヴィー朝とムガル帝国≫

①c．誤文。ムスリムの五行は信仰告白・礼拝・断食・喜捨（ザカート）・巡礼で，ジハード（聖戦）は含まれていない。

③b．誤文。サファヴィー朝は，シーア派の主流である十二イマーム派を国教とした。

④b．誤文。オスマン帝国は，1538年のプレヴェザの海戦でスペイン・ヴェネツィア・ローマ教皇などの連合軍に勝利した。

⑤a．誤文。『エリュトゥラー海案内記』を記したのはギリシア人である。

⑥a．誤文。タージ=マハルを造営したのは，シャー=ジャハーンである。

解答編

V 解答

イ―a　ロ―c

①―c　②―d　③―b　④―a　⑤―d　⑥―b

◀解　説▶

≪清の盛衰≫

①c．誤文。盛京（瀋陽）から北京に遷都したのは，順治帝である。

②難問。d．誤文。ダライ=ラマ13世は辛亥革命の勃発後の1913年にチベット独立を布告した。これを拒否したのは中華民国政府である。

③やや難。b．誤文。清代の白蓮教徒の反乱は，四川・湖北・陝西省が接する地域から発生し全国に広がった。

④a．誤文。18世紀後半にイギリスから清へ輸出された綿製品は中国で国内産の質の高い綿製品が流通していたことから販売が伸びなかった。イギリスは中国から茶を大量に輸入していたため貿易赤字となり，これを穴埋めするため，インドから中国にアヘンを輸出する三角貿易を始めた。

⑤d．誤文。フランスが租借したのは，広州湾である。膠州湾はドイツの租借地。

⑥b．誤文。ネルチンスク条約は，康熙帝とピョートル1世の間で結ばれた。

❖講　評

Ⅰ　ロシアの中世から現代における通史が出題された。6問ある誤文選択問題は，誤りの部分がわかりやすいように作問されている問題がほとんどだが，①のノヴゴロドに関する問題は用語集の説明文レベルの知識が必要なためやや難であった。

Ⅱ　戦間期の欧米をテーマに，20世紀前半の欧米地域が問われた。誤文選択問題では，②のイギリスの政党に関する問題がやや難であった。また，⑥は正確な時系列を理解しているかが問われた問題だった。

Ⅲ　オセアニアの歴史について，先史時代から現代まで通史として出題された。①は先史時代や語族に関して問われており難問であった。誤文選択問題は①を除いて基本～標準レベルであるが，オセアニアという未学習になりやすい地域からの大問ということで全体的に難度が上がった。ポリネシア・ミクロネシア・メラネシアの範囲を正確に理解していないと選択肢で迷いやすい。

Ⅳ　サファヴィー朝とムガル帝国を題材として，古代から16世紀までの西アジア・南アジア世界が問われた。イスラーム世界の王朝国家の基本的な政治・外交・経済・文化を理解していれば対応できる内容であった。

Ⅴ　清の盛衰をテーマとして，16～19世紀の中国周辺史が出題された。②のチベット史は難問。③は社会史で得点差が出やすかった。他の誤文選択問題は誤りを含む箇所がわかりやすく作問されており，比較的取り組みやすかった。

2月7日実施分 問題 世界史

（60分）

〔Ⅰ〕次の文中の［　　］に最も適当な語を語群から選び、また下線部に関する問いに答え、最も適当な記号1つをマークしなさい。

19世紀に入ると、ヨーロッパ各地に①ロマン主義思潮が広まるとともに、ナショナリズムや自由主義の潮流があらわれた。1848年には②ウィーン体制が崩壊するが、イタリアでも民族統一と独立を目指す動きが起きた。例えば北イタリアでは、サルデーニャ王国がこの年に［　イ　］と戦って敗北しており、中部イタリアではローマ共和国が成立したものの、フランス軍の侵攻により崩壊している。その後、イタリア統一の過程はサルデーニャ王国を拠点として展開していった。③カヴールを首相に登用したサルデーニャ王国は、④イタリア統一戦争の翌年に中部イタリアを併合する。さらにこの年、両シチリア王国が⑤ガリバルディから献上される形で、サルデーニャ王国に併合される。こうして1861年、ヴィットーリオ=エマヌエーレ2世を国王とするイタリア王国が成立した。その後、プロイセン=オーストリア戦争の際の［　ロ　］併合、そしてプロイセン=フランス戦争の際のローマ教皇領の占領により、イタリア統一は一応の完成を見ることになる。しかし、⑥「未回収のイタリア」問題が残り、その後の歴史に大きな影響を及ぼした。

[語　群]

イ　a．フランス　b．スイス　c．オーストリア　d．バイエルン

ロ　a．トスカナ　b．フィウメ　c．ピエモンテ　d．ヴェネツィア

[問　い]

①ロマン主義に関する記述として、誤りを含むものはどれか。

a．『チャイルド=ハロルドの遍歴』のバイロンは、ギリシア独立戦争に参加した。

b．ドイツのロマン主義を代表する『レ=ミゼラブル』のユゴーは、共和主義を支持した。

c．「疾風怒濤（しっぷうどとう）」の文学運動は、ロマン主義の先駆けとなった。

d．『草の葉』のホイットマンは、アメリカのロマン派詩人である。

②ウィーン会議に関する記述として、誤りを含むものはどれか。

a．フランスでは、ブルボン朝が復活した。

b．イギリスは、フランス領であったケープ植民地の領有権を得た。

c．スイスの永世中立が認められた。

d．オーストリアが、南ネーデルラントをオランダに譲った。

③カヴールに関する記述として、誤りを含むものはどれか。

a．貴族出身の自由主義者であった。

b．鉄道建設などの近代化を進めた。

c．クリミア戦争に参加し、イギリス・フランスに接近した。

d．第二共和制下のフランスとプロンビエールの密約を結んだ。

④イタリア統一戦争に関する記述として、誤りを含むものはどれか。

a．サルデーニャ王国は、オーストリアと戦った。

b．戦争の結果、サルデーニャ王国はロンバルディアを併合した。

c．戦後、サルデーニャ王国は、フランスにサヴォイアとコルシカを割譲した。

d．デュナンが、この戦争の経験をもとに国際赤十字を設立した。

⑤ガリバルディに関する記述として、誤りを含むものはどれか。

a．「青年イタリア」を結成した。

b．イタリア統一戦争に参加した。

c．シチリア島を占領した。

d．千人隊と呼ばれる義勇軍を率いた。

⑥「未回収のイタリア」問題に関する記述として、誤りを含むものはどれか。

a．「未回収のイタリア」はトリエステなどオーストリア領内のイタリア系住民居住地域である。

b．「未回収のイタリア」をめぐりオーストリアと対立したイタリアは三国協商を離脱した。

c．第一次世界大戦時のロンドン秘密条約は、「未回収のイタリア」の返還を約束した。

d．オーストリアはサン=ジェルマン条約によってイタリアに南チロルを割譲した。

〔Ⅱ〕次の文中の［　　］に最も適当な語を語群から選び、また下線部に関する問いに答え、最も適当な記号1つをマークしなさい。

19世紀中頃、アメリカでは南部と北部が奴隷制をめぐって激しく対立し、①南北戦争が勃発した。北部の指導者リンカンは当初苦戦を強いられたが、戦争中の1862年の［　イ　］法で②西部の支持を固め、その翌年には奴隷解放宣言を発表して世論の支持を得た。戦争は北部の勝利で終わったが、リンカンはその直後に南部出身者に暗殺された。

南北戦争後、北部では重工業を軸に③経済が発展して都市化も進展し、西部でも農業が発展した。北部や西部の発展を支えたのは、ヨーロッパやアジアからの④移民の労働力であった。1869年には移民の労働力を用いて建設された大陸横断鉄道が開通し、国内市場の一体化が進んだ。アメリカは19世紀末には世界一の工業国となったが、労働者は劣悪な労働条件下にあり、農民も農業不況に苦しんだ。このような状況のもと、貧富の格差の解消や大企業による独占の撤廃など、⑤社会改革を求める労働運動や農民運動が生じてきた。

南北戦争の結果、奴隷は解放されたものの、人種差別は解消されなかった。アフリカ系の人々の多くは⑥シェアクロッパー制度の下で貧困状態に置かれた。先住民は［　ロ　］大統領が1830年に制定した強制移住法で土地を奪われていたが、南北戦争後も保留地への移動を強制された。

［語　群］

イ　a．カンザス・ネブラスカ　　b．ホームステッド　　c．公民権　　d．ワグナー

ロ　a．ジャクソン　　b．モンロー　　c．ジェファソン　　d．マッキンリー

［問　い］

①南北戦争とその前後に関する記述として、誤りを含むものはどれか。

a．奴隷制拡大に反対する民主党のリンカンが合衆国大統領に選出された。

b．南部諸州が結成したアメリカ連合国は、州権と奴隷制を正当化する憲法を制定した。

c．リンカンはゲティスバーグ演説で「人民の、人民による、人民のための政治」を説いた。

d．リッチモンドの陥落により南部が降伏して、戦争は終結した。

②西部に関する記述として、誤りを含むものはどれか。

a．西部の開拓は神から与えられた「明白な天命」であると主張された。

b．アメリカ=イギリス戦争に勝利して、オレゴンの南半分を獲得した。

c．開拓地と未開拓地の境界地帯はフロンティアと呼ばれた。

d．カリフォルニアで金鉱が発見され、ゴールドラッシュが起こった。

③19世紀末前後のアメリカの経済に関する記述として、誤りを含むものはどれか。

a．投資銀行業のモーガンなどによって、巨大な金融資本が形成された。

b．共和党政権の保護関税政策のもと、工業生産は鉄鋼業を中心に発展した。

c．カーネギーが設立したスタンダード石油会社によって、石油市場が独占された。

d．急速な経済成長は「金ぴか時代」と呼ばれる拝金主義的な社会風潮をもたらした。

④アメリカへの移民に関する記述として、誤りを含むものはどれか。

a．19世紀半ばには、主にアイルランド系とドイツ系の移民が多かった。

b．19世紀末から20世紀初頭にかけて、東欧や南欧からの移民が大量に流入した。

c．19世紀末以降には、日本からの移民も増加した。

d．建国以来の自由移民の原則は、20世紀初頭まで維持された。

⑤19世紀末前後のアメリカの社会改革を求める動きに関する記述として、誤りを含むものはどれか。

a．世界産業労働者同盟は激しいストライキを展開して弾圧された。

b．高額の鉄道運賃に反対する北部の都市労働者の運動はポピュリズムと呼ばれた。

c．大企業による市場支配の阻止を目指す動きが、シャーマン反トラスト法に結実した。

d．アメリカ労働総同盟は政治闘争に消極的であり、労働条件の改善を重視した。

⑥シェアクロッパー制度に関する記述として、誤りを含むものはどれか。

a．地主は小作人に耕地や種子を提供した。

b．小作人となるのは解放された黒人奴隷に限られた。

c．南部の奴隷制プランテーションの解体後に出現した。

d．小作人は地主への収穫物納付のため債務に苦しむことになった。

〔Ⅲ〕次の文中の［　　　］に最も適当な語を語群から選び、また下線部に関する問いに答え、最も適当な記号1つをマークしなさい。

アフリカ大陸の北部、①サハラ砂漠の南縁に広がる地域の名称「サヘル」は「岸辺」を意味するアラビア語に由来する。サハラ砂漠が「海」であるとすれば、サヘルは「岸辺」にあたるのである。この地域は古くから地中海沿岸地域との交易によって発展し、イスラーム化後も、最盛期の国王［　イ　］がメッカ巡礼を行ったマリ王国などが栄えた。

サヘル西部の山中に源を発して東進し、ニジェール盆地で南向きに湾曲して②ギニア湾に注ぐのがニジェール川である。その流域から③ナイル川上流域、④エチオピア近辺まで東西に広がり、⑤熱帯雨林地帯との境界を南限とするサバナ地帯は「スーダン」と呼ばれる。この地域名は「黒い人」を意味するアラビア語に由来する。地中海沿岸のアラビア人から見て、サハラ砂漠の彼方は「黒い人の国」であった。この地域は、ニジェール川流域の西部、8世紀から19世紀にかけて［　ロ　］が栄えたチャド湖周辺の中部、そしてナイル川上流域の東部に分けられる。現在、⑥スーダンを国号とする国々は、その東部の一隅を占めるにすぎない。

[語　群]

イ　a．サモリ=トゥーレ　　b．アスキア=ムハンマド　　c．マンサ=ムーサ
　　d．セク=トゥーレ

ロ　a．モノモタパ王国　　b．ブガンダ王国　　c．ソンガイ王国
　　d．カネム=ボルヌー王国

[問　い]

①サハラ砂漠を縦断する交易に関する記述として、誤りを含むものはどれか。

a．ニジェール川流域で採掘された金が運ばれた。
b．この交易によってガーナ王国が栄えた。
c．サハラ砂漠で採掘された岩塩が運ばれた。
d．ウマを主要な運搬手段として利用した。

②ギニア湾岸部のアフリカに関する記述として、誤りを含むものはどれか。

a．カメルーンではマジマジ蜂起と呼ばれる反乱が起こった。
b．アメリカ合衆国の解放奴隷の入植地が独立してリベリア共和国となった。
c．ガーナは第二次世界大戦後、初の自力独立の黒人共和国である。
d．ナイジェリアでは、ビアフラの分離独立をめぐって内戦が勃発した。

③ナイル川流域のクシュ王国に関する記述として、誤りを含むものはどれか。

a．楔形文字をもとにして、メロエ文字がつくられた。

b．アッシリアの侵入を受けて、エジプトから撤退した。

c．鉄鉱石と木材に恵まれたメロエでは、製鉄がさかんに行われた。

d．メロエではエジプトの影響を受けてピラミッドがつくられた。

④エチオピアに関する記述として、誤りを含むものはどれか。

a．アクスム王国以来、キリスト教の信仰を保持してきた。

b．ドイツ軍の侵入をアドワの戦いで撃退した。

c．ムッソリーニ政権の侵略により、イタリアに併合された。

d．ハイレ=セラシエの退位により、エチオピア帝国は滅んだ。

⑤熱帯雨林地帯以南のアフリカに関する記述として、誤りを含むものはどれか。

a．ザンベジ川の南方に巨大石造建築群、大ジンバブエがつくられた。

b．セシル=ローズの提唱により、オレンジ自由国がつくられた。

c．モザンビークは1970年代にポルトガルから独立した。

d．南西アフリカ植民地で、ドイツはヘレロ人の絶滅をはかった。

⑥スーダンに関する記述として、誤りを含むものはどれか。

a．ムハンマド=アフマドが救世主を称してマフディー運動を率いた。

b．太平天国軍と戦ったウォードが、マフディー軍との戦いで戦死した。

c．縦断政策をとるイギリスと横断政策をとるフランスがファショダで対立した。

d．非ムスリムの住民を中心として、南部スーダンが分離独立した。

〔Ⅳ〕次の文中の［　　　］に最も適当な語を語群から選び、また下線部に関する問いに答え、最も適当な記号１つをマークしなさい。

中央アジアは、主に遊牧民の活動する北部の草原地帯と定住民が農耕を営む南部のオアシス地帯という２つの異なった世界からなる地域で、北方から南部への遊牧民の進出の繰り返しによって歴史が展開された。イスラームの侵入以前、この地域のオアシス地帯の定住民は①ソグド人などイラン系の人々であったが、９世紀頃から②トルコ系民族の西方への進出によって、地域のトルコ化が進んだ。10世紀に建てられた［　イ　］は西から入ったイスラームを受容し、中央アジアのイスラーム化を促進した。12世紀に入ると北方であらたにモンゴル系の遊牧民の活動が活発になり、13世紀から14世紀にかけて中央ユーラシアのかなりの部分を領有する③大モンゴル国が成立したが、まもなくトルコ化、イスラーム化されていった。中央アジアに成立したチャガタイ＝ハン国はやがて東西に分裂したが、これを統一し、西アジアまでをその支配下におさめたのが④ティムールである。⑤ティムール朝では首都のサマルカンドや［　ロ　］の両都市を中心に文化が栄えた。しかし、この頃にはあらたなトルコ系遊牧民の民族形成が進んでいた。⑥ウズベク人と呼ばれるようになる遊牧諸集団は、中央アジア南部に侵攻し、ティムール朝を滅亡させた。一方、ウズベク人の進出に圧迫されて東部に移動した別の遊牧集団はカザフという民族を形成していく。現在、中央アジアにある共和国はタジキスタンを除いて、ウズベキスタンやカザフスタンなど、いずれもその国名は主要構成民族となっているトルコ系の民族名に由来する。

[語　群]

イ　a．西夏　　b．カラハン朝　　c．ハルジー朝　　d．ウイグル

ロ　a．ヘラート　　b．サライ　　c．ブハラ　　d．ダマスクス

[問　い]

①ソグド人に関する記述として、誤りを含むものはどれか。

a．アム川とシル川にはさまれた地方を故地とする。

b．突厥の下で外交に重用された。

c．ウイグル文字をもとにソグド文字をつくった。

d．マニ教を東方に伝えた。

②トルコ系のイスラーム王朝に関する記述として、誤りを含むものはどれか。

a．ホラズム＝シャー朝はセルジューク朝から独立した。

b．ブワイフ朝はアッバース朝のカリフからスルタンの称号を認められた。

c．ゴール朝のマムルークのアイバクが奴隷王朝を建国した。

d．ガズナ朝はインドへの侵入を繰り返した。

③大モンゴル国に関する記述として、誤りを含むものはどれか。

a．フビライが大理を滅ぼした。

b．千戸制が軍事や行政組織の基礎となった。

c．ジャムチと呼ばれる駅伝制度を整えた。

d．ルイ9世がプラノ＝カルピニを派遣した。

④ティムールに関する記述として、誤りを含むものはどれか。

a．トルコ化したモンゴル貴族出身の軍人であった。

b．ニコポリスの戦いでバヤジット1世に勝利した。

c．北インドのトゥグルク朝領に侵入した。

d．明への遠征の途上で死亡した。

⑤ティムール朝に関する記述として、誤りを含むものはどれか。

a．支配者の支持のもとでイスラーム神秘主義教団が発展した。

b．宮廷では細密画の傑作が数多くつくられた。

c．高度な天体観測にもとづいて精緻な暦が作成された。

d．アラビア語と並んでトルコ語による文学作品があらわれた。

⑥ウズベク人が建てた国でないものはどれか。

a．ブハラ＝ハン国　b．クリム＝ハン国　c．コーカンド＝ハン国　d．ヒヴァ＝ハン国

〔V〕次の文中の[　　　]に最も適当な語を語群から選び、また下線部に関する問いに答え、最も適当な記号1つをマークしなさい。

朝鮮半島で最初の統一国家を形成した新羅は、唐の冊封を受けて中国を中心とする冊封体制の一角を占めた。新羅の分裂滅亡後、[　イ　]が再統一した①高麗も、後唐以後の五代王朝や宋の冊封を受けた。高麗では官僚層が貴族化する一方で王権が弱体化し、13世紀には②モンゴルに降伏して元の冊封を受けるに至った。14世紀後半に明が興ると親元派と親明派が対立したが、親明派の[　ロ　]が勝利して③朝鮮が建てられ、明との間に冊封関係が結ばれた。朝鮮は倭寇の襲撃や、豊臣秀吉や後金の侵入を受け、清の成立後はこれに服属することになった。④19世紀後半には日本と清との間の勢力争いのもとに国論が分裂した。日清戦争後には大韓帝国が樹立されて清への宗属関係を廃棄し、中国と朝鮮との間の冊封関係はここに終結した。しかし大韓帝国は、日露戦争後には日本に併合されて植民地支配を受けることになる。日本による植民地支配が終結すると、アメリカ軍とソ連軍が半島を南北に分けて進駐し、それぞれの地域が⑤大韓民国（韓国）と朝鮮民主主義人民共和国（北朝鮮）として独立を宣言した。この分断は、⑥朝鮮戦争を経て、今も続いている。

[語　群]

イ　a．洪景来　　b．王建　　c．崔済愚　　d．王直

ロ　a．李舜臣　　b．李元昊　　c．李成桂　　d．李公蘊

[問　い]

①高麗に関する記述として、誤りを含むものはどれか。

a．科挙を採用して官僚制度を整備した。

b．初代国王の出身地である慶州を首都とした。

c．独特の技法と色調をもつ青磁がつくられた。

d．仏教が国教とされ、『大蔵経』が刊行された。

②モンゴルと高麗との関係に関する記述として、誤りを含むものはどれか。

a．文官の崔氏の政権がモンゴルへの降伏を主導した。

b．高麗の王室はモンゴルの帝室と姻戚関係を結んだ。

c．モンゴルは高麗を拠点として日本を襲撃した。

d．モンゴルに抵抗する三別抄の反乱が済州島で平定された。

③朝鮮に関する記述として、誤りを含むものはどれか。

a．世祖の時代に『経国大典』がつくられた。

b．民族独自の表音文字である訓民正音（ハングル）がつくられた。

c．金属活字による活版印刷が行われた。

d．陽明学が官学として採用された。

④19世紀後半の朝鮮に関する記述として、誤りを含むものはどれか。

a．アメリカやフランスからの開国要求を、大院君が拒絶した。

b．江華島事件の後、日本との間に日朝修好条規を結んだ。

c．壬午軍乱の結果、清を後ろ盾とする閔氏勢力が主導権を得た。

d．金玉均を指導者とする甲午農民戦争が起こった。

⑤大韓民国（韓国）に関する記述として、誤りを含むものはどれか。

a．サンフランシスコ講和会議に招かれなかった。

b．20世紀末、北朝鮮とともに国連に加盟した。

c．朴正熙大統領は、光州事件で民主化運動を弾圧した。

d．金大中大統領は、半島の南北対話を目指す太陽政策を推進した。

⑥朝鮮戦争に関する記述として、誤りを含むものはどれか。

a．北朝鮮軍の南進により、韓国は半島南東端まで追い詰められた。

b．ソ連の賛成を得て、国連安保理事会は国連軍の派遣を決定した。

c．仁川上陸作戦が成功し、国連軍は中朝国境付近まで北進した。

d．中国は義勇軍を派遣して参戦し、北朝鮮を支援した。

2月7日実施分　解答　世界史

Ⅰ 解答

イ―c　ロ―d

①―b　②―b　③―d　④―c　⑤―a　⑥―b

◀解　説▶

≪イタリアの統一運動≫

ロ．正解はd。プロイセン=オーストリア戦争でオーストリアが敗北すると，その機に乗じてイタリア王国はオーストリア領であったヴェネツィアを併合した。

①b．誤文。『レ=ミゼラブル』の作者ユゴーはフランス人である。

②b．誤文。ケープ植民地はオランダ領であった。オランダはアジア貿易の中継地としてアフリカ南端にケープ植民地を建設した。その後，ウィーン会議（1814～15年）でケープ植民地はイギリス領となった。

③d．誤文。カヴールがプロンビエール密約（1859年）を結んだ相手は，第二帝政下のナポレオン3世である。

④c．誤文。イタリア統一戦争後，サルデーニャ王国がプロンビエール密約によってフランスに割譲した領土は，サヴォイアとニースである。

⑤a．誤文。ガリバルディは「青年イタリア」の出身であるが，1831年に「青年イタリア」を結成したのはマッツィーニである。

⑥b．誤文。「未回収のイタリア」をめぐってオーストリアと対立したイタリアが離脱したのは三国同盟（ドイツ・オーストリア・イタリア）である。イタリアは三国協商（イギリス・フランス・ロシア）に接近していた。

Ⅱ 解答

イ―b　ロ―a

①―a　②―b　③―c　④―d　⑤―b　⑥―b

◀解　説▶

≪19世紀のアメリカ合衆国≫

①a．誤文。奴隷制拡大に反対したリンカンは共和党の大統領である。

②b．誤文。アメリカ=イギリス戦争（1812～14年）は，ナポレオン没落とともに勝敗がつかないままに終結している。オレゴンは，イギリスとア

メリカの共有地であったが，1846 年のイギリスとの協定によって南半分がアメリカ領となった。
③c．誤文。スタンダード石油会社を設立したのは，ロックフェラーである。カーネギーは「鉄鋼王」とよばれる。
④d．誤文。アメリカの移民政策は，19 世紀末の移民法（1882 年）ですでに中国人を排除しており，自由移民の原則はその頃には破棄されている。
⑤やや難。誤文はb。19 世紀末前後のポピュリズムは，人民党を結成・支持した人々の政治活動をいう。大企業と民主・共和両党の支配に反発した農民たちを中心とした運動であり，都市労働者の運動ではない。
⑥b．誤文。南北戦争後に解放された南部の黒人の多くが，旧プランターのもとでシェアクロッパー（分益小作人）として苦しい生活を強いられたが，シェアクロッパーが「解放された黒人奴隷に限られた」わけではなく，白人農民にも広がっている。

Ⅲ　解答

イ―c　ロ―d
①―d　②―a　③―a　④―b　⑤―b　⑥―b

◀解　説▶

≪アフリカ史≫
イ．正解はc。ニジェール川流域に建設されたマリ王国は，古くから金を産出し，国王マンサ=ムーサ（カンカン=ムーサ）がメッカ巡礼の際，カイロで湯水の如く金を使い，金の価格が暴落したともいわれる。
①d．誤文。サハラ砂漠を縦断する主要な運搬手段はウマではなくラクダである。
②a．誤文。マジマジ蜂起（1905～07 年）は，ドイツ領東アフリカ（現タンザニア）で発生した抵抗運動。ドイツの植民地政府に対する農民の蜂起にはじまり，銃弾を受けても死なないという魔法のマジ（スワヒリ語で水の意）への信仰を媒介に拡大した。
③a．誤文。メロエ文字は，楔形文字ではなく，エジプトの象形文字をもとに作られた。
④b．誤文。エチオピアがアドワの戦い（1896 年）で撃退したのはイタリア軍である。
⑤b．誤文。オレンジ自由国は，南アフリカのブーア人（オランダ系移民

の子孫）が建設した国。ウィーン会議でケープ植民地がオランダ領からイギリス領となり，イギリスの支配を嫌ったブーア人は，その北方にオレンジ自由国とトランスヴァール共和国を建国した。19世紀後半になり，両国にダイヤモンドや金が発見されると，当時のケープ植民地首相セシル=ローズは両国征服を企てた。
⑥b．誤文。太平天国軍と戦い，マフディー軍との戦いで戦死したのはイギリスのゴードン。

Ⅳ 解答

イ－b　ロ－a
①－c　②－b　③－d　④－b　⑤－d　⑥－b

◀解　説▶

≪前近代の中央アジア≫

①c．誤文。ソグド文字は，アラム文字に源流を持ち，ウイグル文字はソグド文字をもとに作られた。
②b．誤文。バグダードに入城したブワイフ朝は，アッバース朝から「大アミール」の称号を得た。「スルタン」の称号は，アッバース朝カリフがセルジューク朝のトゥグリル=ベクに与えたのが最初である。
③d．誤文。ルイ9世が，大モンゴル国に派遣したのはルブルック。プラノ=カルピニは，ルブルックに先立って教皇インノケンティウス4世が大モンゴル国に派遣した使節である。
④b．誤文。ティムールが，オスマン帝国のバヤジット1世を破ったのはアンカラの戦い（1402年）。ニコポリスの戦い（1396年）は，バヤジット1世がハンガリー王ジギスムントを破った戦いである。
⑤d．誤文。ティムール朝では，ペルシア語文学と並んでトルコ語文学があらわれた。a．正文。ティムール朝では，イスラーム神秘主義教団であるナクシュバンディー教団が支配者層の支持のもとで発展した。
⑥aのブハラ=ハン国，cのコーカンド=ハン国，dのヒヴァ=ハン国は，いずれもティムール朝を滅ぼしたのちにウズベク人が中央アジアに建国した国家。bのクリム=ハン国（15世紀前半～1783年）は，キプチャク=ハン国から独立してクリミア半島に建てられた国である。その後，オスマン帝国の保護下に入り，18世紀にロシアに併合された。

V 解答

イ－b　ロ－c

①－b　②－a　③－d　④－d　⑤－c　⑥－b

◀解　説▶

≪朝鮮半島の歴史≫

①b．誤文。高麗が都としたのは開城。慶州を首都としたのは新羅である。

②難問。誤文はa。崔氏は文官ではなく武人政権を担った一族。崔氏政権は，モンゴルによる侵攻後，都を開城から江華島に移して抵抗した。モンゴルに最後まで抵抗した三別抄は崔氏が創設した軍である。

③d．誤文。朝鮮が官学としたのは，陽明学ではなく朱子学である。

④d．誤文。甲午農民戦争（1894 年）を指導したのは全琫準である。金玉均は，日本を後ろ盾に閔氏政権打倒をめざした甲申政変（1884 年）の指導者である。

⑤c．誤文。朴正熙大統領は 1979 年に暗殺され，その後の混乱の中で民主化運動が高まった。これに対し，政府は戒厳令を発し，韓国南西部の光州市で起きた民主化運動を武力で弾圧した。これが光州事件（1980 年）である。弾圧を指揮したのは，軍人出身で同年大統領となる全斗煥である。

⑥b．誤文。朝鮮戦争に関して安全保障理事会が開催されたとき，ソ連は，国連における中国代表権問題（ソ連は，中国の代表権は台湾の中華民国ではなく中華人民共和国にあると主張）で欠席していた。ソ連欠席の安全保障理事会で，アメリカ軍を主力とする国連軍の派遣が決定された。

❖講　評

Ⅰは，イタリアの統一運動がテーマである。内容は標準的で難問は見られない。このテーマでは，国際関係が重要な意味をもつので，隣国フランスやオーストリアとの関係が鍵となる。ヨーロッパ全体の動向の中にイタリア統一運動を位置づけるような学習が必要である。

Ⅱは，19 世紀のアメリカが，南北戦争，移民，独占資本，黒人問題などをからめて出題されている。③のカーネギーはロックフェラーと混同しやすいので要注意。⑤のポピュリズムはやや難問である。⑥のシェアクロッパーについては注意深く読めば消去法で対応できるだろう。

Ⅲは，細やかな学習がしにくいアフリカ史が問われているため得点差が出やすい問題となった。ロのカネム=ボルヌー王国は，アフリカの歴史地図を見れば必ず載っている国である。チャド湖と結びつけて覚えておきたい。②のマジマジ蜂起などは初めて見る事件かも知れないが，他の選択肢を慎重に検討すれば消去法で対応できるはず。教科書レベルの知識で選択肢の正誤を判断できる内容であり，学習の空白地帯を作らないことが重要であることを実感させる出題であった。

Ⅳは，中央アジア史で，未学習となりやすい地域である。この地域へのイスラームの浸透を軸に整理しておく必要がある。①の「ソグド文字→ウイグル文字」のような文字形成の流れは，他の文字についても重要な要素であり，整理しておきたい。内容は教科書レベルであるが，学習の差がダイレクトに得点差となって現れる問題である。

Ⅴは，新羅による朝鮮半島統一から，1980 年の光州事件まで，朝鮮半島の全時代が範囲である。②の崔氏は難問。⑤の大韓民国の民主化運動は，現代韓国の出発点である。その意味でも朴正熙大統領暗殺から現在までの流れを整理しておきたい。

2月2日実施分　問題　数学

(60分)

〔1〕 次の文章中の ＿ に適する式または数値を，解答用紙の同じ記号のついた ＿ の中に記入せよ．途中の計算を書く必要はない．

(1)　a を実数とする．すべての実数からなる集合を全体集合とし，その部分集合 A, B を

$$A=\{x \mid |x+1| \leqq 2\}, \qquad B=\{x \mid |x-2a|<|a|\}$$

とする．不等式 $|x+1| \leqq 2$ の解は [ア] である．$a>0$ のとき，$A \cap B \neq \varnothing$ となるような a の取りうる値の範囲は [イ] である．また，$a \neq 0$ のとき，$A \subset \overline{B}$ となるような a の取りうる値の範囲は [ウ] である．ただし，$\varnothing$ は空集合，$\overline{B}$ は集合 B の補集合を表す．

(2)　x 軸上に点 P がある．最初，点 P は原点 O にある．1 個のさいころを投げ，2 以下の目が出たら正の向きに 2 だけ，3 以上の目が出たら負の向きに 1 だけ点 P が移動する．$n=1,2,3,\ldots$ に対して，さいころを n 回投げたときの点 P の座標を P_n とする．このとき，$P_3=0$ となる確率は [エ] であり，$P_4=2$ となる確率は [オ] である．また，$P_6=0$ となる確率は [カ] であり，$P_6=0$ であったとき，$P_3=0$ である条件付き確率は [キ] である．

〔2〕 次の文章中の ＿ に適する式または数値を，解答用紙の同じ記号のついた ＿ の中に記入せよ．途中の計算を書く必要はない．

(1)　関数 $y=\sqrt{3}\sin 2x+\cos 2x-2\sin x-2\sqrt{3}\cos x$ $(0 \leqq x \leqq \pi)$ がある．$t=\sin x+\sqrt{3}\cos x$ とおくと，$0 \leqq x \leqq \pi$ のとき，t の取りうる値の範囲は [ア] である．y を t を用いて表すと $y=$ [イ] であるから，y の最大値は [ウ] である．

(2)　四面体 OABC があり，OA$=1$，OB$=2$，OC$=2$，$\angle\mathrm{AOB}=\angle\mathrm{BOC}=90^\circ$，$\angle\mathrm{COA}=120^\circ$ である．辺 OA，BC の中点をそれぞれ M，N とし，線分 MN の中点を P とする．また，$\overrightarrow{\mathrm{OA}}=\vec{a}$，$\overrightarrow{\mathrm{OB}}=\vec{b}$，$\overrightarrow{\mathrm{OC}}=\vec{c}$ とする．内積 $\vec{a}\cdot\vec{c}$ の値は [エ] であり，$\overrightarrow{\mathrm{OP}}$ を $\vec{a}$，$\vec{b}$，$\vec{c}$ を用いて表すと，$\overrightarrow{\mathrm{OP}}=$ [オ] である．さらに，直線 OP と平面 ABC の交点を Q とすると，$\dfrac{\mathrm{OP}}{\mathrm{PQ}}=$ [カ] であり，四面体 OACQ の体積は [キ] である．

〔3〕 a を実数とし，xy 平面上の曲線 $y=\frac{1}{2}x^2-x$ を C_1，$y=-\frac{3}{2}x^2+ax-a^2+1$ を C_2 とする．このとき，次の問いに答えよ．

(1) 2 つの曲線 C_1，C_2 が共有点をもたないとする．

(i) a の取りうる値の範囲を求めよ．

(ii) 曲線 C_1 上の原点における接線 ℓ が，曲線 C_2 にも接するとき，a の値を求め，C_2，ℓ，y 軸で囲まれた部分の面積 S を求めよ．

(2) 2 つの曲線 C_1，C_2 が異なる 2 点 P，Q で交わるとき，直線 PQ の方程式を求めよ．

2月2日実施分　解答　数学

1 **解答**　(1)ア．$-3 \leqq x \leqq 1$　イ．$0<a<1$

ウ．$a \leqq -3,\ 1 \leqq a$

(2)エ．$\dfrac{4}{9}$　オ．$\dfrac{8}{27}$　カ．$\dfrac{80}{243}$　キ．$\dfrac{3}{5}$

◀解　説▶

≪絶対値記号を含む不等式の解の集合，点の移動と条件付き確率≫

(1)　$|x+1| \leqq 2$ の解は

$-2 \leqq x+1 \leqq 2$　　$-3 \leqq x \leqq 1$　(→ア)

$a>0$のとき，$|x-2a|<|a|$の解は

$|x-2a|<a$　　$-a<x-2a<a$

よって　　$a<x<3a$

したがって，$A=\{x|-3 \leqq x \leqq 1\}$，$a>0$ のとき $B=\{x|a<x<3a\}$

であるから，$A \cap B \neq \phi$ となるような a の取りうる値の範囲は

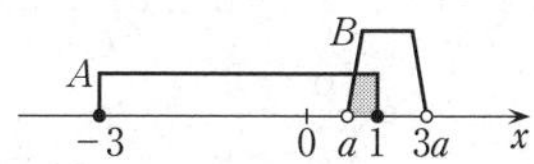

$0<a<1$　……①　(→イ)

また，「$A \subset \overline{B} \Longleftrightarrow A \cap B=\phi$」であり

(i)　$a>0$ のとき

$A \cap B=\phi$ となるのは，①を用いて，$1 \leqq a$ のときである。

(ii)　$a<0$ のとき

$|x-2a|<|a|$ の解は

$|x-2a|<-a$　　$a<x-2a<-a$

よって　　$3a<x<a$ (<0)

したがって，$A \cap B=\phi$ となるのは，$a \leqq -3$ のときである。

(i)，(ii)より，$a \neq 0$ のとき，$A \subset \overline{B}$ となるような a の取りうる値の範囲は

$a \leqq -3,\ 1 \leqq a$　(→ウ)

(2)　1個のさいころを投げ，2以下の目が出る確率は $\dfrac{1}{3}$，3以上の目が出る確率は $\dfrac{2}{3}$ である。さいころを n 回投げたとき，2以下の目が a 回出た

とする。このとき，３以上の目は $(n-a)$ 回出て

$$P_n=2a-(n-a)=3a-n$$

である。

$P_3=0$ となるのは，$3a-3=0$ すなわち $a=1$ のときで，その確率は

$${}_3C_1\frac{1}{3}\cdot\left(\frac{2}{3}\right)^2=3\cdot\frac{1}{3}\cdot\frac{2^2}{3^2}=\frac{4}{9}\quad\cdots\cdots②\quad(\toエ)$$

$P_4=2$ となるのは，$3a-4=2$ すなわち $a=2$ のときで，その確率は

$${}_4C_2\left(\frac{1}{3}\right)^2\left(\frac{2}{3}\right)^2=\frac{4\cdot3}{2\cdot1}\cdot\frac{1}{3^2}\cdot\frac{2^2}{3^2}=\frac{8}{27}\quad(\toオ)$$

また，$P_6=0$ となるのは，$3a-6=0$ すなわち $a=2$ のときで，その確率は

$${}_6C_2\left(\frac{1}{3}\right)^2\left(\frac{2}{3}\right)^4=\frac{6\cdot5}{2\cdot1}\cdot\frac{1}{3^2}\cdot\frac{2^4}{3^4}=\frac{80}{243}\quad(\toカ)$$

$P_3=0$ かつ $P_6=0$ となるのは，$P_3=0$ となる事象が２回続けて起こるときであるから，その確率は②を用いて

$$\left(\frac{4}{9}\right)^2=\frac{16}{81}$$

よって，$P_6=0$ であったとき，$P_3=0$ である条件付き確率は

$$\frac{\frac{16}{81}}{\frac{80}{243}}=\frac{3}{5}\quad(\toキ)$$

2　解答

(1)ア．$-\sqrt{3}\leqq t\leqq2$　イ．t^2-2t-2　ウ．$1+2\sqrt{3}$

(2)エ．-1　オ．$\frac{1}{4}\vec{a}+\frac{1}{4}\vec{b}+\frac{1}{4}\vec{c}$　カ．3　キ．$\frac{\sqrt{3}}{9}$

◀解　説▶

≪２倍角の公式と合成，直線と平面の交点の位置ベクトル≫

(1)　$$t=\sin x+\sqrt{3}\cos x=2\sin\left(x+\frac{\pi}{3}\right)$$

$0\leqq x\leqq\pi$ のとき，$\frac{\pi}{3}\leqq x+\frac{\pi}{3}\leqq\frac{4}{3}\pi$ であるから

$$-\frac{\sqrt{3}}{2}\leqq\sin\left(x+\frac{\pi}{3}\right)\leqq1$$

よって　$-\sqrt{3} \leqq 2\sin\left(x+\frac{\pi}{3}\right) \leqq 2$

すなわち　$-\sqrt{3} \leqq t \leqq 2$　……①　(→ア)

$$t^2 = (\sin x + \sqrt{3}\cos x)^2$$
$$= \sin^2 x + 2\sqrt{3}\sin x\cos x + 3\cos^2 x$$
$$= \frac{1-\cos 2x}{2} + \sqrt{3}\sin 2x + 3\cdot\frac{1+\cos 2x}{2}$$
$$= \sqrt{3}\sin 2x + \cos 2x + 2$$

より

$$y = \sqrt{3}\sin 2x + \cos 2x - 2(\sin x + \sqrt{3}\cos x)$$
$$= (t^2-2) - 2t$$
$$= t^2 - 2t - 2 \quad (\text{→イ})$$
$$= (t-1)^2 - 3$$

①より，y の最大値は $t=-\sqrt{3}$ のとき

$$(-\sqrt{3})^2 - 2\cdot(-\sqrt{3}) - 2 = 1 + 2\sqrt{3} \quad (\text{→ウ})$$

(2)　$\vec{a}\cdot\vec{c} = |\vec{a}||\vec{c}|\cos\angle\text{COA}$

$$= 1\cdot 2\cdot\cos 120° = -1 \quad (\text{→エ})$$

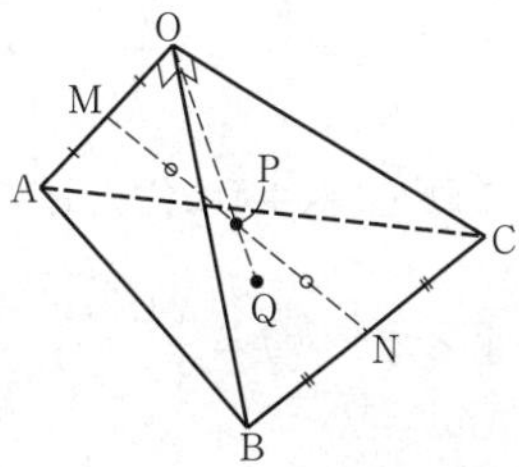

$$\overrightarrow{\text{OP}} = \frac{1}{2}(\overrightarrow{\text{OM}} + \overrightarrow{\text{ON}})$$
$$= \frac{1}{2}\left(\frac{1}{2}\vec{a} + \frac{\vec{b}+\vec{c}}{2}\right)$$
$$= \frac{1}{4}\vec{a} + \frac{1}{4}\vec{b} + \frac{1}{4}\vec{c} \quad (\text{→オ})$$

さらに，点Qは直線OP上にあるから，実数 k を用いて

$$\overrightarrow{\text{OQ}} = k\overrightarrow{\text{OP}} = \frac{k}{4}\vec{a} + \frac{k}{4}\vec{b} + \frac{k}{4}\vec{c} \quad \cdots\cdots②$$

と表され，点Qは平面ABC上の点であるから

$$\frac{k}{4} + \frac{k}{4} + \frac{k}{4} = 1$$

よって　$k = \frac{4}{3}$　……③

すなわち，$\overrightarrow{\text{OQ}} = \frac{4}{3}\overrightarrow{\text{OP}}$ であるから　$\frac{\text{OP}}{\text{PQ}} = 3$　(→カ)

$\angle AOB=\angle BOC=90^\circ$ より，(平面OAC)$\perp$OB であるから，四面体 OABC の体積を V とすると

$$V=\frac{1}{3}\cdot\triangle OAC\cdot OB=\frac{1}{3}\cdot\left(\frac{1}{2}\cdot 1\cdot 2\sin 120^\circ\right)\cdot 2=\frac{\sqrt{3}}{3}$$

また，②，③より，$\overrightarrow{OQ}=\dfrac{\vec{a}+\vec{b}+\vec{c}}{3}$ であるから，点 Q は △ABC の重心である。

よって，$\triangle ACQ=\dfrac{1}{3}\triangle ABC$ であるから，四面体 OACQ の体積は

$$\frac{1}{3}V=\frac{\sqrt{3}}{9}\quad(\to キ)$$

参考　次のようにして k を求めてもよい。
点 Q は平面 ABC 上の点であるから，実数 s，t，u を用いて

$$\overrightarrow{OQ}=s\vec{a}+t\vec{b}+u\vec{c}\quad\cdots\cdots(*),\quad s+t+u=1\quad\cdots\cdots(**)$$

と表される。$\vec{a}$，$\vec{b}$，$\vec{c}$ は同一平面上にないから，②と(＊)より

$$s=\frac{k}{4},\quad t=\frac{k}{4},\quad u=\frac{k}{4}$$

これを(＊＊)に代入して　　$\dfrac{k}{4}+\dfrac{k}{4}+\dfrac{k}{4}=1$

よって　　$k=\dfrac{4}{3}$

3

解答　$C_1:y=\dfrac{1}{2}x^2-x$　　　　　　$\cdots\cdots$①

$C_2:y=-\dfrac{3}{2}x^2+ax-a^2+1$　$\cdots\cdots$②

(1)(i)　①，②より y を消去して

$$\frac{1}{2}x^2-x=-\frac{3}{2}x^2+ax-a^2+1$$

これより　　$2x^2-(a+1)x+a^2-1=0$　$\cdots\cdots$③

C_1，C_2 が共有点をもたない条件は，③が実数解をもたないことである。
よって，③の判別式を D_1 とすると

$$D_1=\{-(a+1)\}^2-4\cdot 2(a^2-1)<0$$

整理して

$$7a^2-2a-9>0$$

$$(a+1)(7a-9)>0$$

ゆえに　$a<-1,\ \frac{9}{7}<a$　……④　……(答)

(ii)　①より $y'=x-1$ であるから，l の方程式は

$$y=-x$$

これと②より y を消去して

$$-x=-\frac{3}{2}x^2+ax-a^2+1$$

これより　$3x^2-2(a+1)x+2(a^2-1)=0$　……⑤

⑤の判別式を D_2 とすると，l と C_2 が接する条件は，$D_2=0$ であるから

$$\frac{D_2}{4}=(a+1)^2-3\cdot 2(a^2-1)=0$$

整理して

$$5a^2-2a-7=0$$

$$(a+1)(5a-7)=0$$

これと④より　$a=\frac{7}{5}$　……(答)

このとき，接点の x 座標は⑤の重解であるから

$$x=\frac{a+1}{3}=\frac{\frac{7}{5}+1}{3}=\frac{4}{5}$$

$C_2: y=-\frac{3}{2}x^2+\frac{7}{5}x-\frac{24}{25}$ となるから

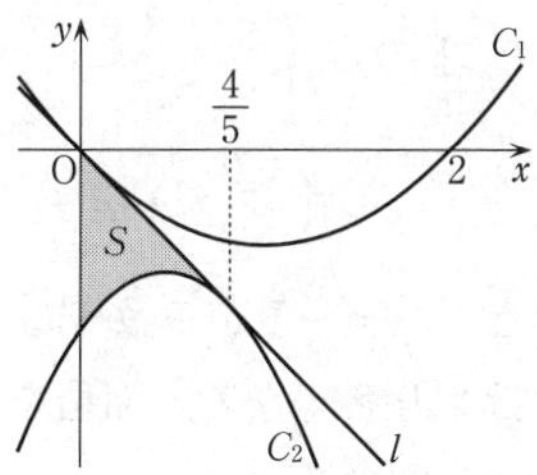

$$S=\int_0^{\frac{4}{5}}\left\{-x-\left(-\frac{3}{2}x^2+\frac{7}{5}x-\frac{24}{25}\right)\right\}dx$$

$$=\int_0^{\frac{4}{5}}\left(\frac{3}{2}x^2-\frac{12}{5}x+\frac{24}{25}\right)dx$$

$$=\left[\frac{1}{2}x^3-\frac{6}{5}x^2+\frac{24}{25}x\right]_0^{\frac{4}{5}}$$

$$=\frac{1}{2}\cdot\left(\frac{4}{5}\right)^3-\frac{6}{5}\cdot\left(\frac{4}{5}\right)^2+\frac{24}{25}\cdot\frac{4}{5}$$

$=\dfrac{32}{125}$　……(答)

(2)　$C_1 : x^2-2x-2y=0$，$C_2 : 3x^2-2ax+2y+2(a^2-1)=0$

で，P，Q は C_1，C_2 の交点であるから，P，Q の座標をそれぞれ $(x_1,\ y_1)$，$(x_2,\ y_2)$ とすると

$$x_1{}^2-2x_1-2y_1=0,\ 3x_1{}^2-2ax_1+2y_1+2(a^2-1)=0$$

$$x_2{}^2-2x_2-2y_2=0,\ 3x_2{}^2-2ax_2+2y_2+2(a^2-1)=0$$

が成り立つ。よって

$$3(x_1{}^2-2x_1-2y_1)-\{3x_1{}^2-2ax_1+2y_1+2(a^2-1)\}=0$$

$$3(x_2{}^2-2x_2-2y_2)-\{3x_2{}^2-2ax_2+2y_2+2(a^2-1)\}=0$$

が成り立つから

$$3(x^2-2x-2y)-\{3x^2-2ax+2y+2(a^2-1)\}=0$$

すなわち　　$(a-3)x-4y-a^2+1=0$

は，2 点 P，Q を通る直線の方程式である。

ゆえに，直線 PQ の方程式は

$(a-3)x-4y-a^2+1=0$　……(答)

また，C_1，C_2 が異なる 2 点で交わるとき，$D_1>0$ であるから，$-1<a<\dfrac{9}{7}$ である。

◀解　説▶

≪共通接線，面積，2 曲線の交点を通る直線≫

(1)(ii)　〔解答〕では，l と C_2 が接する条件として判別式 $D_2=0$ を用いた。

C_2 上の点 $\left(t,\ -\dfrac{3}{2}t^2+at-a^2+1\right)$ における接線

$$y-\left(-\frac{3}{2}t^2+at-a^2+1\right)=(-3t+a)(x-t)$$

と $l : y=-x$ が一致することから a の値を求めることもできるが，計算量は少し多くなる。面積を求める際には図を描いて，面積を求める部分を確認しておくこと。

(2)　2 円の 2 交点を通る直線の方程式を求める方法を応用する。一般に，2 つの曲線 $f(x,\ y)=0$，$g(x,\ y)=0$ が共有点をもつとき，方程式

$kf(x,\ y)+g(x,\ y)=0$　……(＊)　(k は定数)

は，すべての共有点を通る図形（ただし，$f(x,\ y)=0$ を除く）を表す。特に，(＊)が x，y の1次方程式であるとき，(＊)はすべての交点を通る直線を表す。〔解答〕では，$f(x,\ y)=x^2-2x-2y$，$g(x,\ y)=3x^2-2ax+2y+2(a^2-1)$ に対し，(＊)が1次方程式になるように $k=-3$ として $-3f(x,\ y)+g(x,\ y)=0$ すなわち $3f(x,\ y)-g(x,\ y)=0$ がP，Qを通ることを示した。

❖講　評

1・**2**はともに空所補充形式で，**1**は「数学Ⅰ・A」から1問ずつ計2問，**2**は「数学Ⅱ・B」から1問ずつ計2問，**3**は記述式で微・積分法に関するものである。

1　(1)は絶対値記号を含む不等式の解に関する標準問題。基本通りに場合分けをすれば1次不等式になるので計算しやすい。集合の形で出題されているので注意したい。(2)は点の移動を題材にした確率の典型問題。最後の条件付き確率も，誘導に従えば容易に求められる。

2　(1)は三角関数の最大値に関する頻出問題。公式の利用と定義域の把握が重要である。(2)は四面体を題材にした空間ベクトルの頻出・典型問題。わかりやすい図を描くことが肝要である。問題の全体像が見えれば，計算量も少なめで解きやすい。

3　微・積分法，図形と方程式の融合問題。(1)(ii)は少し面倒である。共通接線を求める際には計算ミスのないように注意し，図を描いて面積を求める部分を確認してから積分計算に進むことが重要である。(2)は2曲線の交点を通る直線の方程式の求め方を学習しているかが問われている。

2022年度も基本～標準レベルで頻出・典型問題が多く出題されている。幅広い分野から出題されることを意識して，全分野の基本・重要事項と定理・公式を理解し，さらに頻出・典型問題を中心に演習しておくことが重要である。図・グラフや増減表をかくことがポイントとなる問題も多いので，十分に練習しておこう。

2月6日実施分　問題　数学

（60分）

〔1〕　次の文章中の［　］に適する式または数値を，解答用紙の同じ記号のついた［　］の中に記入せよ．途中の計算を書く必要はない．

(1)　四面体 OABC において，$\mathrm{OA}=1$，$\mathrm{OB}=\sqrt{3}$，$\mathrm{OC}=\sqrt{6}$，$\angle\mathrm{AOB}=\angle\mathrm{BOC}=\angle\mathrm{COA}=90^\circ$ であるとする．このとき，$\cos\angle\mathrm{ABC}=$［ア］であり，$\triangle\mathrm{ABC}$ の面積は［イ］である．また，頂点 O から平面 ABC に下ろした垂線と平面 ABC の交点を H とすると，$\mathrm{OH}=$［ウ］である．

(2)　赤玉 5 個と白玉 5 個が入った袋があり，それぞれの色の玉には 1, 2, 3, 4, 5 の数が 1 つずつ書かれている．この袋から玉を 1 個ずつ 2 回取り出し，取り出した順に A, B とし，これらの玉に書かれた数をそれぞれ a, b とする．ただし，取り出した玉は袋に戻さないものとする．

(i) A, B が同じ色である確率は［エ］である．

(ii) $a=b$ である確率は［オ］である．

(iii) ab が 10 で割り切れる確率は［カ］である．

(iv) $\dfrac{b}{a}$ が自然数である確率は［キ］である．

ただし，［エ］，［オ］，［カ］，［キ］はすべて既約分数で答えよ．

〔2〕　次の文章中の［　］に適する式または数値を，解答用紙の同じ記号のついた［　］の中に記入せよ．途中の計算を書く必要はない．

(1)　実数 x, y に対して

$$z=81^x+9^y-2\left(3^{2x+1}+3^{y+1}\right)$$

とおく．x と y が $2x+y=2$ を満たしながら変化する．このとき，$t=9^x+3^y$ とおくと，t の取りうる値の範囲は $t\geqq$［ア］である．また，z を t を用いて表すと，$z=$［イ］となる．z の最小値は［ウ］であり，このとき，$(x,y)=$［エ］である．

(2)　公比が正の等比数列 $\{a_n\}$ があり，$a_2=3$，$a_3+a_4=18$ を満たしている．このとき，数列 $\{a_n\}$ の一般項は $a_n=$［オ］である．また

$$S_n=\sum_{k=1}^{2n}a_k,\quad T_n=\sum_{k=1}^{n}a_{2k-1}$$

とおくと，$S_n=$［カ］，$T_n=$［キ］S_n である．

〔3〕 a を正の実数とし，$f(a)=\int_0^1 |x(x-1)(x-a)|\,dx$ とする．このとき，次の問いに答えよ．

（1） $a \geqq 1$ のとき，$f(a)$ を求めよ．

（2） $0<a<1$ のとき，$f(a)$ を求めよ．

（3） 関数 $f(a)$ の最小値とそのときの a の値を求めよ．

2月6日実施分　解答 数学

1 **解答** (1)ア. $\frac{1}{2}$　イ. $\frac{3\sqrt{3}}{2}$　ウ. $\frac{\sqrt{6}}{3}$

(2)エ. $\frac{4}{9}$　オ. $\frac{1}{9}$　カ. $\frac{8}{45}$　キ. $\frac{1}{3}$

◀解　説▶

≪小問2問≫

(1)　三平方の定理より

$$AB=\sqrt{1+3}=2,\ BC=\sqrt{3+6}=3,\ CA=\sqrt{6+1}=\sqrt{7}$$

△ABCに余弦定理を用いて

$$\cos\angle ABC=\frac{2^2+3^2-(\sqrt{7})^2}{2\cdot 2\cdot 3}=\frac{1}{2}\quad \toア$$

$\sin\angle ABC=\sqrt{1-\left(\frac{1}{2}\right)^2}=\frac{\sqrt{3}}{2}$ であるから

$$\triangle ABC=\frac{1}{2}\cdot AB\cdot BC\cdot\sin\angle ABC=\frac{1}{2}\cdot 2\cdot 3\cdot\frac{\sqrt{3}}{2}=\frac{3\sqrt{3}}{2}\quad \toイ$$

四面体OABCの体積 V は

$$V=\frac{1}{3}\triangle OBC\cdot OA=\frac{1}{3}\left(\frac{1}{2}\cdot\sqrt{3}\cdot\sqrt{6}\right)\cdot 1=\frac{\sqrt{2}}{2}$$

ここで，△ABCを底面としたときの四面体OABCの高さがOHであるから

$$V=\frac{1}{3}\cdot\frac{3\sqrt{3}}{2}\cdot OH=\frac{\sqrt{3}}{2}OH$$

と表せる。ここで

$\frac{\sqrt{3}}{2}OH=\frac{\sqrt{2}}{2}$ より　　$OH=\frac{\sqrt{6}}{3}$　→ウ

(2)　全事象は ${}_{10}P_2$ 通りである。

(i)　A，Bがともに赤のとき ${}_5P_2$ 通り。また，白のときも同様に，${}_5P_2$ 通り。よって，A，Bが同じ色である確率は

$$\frac{2\times{}_5P_2}{{}_{10}P_2}=\frac{2\cdot5\cdot4}{10\cdot9}=\frac{4}{9}\quad\to エ$$

(ii)　$a=b$ のとき，$(a,\ b)=(1,\ 1),\ (2,\ 2),\ (3,\ 3),\ (4,\ 4),\ (5,\ 5)$ の5組の出方があり，それぞれ赤→白，白→赤の2通りの出方があるので

$$\frac{5\times2}{{}_{10}P_2}=\frac{1}{9}\quad\to オ$$

(iii)　ab が10で割り切れるとき，$(a,\ b)=(2,\ 5),\ (4,\ 5),\ (5,\ 2),\ (5,\ 4)$ の4組の出方があり，それぞれ赤→赤，赤→白，白→赤，白→白の4通りの出方があるので

$$\frac{4\times4}{{}_{10}P_2}=\frac{8}{45}\quad\to カ$$

(iv)　$\frac{b}{a}$ が自然数，つまり b が a で割り切れる場合のうち，$a\neq b$ のとき，$(a,\ b)=(1,\ 2),\ (1,\ 3),\ (1,\ 4),\ (1,\ 5),\ (2,\ 4)$ の5組の出方があり，(iii)と同様にそれぞれ4通りの出方があるので

$$\frac{5\times4}{{}_{10}P_2}=\frac{2}{9}$$

(ii)と合わせて　$\frac{2}{9}+\frac{1}{9}=\frac{1}{3}$　→キ

2　解答

(1)ア．6　イ．$t^2-6t-18$　ウ．-18　エ．$\left(\frac{1}{2},\ 1\right)$

(2)オ．$3\cdot2^{n-2}$　カ．$\frac{3}{2}(2^{2n}-1)$　キ．$\frac{1}{3}$

◀解　説▶

≪小問2問≫

(1)　$9^x>0$，$3^y>0$ より相加平均・相乗平均の関係を用いて

$$t=9^x+3^y\geqq2\sqrt{9^x\cdot3^y}=2\sqrt{3^{2x+y}}=2\sqrt{3^2}=6$$

したがって　$t\geqq6$　→ア　（等号成立は $9^x=3^y$　つまり，$2x=y$ のとき）

$$t^2=(9^x+3^y)^2=81^x+9^y+2\cdot9^x\cdot3^y=81^x+9^y+2\cdot3^{2x+y}$$
$$=81^x+9^y+2\cdot3^2=81^x+9^y+18$$

よって，$81^x+9^y=t^2-18$ であるから

$$z=(t^2-18)-2\cdot3(3^{2x}+3^y)=t^2-6t-18\quad\to イ$$

$$z=(t-3)^2-27$$

より，$t\geqq 6$ のとき，$t=6$ で z は最小値 -18 をとる。 →ウ

このとき，$2x=y$ であるから，$2x+y=2$ と合わせて

$$(x,\ y)=\left(\frac{1}{2},\ 1\right) \quad \to エ$$

(2)　初項 a，公比 $r\,(r>0)$ とすると

$a_2=3$ より　　$ar=3$　……①

$a_3+a_4=18$ より　　$ar^2+ar^3=18$　　$\therefore$　$ar(r+r^2)=18$　……②

①を②に代入して，$3(r+r^2)=18$より　　$r^2+r-6=0$

$$(r-2)(r+3)=0$$

$r>0$ より　　$r=2$

①より　　$a=\dfrac{3}{2}$

よって　　$a_n=\dfrac{3}{2}\cdot 2^{n-1}=3\cdot 2^{n-2}$　→オ

S_n は初項 $\dfrac{3}{2}$，公比 2，項数 $2n$ の等比数列の和であるから

$$S_n=\frac{\frac{3}{2}(2^{2n}-1)}{2-1}=\frac{3}{2}(2^{2n}-1) \quad \to カ$$

$$T_n=\sum_{k=1}^{n}a_{2k-1}=a_1+a_3+a_5+\cdots+a_{2n-1}$$

$$\begin{aligned}S_n&=(a_1+a_3+a_5+\cdots+a_{2n-1})+(a_2+a_4+a_6+\cdots+a_{2n})\\&=T_n+(2a_1+2a_3+2a_5+\cdots+2a_{2n-1})\\&=T_n+2T_n=3T_n\end{aligned}$$

よって　　$T_n=\dfrac{1}{3}S_n$　→キ

別解　T_n は，初項 $\dfrac{3}{2}$，公比 4，項数 n の等比数列の和であるから

$$T_n=\frac{\frac{3}{2}(4^n-1)}{4-1}=\frac{1}{2}(2^{2n}-1)$$

よって　　$T_n=\dfrac{1}{3}S_n$

3 **解答**　(1)　$0 \leqq x \leqq 1$ において

$x(x-1)(x-a) \geqq 0$ なので

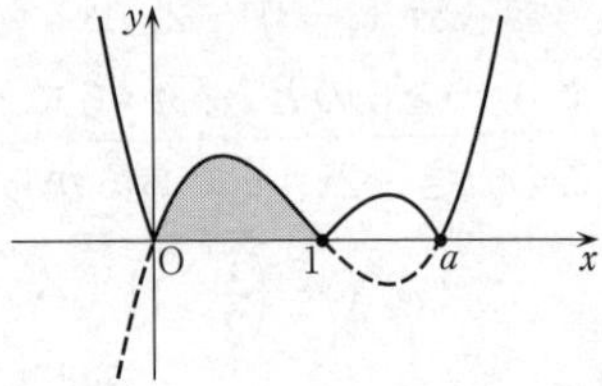

$$f(a)=\int_0^1 x(x-1)(x-a)\,dx$$

$$=\int_0^1 \{x^3-(a+1)x^2+ax\}\,dx$$

$$=\left[\frac{1}{4}x^4-\frac{a+1}{3}x^3+\frac{a}{2}x^2\right]_0^1=\frac{2a-1}{12}\quad\cdots\cdots(\text{答})$$

(2)　$0 \leqq x \leqq a$ において，$x(x-1)(x-a) \geqq 0$ で，$a \leqq x \leqq 1$ において，$x(x-1)(x-a) \leqq 0$ であるから

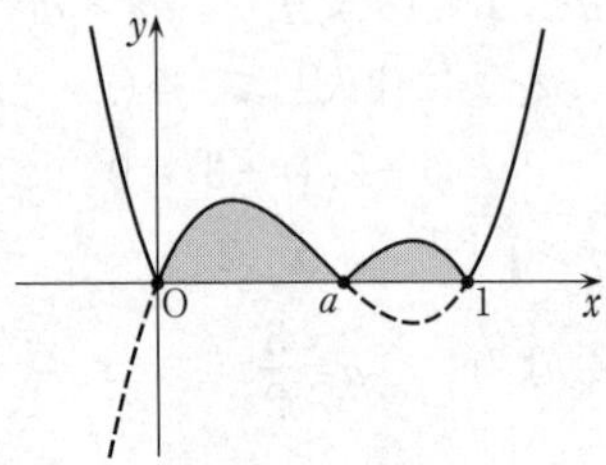

$$f(a)=\int_0^a x(x-1)(x-a)\,dx-\int_a^1 x(x-1)(x-a)\,dx$$

$$=\left[\frac{1}{4}x^4-\frac{a+1}{3}x^3+\frac{a}{2}x^2\right]_0^a-\left[\frac{1}{4}x^4-\frac{a+1}{3}x^3+\frac{a}{2}x^2\right]_a^1$$

$$=\frac{-2a^4+4a^3-2a+1}{12}\quad\cdots\cdots(\text{答})$$

(3)　$0<a<1$ のとき

$$f'(a)=-\frac{1}{6}(4a^3-6a^2+1)=-\frac{1}{6}(2a-1)(2a^2-2a-1)$$

$f'(a)=0$ とすると　　$a=\frac{1}{2},\ \frac{1\pm\sqrt{3}}{2}$

$0<a<1$ より　　$a=\frac{1}{2}$

$a>0$ における $f(a)$ の増減表は右のようになる。

a	0	…	$\frac{1}{2}$	…	1	…
$f'(a)$		$-$	0	$+$		$+$
$f(a)$	$\left(\frac{1}{12}\right)$	↘	$\frac{1}{32}$	↗	$\frac{1}{12}$	↗

よって，$a=\frac{1}{2}$ のとき，$f(a)$ は最小値 $\frac{1}{32}$ をとる。……(答)

◀解　説▶

≪絶対値を含む定積分で表された関数の最小値≫

(1)・(2)　$g(x)=x(x-1)(x-a)$ とすると，(1)のとき $0 \leqq x \leqq 1$ で $g(x) \geqq 0$

であるから，$|x(x-1)(x-a)|=g(x)$ である。

(2)のとき，$0\leqq x\leqq a$ で $g(x)\geqq 0$，$a\leqq x\leqq 1$ で $g(x)\leqq 0$ であるから，

$$|x(x-1)(x-a)|=\begin{cases} g(x) & (0\leqq x\leqq a) \\ -g(x) & (a\leqq x\leqq 1) \end{cases}$$ である。

絶対値をはずせば，あとは3次関数の定積分となる。

(3)　関数 $f(a)$ の増減表を作成する。$a\geqq 1$ のときは単調増加する1次関数だから，$0<a<1$ における最小値が求める最小値になる。$f'(a)$ が3次式となり，因数分解がやや難しいが，$a=\dfrac{1}{2}$ のとき $f'(a)=0$ となることに気付けば，因数定理により $2a-1$ を因数にもつことがわかる。

❖講　評

それぞれ小問2問からなる空所補充形式の**1**・**2**と，記述式の**3**の大問3題構成は例年通りである。**3**の解答スペースはA4用紙1枚分あり，余裕がある。

1　(1)は三角比，(2)は確率からの出題であった。(1)では四面体OABCの体積を2通りの方法で求めることで△ABCを底面としたときの高さOHを求めるのは頻出のテクニックと言える。(2)は $a=b$，$a\neq b$ の場合で赤白の球の出る場合の数が違うことに注意が必要である。(iv)では，$a=b$ のときは(ii)の結果が利用できる。

2　(1)は指数関数，(2)は数列からの出題であった。(1)では，$9^x\times 3^y=3^{2x+y}=3^2$ であることに気付けば，相加平均・相乗平均の関係の利用が発見できるだろう。(2)は等比数列がテーマであった。等比数列の Σ 計算は具体的に並べた和で表すと解法が見えやすくなる。S_n のうち奇数番目の項の和の公比倍が偶数番目の項の和になることが発見できれば S_n と T_n の関係式は容易に求まるが，〔別解〕のように具体的に T_n を求めても解決できる。

3　絶対値を含む関数の定積分である。$y=|x(x-1)(x-a)|$ のグラフを利用した場合分けの意味に気付けたかがポイントとなる。設問自体がヒントになっているので，流れに乗れれば解決により近づく。

全体を通して，広い分野からの出題ではあるが難問はなく，基本事項を問う内容となっている。

2月7日実施分　問題　数学

(60分)

〔1〕　次の文章中の □ に適する式または数値を，解答用紙の同じ記号のついた □ の中に記入せよ．途中の計算を書く必要はない．

(1)　面積が $2\sqrt{2}$ である鋭角三角形 ABC があり，$\mathrm{AB}=3$，$\mathrm{AC}=2$ である．このとき，$\sin A=$ ア，$\mathrm{BC}=$ イ である．また，点 B，C から対辺に下ろした垂線と対辺の交点をそれぞれ H，K とすると，$\mathrm{AH}=$ ウ であり，$\triangle\mathrm{AHK}$ の外接円の半径は エ である．ただし，ア，イ，ウ，エ はすべて数値である．

(2)　箱の中に赤色のカードが 4 枚，黄色のカードが 3 枚，青色のカードが 3 枚，合計 10 枚ある．赤色のカードにはそれぞれ 1，2，3，4 の数字が記されており，黄色のカードと青色のカードにはそれぞれ 1，2，3 の数字が記されている．この箱の中から同時に 3 枚のカードを取り出す．

取り出した 3 枚のカードがすべて異なる色である確率は オ，取り出した 3 枚のカードがすべて異なる数字である確率は カ である．また，取り出した 3 枚のカードがすべて異なる色であったとき，取り出した 3 枚のカードがすべて異なる数字である条件付き確率は キ である．

ただし，オ，カ，キ はすべて既約分数で答えよ．

〔2〕　次の文章中の $\boxed{}$ に適する式または数値を，解答用紙の同じ記号のついた $\boxed{}$ の中に記入せよ．途中の計算を書く必要はない．

(1)　点 O を原点とする座標平面上に曲線 $C : y = x^2$ と点 $\mathrm{A}(0, 3)$ がある．2 点 P, Q が，3 つの条件

(i) 点 P は C 上にある．

(ii) 3 点 A, P, Q は一直線上にあり，点 A は点 P と点 Q の間にある．

(iii) $\mathrm{AQ} = 2\mathrm{PA}$

を満たしながら動くとき，点 Q の軌跡の方程式は $y = \boxed{ア}$ である．また，線分 PQ の長さが最小になるとき，$\mathrm{PQ} = \boxed{イ}$ であり，このとき，$\triangle\mathrm{OPQ}$ の面積は $\boxed{ウ}$ である．

(2)　2 つの数列 $\{a_n\}$, $\{b_n\}$ について，次の条件 (∗) が成り立つとする．

(∗) 自然数 n に対して，整式 $x^2 + a_{n+1}x + b_{n+1}$ を $x + a_n$ で割ると，商は $x + 3$, 余りは $a_n + b_n$ である．

a_{n+1} を a_n を用いて表すと $a_{n+1} = \boxed{エ}$ であるから，$a_1 = 5$ のとき a_n を n を用いて表すと $a_n = \boxed{オ}$ である．$a_n = \boxed{オ}$ のとき，b_{n+1} を b_n を用いて表すと $b_{n+1} = \boxed{カ}$ となり，さらに $b_1 = 15$ のとき b_n を n を用いて表すと $b_n = \boxed{キ}$ となる．

〔3〕　a を実数とし，2 つの関数 $f(x)$, $g(x)$ について，

$$f(x) = 3x^2 + \int_0^2 (x+t)f'(t)\,dt$$
$$\int_3^x g(t)\,dt = \frac{1}{3}x^3 + (a+2)x^2 + ax - 3a + 9$$

が成り立つとする．このとき，次の問いに答えよ．

(1)　$p = \int_0^2 f'(t)\,dt$, $q = \int_0^2 tf'(t)\,dt$ とおくとき，p, q の値を求めよ．また，関数 $f(x)$ を求めよ．

(2)　a の値を求めよ．また，関数 $g(x)$ を求めよ．

(3)　2 つの曲線 $y = f(x)$, $y = g(x)$ で囲まれた図形の面積を求めよ．

2月7日実施分　解答　数学

1 **解答** (1)ア．$\dfrac{2\sqrt{2}}{3}$　イ．3　ウ．1　エ．$\dfrac{3\sqrt{2}}{8}$

(2)オ．$\dfrac{3}{10}$　カ．$\dfrac{9}{20}$　キ．$\dfrac{1}{3}$

◀解　説▶

≪三角比，カードを取り出す確率，条件付き確率≫

(1)　(△ABCの面積) $=\dfrac{1}{2}\mathrm{AB}\cdot\mathrm{AC}\sin A$ より

$$\sin A=\frac{2\cdot 2\sqrt{2}}{3\cdot 2}=\frac{2\sqrt{2}}{3}\quad(\to ア)$$

A は鋭角であるから　　$\cos A>0$

このとき

$$\cos A=\sqrt{1-\sin^2 A}=\sqrt{1-\frac{8}{9}}=\frac{1}{3}$$

したがって，三角形ABCに余弦定理を用いて

$$\mathrm{BC}^2=3^2+2^2-2\cdot 3\cdot 2\cos A=9+4-4=9$$

BC>0ゆえに　　BC＝3　(→イ)

次に，右図の直角三角形AHB，AKCにおいて

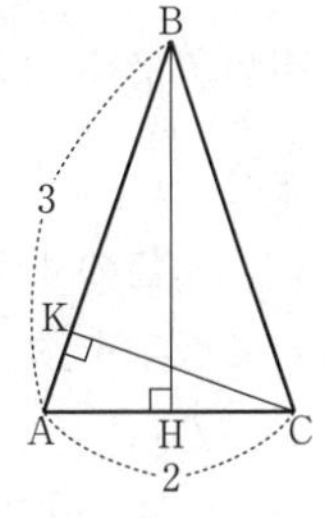

$$\mathrm{AH}=\mathrm{AB}\cos A=3\cdot\frac{1}{3}=1\quad(\to ウ)$$

$$\mathrm{AK}=\mathrm{AC}\cos A=2\cdot\frac{1}{3}=\frac{2}{3}$$

△AHKに余弦定理を用いて

$$\mathrm{HK}^2=1^2+\left(\frac{2}{3}\right)^2-2\cdot 1\cdot\frac{2}{3}\cos A=1+\frac{4}{9}-\frac{4}{9}=1$$

HK>0であるから　　HK＝1

このとき，△AHKの外接円の半径を R とおくと，正弦定理から

$$2R=\frac{\mathrm{HK}}{\sin A}$$

よって　$R=\dfrac{1}{2\cdot\dfrac{2\sqrt{2}}{3}}=\dfrac{3\sqrt{2}}{8}$　(→エ)

(2)　10 枚のカードから 3 枚のカードを同時に取り出すときのカードの組合せの総数は，${}_{10}C_3=120$ 通りある。このうち，3 枚が異なる色となるカードの取り出し方は，${}_4C_1\times{}_3C_1\times{}_3C_1=36$ 通りある。

よって，3 枚のカードがすべて異なる色となる確率は

$$\frac{{}_4C_1\times{}_3C_1\times{}_3C_1}{{}_{10}C_3}=\frac{36}{120}=\frac{3}{10}\quad(\to オ)$$

また，3 つの数字がすべて異なるような 3 枚のカードの取り出し方の組合せは

(i)　4 が記されたカードを含む組合せについて，1，2，3 の数字から 2 つ選び，その各々のカードの色の選び方が 3 通りずつあるから，${}_3C_2\times3^2=27$ 通り。

(ii)　4 が記されたカードを含まない組合せについて，1，2，3 の数字の各々のカードの色の選び方が 3 通りずつあるから，$3^3=27$ 通り。

よって，3 枚のカードがすべて異なる数字となる確率は

$$\frac{27+27}{{}_{10}C_3}=\frac{54}{120}=\frac{9}{20}\quad(\to カ)$$

次に，3 枚のカードがすべて異なる色である事象を E，3 枚のカードがすべて異なる数字である事象を F とする。このとき

事象 E が起こる確率 $P(E)$ は　　$P(E)=\dfrac{3}{10}$

また，$E\cap F$ となる 3 枚のカードの取り出し方の組合せは

(iii)　赤色の 4 が記されたカードを含む組合せについて，黄色，青色から異なる数字を選べばよく，これは 1，2，3 から 2 つ選んで並べる順列に等しいから

$${}_3P_2=6 \text{ 通り}$$

(iv)　4 が記されたカードを含まない組合せについて，赤色，黄色，青色から異なる数字を選べばよく，これは 1，2，3 を一列に並べる順列に等しいから

$$3!=6 \text{ 通り}$$

したがって，3枚のカードの色も数字もすべて異なる確率 $P(E\cap F)$ は

$$P(E\cap F)=\frac{6+6}{{}_{10}\mathrm{C}_3}=\frac{1}{10}$$

よって，3枚のカードがすべて異なる色であったとき，取り出した3枚のカードがすべて異なる数字である条件付き確率 $P_E(F)$ は

$$P_E(F)=\frac{P(E\cap F)}{P(E)}=\frac{1}{3}\quad(\to キ)$$

2 **解答** (1)ア．$-\dfrac{x^2}{2}+9$　イ．$\dfrac{3\sqrt{11}}{2}$　ウ．$\dfrac{9\sqrt{10}}{4}$

(2)エ．a_n+3　オ．$3n+2$　カ．$b_n+12n+8$　キ．$6n^2+2n+7$

◀解　説▶

≪図形と方程式，軌跡，漸化式，等差数列・階差数列の一般項≫

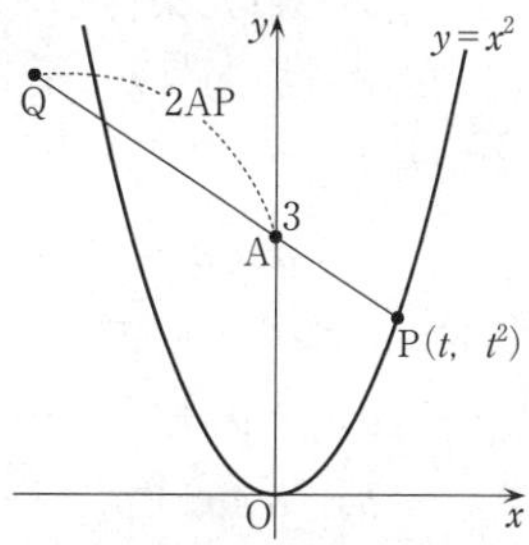

(1)$\mathrm{P}(t,\ t^2)$，$\mathrm{Q}(X,\ Y)$ とおくと，点Aは線分PQを1：2に内分するから

$$\frac{2t+X}{3}=0,\quad \frac{2t^2+Y}{3}=3$$

が成り立つ。このとき

$$t=-\frac{X}{2},\quad t^2=\frac{9-Y}{2}$$

として，t を消去すると

$\left(-\dfrac{X}{2}\right)^2=\dfrac{9-Y}{2}$ より　　$Y=-\dfrac{X^2}{2}+9$　……①

よって，$(X,\ Y)$ は①を満たす。t がすべての実数をとるとき X もすべての実数をとるので，点Qの軌跡の方程式は

$$y=-\frac{x^2}{2}+9\quad(\to ア)$$

次に，PQ＝3AP であるから，AP が最小となるとき，PQ も最小となる。$\mathrm{A}(0,\ 3)$，$\mathrm{P}(t,\ t^2)$ であるから，2点間の距離の公式を用いて

$$\mathrm{AP}=\sqrt{t^2+(t^2-3)^2}=\sqrt{t^4-5t^2+9}=\sqrt{\left(t^2-\frac{5}{2}\right)^2+\frac{11}{4}}$$

よって，$t^2=\dfrac{5}{2}$ すなわち $t=\pm\sqrt{\dfrac{5}{2}}=\pm\dfrac{\sqrt{10}}{2}$ のとき，AP は最小値

$\sqrt{\dfrac{11}{4}}=\dfrac{\sqrt{11}}{2}$ をとる。したがってPQの最小値は

$$PQ=\frac{3\sqrt{11}}{2}\quad (\rightarrow イ)$$

このとき，$P\left(\pm\dfrac{\sqrt{10}}{2},\ \dfrac{5}{2}\right)$，$Q(\mp\sqrt{10},\ 4)$（複号同順）であり，求められた2点P，Qで作られる2つの三角形OPQはy軸対称であるから面積は等しい。

よって，$P\left(\dfrac{\sqrt{10}}{2},\ \dfrac{5}{2}\right)$，$Q(-\sqrt{10},\ 4)$ として△OPQの面積を求めると

(△OPQの面積)＝(△POAの面積)＋(△QOAの面積）であるから

$$\frac{1}{2}\cdot 3\cdot\frac{\sqrt{10}}{2}+\frac{1}{2}\cdot 3\cdot|-\sqrt{10}|=\left(\frac{1}{2}+1\right)\cdot\frac{3\sqrt{10}}{2}=\frac{9\sqrt{10}}{4}\quad (\rightarrow ウ)$$

(2)　与えられた条件から

$$x^2+a_{n+1}x+b_{n+1}=(x+a_n)(x+3)+a_n+b_n$$

すなわち

$$x^2+a_{n+1}x+b_{n+1}=x^2+(a_n+3)x+4a_n+b_n\quad \cdots\cdots①$$

①はxについての恒等式である。したがって

$$a_{n+1}=a_n+3\quad \cdots\cdots②\quad (\rightarrow エ)$$

$$b_{n+1}=4a_n+b_n\quad \cdots\cdots③$$

が成り立つ。

$a_1=5$と②より，数列$\{a_n\}$は，初項5，公差3の等差数列であるから

$$a_n=5+3(n-1)=3n+2\quad (\rightarrow オ)$$

このとき，③は

$$b_{n+1}=b_n+4(3n+2)=b_n+12n+8\quad (\rightarrow カ)$$

これと$b_1=15$により，$n\geqq 2$であるとき

$$b_n=15+4\sum_{k=1}^{n-1}(3k+2)=15+4\left\{3\cdot\frac{1}{2}n(n-1)+2(n-1)\right\}$$

$$=6n^2+2n+7$$

これは$n=1$のときも成り立つ。

よって　　$b_n=6n^2+2n+7$　(→キ)

3 解答

$$f(x)=3x^2+\int_0^2 (x+t)f'(t)\,dt \quad \cdots\cdots Ⓐ$$

$$\int_3^x g(t)\,dt=\frac{1}{3}x^3+(a+2)x^2+ax-3a+9 \quad \cdots\cdots Ⓑ$$

とおく。

(1)　$p=\int_0^2 f'(t)\,dt \quad \cdots\cdots ①$

$$q=\int_0^2 tf'(t)\,dt \quad \cdots\cdots ②$$

として，Ⓐを p，q で表すと

$$f(x)=3x^2+x\int_0^2 f'(t)\,dt+\int_0^2 tf'(t)\,dt=3x^2+px+q$$

このとき　$f'(x)=6x+p$

これを①，②に代入すると

$$p=\int_0^2 (6t+p)\,dt=\Big[3t^2+pt\Big]_0^2=12+2p \quad \text{ゆえに} \quad p=-12$$

$$q=\int_0^2 (6t^2+pt)\,dt=\left[2t^3+\frac{pt^2}{2}\right]_0^2=16+2p=-8$$

よって　$p=-12$，$q=-8$，$f(x)=3x^2-12x-8$　……(答)

(2)　Ⓑに $x=3$ を代入すると

$$\int_3^3 g(t)\,dt=9+9(a+2)+9$$

$\int_3^3 g(t)\,dt=0$ であるから　$9(a+4)=0$

ゆえに　$a=-4$

また，Ⓑの両辺を x で微分すると

$$g(x)=x^2+2(a+2)x+a=x^2-4x-4$$

よって

$$a=-4,\ g(x)=x^2-4x-4 \quad \cdots\cdots(\text{答})$$

(3)　(1)，(2)の結果から

$$g(x)-f(x)=-2(x^2-4x-2)$$

2次方程式 $x^2-4x-2=0$ の異なる2つの実数解を α，β $(\alpha<\beta)$ とおくと

$$g(x)-f(x)=-2(x-\alpha)(x-\beta)$$

と表される。$\alpha \leqq x \leqq \beta$ において $-2(x-\alpha)(x-\beta) \geqq 0$ であるから，2曲線

$y=f(x)$ と $y=g(x)$ で囲まれた部分の面積を S とおくと

$$S=-2\int_{\alpha}^{\beta}(x-\alpha)(x-\beta)\,dx=-2\left\{-\frac{1}{6}(\beta-\alpha)^3\right\}=\frac{1}{3}(\beta-\alpha)^3$$

ここで，2次方程式 $x^2-4x-2=0$ を解いて

$$\alpha=2-\sqrt{6},\ \beta=2+\sqrt{6}$$

よって　　$S=\frac{1}{3}\{2+\sqrt{6}-(2-\sqrt{6})\}^3=\frac{(2\sqrt{6})^3}{3}=16\sqrt{6}$　……(答)

◀解　説▶

≪定積分で表された関数，囲まれた図形の面積≫

(1)　設問で与えられた定数 p，q で $f(x)$ を表して解答のように解けばよい。

(2)　$\int_3^3 g(t)\,dt=0$，$\frac{d}{dx}\left\{\int_3^x g(t)\,dt\right\}=g(x)$ であることを利用する。

(3)　関西学院大学の文系数学の入試問題にも何度も出題されている頻出問題であり，$\int_{\alpha}^{\beta}(x-\alpha)(x-\beta)\,dx=-\frac{1}{6}(\beta-\alpha)^3$ が利用できる。

いずれの設問も何度も解いた経験がある問題だろう。ケアレスミスなく完答しておきたい。

❖講　評

1　空欄補充形式で例年「数学Ⅰ・A」からの出題である。

(1)は「数学Ⅰ」の三角比からの出題で，面積公式，余弦定理，正弦定理を利用する基本的な内容である。(2)は「数学A」の確率から条件付き確率を含む設問の出題である。設問カとキは，4が記されたカードの扱いで差がつく問題である。

2　空欄補充形式で，「数学Ⅱ・B」からの出題である。

(1)は「数学Ⅱ」の図形と方程式から，分点公式と点の軌跡についての考察。難しくはないが，計算のケアレスミスに気をつけたい問題である。(2)は「数学B」の数列の漸化式に関する問題である。$\{a_n\}$ が等差数列，$\{b_n\}$ が階差数列であることに気がつくことが大切。

3　「数学Ⅱ」の微・積分法からの出題で記述式となっている。どの設問も基本的で典型的な問題である。

難問が出るということはなく，典型的な問題をしっかり演習しておくこと。また，日頃から計算の工夫を怠らないようにしておきたい。

////////////////////// · memo · //////////////////////

/////////////////// · memo · ///////////////////

////////////////////// · memo · //////////////////////

//////////////////// · memo · ////////////////////

教学社 刊行一覧

2025年版 大学赤本シリーズ

374大学556点
全都道府県を網羅

国公立大学（都道府県順）

全国の書店で取り扱っています。店頭にない場合は，お取り寄せができます。

1 北海道大学（文系－前期日程）
2 北海道大学（理系－前期日程） 医
3 北海道大学（後期日程）
4 旭川医科大学（医学部〈医学科〉） 医
5 小樽商科大学
6 帯広畜産大学
7 北海道教育大学
8 室蘭工業大学／北見工業大学
9 釧路公立大学
10 公立千歳科学技術大学
11 公立はこだて未来大学 総推
12 札幌医科大学（医学部） 医
13 弘前大学 医
14 岩手大学
15 岩手県立大学・盛岡短期大学部・宮古短期大学部
16 東北大学（文系－前期日程）
17 東北大学（理系－前期日程） 医
18 東北大学（後期日程）
19 宮城教育大学
20 宮城大学
21 秋田大学 医
22 秋田県立大学
23 国際教養大学 総推
24 山形大学 医
25 福島大学
26 会津大学
27 福島県立医科大学（医・保健科学部） 医
28 茨城大学（文系）
29 茨城大学（理系）
30 筑波大学（推薦入試） 医 総推
31 筑波大学（文系－前期日程）
32 筑波大学（理系－前期日程） 医
33 筑波大学（後期日程）
34 宇都宮大学
35 群馬大学 医
36 群馬県立女子大学
37 高崎経済大学
38 前橋工科大学
39 埼玉大学（文系）
40 埼玉大学（理系）
41 千葉大学（文系－前期日程）
42 千葉大学（理系－前期日程） 医
43 千葉大学（後期日程） 医
44 東京大学（文科） DL
45 東京大学（理科） DL 医
46 お茶の水女子大学
47 電気通信大学
48 東京外国語大学 DL
49 東京海洋大学
50 東京科学大学（旧 東京工業大学）
51 東京科学大学（旧 東京医科歯科大学） 医
52 東京学芸大学
53 東京藝術大学
54 東京農工大学
55 一橋大学（前期日程）
56 一橋大学（後期日程）
57 東京都立大学（文系）
58 東京都立大学（理系）
59 横浜国立大学（文系）
60 横浜国立大学（理系）
61 横浜市立大学（国際教養・国際商・理・データサイエンス・医〈看護〉学部）
62 横浜市立大学（医学部〈医学科〉） 医
63 新潟大学（人文・教育〈文系〉・法・経済科・医〈看護〉・創生学部）
64 新潟大学（教育〈理系〉・理・医〈看護を除く〉・歯・工・農学部） 医
65 新潟県立大学
66 富山大学（文系）
67 富山大学（理系） 医
68 富山県立大学
69 金沢大学（文系）
70 金沢大学（理系） 医
71 福井大学（教育・医〈看護〉・工・国際地域学部）
72 福井大学（医学部〈医学科〉） 医
73 福井県立大学
74 山梨大学（教育・医〈看護〉・工・生命環境学部）
75 山梨大学（医学部〈医学科〉） 医
76 都留文科大学
77 信州大学（文系－前期日程）
78 信州大学（理系－前期日程） 医
79 信州大学（後期日程）
80 公立諏訪東京理科大学 総推
81 岐阜大学（前期日程） 医
82 岐阜大学（後期日程）
83 岐阜薬科大学
84 静岡大学（前期日程）
85 静岡大学（後期日程）
86 浜松医科大学（医学部〈医学科〉） 医
87 静岡県立大学
88 静岡文化芸術大学
89 名古屋大学（文系）
90 名古屋大学（理系） 医
91 愛知教育大学
92 名古屋工業大学
93 愛知県立大学
94 名古屋市立大学（経済・人文社会・芸術工・看護・総合生命理・データサイエンス学部）
95 名古屋市立大学（医学部〈医学科〉） 医
96 名古屋市立大学（薬学部）
97 三重大学（人文・教育・医〈看護〉学部）
98 三重大学（医〈医〉・工・生物資源学部） 医
99 滋賀大学
100 滋賀医科大学（医学部〈医学科〉） 医
101 滋賀県立大学
102 京都大学（文系）
103 京都大学（理系） 医
104 京都教育大学
105 京都工芸繊維大学
106 京都府立大学
107 京都府立医科大学（医学部〈医学科〉） 医
108 大阪大学（文系） DL
109 大阪大学（理系） 医
110 大阪教育大学
111 大阪公立大学（現代システム科学域〈文系〉・文・法・経済・商・看護・生活科〈居住環境・人間福祉〉学部－前期日程）
112 大阪公立大学（現代システム科学域〈理系〉・理・工・農・獣医・医・生活科〈食栄養〉学部－前期日程） 医
113 大阪公立大学（中期日程）
114 大阪公立大学（後期日程）
115 神戸大学（文系－前期日程）
116 神戸大学（理系－前期日程） 医
117 神戸大学（後期日程）
118 神戸市外国語大学 DL
119 兵庫県立大学（国際商経・社会情報科・看護学部）
120 兵庫県立大学（工・理・環境人間学部）
121 奈良教育大学／奈良県立大学
122 奈良女子大学
123 奈良県立医科大学（医学部〈医学科〉） 医
124 和歌山大学
125 和歌山県立医科大学（医・薬学部） 医
126 鳥取大学 医
127 公立鳥取環境大学
128 島根大学 医
129 岡山大学（文系）
130 岡山大学（理系） 医
131 岡山県立大学
132 広島大学（文系－前期日程）
133 広島大学（理系－前期日程） 医
134 広島大学（後期日程）
135 尾道市立大学 総推
136 県立広島大学
137 広島市立大学
138 福山市立大学 総推
139 山口大学（人文・教育〈文系〉・経済・医〈看護〉・国際総合科学部）
140 山口大学（教育〈理系〉・理・医〈看護を除く〉・工・農・共同獣医学部） 医
141 山陽小野田市立山口東京理科大学 総推
142 下関市立大学／山口県立大学
143 周南公立大学 新 総推
144 徳島大学 医
145 香川大学 医
146 愛媛大学 医
147 高知大学 医
148 高知工科大学
149 九州大学（文系－前期日程）
150 九州大学（理系－前期日程） 医
151 九州大学（後期日程）
152 九州工業大学
153 福岡教育大学
154 北九州市立大学
155 九州歯科大学
156 福岡県立大学／福岡女子大学
157 佐賀大学 医
158 長崎大学（多文化社会・教育〈文系〉・経済・医〈保健〉・環境科〈文系〉学部）
159 長崎大学（教育〈理系〉・医〈医〉・歯・薬・情報データ科・工・環境科〈理系〉・水産学部） 医
160 長崎県立大学 総推
161 熊本大学（文・教育・法・医〈看護〉学部・情報融合学環〈文系型〉）
162 熊本大学（理・医〈看護を除く〉・薬・工学部・情報融合学環〈理系型〉） 医
163 熊本県立大学
164 大分大学（教育・経済・医〈看護〉・理工・福祉健康科学部）
165 大分大学（医学部〈医・先進医療科学科〉） 医
166 宮崎大学（教育・医〈看護〉・工・農・地域資源創成学部）
167 宮崎大学（医学部〈医学科〉） 医
168 鹿児島大学（文系）
169 鹿児島大学（理系） 医
170 琉球大学 医

2025年版　大学赤本シリーズ

国公立大学 その他

171 〔国公立大〕医学部医学科 総合型選抜・学校推薦型選抜※ 医 総推
172 看護・医療系大学〈国公立 東日本〉※
173 看護・医療系大学〈国公立 中日本〉※
174 看護・医療系大学〈国公立 西日本〉※
175 海上保安大学校／気象大学校
176 航空保安大学校
177 国立看護大学校
178 防衛大学校 総推
179 防衛医科大学校(医学科) 医
180 防衛医科大学校(看護学科)

※No.171～174の収載大学は赤本ウェブサイト(http://akahon.net/)でご確認ください。

私立大学①

北海道の大学(50音順)

201 札幌大学
202 札幌学院大学
203 北星学園大学
204 北海学園大学
205 北海道医療大学
206 北海道科学大学
207 北海道武蔵女子大学・短期大学
208 酪農学園大学(獣医学群〈獣医学類〉)

東北の大学(50音順)

209 岩手医科大学(医・歯・薬学部) 医
210 仙台大学 総推
211 東北医科薬科大学(医・薬学部) 医
212 東北学院大学
213 東北工業大学
214 東北福祉大学
215 宮城学院女子大学 総推

関東の大学(50音順)

あ行(関東の大学)

216 青山学院大学(法・国際政治経済学部−個別学部日程)
217 青山学院大学(経済学部−個別学部日程)
218 青山学院大学(経営学部−個別学部日程)
219 青山学院大学(文・教育人間科学部−個別学部日程)
220 青山学院大学(総合文化政策・社会情報・地球社会共生・コミュニティ人間科学部−個別学部日程)
221 青山学院大学(理工学部−個別学部日程)
222 青山学院大学(全学部日程)
223 麻布大学(獣医、生命・環境科学部)
224 亜細亜大学
226 桜美林大学
227 大妻女子大学・短期大学部

か行(関東の大学)

228 学習院大学(法学部−コア試験)
229 学習院大学(経済学部−コア試験)
230 学習院大学(文学部−コア試験)
231 学習院大学(国際社会科学部−コア試験)
232 学習院大学(理学部−コア試験)
233 学習院女子大学
234 神奈川大学(給費生試験)
235 神奈川大学(一般入試)
236 神奈川工科大学
237 鎌倉女子大学・短期大学部
238 川村学園女子大学
239 神田外語大学
240 関東学院大学
241 北里大学(理学部)
242 北里大学(医学部) 医
243 北里大学(薬学部)
244 北里大学(看護・医療衛生学部)
245 北里大学(未来工・獣医・海洋生命科学部)
246 共立女子大学・短期大学
247 杏林大学(医学部) 医
248 杏林大学(保健学部)
249 群馬医療福祉大学・短期大学部
250 群馬パース大学 総推
251 慶應義塾大学(法学部)
252 慶應義塾大学(経済学部)
253 慶應義塾大学(商学部)
254 慶應義塾大学(文学部) 総推
255 慶應義塾大学(総合政策学部)
256 慶應義塾大学(環境情報学部)
257 慶應義塾大学(理工学部)
258 慶應義塾大学(医学部) 医
259 慶應義塾大学(薬学部)
260 慶應義塾大学(看護医療学部)
261 工学院大学
262 國學院大學
263 国際医療福祉大学 医
264 国際基督教大学
265 国士舘大学
266 駒澤大学(一般選抜T方式・S方式)
267 駒澤大学(全学部統一日程選抜)

さ行(関東の大学)

268 埼玉医科大学(医学部) 医
269 相模女子大学・短期大学部
270 産業能率大学
271 自治医科大学(医学部) 医
272 自治医科大学(看護学部)／東京慈恵会医科大学(医学部〈看護学科〉)
273 実践女子大学 総推
274 芝浦工業大学(前期日程)
275 芝浦工業大学(全学統一日程・後期日程)
276 十文字学園女子大学
277 淑徳大学
278 順天堂大学(医学部) 医
279 順天堂大学(スポーツ健康科・医療看護・保健看護・国際教養・保健医療・医療科・健康データサイエンス・薬学部) 総推
280 上智大学(神・文・総合人間科学部)
281 上智大学(法・経済学部)
282 上智大学(外国語・総合グローバル学部)
283 上智大学(理工学部)
284 上智大学(TEAPスコア利用方式)
285 湘南工科大学
286 昭和大学(医学部) 医
287 昭和大学(歯・薬・保健医療学部)
288 昭和女子大学
289 昭和薬科大学
290 女子栄養大学・短期大学部 総推
291 白百合女子大学
292 成蹊大学(法学部−A方式)
293 成蹊大学(経済・経営学部−A方式)
294 成蹊大学(文学部−A方式)
295 成蹊大学(理工学部−A方式)
296 成蹊大学(E方式・G方式・P方式)
297 成城大学(経済・社会イノベーション学部−A方式)
298 成城大学(文芸・法学部−A方式)
299 成城大学(S方式〈全学部統一選抜〉)
300 聖心女子大学
301 清泉女子大学
303 聖マリアンナ医科大学 医
304 聖路加国際大学(看護学部)
305 専修大学(スカラシップ・全国入試)
306 専修大学(前期入試〈学部個別入試〉)
307 専修大学(前期入試〈全学部入試・スカラシップ入試〉)

た行(関東の大学)

308 大正大学
309 大東文化大学
310 高崎健康福祉大学
311 拓殖大学
312 玉川大学
313 多摩美術大学
314 千葉工業大学
315 中央大学(法学部−学部別選抜)
316 中央大学(経済学部−学部別選抜)
317 中央大学(商学部−学部別選抜)
318 中央大学(文学部−学部別選抜)
319 中央大学(総合政策学部−学部別選抜)
320 中央大学(国際経営・国際情報学部−学部別選抜)
321 中央大学(理工学部−学部別選抜)
322 中央大学(5学部共通選抜)
323 中央学院大学
324 津田塾大学
325 帝京大学(薬・経済・法・文・外国語・教育・理工・医療技術・福岡医療技術学部)
326 帝京大学(医学部) 医
327 帝京科学大学 総推
328 帝京平成大学 総推
329 東海大学(医〈医〉学部を除く−一般選抜)
330 東海大学(文系・理系学部統一選抜)
331 東海大学(医学部〈医学科〉) 医
332 東京医科大学(医学部〈医学科〉) 医
333 東京家政大学・短期大学部 総推
334 東京経済大学
335 東京工科大学
336 東京工芸大学
337 東京国際大学
338 東京歯科大学
339 東京慈恵会医科大学(医学部〈医学科〉) 医
340 東京情報大学
341 東京女子大学
342 東京女子医科大学(医学部) 医
343 東京電機大学
344 東京都市大学
345 東京農業大学
346 東京薬科大学(薬学部) 総推
347 東京薬科大学(生命科学部) 総推
348 東京理科大学(理学部〈第一部〉−B方式)
349 東京理科大学(創域理工学部−B方式・S方式)
350 東京理科大学(工学部−B方式)
351 東京理科大学(先進工学部−B方式)
352 東京理科大学(薬学部−B方式)
353 東京理科大学(経営学部−B方式)
354 東京理科大学(C方式、グローバル方式、理学部〈第二部〉−B方式)
355 東邦大学(医学部) 医
356 東邦大学(薬学部)

2025年版　大学赤本シリーズ

私立大学②

357 東邦大学(理・看護・健康科学部)
358 東洋大学(文・経済・経営・法・社会・国際・国際観光学部)
359 東洋大学(情報連携・福祉社会デザイン・健康スポーツ科・理工・総合情報・生命科・食環境科学部)
360 東洋大学(英語〈3日程×3カ年〉)
361 東洋大学(国語〈3日程×3カ年〉)
362 東洋大学(日本史・世界史〈2日程×3カ年〉)
363 東洋英和女学院大学
364 常磐大学・短期大学 総推
365 獨協大学
366 獨協医科大学(医学部) 医

な行(関東の大学)

367 二松学舎大学
368 日本大学(法学部)
369 日本大学(経済学部)
370 日本大学(商学部)
371 日本大学(文理学部〈文系〉)
372 日本大学(文理学部〈理系〉)
373 日本大学(芸術学部〈専門試験併用型〉)
374 日本大学(国際関係学部)
375 日本大学(危機管理・スポーツ科学部)
376 日本大学(理工学部)
377 日本大学(生産工・工学部)
378 日本大学(生物資源科学部)
379 日本大学(医学部) 医
380 日本大学(歯・松戸歯学部)
381 日本大学(薬学部)
382 日本大学(N全学統一方式−医・芸術〈専門試験併用型〉学部を除く)
383 日本医科大学 医
384 日本工業大学
385 日本歯科大学
386 日本社会事業大学 総推
387 日本獣医生命科学大学
388 日本女子大学
389 日本体育大学

は行(関東の大学)

390 白鷗大学(学業特待選抜・一般選抜)
391 フェリス女学院大学
392 文教大学
393 法政大学(法〈Ⅰ日程〉・文〈Ⅱ日程〉・経営〈Ⅱ日程〉学部−A方式)
394 法政大学(法〈Ⅱ日程〉・国際文化・キャリアデザイン学部−A方式)
395 法政大学(文〈Ⅰ日程〉・経営〈Ⅰ日程〉・人間環境・グローバル教養学部−A方式)
396 法政大学(経済〈Ⅰ日程〉・社会〈Ⅰ日程〉・現代福祉学部−A方式)
397 法政大学(経済〈Ⅱ日程〉・社会〈Ⅱ日程〉・スポーツ健康学部−A方式)
398 法政大学(情報科・デザイン工・理工・生命科学部−A方式)
399 法政大学(T日程〈統一日程〉・英語外部試験利用入試)
400 星薬科大学 総推

ま行(関東の大学)

401 武蔵大学
402 武蔵野大学
403 武蔵野美術大学
404 明海大学
405 明治大学(法学部−学部別入試)
406 明治大学(政治経済学部−学部別入試)
407 明治大学(商学部−学部別入試)
408 明治大学(経営学部−学部別入試)
409 明治大学(文学部−学部別入試)
410 明治大学(国際日本学部−学部別入試)
411 明治大学(情報コミュニケーション学部−学部別入試)
412 明治大学(理工学部−学部別入試)
413 明治大学(総合数理学部−学部別入試)
414 明治大学(農学部−学部別入試)
415 明治大学(全学部統一入試)
416 明治学院大学(A日程)
417 明治学院大学(全学部日程)
418 明治薬科大学 総推
419 明星大学
420 目白大学・短期大学部

ら・わ行(関東の大学)

421 立教大学(文系学部−一般入試〈大学独自の英語を課さない日程〉)
422 立教大学(国語〈3日程×3カ年〉)
423 立教大学(日本史・世界史〈2日程×3カ年〉)
424 立教大学(文学部−一般入試〈大学独自の英語を課す日程〉)
425 立教大学(理学部−一般入試)
426 立正大学
427 早稲田大学(法学部)
428 早稲田大学(政治経済学部)
429 早稲田大学(商学部)
430 早稲田大学(社会科学部)
431 早稲田大学(文学部)
432 早稲田大学(文化構想学部)
433 早稲田大学(教育学部〈文科系〉)
434 早稲田大学(教育学部〈理科系〉)
435 早稲田大学(人間科・スポーツ科学部)
436 早稲田大学(国際教養学部)
437 早稲田大学(基幹理工・創造理工・先進理工学部)
438 和洋女子大学 総推

中部の大学(50音順)

439 愛知大学
440 愛知医科大学(医学部) 医
441 愛知学院大学・短期大学部
442 愛知工業大学 総推
443 愛知淑徳大学
444 朝日大学 総推
445 金沢医科大学(医学部) 医
446 金沢工業大学
447 岐阜聖徳学園大学 総推
448 金城学院大学
449 至学館大学 総推
450 静岡理工科大学
451 椙山女学園大学
452 大同大学
453 中京大学
454 中部大学
455 名古屋外国語大学 総推
456 名古屋学院大学 総推
457 名古屋学芸大学 総推
458 名古屋女子大学 総推
459 南山大学(外国語〈英米〉・法・総合政策・国際教養学部)
460 南山大学(人文・外国語〈英米を除く〉・経済・経営・理工学部)
461 新潟国際情報大学
462 日本福祉大学
463 福井工業大学
464 藤田医科大学(医学部) 医
465 藤田医科大学(医療科・保健衛生学部)
466 名城大学(法・経営・経済・外国語・人間・都市情報学部)
467 名城大学(情報工・理工・農・薬学部)
468 山梨学院大学

近畿の大学(50音順)

469 追手門学院大学 総推
470 大阪医科薬科大学(医学部) 医
471 大阪医科薬科大学(薬学部) 総推
472 大阪学院大学 総推
473 大阪経済大学 総推
474 大阪経済法科大学 総推
475 大阪工業大学 総推
476 大阪国際大学・短期大学部 総推
477 大阪産業大学 総推
478 大阪歯科大学(歯学部)
479 大阪商業大学 総推
480 大阪成蹊大学・短期大学 総推
481 大谷大学 総推
482 大手前大学・短期大学 総推
483 関西大学(文系)
484 関西大学(理系)
485 関西大学(英語〈3日程×3カ年〉)
486 関西大学(国語〈3日程×3カ年〉)
487 関西大学(日本史・世界史・文系数学〈3日程×3カ年〉)
488 関西医科大学(医学部) 医
489 関西医療大学 総推
490 関西外国語大学・短期大学部 総推
491 関西学院大学(文・法・商・人間福祉・総合政策学部−学部個別日程)
492 関西学院大学(神・社会・経済・国際・教育学部−学部個別日程)
493 関西学院大学(全学部日程〈文系型〉)
494 関西学院大学(全学部日程〈理系型〉)
495 関西学院大学(共通テスト併用日程〈数学〉・英数日程)
496 関西学院大学(英語〈3日程×3カ年〉) 新
497 関西学院大学(国語〈3日程×3カ年〉) 新
498 関西学院大学(日本史・世界史・文系数学〈3日程×3カ年〉) 新
499 畿央大学 総推
500 京都外国語大学・短期大学 総推
502 京都産業大学(公募推薦入試) 総推
503 京都産業大学(一般選抜入試〈前期日程〉)
504 京都女子大学 総推
505 京都先端科学大学 総推
506 京都橘大学 総推
507 京都ノートルダム女子大学 総推
508 京都薬科大学 総推
509 近畿大学・短期大学部(医学部を除く−推薦入試) 総推
510 近畿大学・短期大学部(医学部を除く−一般入試前期)
511 近畿大学(英語〈医学部を除く3日程×3カ年〉)
512 近畿大学(理系数学〈医学部を除く3日程×3カ年〉)
513 近畿大学(国語〈医学部を除く3日程×3カ年〉)
514 近畿大学(医学部−推薦入試・一般入試前期) 医 総推
515 近畿大学・短期大学部(一般入試後期) 医
516 皇學館大学 総推
517 甲南大学 総推
518 甲南女子大学(学校推薦型選抜) 新 総推
519 神戸学院大学 総推
520 神戸国際大学 総推
521 神戸女学院大学 総推
522 神戸女子大学・短期大学 総推
523 神戸薬科大学 総推
524 四天王寺大学・短期大学部 総推
525 摂南大学(公募制推薦入試) 総推
526 摂南大学(一般選抜前期日程)
527 帝塚山学院大学 総推
528 同志社大学(法、グローバル・コミュニケーション学部−学部個別日程)

共通テスト対策関連書籍

共通テスト対策 も 赤本で

❶ 過去問演習

2025年版

共通テスト赤本シリーズ

全12点

A5判／定価1,320円（本体1,200円）

- 英国数には新課程対応オリジナル実戦模試 掲載！
- 公表された新課程試作問題はすべて掲載！
- くわしい対策講座で得点力UP
- 英語はリスニングを10回分掲載！ 赤本の音声サイトで本番さながらの対策！

- ●英語 リーディング／リスニング DL
- ●数学I, A／II, B, C
- ●国語
- ●歴史総合, 日本史探究
- ●歴史総合, 世界史探究
- ●地理総合, 地理探究
- ●公共, 倫理
- ●公共, 政治・経済
- ●物理
- ●化学
- ●生物
- ●物理基礎／化学基礎／生物基礎／地学基礎

DL 音声無料配信

❷ 自己分析

赤本ノートシリーズ 過去問演習の効果を最大化

▶共通テスト対策には

赤本ノート（共通テスト用）　赤本ルーズリーフ（共通テスト用）

共通テスト赤本シリーズ

新課程攻略問題集

全26点に対応!!

▶二次・私大対策には

大学赤本シリーズ

全556点に対応!!

赤本ノート（二次・私大用）

❸ 重点対策

共通テスト赤本プラス

新課程攻略問題集

基礎固め&苦手克服のための分野別対策問題集!!
厳選された問題でかしこく対策

- ●英語リーディング
- ●英語リスニング DL
- ●数学I, A
- ●数学II, B, C
- ●国語（現代文）
- ●国語（古文, 漢文）
- ●歴史総合, 日本史探究
- ●歴史総合, 世界史探究
- ●地理総合, 地理探究
- ●公共, 政治・経済
- ●物理
- ●化学
- ●生物
- ●情報I

DL 音声無料配信

全14点 好評発売中！

A5判／定価1,320円（本体1,200円）

手軽なサイズの実戦的参考書

目からウロコのコツが満載！

直前期にも！

満点のコツシリーズ

赤本ポケット

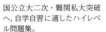

2025年版　大学赤本シリーズ　No. 498

関西学院大学（日本史・世界史・文系数学〈3日程×3カ年〉）

2024年7月10日　第1刷発行
ISBN978-4-325-26557-3
定価は裏表紙に表示しています

編　集　教学社編集部
発行者　上原 寿明
発行所　教学社
〒606-0031
京都市左京区岩倉南桑原町56
電話　075-721-6500
振替　01020-1-15695
印　刷　太洋社